Kai-Ove Kessler

Die Welt ist laut

Eine Geschichte des Lärms

ROWOHLT

Der Verlag ist in keiner Weise für die Inhalte
der QR-Codes verantwortlich und übernimmt
dafür keine Haftung.

Originalausgabe
Veröffentlicht im Rowohlt Verlag, Hamburg, Mai 2023
Copyright © 2023 by Rowohlt Verlag GmbH, Hamburg
Lektorat Christian Wöllecke
Innengestaltung Daniel Sauthoff
Satz Abril Text bei Dörlemann Satz, Lemförde
Druck und Bindung GGP Media GmbH, Pößneck
ISBN 978-3-498-00354-8

Inhalt

20. Jahrhundert 301
Lärm der Apokalypse

Heute 383
Lärm am Wendepunkt

Nachklang 405

Anmerkungen 409

Vorwort
«Ich lärme, also bin ich»

Lärm beginnt für den Menschen vor der Geburt. Der Herzschlag der Mutter, das Rauschen des Blutes, die Geräusche des Körpers und der Bewegung geben dem beginnenden Leben beim Erwachen der Sinne eine Vorstellung davon, was es erwartet. Kurz vor der Geburt sind die Wehen heftig und die Schmerzensschreie der Mutter laut. Kein Säugetier brüllt so markerschütternd und ausdauernd, wenn es das Licht der Welt erblickt, wie der Mensch. Und manchmal endet das Leben auch mit lauten Geräuschen – beim Krachen eines Unfalls, im Schlachtenlärm oder beim Dröhnen einer Naturkatastrophe.

Lärm kann sehr leise sein. Kaum hörbar und doch so störend, dass er den Menschen in tiefste Verzweiflung treibt. Das stille Ticken einer Uhr. Das Knarren einer Tür, die vom Wind bewegt wird. Der Wassertropfen, der in ein Waschbecken fällt. Allein das Warten auf den nächsten fallenden Tropfen kann die Sinne des Menschen so reizen, aufregen und betrügen, dass der objektiv leise Ton sich dann anhört wie ein Donnerschlag. Physikalisch kaum messbar, doch so unfassbar laut, dass es den Schlaf raubt.

Lärm ist subjektiv. Was für den einen unerträglich scheint, ist für den anderen kein Problem. Manchmal ist Lärm sogar Labsal, Erleichterung, Freude oder pures Vergnügen.

Aber Lärm kann auch beruhigend sein. Babys schlafen inmitten einer lauten Gesellschaft so selig, wie die Eltern es im ruhigen Kinderzimmer sich wünschen würden. Menschen, die aus dem Urlaub zurückkehren, erfahren, dass sie nur richtig gut schlafen, wenn sie vom gedämpften Lärm ihrer Großstadt eingehüllt werden.

Lärm war immer da, aber er war nie zu allen Zeiten gleich. Er hat sich im Laufe der Geschichte stetig verändert. Er nahm zu und wieder ab – und erreichte in der Moderne mit der Industriellen Revolution einen ersten Höhepunkt.

Selbst Sex macht Lärm. So sehr, dass er Gerichte beschäftigt, denn Lärm ist die häufigste Ursache für Nachbarschaftsstreit. Und er kann Wohnen und Leben zur Qual machen. Millionen von Menschen, die an lauten Straßen, Eisenbahnstrecken oder im Umfeld von Flughäfen wohnen, wissen das. Dass Lärm krank macht, ist seit vielen Jahren bekannt. Wie krank er macht, wurde erst in den letzten drei Jahrzehnten richtig erforscht. Heute wissen Wissenschaftler, dass Lärm töten kann. Nicht sofort, doch langsam und stetig. Durch Stress, Bluthochdruck und Herzkrankheiten. Ob Lärm auch Krebs, Demenz oder Diabetes begünstigt, wird erforscht.

Lärm macht wütend oder ist ein Quell überschäumender Freude und Lebenslust. Für Eltern kann die laute Musik ihrer Kinder nervtötend sein. Für Kinder und junge Menschen ist laute Musik Ausdruck des unbeschreiblichen Gefühls des Aufbruchs, das in ihnen liegt. Es kann eigentlich nicht laut genug sein – oft mit schlimmen Folgen für die Gesundheit, die den jungen Menschen in diesen Momenten natürlich völlig egal sind. Die technischen Erfindungen der letzten vier Jahrzehnte haben diese Entwicklung noch beschleunigt und zu teils dramatischen Lärmfolgen geführt. Der erste Walkman von Sony erschien am 1. Juli 1979. Mit ihm war es erstmals möglich, überall und jederzeit laute Musik zu hören – egal ob man zu Hause oder unterwegs war.

Musik ist Lärm. Natürlich nur physikalisch. Ich bin selbst Musiker und weiß, dass eine solche Behauptung beleidigend, verletzend und Anlass zum Streit sein kann. Aber es ist auch eine Tatsache. Konzerte, klassische wie moderne, können je nach Hörposition einen Schalldruck erzeugen, der an den Lärm eines startenden Flugzeugs heranreicht. Musik hat aber eine Sonderrolle in der Welt der lauten Geräusche, die meist monotoner Natur sind. Denn Musik spricht mit ihrer Rhythmik und Polyphonie weitere Sinne an.

Lärm ist gnadenlos. Der Mensch ist ihm zwar nicht schutzlos ausgeliefert, aber es wird immer schwerer, ihn fernzuhalten. Er dringt durch Fenster, Türen und Wände. Lärmschutz ist eine der wichtigsten Aufgaben der modernen Gesellschaft, und es wird immer teurer, ihn einzuhalten.

Lärm hat erhebliche Auswirkungen auf Tier und Mensch. Er kann nicht nur Leben retten, sondern auch beflügeln, beunruhigen oder Depressionen auslösen. Die psychischen Folgen von andauerndem Lärm beschäftigen die Menschen seit Jahrhunderten. Schon im alten Rom wurde darüber diskutiert, ob der Lärm der Großstadt die Psyche krank macht. Auch damit befasst sich ein Teil des Buches.

Es gibt Lärm, der für andere Menschen unhörbar ist. Lärm, der in einem selbst entsteht und der nicht Folge einer psychischen Erkrankung ist. Tinnitus ist eine Zivilisationskrankheit, an der immer mehr Menschen weltweit leiden. Ein geschädigtes Gehör, Stress und auch Schäden im Haltungsapparat können die Ursache sein. Durch eine Fehlschaltung im Gehirn werden Töne erzeugt, die eigentlich nicht existieren. Ich weiß, wovon ich rede, denn ich lebe seit 30 Jahren mit einem beidseitigen Tinnitus, ein hochfrequentes Piepen im Bereich um 4 kHz, manchmal gepaart mit einem leisen tieffrequenten Rumpeln. Der Auslöser war eine Kombination aus Stress und lauter Live-Musik. Als mir bewusst wurde, dass dieser Lärm in mir niemals verschwinden wird, glaubte ich zunächst, nicht damit leben zu können. Nicht am Tag und ganz besonders nicht in der Nacht, wenn die Umgebungsgeräusche langsam verschwinden und der Tinnitus freie Bahn hat. Dieser Lärm war damals mein schlimmster Feind und Albtraum. Dann, mit den Jahren, gewöhnte ich mich an ihn – wie ein Mensch, der jahrelang an einer vielbefahrenen Straße lebt und sie irgendwann nicht mehr hört. Mittlerweile ist er ein treuer Begleiter geworden und hat seinen Schrecken verloren. Der Tinnitus warnt mich zuverlässig, wenn der Stress zu groß und mir alles zu viel wird. Dann ruft er mich in hohen Tönen zur Ordnung. So paradox es klingt: Der Lärm in mir sorgt dann dafür, dass ich zur Ruhe finde.

Mittlerweile meide ich Lärm ganz gezielt. Beim Wohnen, in der Freizeit, im Urlaub oder bei den Menschen, mit denen ich mich umgebe. Es ist eine seltsame Ironie: Ich, der fast sein ganzes Leben als Musiker den größten Lärm in seiner Umgebung erzeugte, bin lärmempfindlich geworden. Aber das ist eine andere Geschichte.

Die Historie des Lärms zu untersuchen, beinhaltet ein Problem. Geräusche und Klänge sind flüchtig und im Moment ihres Verklingens verloren. Erst ab Ende des 19. Jahrhunderts war es möglich, Töne aufzuzeichnen und wiederzugeben. Bis zu diesem Zeitpunkt müssen andere Quellen helfen, historischen Lärm zu beschreiben – Tagebücher, Reiseberichte, Reportagen, Logbücher, aber auch Bilder, Grafiken, Skulpturen, Reliefe, physikalische Messungen, architektonische Pläne, Maschinenbau, Konstruktionszeichnungen, Psychoakustik, anatomische Untersuchungen und sogar archäologische Befunde. Wo keine Quellen helfen konnten, habe ich meine Fantasie gebraucht. Absätze in der Schrift Sans Serif vor einigen Kapiteln zeigen, wie ich mir das Klangbild des jeweiligen Ereignisses vorstelle. Begleiten Sie mich nun also in die klangvolle Geschichte des Lärms.

Erd- und Urgeschichte
Die Geburt des Lärms

Was war vor dem Urknall? Die Frage ist Blödsinn, wenn man Albert Einstein glaubt. Seiner Meinung nach begann mit dem Urknall nicht nur Raum, Licht und Materie, sondern auch die Zeit. Und ein «vor» hat es logischerweise nicht gegeben. Ich versuche trotzdem, es mir vorzustellen. Es gelingt mir nicht. Zwischen mir und der Antwort befindet sich eine unüberwindbare Grenze. Und wenn das Universum aus einem unvorstellbar dichten winzigen Punkt Masse entstand – wer oder was hat diesen erschaffen? Ach ja, ein «wer» oder «was» gab es ja auch nicht. Und woher stammt diese Masse? Ach nein, Raum und Materie waren ja noch nicht geschaffen. Mir schwirrt der Kopf. Zumindest bin ich mir sicher, dass von diesem mysteriösen Zeitpunkt an alles begann. Raum, Zeit, Materie, Licht und Schall. Aber nein, schon wieder falsch. Auf Schall, Töne und Lärm musste die Welt noch warten.

Der Urknall – ein großes Missverständnis

Unser gesamtes Sein, selbst Zeit und Raum, begann mit einem Knall, mit dem Big Bang. Die moderne Astronomie geht von der Theorie des belgischen Priesters und Astrophysikers Georges Lemaître (1894–1966) aus, die er auf Grundlage der Relativitätstheorie von Albert Einstein (1879–1955) entwickelt hatte. Den

Begriff des großen Knalls prägte aber erst 1949 der britische Astronom Fred Hoyle in einer berühmt gewordenen Radiosendung der BBC – eigentlich wollte er so die damals noch umstrittene Theorie ins Lächerliche ziehen.

Dabei war der Knall gar kein Knall, denn die physikalischen Voraussetzungen für kosmischen Lärm waren noch gar nicht vorhanden. Sie wurden durch den Big Bang, den die heutige Astrophysik auf einen Zeitpunkt vor rund 13,8 Milliarden Jahren datiert, erst geschaffen.

Schall und Lärm ist die Ausbreitung von Druck- oder Schallwellen, wenn die elementaren Bausteine von Gasen, Flüssigkeiten oder festen Körpern in Schwingung versetzt werden. Da alle frühen Elemente und – wie gesagt – auch Zeit und Raum nach vorherrschender Meinung erst mit dem Urknall entstanden, war es also unmöglich, dass der Big Bang mit Lärm verbunden war. So ungewöhnlich es klingt: Es war in diesem Moment totenstill. Der Urknall war unhörbar, weil es noch keinen Raum gab, in dem der Knall sich hätte ausbreiten können. Dafür ist sein physikalisches Echo bis heute messbar. Als sogenannte Hintergrundstrahlung durchzieht es unaufhaltsam die Weiten des Weltalls. Die US-Wissenschaftler John C. Mather und George F. Smoot erhielten für die Erforschung des Phänomens 2006 den Physik-Nobelpreis.

Kosmischer Lärm ist jünger als Zeit und Raum – aber nicht wesentlich. Astrophysiker haben entdeckt, dass 380 000 Jahre nach dem Urknall ein tiefer, mysteriöser Ton im unendlichen Weltall auftauchte. So tief, dass er nur messbar, aber für kein Lebewesen hörbar ist. Ein winziger Bruchteil von 1 Hz – quasi das Urbrummen der Welt. Für die Wissenschaft ist die Akustik des Weltalls ein noch junges Forschungsgebiet. Alle akustischen Phänomene, die aus der Frühzeit des Universums bekannt sind, können durch die rasante Entwicklung der Radioteleskopie der letzten 20 Jahre immer besser erforscht werden. Dass wir sie heute überhaupt messen können, hat einen einfachen Grund: Im immer weiter expandierenden All brauchten sie unfassbar lange, um hierher zu gelangen. Der US-Physiker John G. Cramer (geb. 1934), ein emeritierter Professor aus Seattle, hat es geschafft, die dem Urknall nachfolgende Ausbreitung von Raum, Zeit und Materie hörbar zu machen. Er fasste Anfang der 2000er-Jahre die ersten aufgefangenen Signale des Urknall-Echos aus fast 400000 Jahren in einem Tonsignal von 100 Sekunden Länge zusammen. Cramer beschrieb den Klang als den «eines großen Düsenflugzeugs mitten in der Nacht 30 Meter über einem Haus»[1].

Doch man braucht kein millionenteures Radio- oder Weltraumteleskop wie die moderne Astrophysik, um dem Urknall zu lauschen. Auch ein altes UKW- und Mittelwellen-Radiogerät eignet sich zum Anhören. Im statischen Rauschen zwischen zwei Sendern ist ein Echo des Urknall-Hintergrundrauschens zu hören. Allerdings nur ein sehr schwaches. Die Astrophysik hat ausgerechnet, dass ein Prozent des Summens ein Echo des Urknalls von vor fast 14 Milliarden Jahren ist.

Die Ausbreitung der Galaxien, die Geburt der Sterne und der Planeten unseres Sonnensystems war zunächst eine ziemlich stille Angelegenheit – trotz der ungeheuren Energien und atomaren Urkräfte. Schall kann sich im Weltall nicht ausbreiten, weil es dort nichts gibt, das ihn tragen könnte. Im perfekten Vakuum bleibt alles mucksmäuschenstill. Fast unvorstellbar: Die gigantischen Explosionen und Fusionen bei der Entstehung von Sternen und Planeten vollzogen sich absolut geräuschlos. So ist denn auch das Zischen des Laserstrahls eines Sternenzerstörers der Star-Wars-Saga in Wirklichkeit eine lautlose Angelegenheit. Wenn der Todesstern im Kino mit einem niederfrequenten Bass und gewaltigem Krachen explodiert, ist es in Wirklichkeit atemberaubend

01. **Big Bang**
Urknall Komprimiertes Signal des US-Physikers John G. Cramer

ruhig. Untauglich, um den Kinobesucher zu faszinieren, sodass mit irdischem Getöse durch Hollywood-Soundfabriken nachgeholfen werden muss.

Das Weltall
lernt hören

Erst mit der Entstehung der Erde vor 4,58 Milliarden Jahren wurde es richtig laut. Durch Ausgasungen entstand eine Uratmosphäre. Die Wissenschaft geht heute davon aus, dass die junge Gashülle der Erde aus Wasserstoff, Helium, Methan und einigen anderen Gasen bestand. Eine für heutige Verhältnisse hochgiftige Mischung, die jedes Leben sofort vernichtet hätte. Aber diese erste Atmosphäre ermöglichte etwas bis dahin Unerhörtes: Sie ließ es richtig krachen. Endlich konnte sich der Schall ungehindert ausbreiten. Vulkanausbrüche, Erdbeben, Meteoriteneinschläge und andere kosmische Katastrophen erzeugten akustische Höllenspektakel, die heute kaum vorstellbar sind. Der Lärm war geboren.

Die Umwandlung unseres Planeten vom rotglühenden in einen blauen Himmelskörper war ebenfalls von lauten Geräuschen begleitet. Vor 3,8 Milliarden Jahren kam im Archaikum, so nennen Geologen das erste Zeitalter, ein weiterer Laut hinzu: das Rauschen des Wassers und der Meere. Forscherinnen und Forscher haben ausgerechnet, dass es auf der Erde rund 40000 Jahre ununterbrochen regnete. Mit heutigem Regen oder gar Starkregen war das nicht zu vergleichen, selbst die biblische Sintflut war gegen diese Wassermassen ein friedlicher Landregen. Der Erde kühlte ab, die Meere bildeten sich.

Meteoriten und Asteroiden – zwei Begriffe für das gleiche Phänomen – trafen den blauen Himmelskörper häufig, da die junge Atmosphäre den Globus noch schlecht schützte. Die Erde blieb durch Vulkanismus und Erdbeben laut. Doch noch gab es niemanden, der zuhören konnte. Leben, wie wir es heute kennen, existierte noch nicht. Die wahrscheinlich ersten Lebewesen waren einfachste Bakterien, für die das giftige Gasgemisch der frühen Erdenjahre ein Lebenselixier war. Unsere heutige Luft, bestehend aus 78 Prozent Stickstoff, 21 Prozent Sauerstoff und einigen Edelgasen, hätte dieses erste Leben sofort getötet. 2017 gaben kanadische Forscher bekannt, dass sie im Norden des Landes auf Spuren von Ur-Mikroben gestoßen waren, die etwa 3,77 Milliarden Jahre alt sind.

Die Entstehung des Sauerstoffs etwa eine Milliarde Jahre später, ebenfalls durch frühe Bakterien, bedeutete zwar das Aus für das erste Leben. Aber sie machte den Weg frei für Leben, das viele Jahrmillionen später das konnte, was wir heute als Hören bezeichnen.

Physis, Physik und Psyche – der Dreiklang des Lärms

Wir wissen, das Leben ist im Wasser entstanden. Wirbellose Lebewesen bevölkerten zunächst über Millionen von Jahren nur die Weltmeere – allerdings gehörlos. Wirbeltiere entstanden erst mit den Fischen im Devon (vor etwa 410 bis 360 Millionen Jahren). Und sie hatten ein Alleinstellungsmerkmal: Sie waren die ersten Lebewesen, die im heutigen Sinne hören konnten.

Schon Ur-Fische hatten einfache Hörorgane. Fischen fehlt zwar bis heute das Mittelohr der Landlebewesen, und sie besitzen nur ein Innenohr. Aber dafür gibt es diese Errungenschaft der Evolution schon seit mindestens 380 Millionen Jahren. Paläontologen untersuchten Anfang der 2000er-Jahre Fossilien des Ur-Fisches Panderichthys aus dem Zeitalter des Oberen Devon (vor ca. 384 bis 376 Millionen Jahren). Der Fisch, der wie ein plattgedrückter Quastenflosser aussieht, hatte wie alle anderen Fische ein Loch über dem Innenohr. Aber beim Panderichthys war dieses Loch wesentlich größer als bei seinen Vorgängern. Die schwedischen Paläobiologen Martin Brazeau und Per Ahlberg stellten 2006 die These auf, dass sich aus diesem vergrößerten Loch das Mittelohr der Landlebewesen entwickelte, die bereits wenige Jahrmillionen später an Land tapsten. Und diese ersten Landgänger, da sind sich die beiden Schweden sicher, atmeten noch durch die Ohren.[2]

Bei den ersten echten Landlebewesen trennten sich Hör- und Atmungsorgane fast vollständig. Nur ein kleines Relikt erinnert noch heute an dieses Kuriosum: die Eustachische Röhre, eine dünne Verbindung zwischen dem Mittelohr und dem Nasenrachen. Alle Flugreisenden kennen sie. Wenn der Druck auf den Ohren zu groß wird, halten wir uns die Nase zu und pressen Luft hinein. Durch die schmale Röhre zwischen Rachen und Ohr wird die Luft gegen das Trommelfell gedrückt, das durch den geänderten Luftdruck von außen zum Zerreißen gespannt ist. Der Gegendruck durch das Pressen sorgt im Innenohr dafür, dass das Trommelfell wieder zurückspringt – das erlösende Knacken, wenn der Schmerz nachlässt. Aber nur, wenn man nicht erkältet ist. Dann kann wegen der angeschwollenen Schleimhäute nicht genügend Luft durch die Röhre, und der Schmerz bleibt. Kleine Kinder schreien deswegen häufig bei Start und Landung. Sie kennen und beherrschen diesen Trick noch nicht.

In den Jahrmillionen nach dem Landgang entwickelte sich das Ohr der Wirbeltiere so, wie wir es noch heute kennen: das Außenohr zumeist mit Ohrmuschel, Gehörgang, Mittelohr und das Innenohr mit den empfindlichen Haarzellen, die den Schall ans Gehirn weiterleiten. Das Trommelfell mit den Gehörknöchelchen Hammer, Amboss und Steigbügel. Ein fragiles Gebilde, das sehr empfindlich ist. Im Gegensatz zu vielen anderen Organen kann sich das Ohr nur teilweise oder nach einer schweren Lärmschädigung gar nicht mehr erholen. Werden die empfindlichen Haarzellen zerstört, können sie nicht mehr repariert werden. Hörverlust oder Ohrgeräusche (Tinnitus) sind die Folge.

Zum besseren Verständnis des Lärms sind nur ein wenig Physik und ein paar Fachbegriffe notwendig. Lautstärke ist der umgangssprachliche Begriff für den Schalldruckpegel, der seit Anfang des 20. Jahrhunderts in Dezibel (dB) gemessen wird. Die eigentliche Maßeinheit ist aber das Bel, und Dezibel ist ein Zehntel davon. Das Bel ist nach dem schottisch-amerikanischen Erfinder Alexander Graham Bell (1847–1922) benannt, der neben dem Deutschen Philipp Reis (1834–1874) Wegbereiter des modernen Telefons war.

Knifflig ist der logarithmische Charakter der Maßeinheit. Mit anderen Worten: Das Dezibel ist keine Einheit, die gleichmäßig ansteigt wie etwa das Kilogramm oder der Meter. Schalldruck, der in dB gemessen wird, steigt von Wert zu Wert immer schneller an. Beispiel: Eine kleine Änderung von 10 dB kann ihn rasant erhöhen. 60 dB sind demnach doppelt so laut wie 50 dB. Völlige Stille liegt bei 0 dB, eine Unterhaltung schon bei etwa 50 bis 60 dB. Ein Benzinrasenmäher wird mit 70 bis 80 dB gemessen, ein Rockkonzert liegt bei etwa 110 dB. Ein Tiefflieger kommt auf etwa 120 dB, während ein Feuerwerkskörper etwa 140 dB erreichen kann. Nur in Deutschland war seit 1925 eine zweite Einheit üblich, die heute kaum noch in Gebrauch ist. Mit Phon wurde jahrzehntelang der

Lautstärkepegel angegeben – ein psychoakustischer Wert, der die subjektive Lautheit eines Klangs angibt.

Die zweite wichtige Maßeinheit ist das Hertz (Hz), dem der Hamburger Physiker Heinrich Rudolf Hertz (1857–1894) seinen Namen gab. Für den Lärm spielt Hertz eine besondere Rolle, da es – einfach gesagt – die Anzahl der Schallwellen pro Sekunde angibt. Je höher die Hertz-Zahl, desto höher ist das Geräusch. Beispiel: Ein tiefer Brummton bringt es nur auf 50 Hz, also auf 50 Schwingungen pro Sekunde. Ein hoher Piepton dagegen auf 4000, also 4 kHz, wobei das kleine k für kilo (tausend) steht. Der Mensch kann im besten Fall nur Frequenzen zwischen 20 Hz und 20 kHz hören. Töne darüber nennt man Ultraschall, tiefere Töne dagegen Infraschall. Viele Tiere sind den Menschen in der Hörfähigkeit weit überlegen – insbesondere bei hohen Tönen. So haben Katzen ein Hörspektrum zwischen 65 Hz und 75 kHz, Fledermäuse sogar von 1000 Hz bis 150 kHz.

Beim Lärm spielt die Frequenz eine wichtige Rolle, denn die Empfindlichkeit unseres Gehörs ist abhängig von ihr. Tiefere Töne kann das Gehör viel besser vertragen als hohe. Beispielsweise wird ein tiefer Ton mit der Frequenz 10 Hz und einem Schalldruckpegel von 100 dB als gleich laut empfunden wie ein hoher Ton mit der Frequenz von 1000 Hz, der nur einen Schalldruckpegel von 40 dB hat. Stechmücken gehören zu den Insekten mit den meisten Flügelschlägen pro Sekunde – und das hört man auch an der Tonhöhe. Wenn Fliegen ihre Flügel mit 300 Schlägen in der Sekunde bewegen, summen und brummen sie eher tieffrequent. Ein langsamer Flügelschlag erzeugt eben tiefere Töne. Mücken dagegen können die fünffache Geschwindigkeit erreichen – bis zu 1500 pro Sekunde. Das ist der Grund, warum die Plagegeister nicht nur durch ihre Stiche so unbeliebt sind, sondern auch wegen des hochfrequenten Sirrens, das manche Menschen nachts nicht schlafen lässt.

Tiefe Töne können zwar bedrohlich wirken, doch erst bei hohen Tönen schlagen Körper und Geist Alarm. Sirenen sind daher hochfrequent. Und Autoalarmanlagen dröhnen deshalb nicht, sondern kreischen und piepen.

Krähte T. Rex wie ein Hahn bei Sonnenaufgang?

In einem von Flüssen durchzogenen Überschwemmungsgebiet im heutigen China gluckst und plätschert es, sodass sich der Tarbosaurus fast lautlos und unbemerkt der Lichtung nähern kann. Eine Herde Saurolophus grast im Schwemmtal die frischen Gräser ab. Tarbosaurus hört und riecht sie, bevor er sie sehen kann. Denn er hat schlechte Augen, die winzig wirken in seinem massigen Schädel mit Zähnen, von denen jeder einzelne fast zehn Zentimeter lang ist. Plötzlich stürmt der elf Meter lange Riese los, seine kräftigen Hinterbeine stoßen sich fest ab und lassen den Boden erzittern. Er gibt keinen Laut von sich, man hört nur das Stampfen der Beine und das Platschen des Wassers. Die Herde ergreift den Bruchteil einer Sekunde zu spät die Flucht. Ein Weibchen rutscht im Schlamm aus und stürzt. Dann hört man nur den schrillen Schrei des Tieres, in das der Tarbosaurus seine Zähne schlägt. Und noch ein eigenartiges Bellen des sterbenden Sauriers. Danach ist wieder Ruhe. Erst am nächsten Tag hört man wieder das Geräusch, das in diesen Wochen die Schwemmebene in der Morgendämmerung durchzieht. Ein tiefes Brummen, gefolgt von einem schrillen Schrei, der dem einer heutigen Möwe ähnelt – immer dreimal hintereinander. Der Tarbosaurus wird sich noch heute Nacht paaren.

Niemand weiß, wie Dinosaurier geklungen haben. Muhte der friedliche Patagotitan, mit 37 Metern Länge das vermutlich größte Landtier aller Zeiten, wie eine gigantische Kuh? Klackerte der räuberische Velociraptor wie eine aggressive Elster? Brüllte der Tyrannosaurus Rex wirklich so durchdringend und angsteinflößend, wie wir es aus dem Kino kennen? «Die ernüchternde Wahrheit: Wir wissen eigentlich fast gar nichts darüber, wie Dinosaurier geklungen haben», sagt der deutsche Paläontologe Prof. Eberhard Frey.[3]

Sicher sind sich die Forschenden jedoch dahingehend, dass der T. Rex nicht so klang wie im Kino. Da die engsten lebenden Verwandten der Raubsaurier Vögel sind, liegt es nahe, dass sich einige Arten eher wie Vögel angehört haben. Wer einmal neben einem Hahn stand, der den Morgen mit einem fröhlichen Kikeriki begrüßt, weiß, wie laut selbst dieser kleine Vogel werden kann. Prof. Eberhard Frey: «Vielleicht stand der Tyrannosaurus Rex im morgendlichen Sonnenaufgang und hat gekräht wie ein Gockel. Das ist eine Vorstellung, die ich sehr amüsant finde.»

Hauptproblem der Paläontologen: Lautbildungsorgane bestehen in der Regel aus weichem Gewebe. Im Gegensatz zu Knochen versteinern sie nicht. Also müssen Analogien helfen, um zu verstehen, wie Dinosaurier geklungen haben. Wenn man davon ausgeht, dass viele Dinosaurier eng mit Vögeln verwandt sind, besaßen sie wahrscheinlich keine Stimmbänder. Eher Resonanzräume, den Luftsäcken von heutigen Fröschen nicht unähnlich.

Eine Studie der Midwestern University in Illinois (USA) ergab 2016, dass die Echsen der Urzeit in Wirklichkeit ein Gurren, Brummen oder eulenartiges Heulen von sich gegeben haben.[4] Die Wissenschaftler untersuchten die Syrinx, den Stimmkopf der heutigen Vögel, mit dem diese alle Laute erzeugen – vom fröhlichen Trällern der Nachtigall bis zum dunklen Krächzen der Raben.

Besonders bei größeren Vögeln entstehen viele Geräusche bei geschlossenem Schnabel. Das ist von Taube und Strauß bekannt. Wenn die Taube gurrt, dann wird der Klang vor allem durch die Seiten des Halses abgegeben. Auch Strauße haben eine ähnliche Technik entwickelt, vor allem zur Balz und zur Partnersuche. Diese Technik erfordert ein Mindestmaß an Größe. Kleine Vögel können daher nur piepsen, größere Vögel auch gurren. Vielleicht klang das furchterregende Gebrüll des Tyrannosaurus Rex also doch am ehesten wie das Gurren einer monströsen Taube.

Asteroiden – das große Krachen

Für die ersten Tiere, die die Erde besiedelten, waren laute Geräusche eine Ausnahme. Zwar war die junge Erde noch geologisch unruhig, und es gab viele Vulkanausbrüche oder Erdbeben. Doch die verteilten sich in dem unendlichen Zeitraum der Jahrmillionen so gleichmäßig, dass dieser Lärm der Natur für die ersten Bewohner der Erde keine Rolle spielte und sie nicht störte. An Land sorgte das Aufkommen der ersten Wälder dafür, dass der Wind es endlich kräftig rauschen lassen konnte. Zwar hatten diese Wälder noch keine Bäume im heutigen Sinne, doch der Wind konnte sich auch in den Vorläufern der Großfarne verfangen. Im Devon, das wir als Zeitalter der Fische schon kennengelernt haben, entstanden auf dem Land die ersten größeren Pflanzen. Paläobiologen beschrieben 2017 die älteste Spezies, die bislang entdeckt wurde: Cladoxylopsiden sind ca. 375 Millionen Jahre alt und gelten als Vorläufer der Riesenfarne.[5] Sie hatten einen holzartigen Stamm und wurden acht bis zehn Meter hoch. In ihrer ausgedehnten Krone konnte der Wind schon mächtig sausen. Nadel- und Laubbäume, wie wir sie heute kennen, kamen erst später auf.

Unüberhörbar waren einige wenige apokalyptische Ereignisse: Asteroiden schlugen begleitet von Krachen, Donnern, Tosen und Beben auf der Erde ein. Fast jeder Mensch kennt heute den berühmtesten Einschlag der Erdgeschichte. Das 4000-Seelen-Örtchen Chicxulub im mexikanischen Yucatán gab dem gigantischen Krater mit einem Durchmesser von rund 200 Kilometern den Namen. Vor 66 Millionen Jahren traf dort ein etwa 10 bis 15 Kilometer großer Asteroid die Erde. Erst 1991 konnten Geologen endgültig nachweisen, dass es sich um einen Einschlagkrater handelt.

Der Killer aus dem Weltall führte zu einem Massensterben, dem nicht nur die Dinosaurier zum Opfer fielen. Rund 70 Prozent aller Lebewesen überlebten den Einschlag nicht, auch im Meer starb ein Großteil der Tiere und Pflanzen. Es war ein Impakt der Superlative – auch wenn er nicht der größte Brocken war, der die Erde in den vergangenen vier Milliarden Jahren jemals erschüttert hat. Mit einer Geschwindigkeit von 72000 km/h traf der Asteroid im heutigen Mexiko auf die Erde. Die Wucht seiner Explosion entsprach nach jüngsten Berechnungen der unglaublichen Kraft von 200 Millionen Hiroshima-Bomben. Der Krater war zunächst so tief, dass der heutige Mount Everest viermal hineingepasst hätte – rund 35 Kilometer. Mehr als 100 Meter hohe Wellen schossen um den Globus. Eine tödliche Walze aus Feuer, Rauch und glühendem Stein folgte ihnen.

Doch wie laut war der Asteroideneinschlag vor 66 Millionen Jahren? Die Wissenschaftler sind sich sicher, dass der Aufprall auf der gesamten Erde zu hören war. Genaueres wissen sie von einem kleineren Asteroiden zu berichten, der erst 50 Millionen Jahre später auf die Erde prallte. Gegen den mexikanischen Giganten war er nur ein kleiner Brocken: Der Himmelskörper, der vor 15 Millionen Jahren das Nördlinger Ries in Süddeutschland schuf, hatte einen Durchmesser von nur 1,5 Kilometern und hinterließ einen 24 Kilometer breiten Krater. Dass die Forschenden auch etwas über die Lautstärke des Aufpralls wissen, liegt daran, dass der deutsche Asteroidenkrater zu den besterforschten der Welt zählt.

Geophysiker aus den USA und aus Großbritannien veröffentlichten 2004 ihre Berechnungen, wie laut das kosmische Ereignis im beschaulichen Schwabenland gewesen sein muss. Nach dem Aufprall umrundete die Druckwelle die gesamte Erde. Die Forschung hat berechnet, dass der Knall in 20000 km Entfernung, also auf der anderen Seite des Globus, nach knapp 18 Stunden zu hören war. Das Geräusch war dort vermutlich noch 40 Dezibel stark – so laut wie ein normales Gespräch. Der Einschlag des Ries-Asteroiden war damit praktisch auf der ganzen Erde hörbar.[6]

Wie laut der Brocken aus Mexiko war, lässt sich dann hochrechnen. Da er etwa zehnmal größer war als sein deutsches Gegenstück, war er auch wesentlich lauter. Obwohl genauere Rechnungen noch ausstehen, nimmt die Wissenschaft folgendes an: Das Donnern des Chicxulub-Einschlags erreichte fast überall auf der Erde eine erhebliche Lautstärke. Wahrscheinlich hörten es die Dinosaurier und ihre tierischen Zeitgenossen sogar zwei- oder dreimal, weil die Druckwelle mehrmals um die Erde lief.

Katastrophen wie vor 66 Millionen Jahren sind zum Glück relativ selten. Damals führte der Chicxulub-Einschlag zum Aussterben nicht nur der Dinosaurier, sondern auch anderer dominanter Tierarten. Zum Glück für kleine rattenähnliche Säugetiere, die den atomaren Winter nach dem Einschlag in kleinen Höhlen unter der Erde überlebten. Und für den Menschen, der sich aus ihnen entwickelte. Mehr als 60 Millionen Jahre später betraten unsere ersten Vorfahren die Bühne der Welt.

Wie der Mensch
den Lärm erfand

Die Gruppe nähert sich nur langsam. Ich muss vorsichtig sein – verborgen hinter einem Felsen stelle ich mich gegen den Wind und beobachte sie. Die Mitglieder hatten Erfolg bei der Jagd. Der Größte zieht das tote Tier hinter sich her, dann hält er plötzlich an. Die Gruppe lässt sich nieder, und der Große greift nach einem schweren hellen Stein. Dann nimmt er sich einen zweiten Stein, der etwas dunkler ist. Ich kenne diese dunklen Steine, es gibt sie nur hier. Mit seinem Arm holt er aus und schlägt mit voller Wucht den hellen auf den dunklen Stein. Krachend, splitternd, wie ein kleiner Donnerknall – so klingt es wieder und wieder. Der Wind trägt das Geräusch zu mir, das mich erschrecken und meinen Körper erschauern lässt. Dann, mit einem Mal, herrscht Ruhe. Einen Augenblick später brüllt der Große etwas, das ich nicht verstehe. Ich sehe, dass er ein Stück des schwarzen Steins in die Höhe hebt. Es ist schmal und glatt. Dann führt er das Stück zum Hinterlauf des Tieres. Man braucht Glück, um diese schmalen Steine zu finden. Und noch mehr Glück, damit man das Fleisch mit ihnen zerteilen kann.

Über Hunderttausende von Jahren hinweg hörte der frühe Mensch nur die Geräusche der Natur: stampfende Herden, Donner, Starkregen. Ein Blitzeinschlag war das lauteste Geräusch, das ein früher Mensch kannte – von sehr seltenen Naturereignissen wie Erdbeben, Erdrutschen, Vulkanausbrüchen oder Tsunamis einmal abgesehen. Die Welt war ansonsten unfassbar ruhig. Wind, Regen und die Laute der Natur machten den Großteil der Geräusche aus, die den Menschen umgaben. Die Tiere der Dämmerung und besonders die der Nacht wurden gefürchtet. Umso wichtiger war es, ihre Laute aufmerksam zu registrieren. Der frühe Mensch in den Savannen Ostafrikas war nicht nur Jäger, sondern auch Beute für Raubtiere. Das aufmerksame Lauschen war mehr als reine akustische Ortung. Es war eine Frage von Leben und Tod.

Lärm war zum Überleben notwendig. Da er in der Natur nur zeitweise existierte, musste der frühe Mensch ihn bei Bedarf selbst erzeugen – vor allem zum eigenen Schutz, aber auch zur Jagd. Mit Lärm wurden Beutetiere in den Abgrund gejagt, mit Schreien und Schlagen Raubtiere in die Flucht geschlagen. Lärm ist archäologisch nicht direkt nachweisbar. Ethnologische Analogien helfen den Forschenden aber weiter.

Die Geburtsstunde des menschengemachten Lärms liegt weit zurück. Vor mehr als zwei Millionen Jahren fanden die frühen Menschen heraus, dass sich scharfe Steinkanten hervorragend zum Zerteilen von Fleisch und Knochen eigneten. Vielleicht, weil sie sich vorher zufällig selbst an diesen messerscharfen Klingen geschnitten hatten. Das Problem war die ständige Unverfügbarkeit der ersten zufällig aufgefundenen Werkzeuge. Frühe Jäger und Sammler nahmen das auf, was sie gerade benötigten, und ließen es genauso schnell wieder fallen – sehr zur Freude heutiger Paläoanthropologen.

Irgendwann machte ein früher Mensch der Gattung Homo eine Entdeckung, die die Welt veränderte. Er fand vermutlich zufällig heraus, dass sich die ersehnte scharfe Kante erzeugen ließ, wenn zwei Steine aneinandergeschlagen wurden und der Stein auseinanderbrach. Dabei entstand ein nie zuvor gehörtes Geräusch. Für den frühen Menschen muss es ungewohnt gewesen sein, weil es anders klang als alles, was er bislang gehört hatte. Wer jemals zwei große Steine so stark gegeneinandergeschlagen hat, dass sie zerbrechen, weiß, wie laut das sein kann. Es war die Geburtsstunde des von Menschen gemachten, des anthropogenen Lärms.

Der Homo habilis (ca. 2 bis 1,5 Millionen Jahre alt) galt jahrzehntelang als erster Krawallmacher der Menschheitsgeschichte. Der kenianische Geschäftsmann Jonathan Leakey hatte 1960 in der Olduvai-Schlucht im Norden Tansanias den fast vollständigen Unterkiefer eines Kindes gefunden. Leakeys Vater, der britisch-kenianische Paläoanthropologe Louis Leakey, klassifizierte das Fossil vier Jahre später als Frühmensch der Gattung Homo habilis. Homo habilis, der «geschickte, fähige Mensch», konnte mit frühen Werkzeugen in Verbindung gebracht werden: Genau in den Gesteinsschichten der Fossilien fanden die Paläoanthropologen ebendiese Steinwerkzeuge.

Die bis zu 2,6 Millionen Jahre alten Geröllgeräte (Pebble Tools) gelten als erste Werkzeuge der Menschheitsgeschichte. Es waren einfache, grob zugeschlagene Steine. Wobei die aufgefundenen Steine vermutlich nur der Abfall waren: Die Forschung geht heute davon aus, dass die Menschen nur die messerscharfen Abschläge nutzten und den Rest einfach liegenließen. Als Produzenten der Geröllgeräte kommen mittlerweile fast alle frühen Vertreter der Gattung Homo infrage: neben dem Homo habilis auch der noch ältere Homo rudolfensis und der jüngere Homo erectus. Mittlerweile geht die Forschung davon aus, dass sogar die Vorläufer der Hominiden der Gattung Australopithecus, die eher Menschenaffen waren, Werkzeuge hergestellt haben.

Mit ihnen jedenfalls begann die Geschichte des anthropogenen Lärms. Lärm ist auch Zivilisation. Vom Knall des Schlags mit einem Granitstein bis hin zum infernalischen Dröhnen einer Atombombe war es ein langer Weg. Aber damals hat er begonnen.

Die Entdeckung
der Musik

Dass laute Geräusche nicht nur Lärm sind, sondern geradezu magische Ausstrahlung haben können, hat der frühe Mensch irgendwann gemerkt. Nur der genaue Zeitpunkt ist unklar. Durch den Vergleich mit heute noch lebenden indigenen Kulturen liegt die Vermutung nahe, dass die frühen Menschen mit Stöcken und Klanghölzern Lärm erzeugten. Reste von Trommeln sind aus der Altsteinzeit nicht überliefert, trotzdem waren Schlaggeräusche wohl die erste Musik, die der frühe Mensch machte. Stöcke und Knochen könnten als Schlagwerkzeuge benutzt worden sein, Hölzer, Steine oder große Knochen als Resonanzkörper gedient haben. Die eigentlichen Trommeln, Flöten und Pfeifen waren im Altpaläolithikum noch nicht erfunden und kamen erst wesentlich später auf, als sich der Mensch von Afrika aus nach Asien und Europa ausgebreitet hatte.

Ob Musik aus diesen frühen Formen des Lärms entstanden ist, wird nicht geklärt werden können. Es ist aber wahrscheinlich. Der frühe Mensch wird bemerkt haben, dass das laute Schlagen der Stöcke zur Abwehr von Tieren nicht nur die Zwecke heiligte. Rhythmus und Gleichklang entwickelten auch eine seltsame Anziehungskraft, die dazu führte, dass der Mensch mit Stöcken und Klanghölzern auch dann schlug, wenn es nicht um den Schutz ging. Wie die ersten Konzerte der Menschheitsgeschichte geklungen haben, werden wir allerdings nie endgültig erfahren.

Wir können uns nur annähern. Archäologen haben Erkenntnisse über die ersten Musikinstrumente der Menschheit gewonnen. Ratschen und Raspeln wurden schon in der Altsteinzeit aus eingeschnittenen Mammutknochen gefertigt. Ein solches ca.

70000 Jahre altes Instrument wurde in Belgien gefunden. Andere Instrumente sind deutlich jünger und stammen alle aus dem Jungpaläolithikum, also vom Ende der Altsteinzeit. 35000 Jahre alt ist zum Beispiel eine Flöte aus Mammut-Elfenbein, die im Lonetal in Baden-Württemberg entdeckt wurde. Raffiniertere Krachmacher als Stöcke und Klanghölzer entwickelte Homo sapiens recht schnell, nachdem ihm der Entwicklungsschub durch Feuer und Fleischverzehr mehr Zeit und Muße verschafft hatte. Aus den Knochen von Geiern schnitzte der Ur-Mensch ein Instrument, das dem heutigen Klang einer Piccoloflöte ähnelt. Schwirrhölzer, die durch die Luft gewirbelt wurden, hörten sich an wie ein Ventilator auf Hochtouren.

02. Ur-Melodie
Vorgeschichte Klang einer prähistorischen Flöte (Nachbau)

Vor- und Frühgeschichte

Der Lärm zieht in die Welt

Lärm im Gepäck – der Mensch breitet sich aus

Der Lärm der Welt ist ohne uns undenkbar. Vor 300000 Jahren entstand in Afrika der moderne Mensch, der Homo sapiens. Und mit dem Beginn der Wanderung des frühen Menschen breiteten sich anthropogene Geräusche über die Welt aus. Afrika verließ der moderne Mensch vor etwa 60000 Jahren und kam dann in einer weitverzweigten Migrationswelle bis nach Australien und später nach Amerika.

Jede Generation, die es weiter in die Ferne trieb, hatte Fertigkeiten im Gepäck, die sich fortentwickelten. Allerdings nur sehr langsam – quasi eine Technologisierung in Trippelschritten. Von dem ersten Knallen grober Steinwerkzeuge vor mehr als zwei Millionen Jahren dauerte es eine weitere Million, bis der nächste von Menschen gemachte Laut die Welt erfüllte: das Knistern und Krachen des Feuers. Die Wonderwerk-Höhle in Südafrika birgt den bisher ältesten gesicherten Fund einer menschlichen Feuerstelle, die wohl vom Homo erectus angelegt wurde. Hier ließ es der frühe Mensch bereits vor einer Million Jahren fröhlich knistern.

Ab 12000 vor Christus, also mit dem Ende der letzten Eiszeit, begann mit der Klimaerwärmung die neolithische Revolution, die den Anfang der heutigen Zivilisation darstellt. Der Übergang zur Landwirtschaft, erste Viehhaltung, Nahrungsüberschüsse, Arbeitsteilung und erste frühe Handwerke sorgten dafür, dass der Mensch an Ort und Stelle verharrte und dort seine Umwelt veränderte. Älteste Belege für Sesshaftigkeit stammen aus der Levante und den Gebieten an Euphrat und Tigris. Sesshaftigkeit konnte erst entstehen, als es die klimatischen Bedingungen endlich zuließen. Es war warm und feucht genug, um die ersten Zivilisationen aufblühen zu lassen.

Plötzlich gab es viele Tätigkeiten und Entwicklungen, die die akustische Umgebung des jungsteinzeitlichen Menschen veränderten. Mit Hacken aus Stein klopfte der Mensch den Boden auf. Mahlsteine, auf denen frühe Getreidesorten wie Emmer, Dinkel oder Einkorn zerkleinert wurden, schabten stundenlang. Mit Steinäxten fällten die ersten sesshaften Menschen Bäume im Akkord. Das dumpfe Schlagen der Äxte und Beile wurde zur akustischen Kennung der frühen menschlichen Siedlungen. Schon von ferne konnten umherziehende Gruppen hören, dass sie sich anderen Individuen näherten. Der Mensch begann im Neolithikum damit, auch seine Umwelt akustisch umzuformen. Die Herstellung von Steinwerkzeugen nahm unaufhörlich zu, und immer feiner und vielfältiger werkelte der jungsteinzeitliche Mensch: Faustkeile, Äxte, Klingen, Messer, Stichel, Schaber und die berühmten neolithischen Steinbeile, die ersten geschliffenen Steinwerkzeuge der Geschichte. Sie sind bis heute eines der wichtigsten Kennzeichen der Jungsteinzeit. Durch lautstarkes Schleifen erzeugte der neolithische Mensch glatte Oberflächen.

Dadurch, dass er den Wolf zähmte und zum Hund als Begleiter domestizierte, verringerte er in seiner Umgebung gleichzeitig das Geheul der Wölfe, das über Jahrtausende die ersten Menschen wachsam verfolgt hatten. Das Geheul der Wölfe wurde abgelöst durch das Bellen des Hofhundes – damals unerlässliches und willkommenes Warnsignal. Vor etwa 13000 Jahren kam die Ziege als das erste Nutztier der Menschheit dazu, Schafe folgten vor 10000 Jahren. Danach eroberten Rind und Schwein die Lautsphäre des sesshaften Menschen. Pferde und Maulesel zähmte der Mensch erst Jahrtausende später. Vor 5000 Jahren erreichte in Vorderasien ein weiteres Geräusch menschliche Siedlungen: das

Summen der Bienen, das einzige Insekt, das der Mensch je domestiziert hat. Das Blöken der Schafe, das Meckern der Ziegen, Muhen, Wiehern, Grunzen und Summen – damals entwickelte sich das Klangbild einer Agrargesellschaft, das bis heute Gültigkeit hat.

Wie eine Siedlung in vor- und frühgeschichtlicher Zeit genau geklungen hat, wissen wir nicht. Es gibt keine schriftlichen Quellen. Historiker können sich nur annähern – durch archäologische Funde oder ethnologische Vergleiche mit indigenen Kulturen, die noch heute auf dieser Entwicklungsstufe leben. Anfang der 1960er-Jahre machte der US-Ohrenarzt Samuel Rosen (1897–1981) einen Feldversuch, der dem frühgeschichtlichen Lautbild recht nahekommen könnte. Als führender Otologe und Ohrenchirurg am Mount-Sinai-Hospital in New York hatte er in den Jahren zuvor erstmals die taubmachende Otosklerose, eine Verknöcherung des Innenohres, erfolgreich operiert. Als Mitglied der American Otological Society kämpfte er gegen den Lärm von Autos, Stadt und erster Rock 'n' Roll-Musik. Und er fragte sich, wie die Welt früher geklungen hat. Zum Jahreswechsel 1960/61 reiste er mit Kollegen in ein abgelegenes Dorf im afrikanischen Sudan – zu dem Volk der Mabaans, die 650 Kilometer südlich der Hauptstadt Khartum abgeschieden in einem Dorf lebten. Vor den verblüfften Augen der Dorfbewohner packten die Mediziner ihre Messgeräte aus und prüften, wie laut (oder eher leise) es hier war. Sein Bericht macht klar, wie ein Dorf in frühgeschichtlicher Zeit geklungen haben könnte.[1]

«Im Allgemeinen liegt der Schallpegel in den Dörfern unter 40 dB auf dem Schallpegelmesser – außer gelegentlich bei Sonnenaufgang oder kurz danach, wenn ein Haustier wie ein Hahn, ein Lamm, eine Kuh oder eine Taube zu hören ist. Während sechs Monaten im Jahr kommt es etwa dreimal pro Woche zu starken Regenfällen mit ein oder zwei lauten Donnerschlägen. Einige

Männer beschäftigen sich mit produktiven Aktivitäten wie dem Schlagen von Palmwedeln mit einem Holzknüppel. Aber das Fehlen harter, schallreflektierender Oberflächen wie Wände, Decken, Fußböden oder harter Möbel in ihrer Nähe sind offenbar für die am Schallpegelmesser gemessenen niedrigen Intensitätspegel verantwortlich: 73–74 dB am Ohr des Arbeiters.» Lauter wurde es nur bei Feiern oder religiösen Festen (100 dB).

Rosen entdeckte als Mensch der Moderne eine Welt der Stille. Sie schonte das Gehör der Menschen. Bis ins Greisenalter blieben die Maabans hellhörig, und die Stammesmitglieder würden sich sogar über größere Distanzen nur flüsternd unterhalten, berichtete der Mediziner Jahre später dem Nachrichtenmagazin «Der Spiegel».[2]

Doch Stille bedeutet auch Stillstand – und das ist dem Menschen wesensfremd. Bergbau, Handel und erste Handwerke mit ihren Auswirkungen für die akustische Umgebung des Menschen nahmen schon in der Jungsteinzeit ihren Anfang. Der älteste Bernstein gelangte vor 6000 Jahren vermutlich über uralte Handelswege nach Ägypten – quasi Fernhandel im Neolithikum. Dort entwickelte sich auch der Bergbau. Der älteste geregelte Abbau von Feuerstein in Gruben Oberägyptens fand schon 35000–30000 vor Christus statt. Von da an klopfte es auch unter der Erdoberfläche. Und der Mensch entdeckte ein magisches Material, das den Weg in ein neues Zeitalter des Lärms ebnete.

Klang der Erze:
Wie Metalle ein neues
Lärmzeitalter begründen

Der Klang von Metall steht für Gewalt, Zerstörung und Tod. Noch mehr als für Fortschritt, Technik und Zivilisation. Er ist hoch, hart, kalt, singend, klirrend und aggressiv. Holz dagegen klingt dumpf, tief und fast weich. Sein Klopfen und Tocken steht für Wärme, Feuer und Geborgenheit. Lärm durch Stein ist kräftig, krachend, bebend, erschütternd und dunkel. Er symbolisiert Stabilität und Kraft, aber auch die Gewalt der Natur.

Erste Metalle entdeckte und nutzte der Mensch schon am Ende der Steinzeit. Kleine Metallartefakte, die kürzlich in Kleinasien entdeckt wurden, sind etwa 12 000 Jahre alt. Doch es blieben Zufallsfunde der damaligen Menschen. Wahrscheinlich faszinierte sie ihr schimmernder Glanz. Das gelbglänzende Flussgold aus Gebirgsflüssen oder das rotmetallene Kupfer weckten vor allem wegen ihrer Farbe Interesse und konnten einfach aufgesammelt werden. Und die Menschen fanden das erste Eisen, das tatsächlich himmlisch war: Metall aus Meteoriten, aus dem unter anderem ein kleiner Dolch gefertigt wurde, der im Grab Tutanchamuns gefunden wurde. Bis dahin blieb Metall selten und deshalb für die menschliche Umwelt klangneutral.

Von Bedeutung für die Lautsphäre wurde erst die Förderung von Kupfer ab dem 4. Jahrtausend vor Christus. Archäologen haben in Jordanien am Roten Meer ein Dorf ausgegraben, in dem in großem Stil Kupfer aus einer 30 Kilometer entfernten Erzlagerstätte verarbeitet wurde – quasi eine Industriestadt der Kupfersteinzeit.[3] Die Nutzung des vorhandenen Metalls war nur der Anfang. Die Verhüttung, Erzeugung und Bearbeitung war der eigentliche Evolutionsschritt für den Menschen. Er sorgte für eine dramatische Veränderung der Laute in seiner Umgebung: Das Zischen der Öfen, das Hämmern der Schmiede und das Dengeln der ersten Werkzeugmacher hielten Einzug in die Welt. Der spätere Schlag des Schmiedehammers auf einen Amboss war für Jahrtausende das lauteste Geräusch, das der Mensch erzeugen konnte. Mit 150 dB ist er lauter als der Start eines modernen Flugzeugs.

Von Anbeginn umwehte Metallbearbeitung ein Hauch von Zauber und Magie. Hämmern, Funkensprühen und wundersame Formung kamen den Menschen geheimnisvoll vor. Und: Herstellung, Bearbeitung und Nutzung von Metall waren epochemachend. Nicht nur die Kupfersteinzeit erhielt deswegen ihren Namen. Auch die Bezeichnungen Bronzezeit und Eisenzeit machen klar, wie tiefgreifend und revolutionär die Nutzung der jeweiligen Metalle war. Auch heute befinden wir uns eigentlich noch in der Eisenzeit, auch wenn Stahl und Mikrochips jetzt den Fortschritt bestimmen. Die Nutzung von Metall – egal ob Kupfer, Silber, Gold, Blei, Bronze, Messing, Eisen, Stahl, Titan oder Aluminium – gehört in eine Reihe mit den Erfindungen von Rad, Dampfmaschine und Computer.

Das Geräusch der ersten Schmiede, das in den frühen Siedlungen überall zu hören war, wurde zur akustischen Kennung der Moderne, des Fortschritts und der Gewalt. Der römische Schriftsteller Vergil (70 v. Chr.–19 n. Chr.) versuchte Jahrhunderte später sich vorzustellen, wie die Welt vor Erfindung des Metalls und des Krieges geklungen hat.

> «So war das Leben, das der goldene Saturn auf Erden führte:
> Die Menschheit hatte noch nicht das Schmettern des
>   Kriegshorns gehört,
> Noch nicht das Klirren des Schwertes auf dem harten
>   Amboss.»[4]

Wir werden viele,
und viele sind laut –
Städte der Steinzeit

Für Lärm braucht der Mensch kein Metall und keine Maschinen. Er genügt sich selbst. Wer ein Theater besucht, kennt das: Das Murmeln von 1000 Menschen in einem Opernhaus, die sich in gespannter Vorfreude leise unterhalten, summiert sich zu einem lauten Brausen. Wenn 50000 Menschen in einem Fußballstadion ein Tor bejubeln, ist das Geschrei markerschütternd. Schon in der Frühzeit kannte man das Phänomen. Überall dort, wo viele Menschen zusammenkamen, wurde es laut. Jeder einzelne für sich zwar leise, aber in der Menge umso lärmender. Zehn Menschen waren lauter als ein einzelner, 1000 Menschen lauter als 100.

In der Altsteinzeit fiel der Mensch als Lärmquelle noch nicht ins Gewicht. Jüngste Forschungen gehen davon aus, dass während des Paläolithikums vor etwa 40000 Jahren nicht mehr als 1500 Jäger und Sammler im eiszeitlichen Europa lebten[5] – eine unfassbar geringe Zahl. Doch mit dem Ende der Eiszeit, wärmerem Klima, ersten Siedlungen und der Wanderung des Menschen stieg die Zahl stark an. Wahrscheinlich bevölkerten bereits im Neolithikum vor 12000 Jahren rund zwei Millionen Menschen die Erde. 1000 Jahre später, so schätzen Statistiker, waren es bereits doppelt so viele. Bis Christi Geburt stieg ihre Zahl auf fast 200 Millionen. Vor allem der Nahrungsüberschuss des Neolithikums war die Grundlage für diesen Bevölkerungsanstieg, der auch die Lautsphäre der frühen Menschen entscheidend veränderte.

Schon die Jungsteinzeit stieß das Tor auf zum Phänomen Stadt, das seitdem ein Synonym für Lärm geworden ist. Geschäftigkeit, Trubel, Rufen, Handwerkslärm – der Mensch der Stadt musste auch damals schon laut sein, um sich Gehör in einer klangvollen Umgebung zu verschaffen. Die Menschen sammelten sich dort, wo die Lebensbedingungen nach dem Ende der Eiszeit vor etwa 11000 Jahren optimal waren – im gemäßigten Klima des fruchtbaren Halbmonds zwischen Euphrat und Tigris, am Nil in Ägypten, am Indus, in China oder in Mittel- und Südamerika.

Ab 8000 vor Christus machten Siedlungen in Mesopotamien, Kleinasien und dem Vorderen Orient den Anfang. Erste Städte wie Jericho (heutiges Palästina) und Çatalhöyük (Türkei) hatten zwar schon bis zu 2500 Einwohner, waren aber eigentlich noch zu groß geratene Dörfer. Zentren von Urbanität im heutigen Sinne entstanden erst mit den frühen Städten in Mesopotamien im heutigen Irak. Eridu, Uruk und Babylon waren die ersten Megacitys. Mit ihren Gebäuden, Märkten, Festen, Religionen und Handwerken zogen sie Menschen aus nah und fern an. Das babylonische Sprachengewirr steht seitdem nicht nur für ersten Multikulturalismus, sondern auch für lärmende Menschenmassen.

Die Handwerke differenzierten sich aus, weil die Bauern im Umfeld der Städte genügend Nahrung erzeugen konnten, um andere Berufsgruppen mitzuernähren. Töpfer, Steinmetze, Tischler und Ziegelmacher zogen in jeweils eigene Stadtbereiche, wie Archäologen nachgewiesen haben. Bessere Logistik, einfachere Organisation und gegenseitige Unterstützung waren die Gründe dafür.

Die jeweiligen Berufsgruppen schufen charakteristische Klangmuster ihrer Wohn- und Arbeitsgebiete. Das Poltern der Ziegelmacher lotste die Menschen zu ihnen, wenn sie Nachschub brauchten. Oder ließ sie einen großen Bogen machen, wenn sie nichts von ihnen wollten. Das Geschrei der Händler und die Laute der Nutztiere wurden charakteristisch für die ersten Märkte der Geschichte. Die Steinmetze waren bis zur ersten gewerblichen

Herstellung von Metall mit dem Klopfen ihrer Kupfermeißel das lauteste Gewerbe. Nicht selten finden Forschende heute ihre Quartiere eher am Rand der Großsiedlungen.

Ob der Lärm der ersten Städte die Menschen störte, ist ungeklärt, aber möglich. Auf jeden Fall war er zunächst eine faszinierende Klanginsel in einer sonst eher stillen Welt. Und er gab den ersten Städtern durch die noch ungewohnte Gemeinschaft vielleicht auch so etwas wie Geborgenheit und Sicherheit.

Wahrhaft göttlich: der Lärm der Natur

Natur ist Stille, Beschaulichkeit, Erholung und ruhige Geborgenheit. Natur ist aber auch Lärm, Gewalt und zerstörerische Kraft. Gewitter, Donner, Sturm, Starkregen, Erdbeben, Vulkanausbrüche und Tsunamis sind archaische Gewalten. Und sie erzeugen Krach. Der knallende Einschlag eines Blitzes und der Donner sind die lautesten Geräusche, die der frühe Mensch kannte. Dieser Lärm macht Angst – noch heute. Und das beste Mittel gegen Angst ist das Verstehen der Ursache.

Für den Lärm der Natur hatten die ersten Kulturen aber noch keine Erklärung. Die Menschen suchten sie dort, wo der Lärm herkam – im Himmel, im Untergrund und sogar in den unbekannten Tiefen des Meeres. Die ersten Götter der Menschheit sind nicht zuletzt aus diesem Grund Naturgötter. Und diese Götter waren es auch, die den Lärm von Blitz, Donner und Sturm erzeugten. Beim Kampf zwischen Gottheiten, als Zorn der Götter auf die Menschen, als gerechte Bestrafung von Feinden oder der eigenen Fehlbarkeit oder als Vorbote drohenden Unglücks. Und manchmal sogar nur, wenn die Götter betrunken waren. Jedenfalls waren das Erklärungen, die viele Menschen damals überzeugten.

Der vielzitierte Begriff des Heiligen Lärms (Sacred Noise), den der kanadische Akustikforscher Raymond Murray Schafer (1933–2021) in den 1970er-Jahren prägte,[6] hat hier seinen Ursprung. Durch den Lärm des Donners hätten die Götter zu den Menschen gesprochen, sie bestärkt oder bestraft. Der griechische Göttervater Zeus als Blitzeschleuderer und Jupiter als sein römisches Pendant sind fast immer mit einem Blitz in der Faust abgebildet. Auch der germanische Donar (Thor) und der keltische Gott Taranis schleuderten Blitze. Lärm war schon damals ein Zeichen von großer Macht. Jeder muss dem Gewitter zuhören – ob er will oder nicht. Wer laut ist, hat recht und scheint unbesiegbar. Wer die Gewalt über den Lärm des Himmels hat, besitzt auch die Macht auf Erden.

Die Mythologie ist voll von lärmenden Klangbildern. Für den griechischen Dichter Hesiod (geb. ca. 700 v. Chr.) ist die Herkunft von Gewittern klar, logisch und nachvollziehbar, als er in seinem Werk *Theogonie* die Erschaffung der Welt schildert. In gewaltigen Schlachten kämpften die riesigen Titanen mit den Göttern um die Vorherrschaft:

> «So gewaltig war der Krach zu hören,
> als die Götter im Kampf aufeinanderprallten.
> Die Winde brachten ihr Gebrüll hervor,
> ein gewaltiges Beben der Erde und Staubsturm,
> mit Donner und mit Blitz,
> und das lodernde Leuchten.
> Die Waffen des großen Zeus,
> sie trugen den Lärm

und das Geschrei zwischen die Gegner,
und ein schrecklicher Tumult und
grausamer Kampf erhob sich.»[7]

Die Deutung von Donner als Lärm der Götter hat bis ins Mittelalter Bestand. Sie verliert erst an Bedeutung durch die Aufklärung und die Wissenschaft: Donner als explosionsartige Ausdehnung der Luft, wenn sie sich durch die elektrische Ladung auf 30000 Grad erhitzt. Und der Knall als Schallwelle, die bis zu 50 Kilometer weit zu hören ist. Bis zu 30 Millionen Mal pro Tag auf der Welt. Und bis zu der erstaunlichen Tatsache, dass die meisten der 700 Menschen, die pro Jahr vom Blitz getroffen werden, das auch überleben. Wie der US-Forstangestellte Roy Sullivan (1912–1983), der angeblich sieben Einschläge unbeschadet überstand. Trotz vollständig wissenschaftlicher Auflösung des mystischen Rätsels ist bis heute ein Rest der Magie von Blitz und Donner erhalten geblieben.

Biblischer Lärm: Wie Gott zum Radaubruder wurde

Die Bibel macht als Hort lärmender Gottesbeweise keine Ausnahme – im Gegenteil. Der jüdische und christliche Gott ist besonders eifrig, wenn es ums Bestrafen mit wildem Krach geht. Im Buch Jesaja im Alten Testament lässt er Babylon in apokalyptischem Getöse untergehen: «Schreit auf, denn der Tag des Herrn ist nahe; er kommt wie eine zerstörende Macht vom Allmächtigen (...). Dann wird der Himmel erzittern, und die Erde beginnt an ihrem Ort zu wanken wegen des Grimms des Herrn der Heere am Tag seines glühenden Zorns (...). Hyänen heulen in Babels Palästen, in den Lustschlössern heulen Schakale. Das Ende Babels steht nahe bevor.»[8]

Als die Ägypter das Volk Israel nicht ziehen lassen wollen, ruft Moses Gott um Hilfe an, und der Herr schickt Donner, Hagel und Feuer auf die Unterdrücker. Der Herr straft die Ungläubigen und besonders die Feinde des auserwählten Volkes mit Donner und Blitz – und er macht es laut, unüberhörbar und mit göttlicher Gewalt.

Dahinter steckt Methode. Die Bibelautoren zementieren mit den Klangkulissen die Unfehlbarkeit und Unverrückbarkeit göttlicher Entscheidung. Der Herr ist laut und allmächtig, hat recht, und er unterstreicht es mit göttlichem Lärm. Besonders deutlich wird das, als er Moses sein wohl wichtigstes Vermächtnis überreicht. Nachdem er ihm und dem jüdischen Volk die Zehn Gebote verkündet hat, setzt er ein donnerndes Ausrufezeichen. Es kracht und dröhnt, sodass auch der Letzte verstanden hat, wie ernst es Gott mit diesen Vorgaben meint. «Und alles Volk hörte den Donner, sah den Blitz und vernahm den Ton der Posaune (...)» (Buch Exodus, Kapitel 20).

Irgendwann lässt Gott seinen himmlischen Lärm sogar durch die Menschen erschallen, auch wenn die Propheten dabei in die magische Trickkiste gegriffen haben. So wie beim berühmtesten Sound-Ereignis der Heiligen Schrift – den Trompeten von Jericho. Ihr Lärm soll so erschütternd gewesen sein, dass die Mauern der Stadt brachen. Nach dem Buch Josua (6. Kapitel) wurde Jericho als erste Stadt westlich des Jordans von den Israeliten erobert und zerstört. Und zwar allein mit dem Lärm von Trompeten. Der durch Gottes Hilfe verstärkte Laut soll die Stadtbefestigung zum Einsturz gebracht haben, sodass die Israeliten freie Bahn hatten. Doch all das entstammt der Fantasie der frühen Bibelautoren.

Mehrere Fehler haben sich in die Legendenbildung eingeschlichen. So waren es keine Trompeten, sondern laut dem Buch Josua sieben Schofaren – die traditionellen Instrumente der jüdischen Liturgie, die aus Widderhörnern gefertigt wurden und ein tiefes Dröhnen erzeugten. «Und sieben Priester sollen sieben Widderhörner vor der Lade hertragen. Aber am siebten Tag sollt ihr siebenmal um die Stadt herumziehen, und die Priester sollen dabei in die Hörner stoßen. Und es soll geschehen, wenn man das Widderhorn anhaltend bläst und ihr den Schall des Horns hört, dann soll das ganze Volk ein großes Kriegsgeschrei erheben. Die Mauer der Stadt wird dann in sich zusammenstürzen.»[9]

Doch mit Schofaren lässt sich kein Schalldruck erzeugen, der Mauern zum Einsturz bringen kann. Und: Archäologische Befunde widersprechen den alttestamentlichen Beschreibungen. So war Jericho im 14. Jahrhundert vor Christus noch eine kleine Ortschaft, die so unbedeutend war, dass sie aufgegeben wurde und danach erst einmal unbewohnt blieb. Viel wichtiger ist allerdings, dass sie nachweislich wie fast alle Städte im historischen Kanaan unbefestigt war. Es gab also zu dieser Zeit keine Stadtmauer, die zum Einsturz hätte gebracht werden können. Spätere Zerstörungen der Stadt und Befestigungen sind allerdings überliefert, und diese Ruinen waren vermutlich auch für die Zeitgenossen sichtbar – womöglich die Grundlage für die Geschichte von Jericho.

Die Feinde des auserwählten Volks hatten es demnach in der Bibel schwer. In der offiziellen Geschichtsschreibung dagegen triumphierten die Ägypter. Und sie schrieben auch die Geschichte des Lärms fort – mit den ersten Großbaustellen der Menschheitsgeschichte.

Erste Großbaustelle der Menschheit: Wie das alte Ägypten klang

Heute ist der große Tag. Ich habe gehört, wie Vater im Morgengrauen die Tiere gefüttert hat. Die Vögel zwitschern, der Wind rauscht leise in den beiden Palmen vor der Hütte, in der Ferne bellt ein Hund. Und wie jedes Jahr hat sich das Wasser grün gefärbt – so wie immer, wenn die Sonne am höchsten steht. Es gluckst und plätschert in den kleinen Gräben, weil das Wasser des Nils steigt und näher kommt. Und doch ist dieses Mal alles anders. Zum ersten Mal darf ich mit, wenn Vater geht – zum großen Haus. Seit ich denken kann, ist es da, und ich kann es auf dem anderen Ufer erkennen. Fast fertig, ein hell schimmernder Fels von Menschenhand. Heute werde ich es zum ersten Mal aus der Nähe sehen. Überall im Dorf machen sie sich auf, und auch Vater und ich besteigen das Boot, das uns auf die andere Seite bringt. Nach dem Anlegen nähern wir uns in der morgendlichen Kühle der Baustelle. Ein merkwürdiges Geräusch klingt in meinen Ohren: ein Summen und Brausen aus Tausenden von Stimmen und fremden Klängen. Das Klopfen von Kupfermeißeln, das laute Rufen der Vorarbeiter, das schleifende Krachen und Knirschen eines großen Holzschlittens – begleitet vom Stöhnen der 50 Männer, die den Schlitten die Rampe emporziehen. Neben der Ausgabestelle sitzen Männer am Boden und schleifen mit fürchterlichem Kreischen die Kupfermeißel, die so schnell stumpf werden. Und dann das unaufhörliche Hämmern, das aus dem Steinbruch bis hierher dringt – dort, wo die Kräftigsten die Steine aus dem Fels brechen.

Als um 2600 vor Christus die Vollendung der Pyramide des Khufu (Cheops) naht, arbeiten mehrere Tausend Bauarbeiter gleichzeitig auf der ersten Großbaustelle der Weltgeschichte. Wohl zumeist freie Arbeiter, wie erst Anfang der 2000er-Jahre aufgefundene Gräber belegen. Sie nutzten die Zeit der Nilschwemme, während der auf den Feldern nicht gearbeitet werden konnte. Der griechische Geschichtsschreiber Herodot (ca. 490–430 v. Chr.) schätzte, dass 100000 Arbeiter zum Bau der Cheops-Pyramide benötigt wurden. Moderne Forscher nennen Zahlen zwischen 8000 und 300000 Menschen.

Doch egal, wie viele es genau waren – für die jungen Männer, die aus allen Teilen des Alten Reichs nach Gizeh kamen, wird es nicht nur ein unfassbarer Anblick gewesen sein. Auch die Lärmkulisse des Pyramidenbaus war wohl beeindruckend, einschüchternd und einmalig für die Zeitgenossen: das Hämmern der Bronzewerkzeuge oder die lautstarken Schleifer, die wahrscheinlich bereits in Schichten arbeiteten und trotzdem mit dem Schärfen der Meißel nicht hinterherkamen. Das Schreien der Vorarbeiter, das Rufen von Tausenden von Arbeitern oder das ohrenbetäubende Rumpeln der Steinschlitten. Das Rad kannten die Ägypter zwar schon, aber sie nutzten es nicht für Lastentransporte. So knirschten die schweren Lastschlitten über den Sand, begleitet vom Ächzen und Stöhnen der ziehenden Menschen. Als Bohrer diente hartes Gestein wie Granit, das vor Ort unter lautem Klopfen zugeschlagen wurde. Und zum Glätten schmirgelten Männer die Decksteine mit hartem Nilgeröll oder dem Sandstein selbst, was eine besonders glatte Oberfläche ergab.

Nicht nur die Arbeit der Handwerker wird für Lärm gesorgt haben. Tausende Menschen mussten mit Nahrung und Wasser versorgt und in der Nacht untergebracht werden: Träger, Steinmetze, Zimmerleute, Maler, Köche, Ärzte und Beamte. Ägypten war das Hightech-Land der Frühgeschichte. Seine Ingenieure, Architekten und Beamten organisierten den unaufhörlichen

Nachschub von Baustoffen über den Nil, ferne Handelswege und sogar die weite Strecke bis zum Roten Meer. Rumpeln, Klopfen, Dröhnen und Gewimmel begleitete diese Versorgungswege auch in der Nacht.

Das menschliche Ohr war schon im alten Ägypten Gegenstand medizinischer Behandlung. Das beweisen Papyri aus dem Ort Crocodopolis südwestlich von Kairo. 1976 entschlüsselte eine Ägyptologin die Fragmente. In der Gruppe der Ohrenbeschwerden vermerkte das frühe medizinische Handbuch Ohrgeräusche, stechenden Schmerz und eine Erkrankung der Ohrenschmalzdrüse, aber auch Taubheit und Hörverlust. Und es gab auch gleich ein Rezept: Zur Beseitigung der Ohrstörung sei dem Patienten eine Mischung aus Salz und Baumsaft zu geben.[10]

Die Religion sorgte für erste Massenveranstaltungen im Land am Nil. Feste und Prozessionen zu Ehren der Götter gehörten zum Jahresablauf der Ägypter wie das Opet-Fest zur Nilschwemme. Auf den Vorplätzen der Tempel, in den Häfen, am und auf dem Nil versammelten sich Tausende, um das Thronjubiläum des Herrschers oder die Ankunft von Göttern zu feiern. Es waren wahre Mega-Events, selbst für heutige Verhältnisse. Herodot berichtet, dass sich bei einem Fest in der ägyptischen Stadt Bubastis im Nildelta 700000 Menschen versammelten. «Festversammlungen halten die Ägypter nicht nur einmal im Jahr, sondern bei jeder Gelegenheit ab und mit Vorliebe in der Stadt Bubastis. Dort befinden sich in jedem Kahn eine Menge Menschen, Männer und Weiber. Manche unter den Weibern haben Klappern, mit denen sie rasseln, Männer spielen unermüdlich auf der Flöte, die übrigen Weiber und Männer singen und klatschen in die Hände.»[11]

1600 vor Christus eroberten Laute das Reich der Pharaonen, die bislang unbekannt waren – das Trappeln und Wiehern der Pferde. Mitgebracht wurden sie vom Volk der Hyksos, einer semitischen

Dynastie aus dem Osten, die für rund 100 Jahre das Land am Nil beherrschte. Pferde blieben ein Symbol der Elite und des Wohlstandes und wurden fast nur von den Herrschern genutzt. Für Ramses II. den Großen (ca. 1303–1213 v. Chr.) waren die Geräusche der Pferdeställe in den damals unglaublichen 90 Jahren seines Lebens ein vertrauter Teil seines Hofes. Mehrere Reliefe zeigen den legendären Pharao, wie er ratternd mit einem von Pferden gezogenen Streitwagen in die Schlacht zog. Altägyptischer Lärm hatte wahrscheinlich keine Bedeutung, die wir ihm heute beimessen. Er war wohl ein Faszinosum, das gepaart mit dem Anblick der Wunder die Menschen eher berauschte als beunruhigte. Und doch erinnert eine Legende daran, dass selbst im Land der Pharaonen Lärm schon an den Nerven zerren konnte. Als sich König Seqenenre um 1550 vor Christus die Herrschaft im Land mit den Hyksos teilen musste, geriet er mit dessen Herrscher aneinander. Der Hyksos-Fürst forderte den Pharao auf, die Nilpferde aus den Gewässern Thebens zu entfernen, da diese seinen Schlaf störten: «Es ist Apophis, der dir folgende Botschaft sendet: Sorge dafür, dass man sich von dem Kanal der Nilpferde zurückziehe, der im Osten der südlichen Hauptstadt (Theben) liegt! Denn sie lassen den Schlaf bei Tag und bei Nacht nicht zu ihm kommen. Denn der Lärm, den sie machen, erfüllt seine Ohren!»[12]

Wie der Streit ausging, ist nicht überliefert. Wahrscheinlich handelt es sich um eine Sage. Nicht auszuschließen ist, dass es bald danach zu Auseinandersetzungen zwischen den Ägyptern und den Hyksos kam, die als Besatzungsmacht empfunden wurden. Glaubt man der Legende, folgte aus dem Streit über nachbarschaftlichen Krach die wohl fürchterlichste Form der lauten Geräusche – der Lärm des Krieges.

Antike
Lärm ist Macht

Furor belli – Lärm als Laut des Schreckens

Die Geschosse sind eiförmig und aus gebranntem Lehm. Rund 1100 von ihnen liegen verstreut in den Trümmern eines uralten Hauses, das vor 5500 Jahren in sich zusammenstürzte. Zwei Dutzend der Lehmkugeln sind unbenutzt und säuberlich aufgereiht. Der Schleuderer in Hamoukar im heutigen Syrien kam nicht mehr dazu, sie zu benutzen. Als US-Archäologen die Kugeln im Jahr 2006 im nördlichen Mesopotamien ausgruben, war ihnen schnell klar, dass sie auf Spuren eines Krieges gestoßen waren. Doch es ist nicht irgendein Krieg. Stimmen die Befunde und Interpretationen der Wissenschaftler, handelt es sich bei dem Haus um die älteste jemals gefundene Munitionskammer der Welt.[1] Es wäre der Beleg für den bislang frühesten organisierten Krieg der Menschheitsgeschichte – 3500 Jahre vor Christus.

Krieg ist Gewalt in akustischer Form – ohrenbetäubend, angsteinflößend, traumatisierend, aber auch aufputschend, antreibend und fanatisierend. Weltliteratur und Geschichtsschreibung sind voll von Beschreibungen des Krieges und seines Lärms.

Bereits in der Antike prallten Armeen mit mehreren Zehntausend Kämpfern aufeinander – Schilde gegen Schwerter, Kampfgeschrei, rasselnde Streitwagen, wiehernde Pferde und schallende Kriegstrompeten. Die Töne des Nahkampfes waren dicht, unmittelbar und für die römischen Legionäre genau verort- und einschätzbar. Der Klang der antiken Fernwaffen hatte dagegen etwas Unberechenbares, Unheimliches und Heimtückisches. Bis heute ist das so geblieben. Die Feldgeschütze und Katapulte der Artillerie zischten und schlugen unerwartet zu. Wie aus dem Nichts regneten in sirrendem Hagel Tausende von Pfeilen der gegnerischen Bogenschützen auf die Soldaten herab. Der römisch-jüdische Geschichtsschreiber Flavius Josephus berichtete in seiner Chronik des Jüdischen Krieges (66–70 n. Chr.) vom Angriff der römischen Truppen. Verheerend war die Wirkung der Balliste – ein Geschütz, das schwere Pfeile und Bolzen durch Torsionskraft abfeuerte. Die Geschosse konnten mehrere Kämpfer auf einmal töten. Wehrtürme und Mauern brachen ein, wenn die Steine der Katapulte sie trafen.

Insbesondere die archaischen Schleuderer waren gefürchtet. Ihr Stein- oder Bleiprojektil konnte jederzeit treffen und sogar eine Rüstung durchschlagen. Flavius Josephus schilderte plastisch den Angriff des römischen Heerführers und späteren Kaisers Vespasian auf die Bergfestung Jotapata im Jahr 67: «Eine so entsetzliche Wirkung hatte die Steinschleuder! Fast noch grauenvoller als die eigentliche Wirkung der Geschütze war das Dröhnen, das sie begleitete, und noch unheimlicher als die Kraft der Geschosse ihr Zischen und Sausen. Nacheinander hörte man den dumpfen Fall der zu Tode Getroffenen, die von der Mauer sanken, und in das furchtbare Jammergeschrei, das jedes Mal die Frauen im Innern der Stadt erhoben, klang von draußen das Ächzen der Sterbenden.»[2]

Vom sagenhaften Trojanischen Krieg berichtete Homer – er wird sich an Klangbildern zeitgenössischer Kriege orientiert haben. Er schilderte den Kampf von Griechen und Trojanern, die mit lautem Geschrei einander entgegenstürmten. «Nicht so donnert die Woge mit Ungestüm an den Felsstrand, (…) nicht der Orkan durchbrauset die hochgewipfelten Eichen (…). So voll Wut, wann am meisten mit großem Getös er dahertobt (…), da sie mit grausem Geschrei anwüteten gegeneinander.»[3]

Griechenland, Hort der Philosophen, der Dichtkunst, von Architektur und Demokratie, war vor allem auch ein Zentrum des

Krieges. In den knapp 600 Jahren ihrer kulturellen Blütezeit führten die frommen Hellenen unzählige Kriege. Mal gegen äußere Feinde wie die Perser und später die Römer, doch vor allem untereinander. Die feinnervigen Anführer der Stadtstaaten wie Athen, Sparta, Theben oder Korinth setzten ihre Interessen mit roher Gewalt durch. Der Klang des Krieges war den Griechen vertraut und findet sich überall in der griechischen Literatur. Schlachtenlärm war göttlich und sagenhaft.

Lärm war zugleich eine militärische Waffe. Als Element der Einschüchterung des Gegners oder als Überraschungsmoment. «Man sollte die Armee schreiend in die Schlacht schicken (...), weil ihr Erscheinen und Geschrei und das Klirren der Waffen die Herzen der Feinde verwirrt», schrieb der griechische Stratege Onasandros im 1. Jahrhundert vor Christus in seinem Werk *Strategikos.*[4] Das rhythmische, vieltausendfache Schlagen römischer Legionäre mit ihren Schwertern auf die hölzernen Schilde muss einen Höllenlärm erzeugt haben, der den Gegner manchmal schon vor Kampfbeginn entmutigte. Dazu kamen das laute Tuten der Feldhornbläser (Cornicen) oder der durchdringende helle Ton der Signalhörner (Lituus). Zur Ausrüstung gehörte auch das Cingulum, ein metallbeschlagener Lendengürtel, der beim Marschieren rasselte. Zusammen mit den eisenbenagelten Sohlen der Soldatenstiefel ergab sich ein eindrucksvolles und einschüchterndes Lautbild, das seinen Eindruck sicher nicht verfehlte.

Aber auch die Gegner der Römer nutzten den Lärm. Der römische Geschichtsschreiber Tacitus schrieb in seiner *Germania,* dass die Germanen vor jedem Angriff einen Kriegsgesang anstimmten, den Barditus. Die Männer hätten die Schilde vor den Mund genommen und zunächst leise gemurmelt. Das Murmeln sei angeschwollen, wurde von den Schilden verstärkt und steigerte sich zu einem Brüllen, mit dem der Angriff eingeleitet wurde. Über Jahrhunderte behielten die germanischen Stämme diese Kampftaktik bei. «Es beginnt mit einem schwachen Summen, verstärkt sich dann allmählich, wie das Brausen der Meereswogen, die gegen Klippen branden», berichtete der Historiker Ammianus Marcellinus im 4. Jahrhundert.[5] Akustische Unterstützung erhielten die germanischen Krieger von ihren Frauen, wie der griechische Historiker Strabon (63 v. Chr.–23 n. Chr.) in seiner *Geographika* über die Kimbern schrieb: «Während der Kämpfe schlugen sie auf die Häute, mit denen das Flechtwerk der Wagen bespannt war, sodass ein ungeheurer Lärm erzeugt wurde.»[6]

Die römische Armee trug Kriegslärm damals in alle Teile der bekannten Welt – von den britischen Inseln bis nach Nordafrika, von Spanien bis an die Grenzen Indiens. Die erste Weltmacht führte gefühlt ununterbrochen Krieg. In Wahrheit überwogen für die meisten römischen Bürger und auch die meisten Legionäre die Zeiten des Nichtkämpfens. Wenn die Armee, die in ihrer Blüte bis zu 30 Legionen und rund 200000 Männer unter Waffen hatte, allerdings in den Krieg zog, waren es gewaltige Aufmärsche. Wie zum Beispiel bei der für Rom verheerenden Schlacht bei Cannae an der Adria südlich von Rom am 2. August 216 vor Christus. Insgesamt 86400 Soldaten der römischen Republik – Historiker haben das exakt berechnet – trafen auf das 60000 Mann starke Heer des karthagischen Feldherren Hannibal. Die lärmende Schlacht endete mit einer vernichtenden Niederlage der Römer. Fast 55000 Soldaten verloren ihr Leben.

Kriegslärm als Mittel der psychologischen Kriegsführung machte eine erstaunliche Entwicklung durch. Als die ersten Kriegselefanten spätestens um 500 vor Christus in indischen Heeren eingesetzt wurden, dienten sie vor allem zur Einschüchterung der Gegner. Ihr Trompeten, ihr Stampfen und Schnaufen müssen verstörend gewirkt haben. Militärisch war ihre Wirkung wohl überschaubar. Von Indien gelangte das Wissen ins Perserreich. Noch vor den Römern machte Alexander der Große als erster Europäer die Bekanntschaft mit den furchteinflößenden Tieren. Es gilt als gesichert, dass die makedonischen Truppen am 1. Oktober 331 vor Christus auf Kriegselefanten des Perserkönigs Dareios trafen.

Als der karthagische Heerführer Hannibal 218 vor Christus mit 37 Tieren in seinem berühmten Feldzug über die Alpen kam, waren Kriegselefanten bereits ein alter Hut. Schon 60 Jahre zuvor hatten die Römer in Süditalien gegen den altgriechischen König Pyrrhus gekämpft – und verloren. Doch der Sieg, den der griechische Machthaber von der anderen Seite der Adria auch durch seine 20 Kriegselefanten erlangen konnte, war trügerisch. Er verlor in der Schlacht zahlreiche Krieger. «Noch einen solchen Sieg über die Römer – dann sind wir vollständig verloren!», soll er gesagt haben. Das geflügelte Wort des Pyrrhus-Sieges war geboren. Im frühen Mittelalter verschwanden die laut trötenden Kriegselefanten zunächst aus der europäischen Geschichte und wurden zur Legende.

Wie die riesigen Armeen in einer Zeit ohne Funk und Feldstecher kommunizierten, ist heute nahezu geklärt. Da der Lärm auf dem Schlachtfeld sprachliche Kommunikation fast unmöglich machte, setzten die Römer auf Signalmusik und das menschliche Auge. Die Militärmusiker (Aeneatores) gaben auf ihren Feldhörnern genau abgestimmte Signale, um den Truppen Befehle zu geben. An den Bewegungen der Feldzeichen (Signum) konnten die Heerführer dann sehen, wie die Befehle umgesetzt wurden. Die Bläser standen immer in der Nähe der Feldzeichenträger (Signifer). Sie gehörten zu den wichtigsten Soldaten. Fiel ein Signifer, wurde er sofort durch einen Legionär ersetzt. Das komplexe Signalwerk wurde ergänzt durch den hellen Ton der Signalhörner (Lituus), die dunkel dröhnende Feldtuba und die Bucina, die laut klingende Militärtrompete. Polybios berichtete vom Krieg, den Rom im Jahr 225 vor Christus gegen die Kelten führte: «Es gab unzählige Hornbläser und Trompeter, und als die ganze Armee gleichzeitig ihre Kriegsschreie ausstieß, entstand ein solcher Tumult, dass es schien, als hätten nicht nur die Trompeten und die Soldaten, sondern das ganze Land ringsum eine Stimme bekommen und einen gewaltigen Schrei ausgestoßen.»[7]

Rom: Millionenstadt im Lärmtaumel

Ich wohne selbst für römische Verhältnisse schlecht – im obersten Stockwerk, dem fünften, direkt unter dem Dach. In meinen beiden kleinen Räumen habe ich zwar genug Platz, aber wer will hier schon wohnen. Die Fensterläden lassen sich nicht schließen, die Wände sind so dünn, dass ich den Streit der Nachbarn nicht nur neben mir, sondern auch unter mir genau höre. Obwohl ich so weit oben wohne, lärmt die Straße bis in meine Räume. Tagsüber schreien sich die Händler die Kehlen wund, und der Zimmermann, bei dem ich arbeite, macht natürlich den meisten Lärm, wenn ich frei habe. Nachts komme ich erst recht nicht zur Ruhe, da die Straße dann den Fuhrleuten gehört. Die knallenden Peitschen, das Rumpeln der eisenbeschlagenen Räder und das Geschrei und der Streit der Kutscher – Rom ist der Hades, nur dass ich dem Fährmann kein Geld zahlen musste. Die Taverne unter mir lärmt die halbe Nacht, und wenn die letzten Betrunkenen nach Hause ziehen, beginnt auf der anderen Seite die Morgenschule. Laut skandieren die hohen Stimmen hinter dem dünnen Vorhang am Straßenrand lange Verse, nur unterbrochen von dem Aufschrei eines Jungen oder eines Mädchens, wenn der Lehrer mit dem Stock zugeschlagen hat. Noch immer räumen sie die Trümmer der Insula am Forum Boarium weg, die vor drei Tagen nachts mit einem lauten Krachen zusammenstürzte. Nur drei Menschen haben den Einsturz überlebt. Wenn ich Glück im Unglück habe, dann wurden in meinem Haus wenigstens gebrannte Ziegel verbaut.

Das frühe Rom ist noch ein Provinznest. Kaum mehr als eine Ansammlung von Lehmhütten zwischen den berühmten sieben Hügeln. Doch nach dem Sieg über den letzten König der Etrusker, Tarquinius Superbus, im Jahr 509 vor Christus beginnt Roms Aufstieg zur Weltmacht. Wie laut die Stadt einmal werden würde, ahnte keiner der frühen Bewohner. Der römische Geschichtsschreiber Titus Livius (ca. 59 v. Chr.–17 n. Chr.) wusste bereits um die Kakophonie am Tiber. Und er schrieb die berühmte Geschichte auf, wie tierischer Lärm die Stadt Rom in ihren Anfangsjahren rettete – die Legende der kapitolinischen Gänse. Sie sollen die Bewohner vor einem Angriff der Kelten gewarnt haben, als sich im Jahr 387 vor Christus ein Heer der Stadt näherte. Das schnatternde Federvieh riss die Soldaten rechtzeitig aus dem Schlaf, um zumindest die Heiligtümer auf dem Kapitol zu beschützen. Natürlich waren es keine gewöhnlichen Gänse, sondern heilige Tiere der Göttin Juno, denen die Römer ihr Leben wegen ihres lauten Geschreis verdankten. Göttlicher Lärm, der den Römern wohlgesinnt war. Der spätere Lärm der Stadt wurde dagegen für fast alle zur Plage.

Die Stadt am Tiber wird fast 1000 Jahre lang zum bestimmenden Kraftfeld der europäischen, nordafrikanischen und vorderasiatischen Welt. Sie prägt Kultur, Technik, Wissenschaft, Krieg, Mobilität und Handel in einem so bedeutenden Maß, dass unsere europäische Kultur ohne Rom nicht denkbar wäre. Und noch etwas ist hier besonders ausgeprägt: Großstadtlärm – in einer Form, die frappierend an moderne Millionenstädte erinnert. Das Getöse, Geschrei, Rattern und Brummen Roms war bis dahin ohne Beispiel. Roms Lärm war konstant, dauerhaft, hörbar am Tag und in der Nacht, unbezähmbar, enervierend, krank machend und ohrenbetäubend wie kein von Menschen gemachter Lärm zuvor. Die ungeheure Menge an Personen, die engen Gassen, der dichte Verkehr, die hohen Häuser, der Krach von Wirtschaft, Freizeit, blutigen Spielen und Rennen – alles wirkte auf die Einwohner der Stadt ein, die dem Lärm ungeschützt ausgeliefert waren.

Fußgänger, Sänftenträger, Reiter und Fuhrwerke verstopften lärmend die Gassen der Stadt. Die metallbeschlagenen Holzräder ratterten und rumpelten ohrenbetäubend. Straßenhändler überboten sich mit ihrem Geschrei, Handwerker klopften, feilten und hämmerten in ihren offenen Werkstätten am Straßenrand. Sklaven versuchten lautstark Platz für ihre Herrin oder ihren Herrn zu schaffen, dazwischen jagten sich die Straßenhunde. Zum typischen Lärm der Stadt zählte in den ersten Stunden des Tages das Klopfen der Bäcker. Pistores waren Sklaven, die Mehl herstellten, indem sie das Getreide in Mörsern zerstampften. Schuster, Tischler, Glasschleifer, Töpfer, Silberschmiede und Instrumentenbauer hatten ihre Werkstätten direkt unterhalb der Schlafzimmer der Menschen. Die Handwerker, vor allem verarmte Freie und aufstrebende Freigelassene, waren häufig nicht wohlhabender als die vielen Plebejer, die in den lauten Wohngegenden leben mussten. Da die Handwerker dort wohnten, wo sie auch arbeiteten, machten sie sich das Leben selbst zur Lärmhölle. Über Jahrhunderte blieb Rom die lauteste Stadt der Welt, und als sie unterging, dauerte es Jahrhunderte, bis wieder eine Stadt entstand, die so laut werden konnte.

Rom war die erste Millionenstadt der Geschichte. Wann die Stadt die Einwohnerzahl von einer Million Menschen erreichte, ist unklar. Nach einigen Autoren war es schon im 1. Jahrhundert so weit, nach anderen erst ab dem Jahr 330 nach Christus. Die Zahl der Einwohner trug maßgeblich zum Lärm Roms bei. Wie laut es war, lässt sich ziemlich genau rekonstruieren – durch archäologische Funde, alte Stadtpläne, die erhaltenen Gebäude und zeitgenössische Autoren wie Juvenal oder Martial.

Auch der römische Dichter Horaz (65–8 v. Chr.) ist eine der Quellen, die unmittelbar auf den Lärm der antiken Großstadt eingehen. Seine Briefe (*Epistulae*) wurden in den ersten Amtsjahren von Kaiser Augustus in zwei Büchern veröffentlicht. Bildhaft schilderte der Dichter den Krach der Metropole. An seinen Freund Julius Florus, einen latinisierten Gallier, schrieb er: «Und außerdem: Meinst Du, ich könne in Rom noch Gedichte schreiben? Inmitten all der Probleme und Plagen?»[8]

Der Lärm Roms mache sein Leben zur Last und seine Arbeit unmöglich: «Da hastet ein aufgeregter Bauunternehmer mit seinen Maultieren und Trägern vorbei, der Baukran hievt empor bald einen Steinblock, bald einen riesigen Balken. Da schleppt sich ein Trauerzug mit klobigen Rädern vorbei, dort reißt ein tollwütiger Hund aus, da rennt ein schmutziges Schwein vorbei: Komm nur und ersinne jetzt wohlklingende Verse! Der gesamte Chor der Dichter liebt bekanntlich den Wald und flieht aus der Stadt (...). Du aber willst, dass ich inmitten des Tag und Nacht niemals endenden Lärms singe und wandle auf den schmalen Pfaden des Dichters?»

Der römische Satiriker Juvenal (ca. 60–127 n. Chr.) beschrieb den Lärm der Kaiserzeit ironisch und sarkastisch: «Welche gemietete Wohnung lässt hier die Ruhe zu? Nur der Reiche und Vornehme kann des Schlafes sich freuen. Das Rasseln der Karren und Wagen in dem engen Gewirr der Gassen, das Fluchen und

Schimpfen, das der Fuhrmann erhebt – all das kann selbst General Drusus oder einem Seekalb den Schlaf rauben (...). Wir eilen und drängen uns durch das Gewoge, das vor uns dahinzieht. Von hinten drückt uns die Masse des Volks, mit Schlägen in die Lenden und Rippenstößen. Der Ellenbogen des einen trifft uns in dem Gewühl, die harte Stange des andern. Bald ist's ein Balken, der an den Kopf stößt, bald eine Tonne (...). Siehe, da kommt ein Wagen mit schwankender Tanne beladen. Hinter ihm her ein zweiter, der eine Fichte zieht – mächtige Stämme, hoch nicken sie oben und drohen der Menge. Doch das Ärgste ist, wenn schwere Marmorblöcke aus Carrara die Achse eines Rades brechen lassen und die berghoch geschichtete Masse sich nieder aufs Volk stürzt. Was bleibt da noch übrig vom Menschen? Nicht ein Glied bleibt ganz, kein Knochen ist mehr zu finden. Alles zermalmt zu Brei, ja der ganze Körper verschwunden.»[9]

Besonders üble Viertel versuchten die reicheren Römer zu umgehen, wie die berüchtigte Subura, das schmutzige und lärmerfüllte Armen- und Prostituiertenviertel östlich der Kaiserforen. Hier war es dunkel, gefährlich und gefühlt immer laut – bei Tag und bei Nacht. Hühner, Hunde, Kühe und Schweine, aber auch Esel, Maultiere und Kamele liefen zum Teil frei herum. Ganze Tierherden wurden durch Rom getrieben, um den Fleischbedarf der Millionenstadt zu decken.

Um alle Menschen im Rom der Kaiserzeit unterzubringen, gab es schon Hochhäuser: Insulae – mit allen Nachteilen, die für einen lauten Alltag sorgten. Schon für die Zeit der Republik sind mehrgeschossige Häuser belegt. In der Kaiserzeit wuchsen die Wohnblöcke dann auf bis zu sechs oder mehr Geschosse. Rom baute früh in die Höhe, da der Raum für die schnell wachsende Einwohnerzahl begrenzt war. Mit der Zahl der Wohnhäuser stieg die Lärmbelastung für die Römer: laute Nachbarn, schlechte Schallisolierung, dichte Belegung und keine Trennung von Wohnen und Gewerbe.

In der späten Kaiserzeit soll es mehr als 46000 Wohnblocks gegeben haben. Die meisten Römer lebten zur Miete, und nur den reichen Römern war ein eigenes Haus (Domus) vorbehalten. Knapp 1800 größere Einzelhäuser zählte Rom zu dieser Zeit. Einige der Villen lagen abseits der lauten Plebejerviertel, doch der Lärm der Stadt gelangte auch dorthin. Die reichen Familien Roms sorgten dafür, dass es zumindest in ihren Haushalten ruhiger zuging. Wer es sich leisten konnte, beschäftigte einen Silentiarius, einen Sklaven, der im geschäftigen Alltag des Hauses für Ruhe zu sorgen hatte. Seit dem 1. Jahrhundert nach Christus sind sie in Rom und den Provinzen belegt. Sie erwarben sich Verdienste, einige von ihnen wurden in die Freiheit entlassen (Liberti).

Ruhe war zum Luxusgut geworden, das sich die reichen Römer etwas kosten ließen. Doch spätestens beim Tritt vor die Haustür wurden auch Adlige, wohlhabende Bürger, Ritter und Senatoren vom Lärmchaos eingeholt.

Gepeinigte Großstädter: Nur raus hier!

Schon damals in Rom zeichnete sich ab, wer am meisten unter dem Lärm litt. Vor allem Schriftsteller, Dichter, Intellektuelle und andere Geistesarbeiter klagten und jammerten über den Lärm – ein Phänomen, das bis heute anzutreffen ist. Für Franz Kafka, Heinrich Heine oder Arthur Schopenhauer (wir kommen noch auf sie und viele andere zu sprechen) wäre das antike Rom die Lärmhölle auf Erden gewesen. Es denkt und schreibt sich eben schwer, wenn die Stadt wie ein übermüdeter Säugling ohne Unterbrechung schreit.

Bei der wissenschaftlichen Erklärung der Töne gerieten die Philosophen und Wissenschaftler der Antike an ihre Grenzen. Was ist Lärm? Wie hören wir? Pythagoras von Samos (ca. 570–510 v. Chr.) kam neben dem weltbekannten Grundsatz der Geometrie auf die Idee, dass bei den Bewegungen der Himmelskörper Töne entstehen, deren Höhe von Abstand und Geschwindigkeit abhängt. Die Sphärenharmonie sei für die Menschen normalerweise nicht hörbar. Der Himmel töne in Akkorden, die auch die Grundlage der weltlichen Musik seien.

Legendär ist seit der Antike die Geschichte von Pythagoras in der Schmiede. Demnach sei der große Philosoph und Mathematiker an einer Werkstatt stehen geblieben und habe dem Klang der Schmiedehämmer gelauscht. Angeblich habe er eine Harmonie herausgehört, deren Gleichklang vom Gewicht der Hämmer abhängig gewesen sei. Bei entsprechendem Gewicht würden die Klanghöhen den reinen Intervallen von Oktave, Quarte und Quinte entsprechen. Obwohl die moderne Wissenschaft den Zusammenhang widerlegt hat, hielt sich seitdem die Meinung, dass Pythagoras damit der Begründer der mathematischen Analyse der Musik war. Auch wenn es wahrscheinlich nicht so ist – der Philosoph schrieb als Erster nieder, dass sich hinter dem Lärm seiner Zeit Muster und Wirkmechanismen verbergen. Er ebnete den Weg für alle Akustikforscher, Sound-Designer und Lärmschutzbeauftragten der modernen Welt.

Der griechische Geschichtsschreiber Strabon (63 v. Chr–23 n. Chr.) widmete sich dem lautesten Tier, das den Menschen der Antike bekannt war – nur etwa drei Zentimeter lang, dafür umso lärmender. Die männliche Singzikade versetzt durch Muskelkontraktionen ihres Unterleibs Schallmembranen in Schwingung, um Weibchen anzulocken. Dabei erreicht sie einen Schalldruckpegel von mehr als 100 dB – lauter als so mancher Motorrasenmäher. Strabon beschrieb das Geräusch in seinem Hauptwerk *Geographika* als «wohltönend», für Platon waren die Insekten den Singvögeln ähnlich und Helfer der Musen. Ihrer Beschreibung nach wurde ihr Zirpen in der Antike von vielen Menschen als angenehm empfunden – vorsichtige Zweifel sind angebracht.

Der Dichter Marcus Valerius Martialis (Martial, 40–103/104 n. Chr.) stammte aus einer ruhigen Provinz Spaniens und kam zeit seines Lebens nur schwer mit dem Lärm Roms klar. In seinen ersten Monaten am Tiber lebte er im dritten Stock einer Insula auf dem Quirinal, ungefähr da, wo heute die Fontana di Trevi liegt. Von ihm ist der Spruch überliefert, dass der Straßenlärm nachts ein Geräusch mache, als wenn die gesamte römische Armee durchs Schlafzimmer marschiere. In seinen berühmten *Epigrammata* klagte er: «Manchmal aufzuwachen geht noch, aber die Nacht durchwachen ist schlimm.»[10]

Finanzielle Gönner ermöglichten ihm später den Kauf eines kleinen Landhauses, das ihm zumindest zeitweise die Flucht aus dem lauten Rom gestattete. Seine Epigramme sind noch heute ein Zeugnis des Lärms. «Warum ich so oft mein kleines Landgut im dürren Nomentum und mein schäbiges Landhaus aufsuche, fragst Du? Weder für geistige Arbeit noch zum Ausruhen hat in der Stadt einen Ort derjenige, der arm ist. Ihm machen das Leben unmöglich am Morgen die Schulmeister, in der Nacht die Müller, den ganzen Tag über die Hämmerchen der Erzschmiede (...). Wer könnte all das aufzählen, was Ausruhen und Schlafen unmöglich macht! (...) Weder gibt die ekstatische Anhängerschaft der Bellona (Kriegsgöttin) auch nur einen Moment Ruhe, noch der geschwätzige Schiffbrüchige mit den bandagierten Rippen, noch der kleine Judenjunge, dem seine Mutter das Betteln beigebracht hat, noch der triefäugige Schwefelholzhändler (...). Du, Sparsus, weißt davon allerdings nichts und kannst es auch gar nicht wissen, fein wie du wohnst in der ehemaligen Residenz des Petilius (...). Mich dagegen weckt das Lachen der Leute, die vorübergehen, und Rom ist gleich an meinem Bett. Sooft ich also, entnervt und erschöpft, schlafen will, verzieh' ich mich auf mein Landhaus.»[11]

Auch über eine Elementarschule in seiner Nachbarschaft regte sich der Dichter auf. In den kleinen Privatschulen unterrichteten Litteratores und Grammatici die Kinder für ein kärgliches Geld im Schreiben, Lesen und Rechnen. Die offenen Schulräume waren häufig nur durch eine dünne Plane von der Straße getrennt. Das Nachsprechen im Chor, Stockschläge und das Schreien der Lehrer – alles drang ungefiltert nach außen und verstärkte den Lärm.

Zwei Epigramme Martials beziehen sich allein auf die Schulen. In einem macht der Dichter einem Lehrer das Angebot, ihm die Summe zu zahlen, die er für seinen lautstarken Unterricht bekommt – damit er seinen Mund hält. Und im anderen unterbreitet er den Vorschlag, die Schülerinnen und Schüler schon im Juli in die Ferien zu schicken, am besten gleich bis Oktober. «Noch haben die Hähne nicht das Schweigen der Nacht gebrochen, und schon brüllst voller Wut schimpfend und schlagend du los», klagt Martial übernächtigt. «Lass deine Nachbarn schlafen, (...) und schick deine Schüler nach Haus: So viel wie du fürs Brüllen einnimmst, du Ruhestörer, wollen wir zahlen, nur halte das Maul!»[12]

Ein fast krankhaft Lärmempfindlicher war Lucius Annaeus Seneca (ca. 1–65 n. Chr.). Den römischen Philosophen, eigentlicher bekennender Stoiker, verließ die stoische Ruhe, wenn es um Lärm ging. Im Urlaubsort Baiae am Golf von Neapel wohnte er zeitweise über einer Thermenanlage, die von vielen Menschen besucht wurde. In einem Brief an seinen Freund Lucilius klagte er über den unablässigen Lärm, der von dem großen Bad ausging. Die Menschen seien so laut, dass er kaum einen Gedanken fassen könne – allen voran Masseure, Ballspieler und Fitness-Freaks, die es auch damals schon gab. «Wenn die Stärkeren sich üben und ihre mit Blei beschwerten Hände schwingen, wenn sie sich abarbeiten oder Arbeitende nachahmen, so vernehme ich ein Geächze und, sooft sie den angehaltenen Atem ausstoßen, dessen heftiges Zischen. Wenn es sich fügt, dass ein plumper Masseur sein Wesen treibt, der sich begnügt, auf die ganz gemeine Weise zu Werk zu gehen, so höre ich das Klatschen der Hand auf den nackten Schultern, was, je nachdem die Hand hohl oder flach auffällt, verschiedene Töne gibt. Kommt nun auch noch ein Ballschläger dazu und fängt an, seine Schläge zu zählen, so ist kein Bleiben mehr.»[13]

Ganz besonders auf die Nerven gingen dem Stoiker die Haarauszupfer in der Therme. Wie schon der Dichter Ovid in seiner *Ars amatoria* beschrieb, war das Epilieren sowohl für Frauen als auch für Männer üblich. Mit Pinzetten und Wachs entfernten Kosmetiker Haare an Achseln und Beinen. Ein Schönheitsritual, nichts für empfindliche Ohren: «Stelle dir die feine und schrille Stimme vor, die ein Haarzupfer herauspresst, um sich bemerkbar zu machen; der schweigt nicht eher, als bis er etwas zu zupfen hat, wo er denn den anderen für sich schreien lässt.»

Geschrei, das klatschende Geräusch, wenn die Badenden ins Wasser sprangen, und das Treiben der Händler, die ihre Waren in den Thermen anboten – all das brachte Seneca an seine Grenzen: «Vollends das Ausrufen des Getränkeverkäufers, der Kuchenbäcker, der Wurst- und Gebäckhändler, und all der Krämer und Garköche, die ihre Ware, jeder mit seiner eigentümlichen auffallenden Modulation, feilbieten.» Ernüchtert und frustriert fasste er seinen Ärger über den Lärm zusammen: «Du bist aus Eisen oder taub, wenn unter so buntem und misstönendem Geschrei je deine Gedanken in Ordnung bleiben.»[14]

Rede, Rad und Rostra – Nachrichten erobern die Welt

Eine wohltönende Stimme sei eine Gabe und ein Geschenk. Wer stottere oder eine schlecht klingende Stimme habe, dem helfe die beste Ausbildung nichts. Als Marcus Tullius Cicero (106–43 v. Chr.), der wohl berühmteste Redner Roms, seine Theorien über die Redekunst *De Oratore* veröffentlichte, wusste er, worauf es ankommt. «Ein gutes Latein und eine klare Aussprache» seien wichtig, ließ er seinen Lehrer Crassus in dem Buch erklären.[15] Eine allzu weiche, weibliche Sprechweise sei ebenso falsch wie eine betont rustikale. Es war das Hauptproblem der Rhetoren und Oratoren der Antike von Demosthenes bis Cato – in einer Zeit ohne Mikrofon, Lautsprecher oder Megafon überhaupt gehört zu werden.

Antike Redner hatten nur ihre Stimme und die Akustik vor Ort – sonst nichts. Immerhin halfen resonanzstarke Plätze und Gebäude wie die griechische Agora, römische Theater oder die Foren der Metropolen. Wenn Staatsmänner wie der griechische Perikles vor die Massen traten, mussten sie immer darauf hoffen, dass sie gut gehört wurden. Der römische Feldherr und Redner Marcus Porcius Cato (234–149 v. Chr.) beendete in der Zeit der

Republik angeblich jede Rede mit dem Satz «Ceterum censeo Carthaginem esse delendam» («Im Übrigen bin ich der Meinung, dass Karthago zerstört werden muss»). Er sagte es so oft, bis es auch der Letzte verstanden hatte.

Massenkommunikation gab es trotzdem – im eigentlichen Sinn des Wortes. Tausende von Menschen kamen zusammen, wenn es Neuigkeiten gab. Sie mussten zusammenströmen, wenn sie etwas aus erster Hand erfahren wollten. Römer, Griechen und auch Ägypter und Sumerer setzten auf die baulichen oder natürlichen Resonanzen der Orte, die sie wählten. Nur so war von bestimmten Punkten aus zumindest für einen Teil der Menschen zu hören, was der Senat, die Militärführer oder der Kaiser zu sagen hatten – allerdings nur, wenn die anderen halbwegs Ruhe gaben. Spätere christliche Propheten nahmen sich ein Beispiel an den Fertigkeiten ihrer römischen Unterdrücker. Paulus von Tarsus hatte nur sein Wort und seine Stimme. Jesus wird nicht ohne Grund eine Erhebung am Nordrand des Sees Genezareth für seine Bergpredigt genutzt haben.

Auf dem Forum Romanum finden sich noch heute die Reste der Rostra Augusti, eine etwa zwei Meter hohe Rednertribüne, von der aus Politiker und Magistrate zu den Bürgern sprachen. Ob die Redner tatsächlich zu hören waren, wenn sich dort mehrere Zehntausend Menschen versammelten, haben Wissenschaftler der Berliner Humboldt-Universität Anfang der 2010er-Jahre untersucht. Und zwar am Beispiel jener Rednertribüne, die Julius Cäsar kurz vor seiner Ermordung im Jahr 44 vor Christus von den Pforten des Senats auf einen offenen Platz des Forums verlegen ließ. Bis zu 40000 Menschen konnten sich dort versammeln. Und tatsächlich: Tests ergaben, dass bis zu 12000 Menschen hören konnten, was die Politiker zu sagen hatten. Wenn die anderen still waren – was in unruhigen politischen Zeiten eher selten war – sollen es bis zu 20000 Menschen gewesen sein. Die restlichen 20000 bis 30000 Menschen werden nur Schlagwörter oder Stichworte vernommen haben.[16]

Schmiede nerven – erstes Lärmschutzgesetz der Geschichte

Dass Lärm heimtückisch ist, wissen die Menschen nicht erst seit Homer. Es ist sehr schwer, sich vor ihm zu schützen. Der Trick, den Odysseus anwendete, um seine Mannschaft vor dem gefährlichen Gesang der Sirenen zu bewahren, war pfiffig. Er verstopfte ihnen die Ohren mit Bienenwachs, während er selbst an den Schiffsmast gefesselt neugierig dem Gesang lauschte. Quasi ein antikes Ohropax, das der Held der Odyssee nutzte, um den Lärm der Fabelwesen unschädlich zu machen.

Für den römischen Staatsmann Cicero war der metallische Laut der Säge eines der fürchterlichsten Geräusche überhaupt. «Aber was für ein Übel liegt in der Taubheit?», fragte er kurz vor der Zeitenwende in seinen berühmten *Gesprächen in Tusculum*. Man würde den Zitherspieler nicht hören, antwortete sein Gegenüber. Und darauf Cicero: «Aber auch nicht das Kreischen einer Säge, wenn sie geschärft wird; oder das Schreien eines Schweines, wenn es geschlachtet wird, noch, wenn man ruhen will, das Gebrause des rauschenden Meeres.»[17] Zu Ciceros Lebzeiten war der Laut der Säge noch ein Geräusch der Moderne. Sie war erst auf dem technologischen Vormarsch. Auch wenn die ersten Sägen in Ägypten erfunden wurden, Römer und Griechen perfektionierten

03. Klang Roms
Antike Ansprache auf dem Forum Romanum (Simulation)

sie. In Rom sägten Handwerker damit nicht nur Holz, sondern vor allem Sand-, Kalkstein und Marmor. Ohne die Säge wäre der Bau der riesigen Tempel und Städte, aber auch die Blüte des Schiffbaus in der griechischen, phönizischen und römischen Zeit undenkbar gewesen. Damals wurde die Säge zu dem Werkzeug, das wir heute kennen – scharf, spitz, ausdauernd, laut und grell.

Der Dichter Lukrez (ca. 99–55 v. Chr.) war ebenfalls Ohrenzeuge der technologischen Revolution. Lärm gehöre zu den Dingen, die die «Sinne schmerzlich erregen und dem Körper Gewalt» antun. Für die Säge der römischen Steinmetze hatte er nichts übrig: «Denn Du wirst doch nicht glauben, dass sich der greuliche Ton, den die knarrende Säge hervorruft, bildet aus Stoffen, die ebenso glatt als der göttliche Wohllaut, welchen des Musikers Hand kunstfertig den Saiten entlockte.»[18]

Der Schutz vor Lärm bestand während der Antike in erster Linie darin, sich möglichst weit von der Lärmquelle zu entfernen. Denn trotz des Bienenwachstricks hatten die Menschen kaum Möglichkeiten, sich zu schützen – weder baulich, technisch oder juristisch. Rechtlichen Schutz vor Lärm, wie er heute in der nördlichen Hemisphäre der Industrieländer fast überall möglich ist, gab es nicht. Nur zaghafte Versuche der juristischen Eindämmung des Lärms sind überliefert. Einer der ersten stammt von keinem Geringeren als Gaius Julius Cäsar (100–44 v. Chr.).

Nachdem Rom am Ende der Republik hoffnungslos im Lärm versunken war, erließ der Diktator ein Jahr vor seinem gewaltsamen Tod eine Verordnung, die recht modern wirkt. 45 vor Christus befahl er ein Tagfahrverbot für Wagen und Fuhrwerke innerhalb der Stadtmauern Roms. Die Straßen sollten bei Tag den Fußgängern vorbehalten sein.[19] Nur Bauarbeiterkarren, Leichentransporten, Feuerwehr und Straßenreinigung sollte es gestattet sein, über die Straßen der Stadt zu rollen. Ob tatsächlich Lärmschutzgründe dahintersteckten, ist nicht vollständig klar. Denn zugleich wurde angeordnet, dass Handwagen, Kutschen und Fuhrwerke erst am frühen Abend rollen durften – und das dann die ganze Nacht. Mit verheerenden Folgen für die Nachtruhe der Menschen in den überfüllten Gassen und den Insulae der Stadt. Das Rumpeln der Wagenräder und lautstarker Streit unter den Verkehrsteilnehmern verursachten nun in der Nacht massiven Lärm. Bis in die frühen Morgenstunden rumpelten die Wagen zu den Märkten und Lagerhäusern am Tiber. So mancher Bewohner kriegte kein Auge zu.

Deutlicher als der Vorstoß Cäsars ist die Absicht in der bislang ältesten Lärmgesetzgebung der Weltgeschichte zu erkennen – in der Stadt Sybaris, einer griechischen Kolonie an der italienischen Ostküste Kalabriens, die durch Handel und Landwirtschaft zu Wohlstand gekommen war. Um 600 vor Christus erließ der Stadtrat eine Verordnung, die die Bewohner vor dem Lärm von Handwerkern schützen sollte. Schmiede, Steinmetze, Zimmerer und Töpfer mussten ihre Werkstätten vor die Stadtmauern verlegen. Außerdem ordneten die Stadtväter an, dass die Bevölkerung innerhalb der Stadt keine Hähne halten durfte, um den Schlaf der Bewohner nicht zu stören.[20]

Genaueres ist nicht bekannt – auch nicht, ob sich die Menschen daran hielten. Dafür sind andere Dinge überliefert, die eher kurioser Natur sind. Die Einwohner von Sybaris galten für griechische Verhältnisse als verzärtelt und überempfindlich. Sybarit war ein antikes Schimpfwort für ein vom Luxus verwöhntes Weichei. Dass der Schriftsteller Athenaios ihnen als größte Kulturleistungen die Badewanne und den Nachttopf zuschrieb, festigte ihren Ruf wahrscheinlich noch. Kämpfer gegen den Lärm hatten es schon in der Antike schwer.

Brot und Spiele:
Todesschreie als
Massenunterhaltung

Lärm ist auch Ausdruck von Lebensfreude. Und je mehr Menschen ihrer Freude Ausdruck verleihen, umso lauter ist es. Im antiken Rom war der Lärm feiernder Menschen Alltag – in den Tavernen, den Privathäusern oder an den über das Jahr verteilten Festen zu Ehren der Götter, des Kaisers oder anlässlich von Gedenktagen. Der Terminkalender eines römischen Bürgers war voll von Spielen (Ludi), musikalischen Weihefesten oder Feiern zum Ernte- oder Götterdank. Der Dichter Ovid beschrieb in seinen *Metamorphosen* die wilden Feste der Halbgötter. Vor Augen und Ohren hatte er wohl das ausgelassene Treiben seiner Zeitgenossen, deren Feste ein ohrenbetäubendes Spektakel waren: «Wo du ziehst des Wegs, tönt lärmender Jünglinge Jubel, weiblicher Stimmen Geschrei, von den Händen geschlagene Trommeln.»[21]

Die Saturnalien, das älteste römische Fest, waren ein lärmendes Großereignis, bei dem der Wein in Strömen floss und die Menschen ausgelassen und bis zum Rausch feierten. Die Römer nutzten viele Anlässe wie das Frauenfest Nonae Caprotinae, die blumengeschmückten Ludi Florales im Frühjahr oder die Lupercalien, ein Reinigungs- und Fruchtbarkeitsfest, bei dem das Bildnis des Gottes Faun mit einem Ziegenfell geschmückt wurde. Die wohl wildeste Feier waren die berühmten Bacchanalien, die zu Ehren des Weingottes Bacchus vom 2. Jahrhundert vor Christus an jährlich Mitte März am Hügel Aventin gefeiert wurden – ungestüm, lautstark, ausgelassen und mit viel Alkohol. Der römische Kalender zählte bis zu 90 verschiedene Feste auf, die sich in den Jahrhunderten zwar abwechselten und veränderten, aber dennoch eine hohe Frequenz hatten. Fast jede Woche gab es einen Anlass, in größerer Menge zu feiern und die Sau rauszulassen.

Musik tönte überall im antiken Rom – in der Taverne, beim Abendessen im heimischen Triclinium – dem Speisesaal –, im Theater oder in der Arena und natürlich bei den Triumphmärschen der siegreichen Feldherren oder als Signalmusik auf dem Schlachtfeld. Sie war allgegenwärtig und nicht selten ohrenbetäubend laut, um den Lärm der Millionenstadt zu übertönen. Tympana, Sistrum oder Cymbalum sorgten für den Rhythmus, während die Blasinstrumente Cornu, Tuba und Lituus fast nur im Militär und bei offiziellen Feiern von Kaiser und Senat Verwendung fanden.

Den Gipfel erklomm der kaiserzeitliche Lärm Roms jedoch nicht bei Freudenfesten, sondern bei der Verherrlichung des Todes. Kaum ein antikes Gebrüll ist in den Köpfen der heutigen Menschen so fest verankert wie das Toben der Menschenmassen bei Gladiatorenkämpfen, Tierhatzen oder den halsbrecherischen Wagenrennen. Dabei ist kein Tondokument überliefert, kein heutiger Mensch hat es je gehört. Nur die Verfilmungen von modernen Romanstoffen wie *Quo Vadis* haben diese Vorstellungen in die Welt gebracht. Glaubt man den Überlieferungen der Zeitgenossen, war es aber tatsächlich so – infernalisch, grausam, aufputschend, unmenschlich und sensationslüstern.

Nicht alle Römerinnen und Römer waren Freunde der blutigen Spektakel. Von Seneca ist überliefert, dass er Gladiatorenkämpfe, lärmende Spiele und schnelle Wagenrennen verachtete. In seinen Briefen (*Epistulae morales*) klagte er: «Horch – gewaltiger Lärm wird aus dem Stadion herübergetragen und lenkt mich zwar nicht vollständig ab, aber bringt mich auf eine Betrachtung eben dieses Sachverhaltes. Ich überlege bei mir, wie viele den Körper üben, und wie wenige den Geist. Welch großer Auflauf ereignet sich bei

04. Antike Musik
2. Jahrhundert nach Christus
Römische Cornu (Nachbau)

solch einem Schauspiel, das flüchtig und kurzweilig ist (...). Wie schwach im Geiste diejenigen sind, deren Arme und Schultern wir bewundern.»[22] Ungern hielt sich der Philosoph in der Nähe des Circus Maximus auf. Wegen der steten Lärmbelästigung war ihm das unangenehm, wie er in seinen Briefen notierte.

Der Circus Maximus war die größte Veranstaltungsarena aller Zeiten. Er ist heute noch das Maß aller Dinge in Sachen Massenunterhaltung. Mit einer Länge von 600 Metern und einer Breite von etwa 200 Metern stellte die Rennbahn nicht nur für die Antike einen Rekord auf. Sie soll nach den Angaben von Geschichtsschreiber Plinius dem Älteren ein Fassungsvermögen von bis zu 250000 Plätzen gehabt haben. Auch wenn die Zahl vermutlich zu hoch gegriffen ist – an den Circus Maximus kommt kein Stadion der Moderne heran.

Die Lärmkulisse des Circus, der in erster Linie für Wagenrennen genutzt wurde, muss ungeheuerlich gewesen sein. Besuche in vollbesetzten Fußballstadien von heute geben eine ungefähre Vorstellung davon. Zum Brüllen der Masse und den Anfeuerungsrufen der Fans kamen die Geräusche auf der langgestreckten Rennbahn – das Peitschen der Wagenlenker, das Klappern der Streitrennwagen, das Dröhnen der Hufe von Dutzenden von Pferden – und nicht zuletzt das Krachen der zahlreichen Unfälle und die Schmerzensschreie der verletzten Fahrer. «Heute fasst der Circus die ungeheure Masse des Pöbels, ja ganz Rom. Geschrei dröhnt mir in den Ohren. Ich schließe daraus, dass die Grünen gewonnen haben. Hätten sie nämlich verloren, so sähest Du unsere Stadt in tiefster Depression, wie nach der Schlacht bei Cannae», schrieb Juvenal in seinen Satiren.[23]

Der Fan-Kult trug seinen Teil zur Lärmkulisse bei wie heute im Fußball, beim amerikanischen Baseball oder der Formel 1. Die Anhänger der jeweiligen Rennställe feierten ihre Wagenlenker frenetisch und ohrenbetäubend. Schon zur Kaiserzeit hatte es vier gleichberechtigte Circusparteien gegeben, die jeweils eigene Fans hatten. Die Grünen (Prasina), die Blauen (Veneta), die Roten (Russata) und die Weißen (Albata). Ihre Anhänger sorgten schon vor den Rennen für lautstarke Fangesänge und Schlachtrufe – eine Klangkulisse, die in fast allen Großstädten des Römischen Reichs zu hören war, die über einen Circus verfügten.

Mit dem Bau des Kolosseums, eigentlich Amphitheatrum Flavium, begann eine neue Ära der lärmenden Massenunterhaltung. Zwischen 72 und 80 nach Christus unter den Kaisern Titus und Vespasian erbaut, ist es das größte Amphitheater, das jemals errichtet wurde. Es war das absolute Zentrum der riesigen Stadt, weithin sicht- und hörbar, wenn bis zu 50000 Besucher die blutigen Spektakel verfolgten. Geschichtsschreiber Cassius Dio (ca. 163–229 n. Chr.) berichtete, dass die Eröffnung mit hunderttägigen Spielen gefeiert wurde – mit Gladiatorenkämpfen und Tierjagden, bei denen angeblich mehr als 5000 Tiere in der Arena getötet wurden. Die akustische Kulisse muss selbst für die an Spektakel gewöhnten Römer atemberaubend gewesen sein: das Brüllen von Löwen, Bären und Elefanten, das Waffengeklirr der Kämpfenden und die Schreckensschreie des Publikums. Der Dichter Martial, der als knapp 40-jähriger Mann die Eröffnung des Kolosseums wahrscheinlich miterlebte, schilderte in seinen *Epigrammen*, wie es war, als die vollbesetzte Arena den Herrscher erblickte: «Und die Stimmen und Hände im Raum des Theaters erschallten, wenn dort plötzlich das Volk sieht des Kaisers Gesicht.»[24]

Einige Römer wurden Ohrenzeugen eines Naturspektakels, das Weltgeschichte schrieb: der Ausbruch des Vesuv im Jahr 79 nach Christus, der die Städte Pompeji, Herculaneum, Oplontis und Stabiae am Golf von Neapel verschüttete und unter Vulkanasche konservierte. Plinius der Jüngere (ca. 61–115 n. Chr.), dessen Onkel

Plinius der Ältere die Katastrophe nicht überlebte, hat einen detaillierten Bericht hinterlassen. Er schrieb erstaunlicherweise kaum etwas über die Geräusche des Ausbruchs, dafür mehr über die Reaktion der Menschen. Das Kreischen der Frauen, das Wimmern von Säuglingen und die Schreie der Männer hätten die glühende Luft erfüllt. Manche riefen nach ihren Eltern, manche nach ihren Kindern, manche nach ihren Frauen. Laute Klagen seien überall zu hören gewesen, und es gab einige, die in ihrer Angst sogar um den Tod flehten.[25]

Der Ausbruch sorgte dafür, dass der Menschheit ein bemerkenswertes Graffito erhalten blieb. Die Asche des Vesuv hat den Spruch für die Ewigkeit konserviert. Er gibt einen Hinweis darauf, dass es im Bade- und Kurort Pompeji ähnlich laut war wie in der Hauptstadt Rom. Ein Bürger namens Macerior hatte an der Via Stabiana, eine der Hauptstraßen Pompejis, seine Beschwerde in Ziegel geritzt. Darin bat er den Ädilen (Beamten für die Polizeiaufsicht), die Leute vom Lärmen in den Straßen abzuhalten, da sie die übrigen Menschen im Schlaf störten.[26]

Mittelalter
Klang der Kirche

Unruhiger Weg zur Stille – das Ende der Antike

Das römische Weltreich endete nicht mit einem großen Knall, der Machtverlust nach fast 1000 Jahre dauernder Herrschaft kam schleichend. In vielen Kämpfen brach das römische Imperium ab dem Ende des 4. Jahrhunderts von den Rändern her zusammen, bedrängt durch die erstarkenden Kräfte der Germanen, Wandalen, Goten, Burgunden und Franken. Durch den Zusammenbruch wurde eine gigantische Migrationswelle in Gang gesetzt, die bis heute ohne Beispiel ist und die das Machtgefüge in Europa völlig veränderte. Nicht mehr Konstantinus oder Valentinian hießen nun die Herrscher in Europa, sondern Theoderich, Alarich und Chlodwig.

Der Übergang zum Frühmittelalter ist nicht laut, aber unruhig. Europa sortiert sich neu, indem es das Machtvakuum ausfüllt, das das Römische Reich hinterlassen hat. Es ist vor allem ein rastloses und nervöses Neuorientieren. Millionen von Menschen ziehen über den Kontinent – nicht nur Krieger, sondern Frauen, Kinder, Alte, mit Vieh, die Habe auf Handwagen oder Ochsenkarren. Ein stetiges Rumpeln und Rollen ist fast zwei Jahrhunderte lang in Europa zu hören. Erst im 6. Jahrhundert kommt der Kontinent allmählich zur Ruhe, als die Langobarden Oberitalien in Besitz nehmen und ihm ihren Namen (Lombardei) geben. Mit der Zeit der Völkerwanderung endet die Antike endgültig, das europäische Mittelalter beginnt.

Das Frühmittelalter ab dem Jahr 500 veränderte auch den Klangraum in Europa entscheidend. Es wurde leiser auf dem Kontinent – vor allem durch den Verlust der Urbanität. Die Bevölkerungszahl in den Städten des Westens ging dramatisch zurück.

In einigen Regionen, wie in Britannien oder im südlichen Mitteleuropa, verschwand die urbane Kultur fast vollkommen. In großen
Teilen Europas vollzog sich ein Rückschritt zur Agrargesellschaft
mit der dazugehörigen Lautsphäre. Statt großer Städte bestimmte
das Dorf die nächsten Jahrhunderte. Das Dorf im Mittelalter war
ein Ort, an dem noch einzelne Geräusche zählten. Verschiedene
Klänge waren unterscheidbar, verortbar und für jeden verständlich. Jeder Laut erklärte sich selbst. Was nicht gedeutet werden
konnte, löste Besorgnis, Abwehr und höchste Aufmerksamkeit aus.
Im Haus war das Murmeln des Abend- oder Tischgebets zu vernehmen. Das Weinen der Babys, das Stöhnen kranker Menschen oder
die Geräusche des Sex – alles drang ungefiltert an die Ohren des
mittelalterlichen Menschen. Privat- und Intimsphäre, akustische
Abschottung und separierende Ruhe gab es nicht. Das Husten der
Menschen oder das Stöhnen im Fieber hörte jeder im Haus oder
der Hütte. Selbst einfache Infektionskrankheiten führten nicht
selten zum Tod. Die mittlere Lebenserwartung des Menschen
war extrem niedrig und lag für Frauen bei ungefähr 25 Jahren, für
Männer bei 32 Jahren – weniger noch als in der Antike.

Geduldiges Warten gehörte zum Mittelalter – auf die Sonne, den
Frühling, die Ernte, den fahrenden Händler. Schicksalsergeben-
heit und Gottvertrauen ebenfalls. Insbesondere auf dem Dorf zog
sich die Zeit. Das Monotone und Gleichförmige war die Regel. Lärmende Vorfälle passten nicht in diese geordnete Welt. Wenn sie
sich dennoch ereigneten, war etwas in Unordnung, aus den Fugen
geraten und bedrohlich.

Städte wurden und blieben im Vergleich zur Antike unfassbar
klein – und dementsprechend auch leiser als das antike Rom, das
alte Alexandria oder das Trier der römischen Kaiserzeit. Die Sogwirkung des Urbanen ließ nach, weil die römische Infrastruktur
zerfiel und die Menschen nicht mehr in die Städte lockte. Der

Lärm der römischen Garnisonen verschwand, der Handel zwischen Metropolen, das Sprachengewirr, die schnelle Nachrichtenübermittlung, das laute Treiben großer Feste oder Spiele, Rennen und Theater oder der Verkehr zwischen den Städten der ausgehenden Antike. Im Mittelalter legte sich ein dämpfendes Tuch über Europa.

Die Straßen verfielen, und Pflanzen überwucherten sie. Die antiken Städte wurden zu Steinbrüchen, Tempel als Kirchen recycelt. Das frühe Mittelalter bediente sich am Erbe des Römischen Reichs und schuf nicht neu. Zivilisatorische Errungenschaften verschwanden im Vergessen – Wasserleitungen, Abwasserentsorgung, öffentliche Verwaltung, Straßenbau, Thermen und tägliche Hygiene. Der bauliche Verfall der Stadtbefestigungen beschleunigte die Abwanderung der Menschen aus den antiken Städten. Noch in der Spätantike war Trier mit knapp 100000 Einwohnern die größte Stadt im Norden des Römischen Reichs. Zu Beginn des Mittelalters versank die Stadt in der Bedeutungslosigkeit. Die Fläche Triers schrumpfte um mehr als die Hälfte. Im Frühmittelalter wohnten nur noch wenige Tausend Menschen im ehemaligen Roma Secunda an der Mosel.

Das politische, kulturelle und religiöse Vakuum schuf allerdings auch Platz für Neues. Die christliche Kirche nutzte ihre einmalige historische Chance vollständig, um ihre Macht auszubauen – auch auf die weltliche Herrschaft, die sie im Mittelalter zwar selten direkt, aber fast immer indirekt dominierte. Die Kirche füllte auch das Lärmvakuum, das durch den Niedergang der antiken Urbanität entstanden war. Mit neuen Klängen eroberte sie die Lautsphäre des Mittelalters und dominierte sie teilweise bis in die Moderne.

Der Klang der Kirche ist der Schlüssellaut des Mittelalters – bestehend aus dem Dröhnen der Glocken, dem Klingen der Orgel, den singenden Prozessionen und später auch den Schreien der brennenden Menschen auf den Scheiterhaufen der Heiligen Inquisition. Er ist einer von drei dominierenden Lauten dieses Zeitalters: Neben dem Klang der Kirche ist es das Schlagen der Axt und das Klappern der Wassermühle. Die umwälzenden Veränderungen in Glaubenswelt, Umwelt und Technik werden mit diesen Geräuschen deutlich hörbar. Sie symbolisieren akustisch die revolutionären Umwälzungen, die dahinterstecken.

Trotz der akustischen Übermacht der Kirchenglocken hatte die europäische Stadt des Mittelalters keinen sakralen Klangcharakter – im Gegenteil. Die Lautsphäre war zutiefst weltlich. Keinesfalls besinnlich, geruhsam oder kirchenstill. Eher ruppig, roh und herzlich lärmend. Die Stadt des Mittelalters war erfüllt von Signaltönen, denn es gab weder Leuchtreklame, Werbeplakate und nur wenige Beschriftungen oder Hinweisschilder, weil kaum jemand lesen konnte. Zahllose Ausrufer machten lautstark auf ihre Waren und Dienstleistungen aufmerksam. «Gemalte Rößlin, gemalte Puppen, Lebkuochen, Rechenpfening, Roerlin, Oflaten, Kartenspiel!» – «Heiß Speckkuch! Ir Herren, versucht mein heiß Speckkuch!» Dies sind nur einige der Sprüche, die der Mediävist Otto Borst zusammengetragen hat.[1] Die orale Kultur erlebte eine Blüte in der Stadt des Mittelalters. Und weil alle redeten, war es laut. Schreien war üblich, nur so wurde der Einzelne hörbar im kleinstädtischen Lärm der Gassen. Fahrende Händler priesen rufend ihre Waren an und brachten Nachrichten mit. Gerichte tagten draußen, und die Stockschläge der Prügelstrafe klangen in den Gassen. Jeder sollte mitbekommen, wie Missetäter bestraft wurden.

Der Umgang der Menschen im Mittelalter war rau, derb und für heutige Verhältnisse beleidigend. Charakteristisch war der lautstarke Streit der Menschen untereinander. Deftige Beschimpfungen gehörten in den Städten des Mittelalters zum guten Ton. Man schrie sich Beleidigungen zu und pöbelte, was das Zeug hielt. Die Menschen überzogen sich mit Schimpfwörtern und Flüchen: «daß dich ein böß Jar ankomme», «daß dich die pestilenz ankomme», «daß dich das höllisch Fewer verbrenne» waren landläufige Redensarten.[2] Grob und laut riefen sich die Menschen derbe Witzeleien und Verballhornungen zu: Klappermul, Hourenkint, Pfaffenfurz, Lasterbalc, Trunkenslunt und Zungenklaffer sind nur einige der aus Aufzeichnungen, Literatur und Gerichtsprotokollen überlieferten Schimpfworte.[3] Nicht immer in verletzender Absicht, häufig auch spöttisch-gutmütig oder deftig-obszön zur lärmenden Unterhaltung der Umstehenden. Eine Aufgekratztheit der mittelalterlichen Städter, die ihrem rechtlichen Status entsprach. Die Menschen in der Stadt nahmen sich mehr heraus als auf dem Land und genehmigten sich zusätzliche Freiheiten.

Lautstarker Streit, Pöbeleien und Beleidigungen hatten Ventilfunktion in einer von Obrigkeiten und Ständen bestimmten Gesellschaft. Auf dem Land von den Grundherren unterdrückt, in den Städten vom mächtigen Rat gegängelt und durch die beengten Lebensbedingungen gestresst, war das Pöbeln ein wichtiges Element des Aggressionsabbaus. Kirchenvertreter als oberste Moralhüter wetterten zwar gegen Schimpf und Schandmäuler, doch im Vergleich mit den anderen sechs Todsünden galt der Zorn als lässlich. Es war eine eigentümliche städtische Symphonie, die die Luft erfüllte.

Während die Städte des Hoch- und Spätmittelalters am Tag hektisch und rastlos klangen, war es in der Nacht anders. Dann trat Ruhe ein. Die Stadträte verhängten fast überall auf dem Kontinent nächtliche Ausgangssperren, ließen Stadttore verrammeln und die Häuser verriegeln. Alle Geschäfte stellten ihren Betrieb ein, Gaststätten mussten schließen und mit der Sperrstunde die Betrunkenen wegschicken. Die Stadt verfiel in einen Ruhezustand, der nicht nur der Nachtruhe, sondern vor allem dem Schutz der Bewohner und ihrer Machthaber diente. Das Prasseln des gefürchteten Feuers war eher zu hören, das Anrücken feindlicher Soldaten oder auch eine Rebellion in den eigenen Reihen. Ruhe als soziale Kontrolle, als Seismometer für Gefahren und als Frühwarnsystem für äußere und innere Bedrohung.

Nachtwächter spielten die wichtigste Rolle bei der städtischen Nachtruhe. Einer oder mehrere Männer, die mit Stangen, Hellebarden, Horn und Laterne ausgestattet waren, zogen durch die Stadt. Sie achteten auf Einhaltung von Sicherheit und Ordnung, schauten nach Feuergefahren und riefen regelmäßig die Zeit aus – nach volkskundlicher Forschung nicht als Uhrenersatz, sondern als Kontrollmöglichkeit für die Ratsherren, ob die Nachtwächter auch wirklich ihren Job machten.

«Hört, ihr Herren, und lasst euch sagen, unsre Uhr hat neun geschlagen.» Das berühmte Nachtwächterlied berichtet vom Schlag der Glocke und dem nächtlichen Gang durch die Stadt. Komponist und Texter sind unbekannt. Erst 1893/94 erschien es in der Volksliedsammlung *Deutscher Liederhort*. Doch seine Ursprünge liegen wohl schon im Spätmittelalter. 1537 wird das Lied das erste Mal urkundlich erwähnt. Damals zahlte der Rat der Stadt Leipzig 24 Groschen an den Kantor Johannes Mopsus, wohl als Anerkennung für musikalische Dienstleistungen – «von dem liedt hort ir hern lost euch sagen, der seiger der hat IX geschlagen».[4] Die Ausrufe der Nachtwächter waren meist mit den Schlägen der Glockentürme synchronisiert und begleiteten die Menschen jahrhundertelang in den Städten während ihrer Nachtruhe. Als Lärm sind sie aus dem Mittelalter kaum überliefert. Wahrscheinlich waren sie eher ein beruhigendes Element der städtischen Lautsphäre und gaben den Menschen die Sicherheit, dass alles in Ordnung war.

Mit dem Klopfen der Rodungsäxte begann im Frühmittelalter eine geografisch-ökologische Umformung der Umwelt, die Mitteleuropa und insbesondere das Gebiet des heutigen Deutschlands tiefgreifend veränderte. In zwei großen Abholzungsperioden (500–800 und 1100–1300) fielen fast zwei Drittel der Waldflächen dem Landesausbau zum Opfer. Der Wald war danach nicht mehr die Regel, sondern die Ausnahme – mit allen Auswirkungen auf die natürlichen Klanglandschaften in Europa. In der Frühen Neuzeit setzte sich das auch in Nordamerika fort. Und schließlich das Rattern, Klopfen und Rumpeln der Wassermühle. Ihre Weiterentwicklung ist eine der wenigen originären technischen Innovationen des europäischen Mittelalters. Die Mühle wird zum Inbegriff des Fortschritts, zu einer Art früher Fabrik weit vor Beginn der Industriellen Revolution.[5] Ihr Klang stößt später das Tor zur Lautsphäre der Moderne auf.

Glocke, Orgel, Kathedrale – der sakrale Dreiklang

Sie hängt! In den vergangenen sechs Tagen habe ich manchmal nicht mehr daran geglaubt. Im obersten Geschoss verfing sich das Zugseil, die Glocke stellte sich leicht schräg und verkantete sich. Die Holländer mussten waghalsig klettern, um das Seil zu lösen. Doch nun hängt die Glockenkrone am Joch, die Eisenbänder sind festgezurrt und sie schwingt frei in der Lagerachse, worauf ich mein Augenmerk zu richten hatte. Die Gloriosa ist ein Prachtstück – wundervoll glänzend, mehr als fünf Ellen hoch und so schwer wie 140 Männer. Und wir wissen auch schon, wie sie klingt. Dem Altgesellen der Zimmerer fiel beim Schlagen des letzten Zapfens der große Hammer aus der Hand. Als er von oben auf die Gloriosa prallte, ließ uns ein Gedröhn erzittern, als wäre es vom Himmel gesandt. Tief, irden, göttlich, aber auch wohlklingend und rund. Das Geläut fuhr durch meinen Körper bis in die Fuß- und Fingerspitzen und klingt noch immer in meinen Ohren. Dann war es einige Sekunden lang völlig still, als wäre an diesem Tag im Jahre des Herrn 1499 der Himmel auf Erden zu spüren gewesen. Doch sofort danach zerriss das Brüllen von Meister Gerhard die Stille, der von unten den Glockenturm hinauf schrie. Na, das wird ein Donnerwetter geben, wenn wir hinabsteigen.

Mit dem Beginn des Mittelalters riss die römisch-katholische Kirche die Herrschaft über den Klang an sich. Nie wieder war die Kirche so mächtig wie in den zehn Jahrhunderten des Mittelalters. Sie bemächtigte sich des Lärms, eroberte die auditive Herrschaft über Mitteleuropa und machte so auch akustisch deutlich, welchen Machtanspruch sie erhob. Die Glocke rief nicht nur zum Gottesdienst. Sie stand für die allumfassende Macht der Kirche in dieser Zeit. Ihr massiver Klang, der alle Geräusche des Mittelalters übertönen konnte, dominierte die Klangwelt in den Städten und später auch in jedem Dorf. Kein Mensch konnte und durfte sie überhören – die Glocke als Klangsymbol der Macht Gottes und seiner Stellvertreter auf Erden.

Das poströmische Lärmvakuum schrie förmlich nach einem neuen Klang, der den Geist der Zeit symbolisierte. Und im Frühmittelalter landeten die Glocken im christlichen Abendland endlich dort, wo sie noch heute ihre Töne verbreiten. Bischof Gregor von Tours (538–594) schrieb erstmals von einer Glocke, die an einem Seil hängt. Als erster Bauherr eines Glockenturms wird Papst Stephan II. (Amtszeit 752–757) in den christlichen Annalen genannt. Er soll damals neben der alten Basilika Sankt Peter in Rom einen Turm mit drei Glocken errichtet haben. Mit ihnen konnten die Menschen zum Gottesdienst gerufen werden. In großem Umfang wurden die Kirchen dann im 8. und 9. Jahrhundert mit einer Vielzahl von Glocken ausgestattet.

Die Lullusglocke in Bad Hersfeld ist die älteste datierbare Glocke Deutschlands. Der Inschrift nach wurde sie im Jahr 1038 gegossen und ist heute sogar wieder läutfähig. Sie klingt für moderne Verhältnisse eher dünn und blechern und ist mit einer Höhe von 1,44 Metern und einem Durchmesser von 1,12 Metern noch klein gegenüber den hoch- und spätmittelalterlichen Giganten in den Domen und Kathedralen der Christenheit. Riesenglocken wie die Pretiosa im Kölner Dom (1448) oder die Gloriosa im Mittelturm des Erfurter Domes (1497) wiegen bis zu 11 Tonnen bei einer Höhe von 2,50 Metern und mehr. Mit ihrem irdenen, tiefen und vibrierenden Ton prägten sie über Jahrhunderte und bis heute das Klangbild der großen Städte der christlichen Welt. Vom Hoch- und Spätmittelalter an waren Glocken die alles bestimmende akustische Norm, insbesondere in den Städten. Kein anderer Laut ordnete, regulierte und sicherte das Leben der Menschen wie der Klang der großen Kirchenglocken. Die Klangkulisse war differenziert, die Städter erkannten den Klang einer bestimmten Glocke und maßen ihm Bedeutung bei. Was wichtig war, wurde von den Mächtigen «an die große Glocke gehängt». Viel häufiger als heute läuteten die Kirchenglocken auch auf dem Dorf. Der Lärm der Glocken wurde nicht nur akzeptiert, er war Teil der gottgewollten Ordnung. Diese Ordnung – und gleichzeitig damit auch das Glockengeläut – wurde erst durch das Erstarken der Städte, von weltlicher Macht, Handel und Bürgertum infrage gestellt.

05. Kirchenlärm
1497 Klang der Großglocke
«Gloriosa» (Erfurter Dom)

Aus dem einfachen Glockenschlag entwickelte sich im Mittelalter ein komplexes Kommunikations- und Informationssystem, insbesondere in den großen Städten. Ratsglocke, Stundenglocke, Feuer-, Sturm- oder Totenglocke – alles klang durch-, mit- und gegeneinander. Die Zünfte besaßen ein eigenes Glockengeläut, der Rat der Stadt wurde durch einen bestimmten Klang zusammengerufen. Gerichtsentscheidungen, Ratsverordnungen und Beerdigungen hatten eigene Erkennungszeichen, ebenso wie der Glockenschlag für das Schließen der Stadttore am Abend oder das Öffnen am Morgen. Klöster, Schulen, Kranken- und Rathäuser bedienten sich des gestaffelten Systems, das einen Klangcharakter entwickelte, der heute ungewohnt erscheinen würde. Das Durcheinander der Glockentöne führte dazu, dass städtische Läutordnungen regelten, wer welche Signale in welcher Reihenfolge und Dauer geben durfte. Auch der Zugang zu den Glockenseilen war einigen wenigen vorbehalten.

Die Orgel als das Instrument der Kirche schlechthin hatte es dagegen zunächst schwer. Zwar war der Apparat schon in der Antike bekannt – Spielpfeifen aus Bronze, die mit Wasser und Unterdruck zum Klingen gebracht wurden. Doch die Orgel hatte zu Beginn des Mittelalters einen schlechten Ruf. Vom römischen Kaiser Nero wird berichtet, dass er im Jahr 67 nach Christus eine wasserbetriebene Orgel (Hydraulis) in Rom einführte, die er von seinen griechischen Lehrern kannte.[6] Zumindest zeitweise wurde sie in den Arenen angestimmt, wenn der Kaiser das Rund betrat. Ob Christen zu frühen Orgelklängen starben, ist nicht endgültig geklärt. Dem Klang der Orgel haftete jedoch seitdem etwas Heidnisches und Weltliches an. Erst im Lauf des 9. Jahrhunderts setzten sich in den Kirchen Westeuropas Orgeln durch. Zu verlockend war das Tönen und Dröhnen der Pfeifen, um so die Allmacht Gottes zu betonen und die Gläubigen in den Bann zu ziehen. Zunächst ein Statussymbol reicher Diözesen, wurde die Orgel spätestens in der Gotik fast überall zum Hauptinstrument der christlichen Liturgie.

Neben den Kirchenglocken und der Orgel war der größte Klangkörper des Mittelalters die Kirche selbst. Die himmelhohen Gewölbe und die steinernen Wände, Böden und Decken verstärkten selbst Flüsterlaute, die in den letzten Bankreihen noch deutlich zu hören waren. Sangen die Gläubigen oder spielte die Orgel, erscholl ein Klang, der für die Menschen des Spätmittelalters unwirklich und fast göttlich geklungen haben muss. Die Wucht der Töne und der lange Nachhall, der von den Wänden reflektiert wurde, erschufen ein Klangbild, das faszinierte, betäubte und die Individuen zur Gemeinschaft verschmolz. Kathedrale, Glocke und Orgel bildeten quasi den sakralen Dreiklang. In seiner Dreifaltigkeit war er ein akustisches Spiegelbild der theologischen Deutung.

Es war ein Lautbild, das auch einschüchterte – ähnlich wie in archaischen Zeiten der Donner oder andere Laute der Natur. Die Klänge der Kirche waren dominant, unübertönbar und unangreifbar. Dieser Eindruck der Klangarchitektur der Dome und Kathedralen war dem Klerus sicherlich hochwillkommen und trug zu seiner Vorherrschaft bei. Die Kirche schuf gewaltige Klangkulissen, die ihre Macht über Jahrhunderte auch hörbar machten. Der Nachhalleffekt, der durch die hohen Kuppeln und steinernen Mauern entstand, verstärkte diese Wirkung noch. Er gab der Klangkulisse etwas Entrücktes und Übermächtiges und schuf zugleich eine Distanz zwischen der Kirche und ihren Schutzbefohlenen. Der Hall der Kirche machte manchmal auch den Text der Predigt unverständlich, vergrößerte so den Abstand und verdeutlichte die Machtverhältnisse.

Die christliche Predigt, die die Kirchen und Kathedralen

erfüllte, war eines der wenigen Kommunikationsmittel des Mittelalters. In einer Epoche mit nur wenigen Schulen und Büchern und ohne Zeitungen, Radio, Fernsehen und Internet stellte sie fast den einzigen Weg der Wissensvermittlung dar. Und die Kirche nutzte dieses Monopol mit Bedacht zur Festigung ihrer Macht. Zwar war bis zum II. Vatikanischen Konzil (1962–1965) Latein die offizielle Sprache der Kirche. Doch schon für das Mittelalter lassen sich für einige Gebiete Europas die Volkssprachen nachweisen, die in der Predigt genutzt wurden.[7] Die Gläubigen sollten Gottes Wort nicht nur hören, sondern auch verstehen – und ihm unbedingt Gehorsam leisten.

Der Klang der Predigt wurde zum vertrauten Alltag in Stadt und Land. Und die Geistlichen der damaligen Zeit predigten, als stünde das Jüngste Gericht bevor. Städtische Kirchen brachten es auf bis zu 250 Predigten im Jahr. Vom Eichstätter Domprediger Ulrich Pfeffel wird berichtet, dass seine Passionspredigt vor Ostern 1471 zum Marathon geriet. Am Gründonnerstag begann er mit der Messe zwei Stunden vor Sonnenaufgang und predigte viereinhalb Stunden am Stück, um am Nachmittag drei weitere Stunden folgen zu lassen. Trotzdem schaffte er es nicht bis zu der Stelle in der Bibel, an der Jesus an Pilatus überstellt wird. Eine Erkältung mit Husten und Schnupfen hatte ihn so sehr geplagt, dass er aufgeben musste.[8]

Doch die Kirche verharrte nicht in ihren Mauern, sondern trug den Klang Gottes nach draußen unter die Menschen. Mittelalterliche Chronisten berichten von unzähligen Wanderpredigern, die als Sprachrohr Gottes durch die Lande zogen. Girolamo Savonarola, Berthold von Regensburg oder Bernhardin von Siena sollen durch ihre charismatischen Predigten Tausende von Menschen mitgerissen und dabei einige gleich wie durch ein Wunder geheilt haben. Das gilt auch für Johannes Capistranus (1386–1456), der zu seiner Zeit ein Star unter den Wanderpredigern war. Der Franziskaner, der auch für seine Judenfeindlichkeit berüchtigt war, genoss Popularität in ganz Europa. Wo er hinkam, strömten die Menschen zusammen, so wie in Nürnberg vom 17. Juli bis zum 13. August 1452. Täglich predigte er, Tausende kamen in die Reichsstadt, und Johannes heilte im Akkord.[9] Dass der Prediger, der zuvor auch als Inquisitor tätig gewesen war, nur Italienisch und Lateinisch sprach, war kein Problem. Dolmetscher übersetzten seine Worte ins Deutsche, die dann von den Massen bejubelt wurden.

Der weitreichende Analphabetismus des Mittelalters führte zu einer maximalen Bedeutung der akustischen Wissensvermittlung. Es wurde nicht nur gepredigt, sondern erzählt, gesungen, gebetet und auch auswendig gelernt. Rezitieren war nicht nur in den Kirchen und Klöstern allgegenwärtig, sondern auch auf dem Land und in den Städten – mit dem Unterschied, dass die einen diktierten und die anderen nachsprachen, was und wie es zu sagen war. Da die Bauern nicht lesen konnten, mussten sie sich die Regeln merken. Es ist überliefert, dass Leibeigene die Rechtssprüche ihrer Herren auswendig lernen mussten.

Auch Kirchenlieder und Gebete wurden von den Schrift- und Leseunkundigen gemerkt und gelernt. Dem Gottesdienst zu folgen, wäre sonst unmöglich gewesen. Volkslieder, Märchen und Heldengesänge machten sich die Menschen durch Hören zu eigen und gaben sie durch Erzählen weiter. Die Gedächtnisleistung der Menschen, schätzen Wissenschaftler, war durch das auditive Lernen sehr viel ausgeprägter als heute. Aus der Spätantike ist bekannt, dass manche Menschen die komplette *Aeneis* des römischen Dichters Vergil auswendig kannten – immerhin mehrere Tausend Verse. Das gesprochene Wort war das Maß aller Dinge auch in der Bildung. Noch im Spätmittelalter gab es sogar unter den Studenten der ersten Universitäten im 14. und 15. Jahrhundert Analphabeten – für heutige Maßstäbe unvorstellbar.[10]

Ein schwer vorstellbarer Schwall an Worten, Lauten und Gesprächen überflutete die Menschen des Mittelalters. Auch wenn heute das permanente Reden der Menschen manchmal als Lärm empfunden wird – im Mittelalter war es zumeist nicht so. «In einer Zeit, in der man Literatur nur hört (und nicht lesen kann), empfindet man ‹Schall› nicht als Belästigung, sondern als das unersetzbare Zeichen von Information», brachte es der deutsche Mittelalter-Historiker Otto Borst auf den Punkt.[11]

Insbesondere im mittelalterlichen Dorf war das Akustische ein Ereignis. Dem modernen Menschen würden die Eintönigkeit und Monotonie – die Begriffe haben nicht grundlos eine lautmalerische Bezeichnung – der ländlichen Umgebung bald langweilig werden. Die Dorfbewohner damals bewerteten es anders. Jede noch so kleine Abweichung wurde als willkommene Abwechslung empfunden: der Besuch eines fahrenden Händlers oder eines Musikanten, die auch jeweils die neuesten Nachrichten brachten. Die Kinder des Dorfes begrüßten Neuankömmlinge schreiend, und auch die Erwachsenen ließen nicht selten alle Arbeit liegen, um neugierig der Musik oder den Worten zu lauschen.

Alle Äußerungen, Feste und Rituale waren mit einer strengen Maßgabe verbunden: Die Autorität der Kirche und der Herrschenden durfte auf keinen Fall infrage gestellt oder sogar aktiv bekämpft werden. Die Kirche drohte dann mit den schlimmsten Strafen – von der Exkommunikation bis zur direkten Verbannung in die Hölle. Fegefeuer, ewige Verdammnis und die Qualen des unerbittlichen Lärms und Feuers der Hölle waren für den Menschen des Mittelalters reale Gefahren, die wirklich existierten und die sich in Sagen, Predigten und Literatur niederschlugen. Als der florentinische Dichter Dante Alighieri (1265–1321) in der

Göttlichen Komödie (*Divina Commedia*) seinen Helden durch die Hölle spazieren lässt, tut er das in Altitalienisch und bricht damit nebenbei den Alleinvertretungsanspruch des Lateinischen als Literatursprache. Jeder konnte damit seine Sicht der Dinge verstehen und dem fürchterlichen Geschrei der Verdammten und dem Klang der Hölle lauschen, die im Fall der Sünde drohte.

> «Ein Heulen, Seufzen, ein Geschrei entstand
> In dieser Luft, die Sterne nie erhellten,
> Dass ich zuerst mich weinend abgewandt.
> Zahllose Sprachen, die das Ohr durchgellten
> Mit Stimmen rau und tief, ein Schmerzgestöhne (…)»[12]

Sünde, Verfehlung und Gotteslästerung wurden zum Grund für lautstarke Warnungen und Mahnungen an die Menschen. Diese fürchteten sich vor dem Teufel, vor der Prüfung durch das Fegefeuer (Purgatorium) und vor dem diabolischen Lärm im Jenseits, wo Sünder an riesigen Glocken festgeschnallt wurden, die Tag und Nacht läuteten und so den Verdammten in den Wahnsinn trieben. Die Kirche wachte eifersüchtig über das Wissen der Antike, das vor allem in den Klöstern bewahrt wurde. Und sie entschied, was die Menschen wissen durften. Europa bekam über Jahrhunderte ein Fortschrittsproblem, weil die Kirche Innovationen und neue Gedanken unterdrückte.

Klöster waren bis zum Aufkommen der Universitäten die einzigen Stätten des Wissens – und das wurde von der Kirche reglementiert, kontrolliert und zensiert. Die Lautsphäre der mittelalterlichen Klöster war frei von grobem Lärm, besonders an kirchlichen Feiertagen, an denen manche Ordensbrüder oder Nonnen noch tiefer in innerer Ruhe versanken. Dabei waren mittelalterliche Mönche, Ordensfrauen und Geistliche an sich keine grundsätzlich ruhigen Zeitgenossen. Bei den Benediktinern war der Tag angefüllt vom Arbeitslärm der Mönche – dem Hämmern und Schleifen in der Tischlerei oder dem Hacken der Spaten in den Klostergärten. Bei den Zisterziensern klapperte an den Stauwehren die Klostermühle, und Ordensleute schnauften vor Anstrengung, wenn sie die Mehlsäcke schleppten. Und selbst bei den Bettelorden der Franziskaner oder Dominikaner ging es nicht still zu. Lange Nacht- und Stundengebete durchzogen Klausen, Kapellen und Refektorien, und die waren nicht ruhig und in sich gekehrt. Laut beteten die Mönche, damit jeder die Zuwendung zu Gott auch hören konnte. Beim gemeinsamen Mahl las der Vorleser kräftig aus der Bibel vor – immerhin sollte er trotz der Essensgeräusche überall zu hören sein. Und nach der Speise musste jeder Mönch mindestens einen Text aus der Heiligen Schrift selbst und laut vernehmlich rezitieren.

Im 10. Jahrhundert gab es im Heiligen Römischen Reich mehr als 1100 Klöster, in Frankreich fast doppelt so viele. Obwohl das Spielen als Zeitvertreib nach den strengen Regeln der Augustiner und Benediktiner eigentlich nicht erlaubt war, wurde trotzdem hinter Klostermauern zumindest zeitweise lautstark und fröhlich gespielt. Direkte Hinweise sind selten, aber dokumentierte Zwischenfälle belegen den Klang des Spiels. Das Jeu de Paume gehört dazu, eine Art Squash, bei dem ein Ball mit der Handfläche gegen die Wände der Kreuzgänge geschlagen wurde. Im Jahr 1250 verbot die Kirche das Spiel zwischen Mönchen und Laien, wie der französische Spielhistoriker Jean-Michel Mehl herausgefunden hat.[13] Für Männer, die 1396 in den Konvent des Domkapitels im französischen Auxerre aufgenommen werden wollten, galt die Regel, dass sie einen Ball mitbringen mussten.[14] Eine Frau namens Margot aus dem belgischen Mons galt als beste Tennisspielerin ihrer Zeit und wurde von Herzog Philipp von Burgund (1396–1467) engagiert, für ihn zu spielen. Als sie wenig später als Nonne ins Kloster im belgischen Soleilmont wechselte, soll sie den Bürgern im nahe gelegenen Namur das Tennisspiel beigebracht haben – und vielleicht auch anderen Nonnen der Trapistinnenabtei.[15] Auch das Poltern der Kegelbahnen war innerhalb der Klostermauern vereinzelt zu hören oder das aufgeregte Schreien beim Fußballspiel. Im Kreuzgang der Benediktiner an der Klosterkathedrale von Exeter im Südwesten Englands zogen die Kleriker im Jahr 1450 drastische Konsequenzen: Wegen des Lärms der Ballspieler schlossen sie das ungewöhnliche Spielfeld gleich ganz.[16]

Dass Klöster leiser waren als Städte, passt in das Gesamtbild der Zeit. In den mittelalterlichen Skriptorien wurde gelernt, kopiert und still intensiv gearbeitet. Sie waren aber keine Orte des Fortschritts. Klöster bewahrten nur Wissen, sammelten und archivierten es. Und Bischöfe und Äbte entschieden, welche Erkenntnisse zugänglich sein sollten. Philosophie statt Physik, Theologie statt Technik waren die Gebote der Zeit. Die Kirche erlaubte nur die Bibel, die Auslegung durch christliche Gelehrte und die Schriften der Kirchenväter. Alles andere war des Teufels und wurde in Teilen zensiert, angeglichen und sogar vernichtet. Viele Erkenntnisse der Antike gingen so verloren. Wer dagegen aufbegehrte, wurde kritisiert, abgestraft oder erbittert bekämpft. Während Europa im Mittelalter in Demut und Gleichförmigkeit verharrte, zogen Wissen, Fortschritt und Erneuerung nach Osten und in die arabische Welt weiter – und mit ihnen der Lärm der Zivilisation.

Das laute Fressen:
höfische Tischzuchten

Das Hoch- und Spätmittelalter ist die Epoche der steinernen Burgen. Herrscherdynastien, Fürsten, aber auch der niedere Adel bauen sich Burg- und Wehranlagen, die zu Lebenswelten mit eigenen Klangräumen werden. Eine Burg ist damals ein akustischer Mikrokosmos – eine Stadt im Kleinen mit allen Geräuschen, die ähnlich in urbanen Siedlungen des Mittelalters zu hören sind. Allgegenwärtig ist das Hämmern des Schmiedes. Burgen sind häufig Waffenkammern, aber auch Aufbewahrungsort des wertvollen Werkzeugs und landwirtschaftlicher Geräte. Hier wird fast immer geschlagen, repariert, geflickt oder genietet. Schweine und Federvieh sind zu hören, das emsige Treiben der Mägde, Knechte und Bediensteten und das Trappeln der Pferdehufe. Das Rumpeln der Wagen und natürlich das Klirren der Waffen, Helme und Rüstungsteile, das Rasseln der Trensen und Steigbügel. An den steinernen Mauern und Wehranlagen wird unablässig gebaut und erweitert. Steinmetze brechen Kalk- und Sandstein, sägen und schleifen wochenlang, während Zimmerer Gerüste bauen, Decken, Böden und Möbel fertigen oder Zugbrücken reparieren.

Das Leben auf den Burgen scheint eintönig, aber zugleich lautstark gewesen sein. Trotzdem war die Lautsphäre ländlich geprägt. Der Reichsritter Ulrich von Hutten (1488–1523), der auf einer Burg in der Nähe von Fulda wohnte, schrieb 1518 an den Nürnberger Patrizier Willibald Pirckheimer: «Die Streitereien zwischen unseren und fremden Bauern hören nicht auf; kein Tag vergeht, an dem uns nicht von Zank und Hader berichtet wird (...). Reiter kommen und gehen, darunter Räuber, Diebe und Wegelagerer (...). Und welch ein Lärm! Da blöken die Schafe, brüllt das Rind, bellen die

Hunde, auf dem Felde schreien die Arbeiter, die Wagen und Karren knarren, und bei uns zu Hause hört man die Wölfe heulen.»[17] Burgen und Pfalzen sind seltsame akustische Mischwelten aus Stadt und Land.

Die relative Monotonie der Burg hat Ähnlichkeit mit der Gleichförmigkeit des Landlebens. Jede Unterbrechung wird begeistert willkommen geheißen – mit dem Unterschied, dass die ritterliche und höfische Zerstreuung bunter und vielfältiger ist. Festessen, Spiele, Turniere, reisende Minnesänger, Tanzgruppen oder Gaukler mit Bären sind willkommene Abwechslung. Wenn der Videlaere (Fidler, Geiger) kommt, lassen alle Bediensteten ihre Arbeit liegen, und auch die Herrin des Hauses steigt die Treppe herunter. Reisende Erzähler bringen Nachrichten und verkünden sie lautstark den staunenden und aufmerksam lauschenden Burgbewohnern. Der Marner, ein schwäbischer Lieddichter des 13. Jahrhunderts, singt romantische Minnelieder und erzählt spannende Geschichten von Kampf und Âventiure der Helden.[18] Der fränkische Lyriker Walther von der Vogelweide (ca. 1170–1230) lebt gut von seinen Dichtungen und Gesängen. Am 12. November 1203 notiert der damalige Passauer Bischof Ausgaben für die Reisekosten des Dichters: «Walthero cantori de Vogelweide pro pellicio v solidos longos»[19] («Walther, dem Sänger aus Vogelweide, für einen Pelzmantel fünf Schilling», wörtlich «lange Solidi»).

Musik durchbrach den eintönigen Alltag mit faszinierenden Klängen. Sie war nicht nur Ausdruck von außergewöhnlichen Ereignissen auf der Burg, sondern Teil des Alltags. Nicht selten sangen auch die Burgherren selbst oder spielten ein Instrument. Laute, Schalmei, Harfe, Fidel, Flöte, Trommel, Drehleier, Dudelsack und heute unbekannte Klangerzeuger wie Psalterium, Portativ oder Trumscheit sind die Instrumente ihrer Zeit. Das Portativ ist eine Art tragbare Orgel, die auch ähnlich aussieht und nur etwas höher klingt. Als Rohrblattinstrument sieht die Schalmei aus wie eine große Flöte, ist aber ein frühes Holzblasinstrument mit dem für uns typischen mittelalterlichen Klang. Ebenso ritterlich-romantisch klingt das Trumscheit, das mit seinem Saitenklang die Menschen verzauberte. Im 11. Jahrhundert schuf das Abendland zumindest in der Musik eine wegweisende und klingende Innovation, die die Welt eroberte – die Mehrstimmigkeit, die insbesondere in den Chorälen des Hochmittelalters ihren Ausdruck fand. Sie erst legte die Grundlage für die heutige Musik, für mehrstimmige Komposition, Opern, Musicals und Popmusik. Zur gleichen Zeit erfand der italienische Mönch Guido von Arezzo (ca. 992–1050) auch das Notensystem, das heute noch im Gebrauch ist. Mit dieser Notenschrift wurde es erstmals möglich, dass Menschen an verschiedenen Orten die gleichen Töne erklingen ließen – auch wenn sie sie zuvor niemals mit eigenen Ohren gehört hatten. Noch im 9. Jahrhundert hatten Mönche ihr Leben lang kirchliche Lieder auswendig lernen müssen.

Das Essen war nur der Rahmen für die regelmäßigen Feste der Menschen im Palas der Burg. Obwohl die Wände ab dem Spätmittelalter schon mit Behängen oder Teppichen versehen waren, hallte es in den großen Sälen. Und sie verstärkten Geräusche, die heute nicht mehr bei Tisch zu hören sind. Rülpsen und Furzen war selbstverständlich – und auch lautes Schmatzen, das Essen mit den Fingern oder nur mit Löffel aus einem gemeinsamen Topf. Dass solche Tischsitten damals zum guten Ton gehörten, ist ein bis heute weit verbreiteter Irrtum. Besonders Kirchenvertreter rümpften schon damals die Nase ob der schlechten Manieren, die dem Genuss von Gottes Gaben nicht angemessen waren. Sie kämpften außerdem gegen die Gabel als Werkzeug des Teufels – weshalb zunächst nur zweizackiges Besteck zum Einsatz kam, das dem satanischen Dreizack zumindest unähnlich war. Hof-

06. Neue Töne
Mittelalter Portativ der Spielleute (Nachbau)

und Tischzuchten sorgten erst im Spätmittelalter dafür, dass es etwas ruhiger und gesitteter beim Essen zuging. Die Tischzuchten hatten ihren Ursprung in den Klöstern des Früh- und Hochmittelalters, bevor sie dann im 13. Jahrhundert Bestandteil der Ritter- und Adelskultur wurden. Die höheren Stände wollten sich in feineren Manieren von den lautstarken Tischsitten der Bauern und besonders von den aufstrebenden und mächtiger werdenden Städtern abgrenzen.

Wie verbreitet die schlechten Umgangsformen bei Tisch wie Schmatzen, Pupsen, Rülpsen oder lautstarkes Hantieren mit Schüssel oder Löffel waren, zeigen satirische Schriften, die am Ende des Mittelalters in Mode kamen und die schlechten Sitten aufs Korn nahmen. 1482 trat das Wort «Grobian» erstmals im deutsch-lateinischen Wörterbuch *Vocabularius teutonicus* auf. Der deutsche Theologe und Schriftsteller Friedrich Dedekind (1525–1598) verfasste wenig später seine ironische Schrift *Grobianus. De morum simplicitate* – «eine satirische Anleitung zum denkbar schlechtesten Benehmen vom Morgen bis zum Abend».[20] Andere Autoren und der Volksmund machten St. Grobianus zum frei erfundenen Schutzheiligen der Deftig-Vulgären und Schlechterzogenen.

Wenn es friedlich war – und das war es trotz der unruhigen Zeiten in den meisten Fällen –, wurde der Krieg geprobt. Ein Archetyp unserer Vorstellung vom Mittelalter spielte dabei eine wesentliche Rolle: der metallisch klingende und waffenklirrende Ritter, gehüllt in glänzendes Eisen, mit Schwert umgürtet und hoch zu Ross, das selbst in vielen Fällen gerüstet war. Es war die Klangwelt des niederen Adels, eines Kreises von Auserwählten auf Grafenfestungen und Burgen. Nur wenige Bauern haben in ihrem Leben einen Ritter in voller Montur aus der Nähe gesehen oder gehört. Nur in Zeiten des Krieges oder von Unruhen kamen diese frühen Hochgerüsteten in Kontakt mit der übrigen Bevölkerung.

Buhurt, Turnei und Tjost heißen die Formen der ritterlichen Turniere, die Höhepunkte in der Welt des niederen Adels, aber auch an den jeweiligen Herrschaftssitzen waren. Wenn die Ritter im Turnier gegeneinander antraten, wurde es laut. Waffen klirrten, Pferde schnaubten, Lanzen splitterten, und das Publikum johlte vor Begeisterung – insbesondere beim Tjost, dem legendären Lanzenkampf. Dabei ritten die Kämpfer in voller Rüstung und mit stumpfen Lanzen entlang einer Begrenzung (Tilt) aufeinander zu. Wer einen Treffer an Schild oder Rüstung landete oder seinen Gegner sogar vom Pferd warf, wurde vom Publikum stürmisch gefeiert. Der Dichter Wolfram von Eschenbach (ca. 1160–1220) hat solch ein Spektakel in seinem berühmten *Parzival* geschildert – wahrscheinlich nach Ereignissen, bei denen er selbst Augen- und Ohrenzeuge war. «Die das Springen doch nicht ließen, mit Sporen sie die Rosse stießen. Aus dem Galopp in die Rabbin, voll Ritterkraft Jedweder schien. Als sie der Tjost sich nicht entzogen, die Splitter in die Lüfte flogen.»[21]

Eisenhammer – die frühe Fabrik des Mittelalters

Eine besondere Erfindung legte den Grundstein für die Fabrik der Moderne – die Mühle. Ihr Klappern wurde in der Zeit des Hoch- und Spätmittelalters zum Zeichen des Fortschritts. Nicht die Wind-, sondern die Wassermühle mit ihrer maschinellen Kraft trieb die Technologisierung in der Zeit bis 1500 in Europa voran wie keine andere Entwicklung.[22] Zwar war die Wassermühle schon in der Antike bekannt. Ihre Perfektionierung ist jedoch eine der wenigen originären Errungenschaften des europäischen Mittelalters. Schon im Frühmittelalter gab es die ersten Wassermühlen, aber erst im 11. Jahrhundert kam die Windmühle dazu – vor allem in den windreichen Küstenregionen Nordwesteuropas.

Der Müller war quasi ein vorindustrieller Hightech-Unternehmer, ein universeller Techniker, Ingenieur, Mechaniker und früher Fabrikbesitzer in einer Person. Die Mühlen mahlten nicht nur Korn oder Graupen. Gerbmühlen, Schleifmühlen, Zwirn-, Papier-, Seiden-, Loh-, Mörser- und Waidmühlen sind ab dem 12. Jahrhundert überliefert. Die Walkmühlen schlugen automatisiert mit hölzernen Knüppeln auf Textilien ein, um die Fasern zu verbinden und weich zu machen. Mit Transmissionshölzern, Zahnrädern und Pleuelstangen verwandelten die Mühlentechniker die drehende in eine horizontale Bewegung und trieben damit riesige Sägeblätter an, die Stein und Holz zerteilten. Für das Jahr 1295 ist die Urtelmühle im bayerischen Lenggries als älteste nachantike Sägemühle in Deutschland belegt. Schleifmaschinen drehten sich durch das Mühlrad und glätteten kreischend Sandstein oder polierten Metalle. Insbesondere die Metallverarbeitung erlebte eine Blütezeit, die auch die Klangwelt der Menschen in Stadt und Land formte. Die Klingenschmiede im deutschen Solingen mühten sich, dem Geheimnis des arabischen Damaszenerstahls auf die Spur zu kommen. Mit der Pressblechtechnik hämmerten die Schmiede stundenlang auf eine Matrize ein, um so Metallbleche in Serie herzustellen. Die Drahtzieher produzierten quietschend und laut große Mengen Metalldraht, der für Kettenpanzer benötigt wurde. Nieten, Plattieren und Tauschieren dröhnte den Schmieden und ihrer Umwelt in den Ohren. Und es wurde gehärtet, gefeilt und lautstark gebohrt.

Auf Bildern, Holzschnitten oder den ab 1420 aufkommenden Kupferstichen zeigten sich schon damals Bemühungen, lautstarke Betriebe vor die Stadt oder zumindest an den Rand der Ansiedlungen zu verlegen. Ein bekanntes Beispiel ist die klappernde, ratternde und kreischende Drahtziehmühle in Nürnberg, die gleich in mehreren Darstellungen belegt ist. Die Schedelsche Weltchronik von 1493 zeigt sie vor dem Stadttor in der Nähe des Richtplatzes. Auch Albrecht Dürer (1471–1528) malte die Mühle an der Hallerwiese, die Anziehungspunkt vor allem jüngerer Leute an Feiertagen oder zu Trubel, Spiel und unüberhörbarem Spaß war.[23] Wo es ohnehin laut war, konnte ungezügelt Lärm gemacht werden. Lärm wurde zumindest am Ende des Mittelalters ein bedeutsamer Faktor der Stadtentwicklung, der nicht mehr überhört werden konnte.

Doch keiner der frühen Müller betrieb sein Gewerbe so laut und durchdringend wie der Hammermüller. Die Wasserkraft trieb einen schweren Schwanzhammer an, der durch eine mit Noppen besetzte Welle regelmäßig angehoben und wieder fallen gelassen wurde. Mit gewaltigem Krachen schmiedeten die Eisenhämmer Halbzeug und Metallwerkstücke – knallend, funkensprühend und den Boden erschütternd. Da anfänglich die Schmelzhütte in der Nähe war, betätigte Wasserkraft dort auch die fauchenden Blasebälge. Erhaltene Bauzeichnungen aus dem Spätmittelalter zeigen Eisenmühlen mit drei mühlengetriebenen Blasebälgen und einem oder mehreren automatischen Hämmern. Bayern und Niederösterreich entwickelten sich zu Zentren der frühen Eisenwerke. Die bayerische Eisenstraße zwischen Bayreuth und Regensburg war gesäumt von Hammerwerken, die vor allem an dem Fluss Pegnitz lagen.[24] Auch andere Teile Deutschlands kannten das Klopfen der Eisenhämmer. Allein im Rheinland gab es seit dem späten Mittelalter mehr als 100 Hammerwerke, auch im Ruhrgebiet, im Thüringer Wald oder im Fichtel- und Erzgebirge.

Hammerwerksbesitzer wurden am Ende des Mittelalters und in der Frühen Neuzeit die reichsten Handwerker überhaupt. Mit dem Gewinn aus ihren hochmodernen und lärmenden Großunternehmen konnten nur sie es mit den sagenhaft reichen Handelsdynastien aufnehmen. Die sogenannten Hammerschlösser, riesige Landsitze in der Oberpfalz, zeugen mit ihrer Größe und Pracht noch heute vom Reichtum der hämmernden Eisenmüller.[25] Franken und die Pfalz waren in dieser Zeit erfüllt vom Lärm der Eisenhämmer, die in einigen Regionen von Sonnenauf- bis Sonnenuntergang kilometerweit zu hören waren. Es ist kein Wunder, dass eine der wenigen überlieferten Lärmverordnungen der Zeit einen Mühlenbetrieb betrifft. 1534 schrieb die Stadt Aachen einem Wassermüller vor, dass er seine Kupfermühle einzustellen habe, wenn diese durch ihren Lärm die Bürger störe. Der Müller Jacob von Bree dürfe zwar das Wasser an der Ponellgasse nutzen, aber nur solange der Betrieb niemandem «schedlich, hinderlich oder überlestig» werde.[26]

Die Mühlen nahmen eine Entwicklung vorweg, die den Charakter des Lärms der Moderne von der Frühen Neuzeit an prägte – Monotonie, Dauerhaftigkeit, Unermüdlichkeit und Krach ohne Pause. Sie schufen das, was Umwelthistoriker und Soundforscher heute Hintergrundrauschen nennen. Ein gleichbleibender Lärmpegel ohne Anfang und Ende und ohne klar definierbare Spitzen. Früher hatte es einzelne laute Geräusche gegeben, die plötzlich auftraten und dann auch wieder verschwanden. Mühlen und erste Fabriken schufen dieses eigentümliche Brausen, Brummen und Rumpeln, das heute Großstädte und Industrieanlagen durchzieht – quasi Lärm in einer Dauerschleife. So etwas hatte es vor dem Siegeszug der Mühlen nicht gegeben. Und dieser Dauerlärm machte es von nun an schwer, einzelne Geräusche herauszuhören, zu unterscheiden und zu bewerten. Die Undefinierbarkeit des Lärms war geschaffen.

Technologie hatte im Mittelalter viele Facetten. Neben der klappernden Mühle und den rumorenden Baustellen brachte sie eine Erfindung hervor, die neben dem Lärm zum modernen Stress-Barometer wurde – die Messung der Zeit. Im Spätmittelalter wurde plötzlich sogar die Zeit hörbar. Bis dahin hatten stille Zeitmesser wie Wasser- und Sonnenuhren, aber auch Kerzen-, Sand- und Räucheruhren den Tag eingeteilt.[27] Mechanische Uhren machten damit Schluss. Die Entwicklung begann in den Klöstern: Für mittelalterliche Glaubensgemeinschaften waren Uhren notwendig, weil das tägliche Gebet und die Arbeitszeitpläne nach ihnen organisiert wurden. Mönche wurden so die ersten Uhrmacher der Geschichte.

In den Klöstern entwickelten sich die ersten mechanischen Uhren, die den Laut der Zeitmessung ins Leben der Menschen brachten. Das Klackern der Zahnräder, das Fallen der Uhrgewichte und natürlich der Glockenschlag – all das tüftelten Geistliche und später auch Handwerker aus. Die ersten mechanischen Uhren waren ratternde Ungetüme, die noch ungenau liefen. Das stille Rinnen der Sanduhr war damit Geschichte. Peter Lightfoot von Glastonbury, ein Mönch des 14. Jahrhunderts, baute eine der ältesten mechanischen Uhren, die noch heute im Wissenschaftsmuseum in London zu besichtigen ist.[28]

Ihren Aufschwung erhielt die Zeitmessung allerdings erst durch die öffentliche Räderuhr. Zahnradbetrieben klockten die riesigen Uhren zunächst nur an Kirchen, in Klöstern und an besonderen Türmen der Rathäuser oder Stadtfestungen. Das Ticken der Zeit war teuer, eine Standuhr konnte sich kaum jemand leisten. Erfurt, Augsburg und St. Gotthard erhielten ab 1304 die ersten nachweisbaren Räderuhren. 1336 bekam Mailand sogar eine schlagende Turmuhr.[29] Der Ablauf der Stunden wurde damit zum ersten Mal hörbar – auch aus weiter Entfernung. Niemand musste mehr aufblicken, um zu wissen, wie spät es war. Der Glockenschlag der Turmuhr demokratisierte das Wissen über die genaue Zeit, synchronisierte aber auch zunehmend das Leben der Menschen. Die wirtschaftliche, technologische und wissenschaftliche Fortentwicklung wäre ohne die Uhr kaum möglich gewesen.

Die Pest, der Krieg und der Lärm des Schießpulvers

Adam hat mich überredet mitzukommen. Mit seinen derben Freunden hat er sich schon einen Becher Wein geholt und hört den jenischen Gauklern und Pfeifern zu, die laut musizieren und schon etliche Pfennige haben. Die dicke Frau des Metzgers drängelt sich nach vorn und schimpft mit den Buben aus der Benderfurt. Noch klopfen der Scharfrichter und ein Knecht mit einem schweren Hammer die Pfähle in den Boden. Ein großer Kräftiger nagelt die eisernen Ketten und Handschellen an die Stämme, während die anderen Reisig und Holz zu einem großen Haufen rund um jeden Pfahl schichten. Dann höre ich im Getös plötzlich ein Singen, das den Hügel heraufkommt und immer lauter wird. Vorweg geht der Franzose, der in den letzten Wochen in der «Alten Waage» gewohnt hat. Ganz in Schwarz, hochgewachsen und sehr dünn – ganz anders als unser fetter Priester. Unheimlich und wortkarg, ich bin immer gelaufen, wenn ich ihn nur von Weitem gesehen habe. Hinter ihm geht der Pfaffe, der laut ein lateinisches Gebet spricht. Der Wagen mit den Frauen rumpelt den Hügel herauf – ich kann das Schluchzen der Breitnerin hören. Ganz blutig ist sie im Gesicht, ihre Haare kurz geschoren und die Augen verschwollen. Die ehemalige Magd des Häuslers liegt dagegen auf

07. **Zeitzeichen**
Mittelalter Kirchturmuhren mit Räderwerk und Glocken

dem Wagenboden und gibt keinen Laut von sich. Die Knechte müssen sie zum Holzstoß schleppen, vielleicht ist Gott ihr gnädig und hat sie schon erlöst. Und dann die Amme des Wagners, die immer so sanftmütig zu allen war. Noch immer ist ihr Kopf hochgereckt, die Marter scheint ihr nichts angetan zu haben. Der Franzose murmelt ununterbrochen, zwischendurch erhebt er seine Stimme, und als der kleine Knecht die glühende Holzkohle zwischen das Holz wirft, ruft er sogar. Schon bevor die Flammen das weiße Büßerhemd der Breitnerin erreichen, schreit sie herzzerreißend. Ihre Schreie gellen in meinen Ohren, während das Feuer jetzt kräftig prasselt. Die Häusler-Magd hängt stumm am Pfahl, den Kopf gesenkt, Gott hat sie wohl schon zu sich genommen. Nur die Wagner-Amme steht aufrecht und hat die Augen geschlossen. Als die Haare und das Hemd der Breitnerin brennen, ist nur ihr fürchterliches Geschrei zu hören. Den Rabauken des Dorfes, die zu Beginn noch große Töne gespuckt und die sich in die erste Reihe gedrängelt hatten, verschlägt es die Sprache. Mein Herz klopft laut vor Entsetzen, als ich sehe, dass die Amme in fauchenden Flammen steht. Ich drehe mich um, presse die Hände auf meine Ohren und laufe, so schnell ich kann. Sie hat mein Kind gerettet, und das werde ich ihr nie vergessen.

Die Lust am Lauten, Groben und Rüden ist im Mittelalter groß, die Umwelt relativ leise, der Mensch im Umgang miteinander dafür umso lärmender. Gerade am Ende des 15. Jahrhunderts ist die Liste der Grausamkeiten lang, die Menschen sich antun. Die Schreie der Brennenden auf den Scheiterhaufen sind nur das bekannteste Beispiel. Das Grausame, Barbarische und Lärmende ist nicht auf die Bauern und unteren Stände beschränkt. Auch im Adel brüsten sich die Menschen mit lautmalerischen Unmenschlichkeiten. Es galt das Recht des Stärkeren, und in Friedenszeiten fehlten Ordnungssysteme, die für den Erhalt von Ruhe und Sicherheit sorgten.

Arbeitslose Landsknechte, verarmte Ritter oder aggressive Bettler waren «landschädliche Leute»,[30] von denen erhebliche Gefahr ausging – quasi eine frühe Form der organisierten Kriminalität.

Ein Ritter aus der Zeit des französischen Königs Philipp II. August (1180–1223) galt als besonders grausam. Er habe zeit seines Lebens Kirchen zerstört, Dörfer geplündert, Pilger überfallen und Unschuldige verstümmelt. In der südwestfranzösischen Stadt Sarlat soll er mehr als 150 Männern und Frauen die Hände abgehackt oder die Augen ausgedrückt haben – unterstützt von seiner Frau, die angeblich aus Lust an Grausamkeit die Brüste ihrer weiblichen Opfer verstümmelte und ihnen die Finger- und Fußnägel hat ausreißen lassen.[31] Ob wahr, übertrieben oder reine Propaganda, lässt sich schwer nachweisen. Sicher ist: Grausamkeit und Marter, das Schreien der Opfer und das Gebrüll der Aggression gehörten in dieser Zeit dazu und waren weit verbreitet. «Gerade in dieser Monotonie verrät sich die Seelenlage der Zeit am meisten», schrieb der Mittelalter-Historiker Otto Borst. «Rauben und Plündern, Wegnehmen und Zustechen lieben nicht nur die Ritter, sondern auch die aufsteigenden Städter, man lese nur einmal die Berichte über die Städtekriege der mittelalterlichen Spätzeit, wo gemordete Greise, vergewaltigte Weiber, ausgerissene Weinstöcke, angezündete Dörfer, geschändete Grablegen sozusagen zur Normalkost gehören.»[32]

Auch wenn das 16. und 17. Jahrhundert als eigentliche Zeitalter der Hexenprozesse gelten, lief sich die Kirche bereits im Mittelalter warm. Als Papst Innozenz III. (1161–1216) im Jahr 1215 das Inquisitionsverfahren (lat. Inquisitio für Suche, Befragung, Untersuchung) einführte, richtete es sich zunächst gegen die Kleriker selbst – Abweichler, Häretiker oder Gotteslästerer. Obwohl wir heute mit der Inquisition vor allem grausame Folter, das Knistern der Scheiterhaufen und das Schreien der Unglücklichen verbinden, war die Inquisition tatsächlich eine Innovation, ein Fortschritt und ein Stück Rechtssicherheit – auch wenn es schwer vorstellbar ist. Zum ersten Mal in der Geschichte gab es eine klare Beweisführung, eine Prozessordnung, eine Protokollierung mit Zeugen und eine strenge Verschriftlichung. Gottesurteile und Reinigungseide waren damit passé. Zwar war das Ergebnis häufig reine Willkür, der Weg zum Urteil aber nicht. Die Nachteile lagen auf der Hand: Der Ankläger war auch Richter, Inquisition war ein Geheimverfahren und die Folter Mittel der Beweisführung. Die bohrenden Fragen, die schreienden Anschuldigungen und das Stöhnen der Gemarterten gehörten so bis ins 18. Jahrhundert zu einem ordentlichen Gerichtsverfahren.

Ob die grausamen Laute der Folter auch unbeteiligten Menschen an die Ohren drangen, ist nicht endgültig geklärt. Zwar fand die Marter im Geheimen statt, doch die Menschen wussten genau um die Methoden und Folgen der Folter. Im Zeitalter des Auditiven sprach sich solch Unerhörtes schnell herum, und so manches Mal werden die Schreie der Gemarterten auch außerhalb der Zellen und Kerker gehört worden sein. Zumindest für die direkt Beteiligten war es nicht nur ein unmenschliches und grausames, sondern auch ein lautstarkes Spektakel. In einigen Quellen wird davon berichtet, dass der Untersuchungsrichter das Anlegen eines sogenannten Capistrums anordnete[33] – eine Art Binde in Form eines Halfters zum Festhalten eines Knebels im Mund. Das laute Schreien und Jammern sollte die Richter und Folterer nicht bei der Arbeit stören.

Die Hinrichtungen selbst waren öffentliche Ereignisse, die sich im Lärmgedächtnis festsetzten. Sie sollten jedem Menschen vor Augen und Ohren führen, was denen passiert, die sich nicht an die Regeln halten. Vor allem Verbrennungen auf dem Scheiterhaufen waren entsetzliche Spektakel, bei denen vermeintliche Häretiker,

Hexen oder Magier starben. Hinrichtungen hatten volksfest-ähnlichen Charakter – mit Musik, Gauklern und einem bunten Jahrmarkt, zu dem die Menschen strömten. Im Lärm der Masse starben die Delinquenten einen langsamen, grausamen Tod. Nicht selten dauerte es bis zu 20 Minuten, bevor die Schreie der Opfer endlich verklangen. Kriminellen, Aufwieglern oder politischen Gegnern drohten zumeist andere Exekutionen. Rädern – mit dem Brechen der Glieder, wobei der Scharfrichter ein schweres Rad auf den Verurteilten fallen ließ. Vierteilen wie beim schottischen Freiheitskämpfer William Wallace (ca. 1270–1305), Strangulation, Enthaupten, Verbrennen oder die sogenannte Judenstrafe, bei der der Verurteilte an den Beinen aufgehängt wurde – dicht neben ihm zwei Hunde, die im Todeskampf bellten und den Delinquenten zerfleischten.[34] Immerhin: In manchen Fällen erbarmten sich Kirche und Obrigkeit, indem sie eine zumeist geheime Formulierung in das Urteil einfügten. Das Retentum schrieb dann vor, dass der Verurteilte vor dem Vierteilen erdrosselt oder ihm vor der Verbrennung ein Betäubungsmittel gegeben wurde.

Im Stadtarchiv Nürnberg findet sich eine Chronik über die Hinrichtungen in der Stadt zwischen 1325 und 1679: «Hierinnen seind beschrieben und zu finden was vor personen allhie in Nürnberg vom leben zum todt hingerichtet worden»[35]. Der Mörder Friedrich Werner wird am 11. Februar 1585 exekutiert, und seine Räderung ist bis ins Detail beschrieben worden. «Den 11. febrer, hat man allhie den Friedrich Werner sonsten der Heffner Friedlein genand vor dem rathhauß auff einen waagen gesezet darbey auch die zween priester, der Löw (Name des Scharfrichters) und der henker gesessen und ihn alßbalten einen zwick mit einer glüenden zangen gegeben, da hat er sehr geschrien, und im herabführen bütterlich gewainet, auch jedermann gebetten, man solle seiner armen seel zur trost ein Vatter Unser betten.»[36]

Der brutalste Bruch der Ruhe war jedoch der Krieg – und Kriege gab es reichlich im Mittelalter. Als legitimes Mittel zur Durchsetzung politischer Interessen war er allgegenwärtig. Normannen gegen Sarazenen in Italien, die Feldzüge Karls des Großen gegen die Sachsen, Staufen gegen Welfen, zahlreiche Erbfolgekriege und der Hundertjährige Krieg (1337–1453), der Frankreich und England auf Jahrhunderte entzweite. Der Konflikt mit dem Islam, der mit den Kreuzzügen aufflammte, zog sich durchs gesamte Mittelalter, sogar Kinder beteiligten sich an dem lärmenden Krieg gegen die vermeintlichen Heiden. Das Klirren der Schwerter, die Schreie der Kämpfenden und das Stampfen der Kriegsrosse waren nicht nur den Söldnern und Landsknechten vertraut. Alle Menschen in der näheren Umgebung eines Schlachtfeldes hörten und fürchteten den Klang der Schlacht, den ein unbekannter Dichter im berühmten Rolandslied verewigte. «Wer hat nicht gesehen, wie die Schilde in Stücke zerschmettert wurden, nicht gehört, wie die hellen Kettenhemden schepperten und die Kettenringe rissen oder der harte Speer den Rand des Helmes traf.»[37]

Das Mittelalter brachte auch eine Erfindung nach Europa, deren Klangfolgen bis heute zu hören sind – das Zischen des Schießpulvers, das Krachen der Kanonen und Knallen der Handfeuerwaffen. Das Schwarzpulver, das sowohl für wunderschönes Funkensprühen als auch für todbringende Explosionen verantwortlich ist, wurde wohl schon im 11. Jahrhundert in China erfunden. Der chinesische Schreiber Zeng Gongliang erwähnt in seinem Buch über Militärtechniken im Jahr 1044 zum ersten Mal eine Rezeptur für Schwarzpulver.[38] Das qualmende und zischende Pulver wurde schon früh militärisch genutzt. Feuerpfeile sind seit 1161 überliefert, allerdings dienten die ersten Raketen wohl eher zur Einschüchterung der Gegner.

Dass der deutsche Franziskanermönch Berthold Schwarz das

Schwarzpulver entwickelt hat, ist wohl nur eine Legende. So ist nicht sicher, ob er Mönch war oder dass es ihn überhaupt gab. Von einem Gelehrten ist die Rede, einem Griechen oder einem Alchemisten. 1410 verfasste ein unbekannter Autor die erste bekannte deutsche Handschrift über Pyrotechnik, in der ein Hochschullehrer namens Meister Berthold erwähnt wurde. In einem anderen Buch wird aus ihm ein Alchemist, der bei seinen Experimenten zufällig auf das Wunderpulver stieß. 1432 nennt eine weitere Handschrift aus Freiburg den Meister Niger Berchtholdus (Berthold Schwarz) als Erfinder des Schießpulvers, das zu seinen Ehren Schwarzpulver genannt worden sei.[39] Verschiedene Historiker versuchten lange, der Legende Personen zuzuordnen – doch bis heute vergeblich. Wahrscheinlicher ist, dass die chinesische Erfindung zu diesem Zeitpunkt endlich auch in Westeuropa angelangt war und das Christentum seine eigene Geschichte für diesen geheimnisumwitterten Stoff brauchte.[40]

Der Esslinger Kürschnermeister Dionysius Dreytwein (1498–1576), Verfasser der städtischen Chronik, wurde Ohrenzeuge des Schießpulvereinsatzes und damit wohl des ersten Feuergefechtes in Schwaben überhaupt. Am 18. September 1519 zog Herzog Ulrich von Württemberg vor die Tore von Esslingen und ließ die Büchsen abfeuern. «Der erst Schuß, den ich gesechen han», notierte Dreytwein, «der geschach in der kremer zumfftstuben (...). Da erschrack ich vonn dem schus, das ich mytt der subenn (Suppe) zu bodenn fiell, dann der hertzog schoss fast inn die häusser und man fing auch ann zu schiessenn auf dem brottturm, das ich selbs gesechen han.»[41]

Schnell verbesserten die Waffenschmiede der Zeit die Feuerwaffe. Vorderlader wie Arkebusen und Musketen brachten einen Zündmechanismus, erste Papierpatronen erleichterten die Ladung, gezogene Läufe verbesserten die Treffgenauigkeit.

Später erhöhten Magazine die Schussfolge. Gewehre wurden leichter, erste Faustfeuerwaffen wie Pistolen und Revolver machten Schusswaffen klein und im wahrsten Sinne handlich. Und: Schusswaffenträger brauchten zumeist keine lange Ausbildung wie hochspezialisierte Bogenschützen und bezogen weniger Sold. Für den großen Knall waren auch Ungeübte geeignet.

Feuertöpfe waren um das Jahr 1300 die ersten Kanonen der europäischen Geschichte – kurze und grobschlächtige Ungetüme mit bauchigem Ende, in dem das Schießpulver entzündet wurde. Ihr Gebrauch war gefährlich, der Knall gewaltig, und nicht selten war danach der Kanonier tot und nicht der Feind. 1284 sollen sie im norditalienischen Forli, 1311 bei Brabant (Belgien) und 1324 bei der Belagerung von Metz eingesetzt worden sein. Ihr lautes Donnern schreckte alle auf: Freund und Feind, die Befehlshaber, den Tross der Marketender und Handwerker und die Dörfler, die das Spektakel neugierig beobachteten. Es war das erste Mal, dass Kanonendonner die Welt erzittern ließ – der Auftakt des Zeitalters der mörderischen Geschütze. Ganz sicher belegt sind die frühen Kanonen in der Schlacht bei Crécy im Norden Frankreichs am 26. August 1346, als dort England und Frankreich in den Hundertjährigen Krieg starteten.[42] Auch wenn die Geschütze die Schlacht nicht entschieden, war der Ausgang wegweisend. Der englische König Edward III., der die Kanonen dabeihatte, bereitete den Franzosen eine vernichtende Niederlage, obwohl seine Truppen deutlich unterlegen waren. Spätere Riesengeschütze wie der «Pumhart von Steyr» (ca. 1452) verschossen dröhnend Steinkugeln mit bis zu 80 cm Durchmesser.

Schlimmer als der Krach des Krieges war die Stille der Seuche, die eigentümliche Klangbilder schuf. Obwohl das Bakterium schon im Neolithikum und in der Antike für verheerende Seuchenzüge gesorgt hatte, wurde die Pest vor allem zur Apokalypse des Mit-

08. Kriegslärm
Mittelalter Steinbüchse des
15. Jahrhunderts (Nachbau)

telalters. Der Schwarze Tod erfasste mit Urgewalt den gesamten Kontinent bis nach Island und Norwegen. Nach sechs Jahrhunderten relativer Ruhe vor der Seuche versetzte der Ausbruch ab 1347 Europa in einen Ausnahmezustand wie kein anderes Ereignis zuvor. Fast ein Drittel der Bevölkerung fiel dieser Katastrophenzeit zum Opfer. Die Zahl der Einwohner allein in Deutschland und Skandinavien sank von 11,5 auf geschätzt 7,5 Millionen Menschen – mit Auswirkungen auf die Lautsphäre des Heiligen Römischen Reiches, aber auch anderer Regionen Europas. Grabesruhe legte sich über Teile des Kontinents. Besonders Gebiete, die die Menschen dem Land in bergigen oder unwegsamen Gegenden abgerungen hatten, wurden wieder menschenleer. Verlassene Feldfluren und Geisterdörfer entstanden, die teilweise bis heute nicht wieder besiedelt wurden. Historiker haben ausgerechnet, dass sich fast ein Viertel der rund 170000 Siedlungen innerhalb der deutschen Grenzen von 1918 in Wüstungen verwandelte.[43]

Der Schwarze Tod zog von Konstantinopel aus durch die Länder Europas, und niemand war vor ihm sicher. Die Menschen flohen in ihre Häuser und verrammelten die Türen. Städte schlossen ihre Stadttore und ließen niemanden herein, der Warenverkehr und die Versorgung kamen ins Stocken. Die schrecklichste Geißel des Mittelalters entwickelte ihre ganz eigene Geräuschkulisse. Während der großen Pestwellen und der Hungersnöte, die den Kontinent insbesondere zwischen 1347 und 1351 trafen, war der eigentümliche Klang der Seuche zu vernehmen. Das Klagen und Stöhnen der Kranken und Sterbenden, denen eiergroße Pestbeulen am Körper wuchsen, denen Blut aus der Nase lief und die im Fieber laut fantasierten. Das Klopfen der Stäbe der Pestärzte an die Haustüren – es klang wie ein Anklopfen des Todes. Oder das Rattern und Klappern der Pestwagen, mit denen die Toten zu Massengräbern vor den Toren der Städte gefahren wurden. Die

Sterblichkeit war enorm. Insgesamt wohl 25 Millionen Menschen kamen in Europa ums Leben. Florenz verlor mehr als die Hälfte seiner Bevölkerung, in Köln starben täglich mehr als 100 Menschen, in einer einzigen preußischen Stadt insgesamt 13 000 Männer, Frauen und Kinder.[44] Dass ein winziger Floh, der von der Ratte auf den Menschen übersprang, den Erreger Yersinia Pestis übertrug, wusste niemand. Schmutziges Wasser, schlechte Ernährung, beengte Wohnbedingungen, mangelnde Hygiene, Kontakt mit Fäkalien und bittere Kälte machten es der Seuche leicht. Und dass der französische Arzt Ambroise Paré (ca. 1510–1590) erstmals vermutete, dass die Pest mit einem massenweisen Auftreten der sonst eher scheuen Ratten zu tun haben könnte, ging im Chaos des Schwarzen Todes unter.[45]

Die Menschen verließen nicht Hals über Kopf ihre Städte oder Dörfer. Wohin hätten sie fliehen sollen? Sie nahmen die Pest als Strafe Gottes an und ergaben sich vielfach in ihr Schicksal. Buße war das Gebot der Stunde, das lautstarke Gebet in aller Öffentlichkeit üblich. Gott musste versöhnt werden, durch Messen, Bittprozessionen oder auch Selbstbestrafungen – auch das für alle sicht- und hörbar. Dass gerade die Messen und Prozessionen zur Ausbreitung der Seuche beitrugen, war den Menschen nicht klar. Feuer prasselten auf Straßenkreuzungen, um die Luft vom Pesthauch zu reinigen. Die Geißler- oder Flagellantenumzüge gehörten zum alltäglichen Bild der Zeit – laut rufende Büßer, die mit klatschenden Peitschenschlägen ihre Rücken blutig schlugen und dabei ihre Gebete riefen. Im belgischen Tournai versammelten sich am 8. September 1349 im Zuge der Pest 565 Bürger zu einem großen Geißlerzug.[46] Sie sangen ihre Bittgebete, taten Buße und schlugen mit ihren Geißeln um sich, lange Riemen, die mit Knoten und eisernen Spitzen versehen waren. Alle Glocken der Ortschaft läuteten, wenn sich die Flagellanten zu Boden warfen und ihr Bittgebet deklamierten. Dreiunddreißigeinhalb Tage dauerte so ein Spektakel – ein Tag für jedes Lebensjahr Jesu.

Im Jahr 943 passierten in vielen Dörfern und Städten Frankreichs und Spaniens Dinge, die die Menschen aufschreckten. Einfache Bauern zuckten auf ihren Feldern plötzlich am ganzen Leib und brachen schreiend und jammernd zusammen, wie eine Chronik berichtet. Einige redeten wirr von Ungeheuern, oder sie schrien vor Schmerzen, dass sie innerlich verbrennen würden.[47] Andere wiederum tanzten wie besessen, bis sie zusammenbrachen und die Umstehenden erst dann bemerkten, dass die Betroffenen rote Haut hatten und einige schwarze Finger oder Zehen. Viele Kranke starben in den Tagen darauf eines schmerzvollen Todes und hinterließen verschreckte Angehörige. Besonders die Rufe der Menschen, dass ein Feuer in ihrem Inneren brenne, machte Angst. Und niemand hatte eine Erklärung für das Sterben und das Leid.

Neben der Pest gab es im Mittelalter keine Krankheit, die mehr gefürchtet wurde. Schuld am Antoniusfeuer war ein kleiner Pilz (Claviceps purpurea), der vor allem nach nassen Sommern im Roggen wucherte – nur wenige Millimeter lang und schwarz. Dass der purpurbraune Mutterkornpilz, der zusammen mit den Roggenähren zu Mehl verarbeitet wurde, daran schuld war, ahnten die Menschen nicht. Die darin enthaltenen Giftstoffe verursachten massive Durchblutungsstörungen, Hautkribbeln, Lähmungen und dann ein schmerzhaftes Absterben von Fingern und Zehen. Wahnvorstellungen ließen die Opfer von Dämonen und Teufeln reden, der rasende Schmerz des inneren Feuers sie keuchen und schreien. 40000 Menschen sollen im 10. Jahrhundert der ersten großen Mutterkorn-Epidemie zum Opfer gefallen sein. Als 1089 eine weitere Vergiftungswelle durch Europa schwappte, nahm sich der Antoniter-Orden der Kranken an, der bis ins 15. Jahrhundert mehr als 350 Krankenhäuser in ganz Europa errichten ließ, die sich speziell um die Opfer der Mutterkornvergiftung kümmerten.[48]

Mit Katastrophen, Seuchen und Endzeitstimmung neigte sich das Mittelalter dem Ende zu. Und doch war die Zeit um 1500 eine Epoche des Aufbruchs. Der Klang der Mühlenfabriken, der Buchdruck, die Emanzipation von der Kirche und das Erwachen von Technik, Wissenschaft und Verkehr stießen das Tor auf für die Verbreitung des modernen Lärms. Und nicht nur in Europa, Arabien und Asien, sondern auch in Richtung eines neuen Kontinents, der Jahrhunderte später Synonym für modernen Lärm werden sollte: Amerika. Einen ersten Aufbruch hatten 500 Jahre zuvor die Wikinger unternommen, als der Isländer Leif Eriksson (ca. 970–1020) mit einer Gruppe Siedler erst Nord-Kanada und dann Neufundland entdeckte. Dass die Skandinavier dort tatsächlich eine Zeit lang siedelten, ist seit 1961 nachgewiesen, nachdem das norwegische Archäologenpaar Helge und Anne-Stine Ingstad die Reste von L'Anse aux Meadows gefunden hatte. Erst 2021 wies die niederländische Geochronologin Margot Kuitems mit ihrem Team nach, dass die Bäume für die Siedlung exakt im Jahr 1021 gefällt worden waren.[49]

Es waren die Wikinger, die zum ersten Mal fremde Klänge außerhalb des euro-asiatischen Kontinents vernahmen. So schildert die Vinland-Saga die Erlebnisse des Wikingers Thorfinn Karlsefni, der um das Jahr 1010 mit drei Schiffen und 160 Männern und Frauen im Norden Kanadas gelandet sein soll. Während ihrer Erkundungen trafen die Wikinger auf die indigenen Einwohner, die rituelle Rasselstöcke und Kanus aus Büffelhaut verwendet haben sollen. «Aber früh am Morgen, als sie sich umsahen, erblickten sie neun Boote. Die Männer darin schwenkten Stöcke, die ein Geräusch wie Dreschflegel machten.»[50] Doch es war nur ein kurzes Klopfen und Klingen fremder Töne auf dem neuen Kontinent, bevor das Abenteuer im Dunkel der Geschichte vergessen und die Siedlungen wieder aufgegeben wurden. Nur ein Anklang dessen, was kommen würde. Ein wenig nachhaltiger Eroberungsschritt – halbherzig, improvisiert, suchend, tastend und unfertig wie die Ära selbst. Wie viele andere Entwicklungen in der unvollkommenen Epoche des europäischen Mittelalters.

Frühe Neuzeit
Ein Sturm zieht auf

Intonation der Aufklärung: Eine neue Zeit kündigt sich an

Als das Mittelalter zu Ende ging, zog am Horizont ein Sturm auf – zunächst nur als leiser Windhauch, der sich in den nächsten Jahrhunderten zu einem tosenden Orkan des Lärms entwickelte. Der Kontinent löste sich allmählich von den Fesseln der religiösen und gesellschaftlichen Beschränkungen des Mittelalters. Die zunehmende Mechanisierung, der Siegeszug der Manufakturen als Vorläufer moderner Fabriken, die Zunahme des Straßenverkehrs und der Bevölkerungszuwachs sorgten dafür, dass vor allem die Städte zu Zentren frühmodernen Lärms wurden.

Die moderne Auffassung von Lärm als Last des Alltags gewann in der Frühen Neuzeit zunehmend an Bedeutung, und immer mehr Menschen litten unter ungewollten Geräuschen durch Nachbarn, den Lärm der Straße, Fabriken und auch den zunehmenden Klang von Freizeit und Müßiggang an Sonn- und Feiertagen. Eine wachsende Zahl an Intellektuellen, Beamten, Künstlern und Schreibern sah sich durch den Lärm der Straße nicht nur belästigt, sondern in ihrem Lebensumfeld eingeschränkt und manchmal sogar in ihrer Existenz bedroht.

Eine Sonderrolle im Lärm der Stadt spielten Straßenhändler, wandernde Musikanten und reisende Handwerker wie Scherenschleifer. Waren sie schon im Mittelalter vor allem an Markttagen fast überall anzutreffen, wurden ihre Schreie ab 1600 vor allem in den Metropolen zum akustischen Alltag und zur lärmenden Belastung der Anwohner und Passanten. Die Schreie der Straßenhändler hatten bestimmte Erkennungsmerkmale, um zu signalisieren, welche Waren sie anboten. Fischverkäufer riefen anders als Wein-

und Kräuterhändler, Anbieter von Obst und Gemüse in anderen Tonlagen als die von Textilien oder Haushaltswaren.

Und die Straßenhändler wurden immer lauter, je lärmender die Städte wurden. In der Frühen Neuzeit schrien die Händler ohrenbetäubend, um den Lärm der vorbeifahrenden Kutschen zu übertönen. Insbesondere London war erfüllt von den Rufen, mit denen die Waren angepriesen wurden. Viele Bürger der Britischen Inseln waren ab Mitte des 18. Jahrhunderts zunehmend genervt von den Schreihälsen. Der Autor von *Gullivers Reisen*, der irische Schriftsteller Jonathan Swift (1667–1745), beschwerte sich 1712 in einem Brief an seine Freundin Esther Johnson über die Kohlverkäufer auf Dublins Straßen: «Ich bin morgens immer so sehr schläfrig, dass mein Diener mich mehr als zehnmal wecken muss (...). Hier schreit ein rastloser Hund Kohl und Wirsing aus; der plagt mich jeden Morgen um diese Zeit; jetzt ist er wieder dabei. Ich wollte, ihm würde sein größter Weißkohl im Hals steckenbleiben.»[1]

Bettler und Versehrte mussten wohl oder übel in den Lärmkanon einfallen, um überhaupt bemerkt zu werden. «Die gemeinen Bettler in Lumpen, die nicht die halbe Blöße decken, verfolgen den, der einem von ihnen etwas gibt, auch wohl mit Ungestüm und Bitten und Flehen, dabei mit Ausdrücken und Tönen, die nur an dem Herzen leichtsinniger Franzosen abgleiten», schrieb aus Paris der deutsche Komponist Johann Friedrich Reichardt (1752–1814), der Goethes Gedicht vom *Erlkönig* vertont hatte.[2] Reichardt, der nach eigenen Angaben Bettlern regelmäßig ein Almosen gab, verließ allerdings der Gleichmut, wenn Schreihälse in den Wirkungsbereich seines Schaffens gerieten. Nach dem Besuch der Pariser Oper im Jahr 1802 schrieb er sich den Frust von der Seele. «Zwischen den Akten bringen einen die Ausrufer von Limonade, Orangeade, Eis, Früchten (...) und andere, die Textbücher, Abendzeitungen, Journale und Augengläser anbieten, (...) zur Verzweiflung.

Dieses ist desto widerlicher an solchen Tagen, wo das Theater so voll ist.» Die fliegenden Händler hätten nicht einmal nach der Aufführung losgelassen und mit ihrem Krakeelen das von der Musik glückselig erfüllte Herz vor Zorn platzen lassen. «Gleich nach dem letzten tragischen Wort» hätten die Straßenhändler im Foyer wieder «unbändig losgeschrien» und so «die Ohren und das Gefühl sinniger Zuschauer» zerrissen.[3]

Die Straßenmusikanten, Gaukler und Drehorgelspieler bildeten eine eigene Gruppe. Viele kamen aus den ärmsten Gegenden Europas, etwa aus Spanien oder Süditalien. Häufig zogen sie mit ihrer gesamten Familie in die Städte, um für ein Almosen zu spielen. Im Mittelalter waren sie noch willkommene Abwechslung im Alltag, in der Frühen Neuzeit wurden sie zunehmend zur Plage. Die Klage über den Lärm der unerwünschten Musik mischte sich zunehmend mit sozialen Fragen. Das Bürgertum fühlte sich vom fahrenden Proletariat mehr und mehr bedrängt und wehrte sich in einem für heutige Verhältnisse kaum vorstellbaren Ausmaß. Die Straßenkünstler wehrten sich auf ihre Weise – mit noch mehr Musik, teilweise mit absichtlichem Lärm, um sich für die Verfolgung und Zurückweisung zu rächen. Vor allem im 19. Jahrhundert steigerte sich der Ärger des Bürgertums über die nahe Anwesenheit von Menschen mit niedrigerem Stand und ausländischer Herkunft. Rassistische Ressentiments, Angst vor sozialem Abstieg und Furcht vor Kriminalität mischten sich zunehmend mit dem Kampf gegen den Lärm.

Jahrmärkte waren Lärmspitzen in der Frühen Neuzeit und Orte ganz neuer Erfahrungen, denn sie zogen zahlreiche fremde Menschen an – Gaukler, Schausteller, Komödianten, fahrende Taschenspieler, Zauberkünstler und unzählige Händler. Angefeuert und frenetisch beklatscht wurden vor allem Artisten, Feuerspucker oder Seiltänzerinnen – Vorführungen, bei denen Hunderte von Menschen mucksmäuschenstill und gebannt zusahen und ohrenbetäubend jubelten, wenn das Kunststück gelungen war. Zahnzieher, Kurpfuscher und Bader boten ihre Dienste an, fahrende Händler riefen Zaubersalben und Heilmittel aus: Kräutertinkturen, Meerzwiebel, Pfefferwurz, fettige Salben oder das berühmte Theriak – eine Zubereitung aus Honig, Opium, Engelwurz und bis zu 300 anderen Ingredienzien, mit der angeblich fast alle Leiden zu lindern waren.[4] Und so mancher Städter sah und hörte auf solchen Märkten das erste Mal in seinem Leben Löwen, Bären, Affen, Papageien, Kamele, Stachelschweine, Strauße oder dunkelhäutige Verschleppte aus exotischen Ländern. Wandertheater mit Ensembles von bis zu 40 Personen traten auf, führten den staunenden Menschen Zwerge, Missgebildete oder Wunderzauber vor und spielten stundenlang ihre Stücke unter dem tosenden Applaus der Umstehenden. Insgesamt ein lärmender Mikrokosmos der derben Unterhaltung, der nur von Fastnacht und Karneval übertroffen wurde.

Das Ende des Mittelalters erzeugte einen Umbruch, wie er selten ist in der Geschichte. Kontinuitäten brachen, Gewissheiten wurden erschüttert, und gleichzeitig taten sich neue Horizonte auf. Durch die Reformation zerfiel die alte Ordnung und schwächte die Herrschaft der katholischen Kirche. Der Dreißigjährige Krieg verwüstete weite Teile des Kontinents und spaltete Europa auf Jahrhunderte in alten und neuen Glauben. Wissen explodierte mit Buchdruck und Aufklärung, der Islam wurde zurückgedrängt. Galilei, Kepler, da Vinci und Newton veränderten das Bild der Welt und schufen Grundlagen, die Technik und Wissenschaft revolutionierten.

Dampfmaschine, Mechanik und technische Erfindungen brachten erste Industrien, die Epoche des Maschinenlärms brach damit endgültig an. Steinkohle löste mit ihrer höheren Energiedichte die Holzkohle ab, die immer seltener verfügbar war. Alles wurde dreckiger, schneller, effizienter, hektischer – und auch lauter. Kurzum: Die Lärmfaktoren brachten sich in Stellung. Die neuen Manufakturen zwangen Menschen in veränderte Arbeitswelten. Ganzheitliche Arbeit wurde abgelöst durch Arbeitsteilung, Spezialisierung, Monotonie und ersten Arbeitsstress – häufig verbunden mit Dreck, Gestank und Lärm für die dort arbeitenden Männer, Frauen und Kinder.

Kolumbus stieß die Tür auf zu einer neuen Welt – aber auch zur weltweiten Ausbreitung des Krachs der Moderne. Es war der Beginn der europäischen Expansion und der Epoche der Entdeckungen. Die Welt geriet in Bewegung, Handelskontore verbanden Länder und Kontinente, und Europa begann mit der Ausbeutung der Erde. Mit der transatlantischen Sklaverei begingen die europäischen Länder ein Jahrtausendverbrechen, durch das Millionen von Menschen aus der Ruhe ihrer Welt gerissen wurden.

Gleichzeitig breiteten sich durch die Aufklärung Ideen von Freiheit und Gleichheit aus, die das jahrhundertealte Ständesystem ins Wanken brachten. Voltaire, Rousseau, Hume und Kant stellten die bisherige Welt infrage. Die Französische Revolution fegte das Königtum und den Adel hinweg und schuf die erste echte Nation des Kontinents. Intellektuelle und Aufklärer wurden die ersten Lärmgeplagten der Epoche. Flugblätter und Zeitungen entwickelten sich zu Massenmedien, und das Posthorn kündigte Neues, Wichtiges und auch Spektakuläres an. Gleichzeitig bäumte sich die überkommene Welt mit Macht gegen die Neuerungen auf. Hexenprozesse erinnerten ans Mittelalter, und die Gegenreformation schlug mit aller Kraft zurück.

Eine neue Zeit hatte begonnen.

Explosion des Wissens –
und ein alter Lärmbegriff

In der Frühen Neuzeit taucht das Wort «Lärm» vermehrt in Briefen, Dokumenten, Büchern und Flugschriften, den Vorläufern der Zeitungen, auf. Aber mit einer anderen Bedeutung, als wir sie heute mit dem Begriff verbinden. Lärm ist damals vor allem gleichzusetzen mit Aufregung, Gefahr, erregten Diskussionen oder Tumult. Neue Gesetze verursachen Lärm, die Ideen der Reformation oder eine neue Erfindung. Lärm ist noch kein Ausdruck für den Schalldruckpegel, sondern eine Umschreibung von gesellschaftlicher Befindlichkeit, sozialer Unruhe oder aufgeregter Diskussion. «Das Neueste muß allezeit das Beste seyn, und was das meiste Lärm und Aufsehen macht, danach richten wir uns am meisten», schrieb ein unbekannter Autor 1738 und umriss damit die alte Bedeutung.[5] Das Wort lag damals noch nahe an seiner eigentlichen Herkunft – im italienischen Ausruf «all arme» («Zu den Waffen») aus dem 15. Jahrhundert. Die Sprachwissenschaftler Jakob und Wilhelm Grimm jedenfalls führten den Begriff in ihrem *Deutschen Wörterbuch* von 1885 auf diesen Ursprung zurück.

Eher Alarm als Lautstärke, eher Warnung als ohrenbetäubendes Geräusch – die militärische Herkunft des Wortes «Lärm» bestimmte bis in die Mitte des 18. Jahrhunderts die Nutzung. Viele Begriffe, die heute vergessen sind, leiteten sich von dieser Deutung ab. Der Lärmplatz war die Kaserne oder der Ort, wo sich Bürger oder Soldaten im Verteidigungsfall zu versammeln hatten. Lärmbläser und Lärmschläger waren die Trompeter und Trommler der Truppe, und mit einem Lärmfeuer gaben die Menschen – fast lautlos – Lichtsignale durch brennende Holzstöße auf Bergspitzen. In diesen Kontext passte auch der Begriff «Blindes Lärmen», der häufig in den Dokumenten der Zeit zu finden ist – eine einfache Umschreibung für einen Fehl- oder Probealarm.

Erst am Ende der Frühen Neuzeit entwickelte sich der Lärmbegriff, wie wir ihn heute kennen. Bis dahin benannten die Menschen den Lärm als genau das, was er war – «Geschrey», «Zanck», «Getöß» oder «abscheuliches Fluchen». Mit den feineren Ohren der vorindustriellen Zeit hörten sie genau hin, benannten klar und bestimmt, unterschieden in Nuancen und sortierten so die Geräusche ihrer Zeit. Lärm war noch kein Oberbegriff für unerwünschte Laute, sondern ein Zustand der Aufregung, der Gefahr oder des Krieges.

Wissenschaft und Forschung erlebten nach der Zeitenwende um 1500 einen gewaltigen Aufschwung, der sich massiv auf die Technologisierung der Gesellschaft auswirkte. Fernglas, Teleskop und Mikroskop erschlossenen neue Wissenswelten. Neben dem Buchdruck und der Kutsche gaben der Bleistift (um 1500), die Taschenuhr (1510) und die ersten noch von Menschen oder Tieren gezogenen Schienenbahnen in Bergwerken (1519) der Effizienz von Arbeit einen mächtigen Schub. Fast alle Geistesgrößen der neuen Zeit beschäftigte die Akustik, diese rätselhafte, flüchtige und wenig fassbare Wissenschaft. Zwar wusste Leonardo da Vinci (1452–1519), dass Luft oder andere Stoffe als Medium für den Schall gebraucht werden. Und Galileo Galilei (1564–1642) erkannte das Zusammenspiel zwischen Tonhöhe, Frequenz und der Masse der Resonanzkörper. Doch erst Isaac Newton (1643–1727) schuf ein allgemeingültiges Rechenmodell, mit der die Akustik naturwissenschaftlich erfasst, gegliedert und analysiert werden konnte. Er berechnete als erster Wissenschaftler die Schallgeschwindigkeit – und lag mit 298 Metern pro Sekunde schon ziemlich nah an dem mit heutigen Hochleistungsgeräten gemessenen Wert.

In seiner Naturgeschichte *Sylva sylvarum* widmete sich der

englische Philosoph und Staatsmann Francis Bacon 1627 auch dem Rätsel der Töne.[6] Die Erklärung vieler Zeitgenossen, Klänge würden dadurch entstehen, dass die Luft verdrängt werde (elision of the air), sei ein Zeichen von Unwissenheit. Luft und Wind transportierten Töne, stellte Bacon richtig fest und räumte gleich mit weiteren Vermutungen auf, die weit verbreitet waren. Dass gewaltiger Applaus und das Schreien großer Menschenmengen die Luft so dünn machten, dass Vögel vom Himmel fielen. Oder dass das Läuten großer Glocken Gewitter vertreiben könne.[7]

Das Phänomen von Blitz und Donner blieb bis weit in die Frühe Neuzeit weitgehend unentschlüsselt. Noch 1746 hatte der Mediziner Friedrich Leberecht Supprian (1723–1789) gemutmaßt, dass bei Gewitter «schweflichte Dünste» aufsteigen, die sich dann entzünden würden.[8] Die Explosion und das Platzen der Haut der Dunstbläschen würden den lauten Knall erzeugen. Die Wissenschaftler der Zeit forschten weiter und näherten sich des Rätsels Lösung. Dass Reibungselektrizität den Blitz erzeugt, enträtselten gleich drei Forscher gemeinsam im Zusammenspiel ihrer Talente: der amerikanische Drucker, Erfinder und spätere Staatsmann Benjamin Franklin (1706–1790), der Russe Michail Lomonossow (1711–1765) und der Deutschbalte Georg Wilhelm Richmann (1711–1753).

Letzterer bezahlte für seine Forschungen mit seinem Leben. Als Richmann am 26. Juli 1753 in seinem Labor in St. Petersburg zusammen mit einem Assistenten mit einer Eisenstange die elektrische Ladung der Atmosphäre untersuchte, schlug ein Blitz mit gewaltigem Krach in die Stange ein und tötete ihn. Sein Assistent überlebte zwar, jedoch war der von vielen Zeitungen in ganz Europa aufgegriffene Vorfall ein Beleg für die Gegner von Blitzableitern, die Benjamin Franklin im Jahr zuvor auch in Europa populär gemacht hatte.

09. Himmelstosen
Frühe Neuzeit Erforschung von Gewitter, Blitz und Donner

Die Medizin der Frühen Neuzeit war noch dem Mittelalter verhaftet, und die antiken Ärzte wie Galen, Avicenna und Hippokrates das Maß aller Dinge – mit Aderlass, Schröpfen, Purgieren, der Lehre von den Körpersäften und recht ruppigen Methoden auf dem Gebiet der Chirurgie. Schwerhörigkeit, Taubheit, Mittelohrentzündung oder Tinnitus waren häufige Leiden, ihre Symptome bekannt. Wirksame Therapien gab es nicht, sie sind bis heute schwierig. Zwar studierten die frühen Anatomen bereits Innenohr, Steigbügel, Amboss und Trommelfell und stellten erste Verbindungen zwischen Nervenbahnen und Gehirn her. Doch die Mediziner blieben weitgehend ratlos, wenn es um die Hilfe für schwerhörige oder taube Patienten ging. «Bind ein Schweinlungen also warm an das Heubt / (...) und legt sich die Taubheit», riet ein medizinisches Handbuch des fränkischen Universalgelehrten Johannes Schöner (1477–1547) im Jahr 1528. «Odder lege Lattichsamen ynn Wasser yn einem Tüchlein / trinck darvon.»[9]

Auch an der Universität Wittenberg verharrte die Medizin in mittelalterlichen Strukturen. Martin Luther (1483–1549) glaubte noch, dass Dämonen das Leid bringen. Medikamente und ärztliches Können seien Geschenke Gottes: «Denn hiermit kann der Arzt allerlei Schmerzen lindern und viel süßer, guter Konfekte machen und Salben zu richten, davon die Kranken gesund werden.»[10] Während der Pest in Wittenberg in der zweiten Jahreshälfte 1527 hatten sich die Erkenntnisse des Reformators verfestigt: Ärzte könnten wirksam helfen, wenn sie gut ausgebildet seien. So ermunterte Luther seinen Sohn Paul (1533–1593), ein Medizinstudium aufzunehmen. Er schaffte es bis zum Leibarzt des Herzogs von Sachsen.

Martin Luther selbst erkrankte 1527 an einer «hefftigen Schwachheit des Leibes und schwehren Geblüte um das Hertz», die sich mit starken Ohrenschmerzen ankündigte. Der Wittenberger Arzt Augustin Schurff (1495–1548) stand ihm zur Seite und behandelte ihn. «Anno 1527 (...) habe ihn eine große melancholische Beängstigung befallen mit einem starken Brausen, wie ein Wirbelwind, im linken Ohr, nebst einer fast tödtlichen Ohnmacht.»[11] Ohrenärzte würden heute vermutlich einen Hörsturz und einen anschließenden Tinnitus diagnostizieren. Neben Kopfschmerzen, Schwindel, Verstopfung und Hämorrhoiden machten dem Reformator immer wieder Beschwerden an den Hörorganen zu schaffen, wie er selbst drei Jahre später aufschrieb: «Da ich zu Coburg war, plagte mich das Sausen und Klingen der Ohren also, daß mir gleich ein Wind aus dem Kopf ging, bließ und sauste, wie ein Haupt-Fluß.»[12] Der Tinnitus Luthers, so scheint es, war chronisch geworden. Bis zu seinem Tod 1549 beklagte sich der Reformator immer wieder über «heftiges Ohren-Klingen».

Was wäre die Welt ohne die Gedanken der Fantasten, Träumer und Utopisten? Einer von ihnen war der deutsche Jesuit Athanasius Kircher (1602–1680), der sich intensiv mit Schall, Lärm und akustischen Systemen beschäftigte. Der Thüringer gilt als einer der letzten Universalgelehrten und interessierte sich praktisch für alle Wissenschaften – Ägyptologie, Medizin, Musik, Geologie, Astronomie und eben auch Schall und Akustik. Als Jesuit war er in den Zeiten der Glaubenskriege ein eifriger Verfechter des Katholizismus, ohne allerdings die Fortschrittsfeindlichkeit seiner Kirche zu teilen. Im Gegenteil: Nichts war zu utopisch, nichts undenkbar in der Gedankenwelt Kirchers, den der deutsche Germanist Friedrich Kittler einmal als «eine Art wissenschaftliche Feuerwehr des Papstes» bezeichnet hatte.[13] Ein Geistlicher, der mit Schallröhren und Resonanzwänden experimentierte, sich in den Krater des Vesuv abseilte oder früh erkannte, dass die Pest von kleinsten Lebewesen verursacht sein könnte.

In seinen Büchern *Musurgia universalis* (1650) und *Phonurgia nova* (1673) setzte sich Kircher auf mehreren Hundert Seiten mit der Theorie von Schall und Musik auseinander. Er stellte die Instrumente seiner Zeit vor und erklärte Gamben, Posaunen oder Trommeln mit aufwendigen Zeichnungen. Mithilfe anatomischer Studien beschrieb er das menschliche Gehör, entwickelte die bereits bekannte Wasserorgel weiter oder entschlüsselte den Gesang der Vögel. Er entwarf Musikautomaten und sprechende Statuen – technische Wunderwerke, die an den Höfen technikbegeisterter Herrscher die Besucher verblüffen und einschüchtern sollten. Doch meist blieb es bei Entwürfen. Kircher war der technischen Entwicklung seiner Zeit zu weit voraus.

Der Jesuit entwickelte riesige Verstärkeranlagen und Abhöreinrichtungen – gigantische Schallschnecken, die in ihren Windungen Töne transportieren sollten. Detaillierte Bilder zeigen große Hörrohre, die wie Vorläufer moderner Abhöranlagen wirken, und riesige Schallmembranen, die die Lautsprecherwände moderner Rockkonzerte vorwegnahmen. Alles blieb reine Utopie, doch kam Kircher in seinen Visionen künftigen Entwicklungen recht nah. Den praktischen Nutzen sah der erfinderische Geistliche klar vor Augen. Über seine Abhöreinrichtung Technasma schrieb er, «daß man alle Wort und Reden, so auf einem Marckt oder offen-gemeinen Platz geredet werden, so deutlich und vernehmlich höre, als wann man allernechst dabey wäre, da dann niemand dem das Gehaimnuß nicht bewußt, wissen kann, wie dises geschihet oder zugehet».[14] Eine praktische Erfindung für Kirche und Staat in einer Zeit, in der die Mächtigen zunehmend von Freiheitsgedanken bedrängt wurden und in Sorge um ihre Privilegien waren.

Bis ins Mittelalter hatte der einzelne Mensch nur wenige Möglichkeiten, sich Gehör im Alltagslärm zu verschaffen. Die Kraft der eigenen Stimme oder Plätze und Bauten mit außergewöhnlicher

Resonanz waren die einzigen Möglichkeiten, sich für viele Menschen hörbar zu machen. Der britische Mathematiker Samuel Morland (1625–1695) machte um das Jahr 1670 eine Erfindung, die endlich Abhilfe versprach. Seine Sprechtrompete verstärkte den Schall der menschlichen Stimme erstmals in der Geschichte mit einem technischen Gerät. Morlands Sprachrohr war eher noch eine Röhre als der heute bekannte Trichter. Aber es gelang ihm, seine Erfindung an höchster Stelle vorzustellen und anzupreisen. Mit dem englischen Staatssekretär Samuel Pepys (1633–1703) war er seit seiner Jugend befreundet und konnte das Megafon auch dem Kreis um König Karl II. präsentieren. Seine Tuba-Stentoro-Phonica sei hervorragend dazu geeignet, durch ihre Lautstärke Eingeschlossene in belagerten Städten zu zermürben, bei Feuern Alarm zu schlagen oder Diebe aus einem Haus zu vertreiben – quasi eine frühe Form der Alarmanlage.

Mit dem Megafon war erstmals ein einzelner Mensch in der Lage, Menschenmassen allein durch die Kraft seiner Stimme zu mobilisieren, anzutreiben oder gar aufzuhetzen.

Wie die Reformation den Klang der Kirche änderte

Dass gewaltiger Lärm der Auslöser für die Reformation war, ist eine vielfach erzählte Geschichte – doch sie ist vermutlich nur eine Legende. Als Martin Luther als junger Jurastudent am 2. Juli 1505 in Stotternheim (Erfurt) auf dem Rückweg von einem Besuch bei seinen Eltern in ein heftiges Gewitter geriet, fürchtete sich der 21-Jährige angeblich so sehr, dass er ein Gelübde ablegte. Vom Krachen der Blitze geängstigt soll er niedergekniet sein und die damals in Thüringen populäre Heilige der Bergleute angerufen haben: «Hilf, heilige Anna, ich will ein Mönch werden!» Ohne den himmlischen Krach kein Mönch Martin und später keine Reformation? Vielleicht wäre die Geschichte anders verlaufen. Der Weg zu Veränderungen war jedoch längst bereitet.

Die Krisenzeit um 1500 gab den meisten Menschen das Gefühl, in einer Endzeit zu leben. Der Tod konnte jederzeit über einen kommen. Krieg, Pest, Hungersnot oder Raub und Totschlag bedrohten das Leben unmittelbar. Doch die Kirche bot eine praktische Lösung, um im Falle des Ablebens nicht zu lange im Lärm des Fegefeuers verbringen zu müssen oder schließlich tatsächlich in der Hölle zu landen. Hölle und Fegefeuer waren keine leeren Floskeln. Für die Menschen um 1500 gehörten sie zur Lebenswirklichkeit. Mit Beichten, Gebeten, Psalmengesängen, Fasten, Wallfahrten und auch Selbstgeißelung taten die Menschen Buße für ihre Sünden, doch der Ablass konnte auch einfacher geschehen – mit Geld. Die frommen Spenden der Gläubigen entwickelten sich für den Klerus zum Millionengeschäft, das professionell organisiert war.

Ob die Reformation am Mittwoch, dem 31. Oktober 1517, mit dröhnenden Hammerschlägen begann, ist nicht endgültig belegt. Bis heute ist unklar, ob Martin Luther seine 95 Thesen wirklich an die Tür der Kirche in Wittenberg genagelt hat. Doch egal, ob Hammerschläge oder nicht – das politische und gesellschaftliche Kräftegleichgewicht, das Jahrhunderte in Europa bestanden hatte, geriet durch Luthers Thesen außer Kontrolle. «Ein jeder Christ, der wahre Reue und Leid hat über seine Sünden, hat völlige Vergebung von Strafe und Schuld (…) auch ohne Ablassbriefe.» Die Thesen 36 und 37 waren nichts weiter als ein massiver Angriff auf die mächtigste Institution ihrer Zeit.

Die Reformation war auch ein bedeutender Einschnitt in die akustische Herrschaftswelt der mittelalterlichen Kirche. Mit seinen Thesen, die die Welt veränderten, griff Martin Luther nicht nur die Macht der katholischen Kirche an. Mit der Übersetzung der Bibel ins Deutsche und Predigten in der Volkssprache demokratisierte er die Religion insgesamt. Er entschlüsselte die Geheimnisse der lateinischen Liturgie, entschlackte und vereinfachte die Gottesdienste und machte die religiösen Inhalte endlich für alle verständlich. Und er deckte mit seinen Flugschriften und Büchern in deutscher Sprache erstmals für alle auf, wie die Kirche mit den Ablassgeldern den prächtigen Petersdom in Rom erbauen ließ oder Schulden an das Augsburger Handels- und Bankhaus Fugger zurückzahlte.

Dabei halfen ihm sicherlich der Buchdruck, die neue Begeisterung der Menschen für Wissen und vor allem seine Entscheidung, die meisten Schriften auf Deutsch zu veröffentlichen. Die Auflagen waren für damalige Verhältnisse unfassbar hoch – und der Aufschrei bei den Menschen gewaltig. Rund 500000 Exemplare seiner Hefte, Bücher und Flugschriften wurden allein 1520 gedruckt. *Von der Freyheyt eyniß Christen Menschen* (1520), eine seiner Hauptschriften, war ein erster Bestseller der Frühen Neuzeit. Auch wenn von geschätzt 12 Millionen Menschen im Deutschen Reich nur etwa eine Million lesen konnten, war das Analphabetentum kein Hindernis mehr. Die Lösung war einfach: Die Menschen ließen sich vorlesen von denen, die es konnten. Ein begieriges Aufsaugen der Texte und Botschaften begann, die Menschen hörten gebannt den neuen Erkenntnissen zu und waren fasziniert. Das laute Vorlesen prägte die Zeit wie kaum eine andere – unterbrochen von den zahlreichen Auftritten redegewandter Prediger, die durch Städte und Dörfer zogen, um auf den Plätzen laut rufend den neuen Glauben zu propagieren.

Luthers weiterer Weg ist bekannt: Kirchenbann, Wormser Reichstag und das berühmte Schlusswort, das mit dem Satz «Gott helfe mir. Amen» endete. Das «Hier stehe ich. Ich kann nicht anders» des Reformators ist nicht historisch belegbar – ein dramatischer Satz ist es trotzdem. Reichsacht, die Flucht auf die Wartburg und dann seine eigentliche Fleißarbeit als Junker Jörg: Die Übersetzung der Bibel ins volkssprachliche Deutsch rückte die Kirche endlich in die Mitte des Volks. Nicht aus dem Lateinischen, sondern aus dem von Erasmus von Rotterdam herausgegebenen griechischen Urtext übertrug Luther die Bibel in monatelanger Arbeit in die deutsche Sprache. Nicht in abgehobenem Schriftdeutsch, sondern in umgangssprachlichen Wendungen – eine Bibel zum Vorlesen, deren Inhalte auch verstanden wurden. Die Heilige Schrift sollte laut gelesen und vorgetragen werden. Jeder konnte damit das Wort Gottes begreifen.

Das leise Murmeln lateinischer Sätze gehörte bei den Lutheranern der Vergangenheit an. Die erste Bibel auf Deutsch war es allerdings nicht: Schon 1466 hatte der Straßburger Buchdrucker Johannes Mentelin (1410–1478) die Heilige Schrift in Volkssprache veröffentlicht, und ein gutes Dutzend weiterer Versuche folgte. Doch erst Luther hatte durchschlagenden Erfolg. Seine Sprache war kraftvoll, laut und deutlich. Er wollte dem Volk aufs Maul schauen – was er dann auch tat. Der Reformator schuf Begriffe, die noch heute benutzt werden. «Friedfertigkeit», «Nächstenliebe» oder «Gewissensbiss» gehen auf ihn zurück. Und er gab den Menschen das Gefühl, dass ihnen in ihrer Not endlich jemand zuhörte: «Geschrey / ist nicht anders / denn ein seer starckes ernstliches Begir der Gnaden Gottes / Welches in dem Menschen nicht erstehet / er sehe denn in welcher Tiefe er lige.»[15]

Die Reformation nutzte die neuen Medien virtuos. Kirchenlieder, Flugschriften und volkssprachliche Dramen transportierten in Kirchen, Theatern und auf Bühnen unter freiem Himmel die Lehren der Reformation – frühe Formen von Werbung und Marketing, bei denen talentierte Laien und Prediger vor Hunderten von Leuten sprachen, diskutierten und argumentierten. Im Gegensatz zur abgekapselten und starren Lehre der katholischen Kirche setzte die Reformation auf Austausch, Disput und Veränderung.

Es dauerte noch mehr als 200 Jahre, bis sich das Klangbild der Kirche ein weiteres Mal änderte. Das Glockenläuten war auf Jahrhunderte sakrosankt gewesen – ein Geräusch des Allmächtigen, das niemand infrage zu stellen wagte. Doch Französische Revolution, Aufklärung und aufstrebendes Bürgertum machten auch vor dieser sakralen Bastion nicht mehr halt. Für Luther war dieser Gedanke noch undenkbar. Auf die überlieferten Klangmarken der Kirche wollte und konnte der Reformator nicht verzichten. In der Vorrede zu seiner Gottesdienstordnung von 1526 machte Luther klar, dass seine Reformen auch hörbar sein sollten:

«Allermeist aber geschichts umb der Einfeltigen und des jungen Volcks willen / Welchs sol und mus teglich in der Schrifft und Gottes wort geübt und erzogen werden (...) / wo es hülfflich und förderlich dazu were / wolt ich lassen mit allen Glocken dazu leuten / und mit allen Orgeln pfeiffen / und alles klingen lassen / was klingen kunde.»[16]

Lärmende Ur-Katastrophe – der Dreißigjährige Krieg

Heute früh sind wir in dichtem Nebel aufgebrochen, und erst jetzt zu Mittag lichtet er sich. Die Kaiserlichen habe ihre erste Salve verschossen, jetzt sind wir an der Reihe. Noch halten uns die Pikeniere die katholischen Reiter vom Hals, doch auch so ist die Lage schlimm genug. Neben mir hat es den Ebermann erwischt. Nach dem Krachen der feindlichen Musketen sank er zu Boden. Ich hörte nur einen dumpfen Schlag, als die Kugel seinen Helm durchschlug. Der Hauptmann schreit uns Befehle zu, die ich im Getöse kaum verstehen kann. Hinter uns krachen die Zwanzigpfünder, die hoffentlich große Löcher in die Reihen der Papisten schlagen. Das Rasseln der Rapiere und Lanzen, das Wiehern der aufgeregten Rösser und das Explodieren der Brüsseler Granaten klingt neben uns. Die Trommler schlagen, als wäre heute am 6. November Anno Domini 1632 der Jüngste Tag. Hinter mir jammern und schreien einige der Sachsen, die uns eigentlich helfen sollten. Jetzt Pulver einfüllen, stopfen und anlegen – ich komme nicht hinterher. Die anderen haben schon angelegt, und die Kaiserlichen rücken immer weiter vor. Neben mir zischt etwas vorbei, dabei haben die anderen doch gerade geschossen, und wir sind jetzt an der Reihe. Endlich bin ich fertig, hoffentlich zündet das Pulver in meiner Muskete. Der Hauptmann senkt den Degen, und wir drücken ab. Der Knall ist gewaltig, und wir werden von Dampf eingehüllt. Die Salve hat gesessen, die Katholischen vor uns laufen auseinander. Ich denke an Ebermann, dessen Frau im Tross schon wieder schwanger ist.

Auch wenn der Dreißigjährige Krieg 1618 als Religionskrieg begann, so war er schon wenig später das, was viele Kriege bis heute ausmacht – ein Kampf um Macht, Hegemonie und wirtschaftliche

Vorteile. Nicht nur der Konflikt zwischen der Katholischen Liga und dem Kaiserhaus auf der einen und der Protestantischen Union und ihrer Verbündeten wie Schweden auf der anderen Seite bestimmte den Verlauf des Krieges. Auch das Ringen zwischen den katholischen Mächten Frankreich und dem Haus Habsburg um Vorherrschaft trug zur Eskalation bei.

Wie kaum ein anderes Ereignis brannte sich das Grauen dieses Krieges über Generationen ins kollektive Gedächtnis ein. Bis zur Katastrophe des Ersten Weltkrieges war «vor dem Krieg» die Zeit vor 1618. Der Lärm der Schlachten, aber auch das wilde Brandschatzen der Söldner prägte diesen Konflikt, der mit Urgewalt über Deutschland und die angrenzenden Territorien einbrach. Von Mecklenburg im Nordwesten über Mitteldeutschland bis nach Bayern durchzog eine Schneise der Verheerung das Land. Ein Drittel der deutschen Gesamtbevölkerung starb durch Kämpfe, Hunger und Seuchen, wahrscheinlich bis zu neun Millionen Menschen. Das alte Leben war bereits durch die Reformation aus den Fugen geraten, der Dreißigjährige Krieg veränderte auch die Lautsphäre des frühneuzeitlichen Menschen auf dramatische Weise. Die Stille vieler Landstriche wurde auf Jahre zerbrochen von Waffengeklirr, Schlachtentrommeln und den Schüssen der modernen Kanonen und Musketen.

Nicht nur Armeen durchzogen das Land. Die Angehörigen der Soldaten, Frauen, Kinder, Barbiere, Bader, Marketenderinnen oder Köche begleiteten im Tross die scheinbar ziellos umherziehenden Truppen der katholischen und protestantischen Kriegsherren. Das Feuern der Musketen und Kanonen, das Schreien und Flehen der Geschundenen und Sterbenden, das Prasseln von brennenden Dörfern erfüllte die Welt in der Zeit zwischen 1618 und 1648. Es waren dröhnende und verheerende Materialschlachten. Bei Nördlingen trafen am 25. und 26. August 1634 fast

75000 Infanteristen und Kavalleristen aufeinander, die sich zwei Tage lang ein erbittertes und ohrenbetäubendes Gefecht lieferten. Mit etwa 70 Kanonen modernster Bauart feuerten die Katholische Liga und die protestantischen Schweden aufeinander. Am Ende gab es mehr als 9000 Tote und unzählige Verwundete, von denen viele später qualvoll starben.

Die Schlacht um Nördlingen, das seit 1555 protestantisch war, ist gut dokumentiert. Mehrere Augenzeugen haben das Grauen und den Lärm des Krieges geschildert. Einer von ihnen war Johann Mayer (1600–1670), Rektor der städtischen Schule, der alles in seinem Tagebuch notierte. Schon Wochen vor Beginn des Angriffs hatten die kaiserlich-katholischen Truppen die Reichsstadt belagert, die nur von 600 schwedischen Söldnern und 600 Stadtsoldaten verteidigt wurde. Zu dieser Zeit feuerten die Belagerer immer wieder auf die Stadt, um die Einwohner zu zermürben. Für den 10. August 1634 notierte Mayer, dass der Stadtpfarrer gerade über die Zerstörung Jerusalems predigte, «da schlugen zwei dreißig Pfünder durch die Mauer und das Gewölbe unsrer Kirche und verbreiteten den äußersten Schrecken. Alles gerieth in Aufruhr! Man lärmte, man schrie, denn es bemächtigte sich die Furcht der Gemüther: Der Feind habe schon der Mauer, der Stadt und der Kirche sich bemächtigt, und haue in dem untern Theil der Stadt alles nieder, was ihm in den Weg komme.»[17]

Als am Tag der Schlacht die schwedischen Truppen vor den Stadtmauern auf die katholischen Belagerer trafen, verfolgten die Nördlinger gebannt den Ausgang, der auch über ihr Schicksal entschied. Mayer schrieb: «Der Wächter auf dem Thurm wurde sie gewahr und stieß mehrmals in die Trompete (...), der Feind sey da! Man ruft schnell zu den Waffen; es ertönen die Glocken, es wirbeln die Trommeln, Soldaten und Bürger stürzen zur Hülfe herbei (...). Ueberall ertönte Klaggeschrei und Jammergetöne (...). Einige Wei-

10. Pulverkrachen
Frühe Neuzeit Musketiere im Dreißigjährigen Krieg (Rekonstruktion)

ber trugen ihren Männern auf der Mauer Pulver in der Schürze zu. Da fiel der einen der Funke von einem Schwamme in die Schürze, entzündete das Pulver, und verbrannte viele auf die jämmerlichste Weise.»[18] Schweden verlor nicht nur die Schlacht, sondern auch seine Vormachtstellung im großen Krieg. Nördlingen musste sich den Belagerern öffnen und entging nur durch hohe Zahlungen Verwüstung und Plünderung. Am Ende war die Hälfte der Bürger an Hunger und Krankheit gestorben.

Ein kleines, hellbraunes und unscheinbares Buch, die stockfleckigen Seiten mit einem groben Faden zusammengenäht, enthält einen einzigartigen Schatz aus der Zeit des Dreißigjährigen Krieges. Als der Historiker Jan Peters es 1988 in der Staatsbibliothek Preußischer Kulturbesitz in Berlin fand, entschlüsselte er damit erstmals den verheerenden Krieg aus der Sicht eines einfachen Soldaten. Peter Hagendorf (ca. 1601–1679) war ein Söldner, der jahrelang im Regiment des katholischen Generals Gottfried Heinrich Graf zu Pappenheim (1594–1632) diente – also einer der berühmten Pappenheimer. Hagendorf kämpfte auch für die protestantischen Schweden, was damals nicht unüblich war. Was ihn aber von den meisten unterschied: Hagendorf konnte lesen und schreiben, kaufte sich gegen Ende des Krieges 12 Bögen Papier und notierte vermutlich aus der Erinnerung seine Erlebnisse. So war der Söldner bei der Eroberung und Zerstörung Magdeburgs durch die kaiserlichen Truppen Tillys und Pappenheims im Mai 1631 dabei. 20000 Menschen, Männer, Frauen und Kinder, wurden von der wütenden Soldateska abgeschlachtet – das wohl schrecklichste Massaker des gesamten fürchterlichen Krieges. «Ist mir doch von Herdtzen leit gewessen das die Stadt so schreglich gebrunnen hat wehgen der schönen Stadt, vndt das es meines Vaterlandes ist», notierte der damals 30-Jährige in wenigen dürren Zeilen.[19]

Der fürchterliche Klang der «Magdeburger Hochzeit» lässt sich bei ihm kaum erahnen: Mit schweren Geschützen hatten die kaiserlichen Truppen am 20. Mai um 7 Uhr morgens das Feuer eröffnet. Der Türmer der hiesigen Johanniskirche blies so laut er konnte, doch da waren die ersten Truppen schon in den Gassen der Stadt. An den Bollwerken krachten die Kanonen, Teile der Stadt brannten knackend nieder. Menschen schrien im Todeskampf, und obwohl es nach Reichsrecht bei Todesstrafe verboten war, raubten, plünderten und vergewaltigten die Soldaten und Landsknechte. Mehr als drei Tage dauerte das Morden und Plündern – so schrecklich, dass sich selbst aufseiten der Sieger Entsetzen einstellte. «Dann das Pappenheimische Volck / wie auch die Wallonen / so am aller Unchristlichen ärger als Türcken gewütet / keinem leichtlich Quartier gegeben / sondern haben mit nidergehawen / beydes der Weiber und kleinen Kinder / auch schwanger Weiber in Häusern und Kirchen / ingleichen an Geistlichen Personen also tyrannisiret und gewütet / daz auch viel von dem andern Tyllischen Volck (Truppen Tillys) selber ein Abschew darvor gehabt.»[20]

Lakonisch, kühl und distanziert schilderte Hagendorf die meisten grausamen Ereignisse. Bei der Belagerung der französischen Stadt Corbie bemerkten die Landsknechte zu spät, dass die Städter eine wirkungsvolle Kanone besaßen. Im Zelt nebenan seien «dem Mann und dem Weib frühmorgens alle 4 Füße dichte am Arsch weggeschossen» worden.[21] Und völlig mitleidlos beschrieb er, wie sein Trupp 1636 ein Schloss in Frankreich belagerte, das von örtlichen Bauern verteidigt wurde: «Also haben wir das Schlos angezundet vndt sambt die Pauren verbrendt.»[22]

Durch Quellen belegt ist die außergewöhnliche Lärmempfindlichkeit von Albrecht von Wallenstein (1583–1634), dem legendären Heerführer der Katholischen Liga. Als sich sein Tross im Mai 1630 der Stadt Memmingen im Allgäu näherte, ließ der Feldherr bereits alles für seine Ankunft vorbereiten. Der von Gicht und wahrscheinlich auch von Syphilis geplagte Fürst litt unter chronischen Schmerzen, sodass sein Schlaf so wenig wie möglich gestört werden sollte. Gelenksentzündungen und Schmerzen im Fuß quälten Wallenstein, das Gehen fiel ihm immer schwerer, und Anfang 1633 konnte er nicht mehr reiten. Der Memminger Pfarrer Micheas Fretscher berichtete in seiner Stadtchronik[23] vom Einzug der kaiserlichen Truppen – Tausende von Soldaten, Pferde, Kanonen und unzählige Begleiter des Trosses («mit villen guttschen, pagaschen wegen, sambt villen Graffen vnd Edelleuthen»). Und obwohl sich seine Soldaten in der kleinen Stadt wild und laut gebärdeten («ein solches sodomitisches vnzüchtiges, vihisches hurenleben»), verwunderte es den Gottesmann, dass Wallenstein selbst offenbar gar keinen Lärm vertrug – ein «stiller Herr», der «kein gugelfuhr, kein gesang oder laut geschwetz» um sich haben wollte. Die Kirchenglocken der Stadt durften nur kurz geläutet werden, die Tor- und Ratsglocken gar nicht mehr. Den Nachtwächtern wurde der übliche Stundenruf verboten und das Krugsthor der Stadt geschlossen, sodass keine Fuhrwerke mehr auf der Straße vor Wallensteins Unterkunft klapperten – der Fürst litt schon unter Straßenverkehrslärm. Laute Handwerker durften nicht mehr arbeiten oder mussten sogar aus der Stadt ziehen. Und auch der Schulmeister durfte in den Klassenzimmern zur Straße hin nicht mehr unterrichten.

Ob das berühmte Lied *Maikäfer, flieg!* im direkten Zusammenhang mit dem Dreißigjährigen Krieg steht, ist in der Forschung umstritten. Vieles spricht jedoch dafür. Wahrscheinlich ist das Lied nach Ende des Krieges entstanden, denn das Bild des von zu Hause in den Krieg ziehenden Vaters widerspricht dem vagabundierenden Leben der Söldner und ihrer Familien und spiegelt eher die frühbürgerliche Welt des 18. Jahrhunderts wider.

«Maykäfer, flieg!
Der Vater ist im Krieg.
Die Mutter ist im Pommerland.
Und Pommerland ist abgebrandt.»[24]

Die Kriege der Frühen Neuzeit schufen das, was wir heute mit moderner Kriegsführung verbinden: Aufrüstung, effektive Waffen, laute Explosionen und riesige Armeen, die sich in einem lärmenden Inferno bekämpfen. Der Charakter des Krieges wandelte sich zwischen 1600 und 1815 entscheidend. Er wurde technischer, maschineller und anonymer. Leichte und mittelschwere Kanonen, Mörser und Haubitzen wurden zu schlachtentscheidenden Fernwaffen, und mit den modernen Musketen setzten sich die Feuerwaffen auf dem Feld durch. Die Schussfolgen erhöhten sich. Konnte ein Musketier bis Mitte des 17. Jahrhunderts mit seiner Luntenschlossmuskete meistens nur eine Kugel pro Minute abfeuern, waren es mit dem modernen Steinschlossgewehr schon drei Schuss.[25] Grenadiere warfen erste Handgranaten, die wie rauchende Kanonenkugeln aussahen und nicht selten zu früh explodierten. Hohle Bälle aus Ton, Glas oder Gusseisen, die mit Schwarzpulver gefüllt waren und eine kurze Brandschnur besaßen.[26] Karabiner, Kavalleriepistolen, Streugeschosse und schwere Granatgewehre vervollständigten das dröhnende Waffenarsenal, dessen Klang von Infanterietrommeln, Grenadierpauken, Querflöten und den Trompetensignalen der Kavallerie orchestriert wurde.

Das Zeitalter der Massenschlachten war angebrochen.

Noise Exchange:
Wie Kolumbus
der Lärm folgte

Der Seemann Rodrigo de Triana (ca. 1469–1525), ein Jude aus Sevilla, war nach einem Bericht im Bordbuch des Christoph Kolumbus der Erste, der den neuen Kontinent Amerika erblickte. Mit lautem Rufen soll er von Bord der Pinta die Mannschaft über die Sichtung von Land informiert haben – in der Nacht zum 12. Oktober 1492 um 2 Uhr morgens. Er hatte Licht am Horizont gesehen. Die Pinta gab daraufhin akustische Signale an die anderen Schiffe. Es war eine Insel der Bahamas – welche genau, das ist bis heute unter Forschern umstritten.

Neben Buchdruck und Reformation war die Wiederentdeckung Amerikas durch Kolumbus 1492 das dritte Ereignis, das die Welt grundlegend änderte. Das Zeitalter der Entdeckungen vom 15. bis zum 18. Jahrhundert zeigte den Menschen, wie groß, vielfältig und reich die Erde war. Nach der Landung des Kolumbus fand Vasco da Gama fünf Jahre später tatsächlich den Seeweg nach Indien. Der Portugiese Pedro Álvares Cabral erblickte 1500 als erster Europäer Brasilien, und Ferdinand Magellan umsegelte zwischen 1519 und 1522 die gesamte Erde – ein weltgeschichtliches Abenteuer, das er mit seinem Leben bezahlte. Jacques Cartier, James Cook oder Alexander von Humboldt folgten in den Jahrhunderten darauf. Alle waren überwältigt von den Wundern der Natur, dem Anblick fremder Regionen und den Gerüchen vor Ort. Und sie stellten fest, dass die Welt da draußen ganz anders klang als im alten Europa.

Nie gehörte Töne und Sprachen drangen an die Ohren von Eroberern und Siedlern. Gleichzeitig hörten die Indigenen erstmals Klänge, die sie nicht nur wegen der ungewohnten Lautstärke ängstigten. In beiden Welten, der Alten und der Neuen, begann eine akustische Umformung der Klangsphären, deren Geschwindigkeit alles bisher Erlebte übertraf. Die ersten unbekannten Geräusche, die die Eroberer mitbrachten, waren noch zart, leise, harmlos und verführerisch. Der Italiener Giovanni da Verrazano (1485–1528) berichtete nach der Landung im heutigen North Carolina im Jahr 1524, wie er dort auf freundlich gesinnte Ureinwohner traf. Besonders der Klang kleiner Messingglöckchen, die die Seefahrer ihnen zusammen mit anderen Dingen überreichten, habe die Indigenen fasziniert. «Wir sahen viele Menschen am Strand, die verschiedene Zeichen der Freundschaft machten und winkten, damit wir an Land kämen. (...) Wir schickten einen unserer jungen Matrosen schwimmend an Land, der allerlei Flitterkram wie Glöckchen, Spiegel und andere Geschenke mitbrachte, und als er 4 Faden von ihnen entfernt war, ihnen die Sachen zuwarf.»[27]

Dass der zarte Glockenklang zum lärmenden Inferno für die Ureinwohner werden würde, ahnte damals noch niemand. Die Wiederentdeckung Amerikas durch die Europäer setzte einen kulturellen Austausch in Gang, der seit den 1970er-Jahren als Columbian Exchange bezeichnet wird.[28] Der Transfer von Flora, Fauna, Edelmetallen, Waren, Menschen, Technologien, Kultur, Ideen und schließlich auch Krankheiten setzte vor allem die Neue Welt Veränderungen aus, die den Kontinent innerhalb kürzester Zeit völlig neu formten. Auch Amerika wirkte auf die Alte Welt, wenngleich in wesentlich geringerem Umfang. Die biologischen, technologischen und kulturellen Transfers sind innerhalb der vergangenen 50 Jahre weitgehend erforscht worden. Welche Auswirkungen der Austausch für die jeweiligen Lautsphären hatte, ist noch nicht endgültig untersucht.

Dabei gab es auch einen Noise Exchange aus Sprachen, Naturtönen, Tierlauten, Maschinenlärm, Waffenknallen und Transportgeräuschen. Mit Pferden, Musketen, Armbrüsten und Kanonen zogen 1519 rund 300 Soldaten in klirrenden Rüstungen durch den Dschungel Mittelamerikas, als sich der spanische Konquistador Hernán Cortés (1485–1547) zur Eroberung Mexikos aufmachte. Das Knallen der Vorderlader, das Donnern der Kanonen und auch der Klang der eisernen Rüstungen haben die indigenen Bewohner zunächst erschreckt und schnell erkennen lassen, wie bedrohlich diese Eroberer für sie waren. Die europäischen Schusswaffen waren aber auch faszinierend und schnell Objekt der Begierde. Sie blieben zunächst rätselhaft – nicht nur wegen des lauten Knalls, sondern vor allem wegen des unsichtbaren Geschosses, das aus großer Distanz töten konnte. Auch auf die Eroberer wirkten neue Klänge ein. Die Laute des mittelamerikanischen Dschungels mit dem Pfeifen, Rufen, Knurren und Grunzen der Tiere dürften für die Männer von Cortés nicht nur in der Nacht beeindruckend und bedrohlich zugleich gewesen sein.

Als der Konquistador später auf Tenochtitlán (heute Mexiko-Stadt) vorrückte, ahnte der dortige Herrscher Moctezuma II. (ca. 1465–1520), dass Gewalt, Tod und Zeitenwende kommen würden. Schon Tage zuvor hatte sich Cortés heftige Gefechte mit einem anderen Volksstamm geliefert. Insbesondere der Lärm der spanischen Musketen, aber auch der Geruch des Schießpulvers hatte für Angst und Schrecken unter den Einheimischen gesorgt. Aztekische Gesandte schilderten dem Herrscher, was vor sich ging: «Großer Lärm erhob sich, wenn sie marschierten, ihre Eisenhemden, ihre Eisenschwerter, ihre Eisenhelme, all ihre Waffen klapperten laut wie Rasseln. Einige waren von Kopf bis Fuß in blitzendes Eisen gekleidet. Diese glänzenden Eisenmänner erschreckten jeden, der sie sah.»[29]

Die europäischen Eroberer kamen auf keinen friedlichen Kontinent. Inka, Maya und Azteken waren seit Jahrhunderten in kriegerische Auseinandersetzungen verwickelt und hatten andere Völker grausam unterjocht. Der Macht und dem Lärm von Kanonen und Musketen waren sie jedoch hilflos ausgeliefert. Auch trafen die Eroberer nicht überall auf Urwälder und ländliche Idyllen. Zwar lebten viele Völker noch als Jäger und Nomaden, doch besonders im südlichen Nordamerika und in Mittel- und Südamerika war der Kontinent schon erfüllt von lärmender Urbanität. Die Anasazi bauten ab 1000 nach Christus Städte aus Stein, die mehrere Tausend Einwohner hatten. In den Steinbauten von Mesa Verde (Colorado) könnten bis zu 40000 Menschen gelebt haben, vermuten Forschende. Zum Vergleich: Köln hatte zu dieser Zeit nur etwa die Hälfte der Einwohner. Die Häuser in Mesa Verde waren damals die höchsten Gebäude Nordamerikas, die erst von den Wolkenkratzern in Chicago am Ende des 19. Jahrhunderts übertroffen wurden. Entsprechend urban war die Lautsphäre der Metropolen. Trubelige Märkte, reger Handel und lebhafter Verkehr zwischen den Städten und Dörfern prägten das Klangbild.

Auch jenseits von Krieg und Eroberung wandelte sich die Lautsphäre in Amerika und später auch auf anderen Kontinenten. Der Klang des Alltags änderte sich grundlegend durch importierte Tiere, Technik und Lebensweisen der Alten Welt. Kolonisten brachten muhende Rinder, grunzende Schweine, meckernde Ziegen, mähende Schafe und auch das Summen der Westlichen Honigbiene nach Amerika. Neben Glocken erklang das Klappern des Mühlrads oder das Poltern von Lastkarren und Kutschen. Das Ratschen der Eisensäge und zerbrechendes Glas waren bis dato unbekannte Geräusche. Musikinstrumente wie Piano, Geige und Posaune erschallten im Dschungel Mittelamerikas.

Von besonderer Bedeutung für die Native Americans war das Pferd, das in Amerika schon vor 10000 Jahren aus noch ungeklärter Ursache ausgestorben war. Pferde waren die ersten Tiere der

Alten Welt, die die Bewohner Mittelamerikas bei den Eroberungs-
zügen nach dem Jahr 1500 sahen und hörten mit ihrem Wiehern
und Prusten, ihrem Getrappel und Geschnaufe. Das Pferd wurde
zum bedeutendsten Import, besonders für die Indigenen, in den
weiten Prärien Nordamerikas und änderte dort die Lebensweise
vieler Stämme – von früherer Sesshaftigkeit zum Nomadenleben
mit der Jagd zu Pferd auf Bisons und andere Tiere. Im Zuge der versuchten Christianisierung in den Jahrhunderten darauf zwangen
die Europäer den Indianern allerdings wieder die Sesshaftigkeit
auf – eine der vielen Katastrophen, die die indianischen Kulturen
erlebten. Die natürlichen Geräusche von Wald, Steppe und Prärie
wurden abgelöst durch urbane Klangwelten, persönliche Freiheit
und eigenständige Kultur ausgetauscht durch neue Sesshaftigkeit,
die vor allem im 20. Jahrhundert vielfach in Verarmung und Sucht-
verhalten der indianischen Bevölkerung in Reservaten endete.

Amerika wurde ungewollt zum Versuchslabor der Umwelt-
akustik. Veränderungen der Lautsphäre, die sonst Jahrhunderte
oder länger dauerten, vollzogen sich hier innerhalb von Jahren
oder Jahrzehnten. Kurz nach der Einführung des Pferdes in Amerika entwichen erste Tiere in die Freiheit und verwilderten. Das
Stampfen der Mustang-Herden in den Prärien Nordamerikas war
unmittelbare Folge der europäischen Kolonisierung. Andererseits
schafften es die Eroberer, andere Laute der weiten Ebenen zum
Verstummen zu bringen. Das Dröhnen der gewaltigen Bisonher-
den verschwand im 19. Jahrhundert für immer. Lebten bis um das
Jahr 1850 noch geschätzt 30 Millionen Tiere in Nordamerika, so
war der Bestand um 1890 nahezu ausgerottet. Heute gibt es nur
noch etwa 30000 Exemplare – nur 0,1 Prozent der ursprünglichen
Zahl. «Bis zum Horizont sah man Büffel und hörte ein Donnergrol-
len wie Meeresbrandung», soll ein Europäer das Naturspektakel
vor Beginn der Massenjagd beschrieben haben.[30] Innerhalb von

nur vier Jahrzehnten schossen Felljäger, Trophäensammler und Freizeitschützen Millionen Tiere – manchmal nur zum Spaß aus den Fenstern der ersten Eisenbahnen, deren Strecken zunehmend die Prärien durchzogen und das Land erschlossen.

Der Akustik-Transfer wirkte auch in die andere Richtung, allerdings ohne die gewaltigen Umformungen, die die Neue Welt erlebte. Vor allem unbekannte Tierlaute drangen nach Europa. Das Schreien, Krächzen und später auch angelernte Sprechen bunter Papageien faszinierte viele Europäer so, wie sie das markante Fiepen der Meerschweinchen verzückte. Eindrucksvoll war auch das intensive Schreien des blauen Pfaus, der aus Indien nach Europa kam und schnell europäische Herrscherhöfe und später auch die Volieren und Parks des Bürgertums schmückte. Der durchdringende Ruf des Truthahns drang erst durch Europa, nachdem das Tier aus Amerika in die Alte Welt gebracht worden war. Nicht zuletzt auch die Musik und Gesänge der verschleppten schwarzen Bevölkerung Afrikas, die zum Blues und Jazz führten und später zu Rock 'n' Roll, Pop und Heavy Metal.

Der ohnehin dünn besiedelte Kontinent stand den Kolonisten nach erfolgreicher Eroberung weit offen. Der deutsche Jurist Franz Daniel Pastorius (ca. 1651–1720) war 1683 als einer der ersten Deutschen nach Pennsylvania ausgewandert und schrieb später darüber ein Buch. Mit dem Begründer des Landes William Penn (1644–1718) stand er in regem Austausch und beschrieb auch die reiche Natur und ihre Klangwelt. «Das schattichte Gesträuch und Buschwerck ist aller Orten mit Vögeln angefüllet / deren rare Farben und mancherley Stimmen ihres Schöpffers Lob herrlich ausbreiten. Und gibt sonsten einen Überfluß an wilden Gänsen / Enden / Calicunen / Rebhünern / wilden Tauben / Wasser-Schnepffen und dergleichern.»[31] Erste Mühlen klapperten in Pennsylvania kurz nach Ankunft der neuen Siedler. Ziegelöfen

11. **Stampede**
Frühe Neuzeit Bisonherde im Yellowstone-Park

prasselten in vielen Orten, um erste Bauten aus Stein zu errichten. Tuchmacher ließen ihre Webstühle klappern, und schon um 1690 kamen Hunderte von Siedlern zu ersten Märkten in Germantown zusammen. Ansonsten sei es ruhig und friedlich in der Region. «Kein feindliches Geschrey / weder Trummel noch Musqueten-Schall» hätten die Stille unterbrochen.[32]

Die indigene Bevölkerung und ihre Sitten beschrieb Pastorius für die Zeiten ungewöhnlich respektvoll und mit Zuneigung: «Sie befleissigen sich einer auffrichtigen Redseligkeit / halten genau über ihren Versprechen / betriegen und beleidigen niemanden (...) / Sie sind sonsten ernsthafft und von wenigen Worten / verwundern sich wann sie bey den Christen ein so überflüssig Geschwätz nebst andern leichtfertigen Geberden wahrnehmen. Es hat ein jeder sein eigen Weib / und hassen sehr die Hurerey / das Küssen und das Lügen.»[33] Über seine eigenen Landsleute hatte Pastorius wenig Schmeichelhaftes zu berichten. Es gebe viel «Zanck und Geschrey», «Bekriegen» und «Vollsauffen». An den Ureinwohnern sollten sich die Neubürger ein Beispiel nehmen. Pastorius blieb eine der wenigen mahnenden und menschlichen Stimmen seiner Zeit.

Kulturelle Lautbilder tauschten sich aus und verschmolzen. Die Gesänge der afrikanischen Menschen mischten sich mit musikalischen Traditionen der Spanier, Engländer oder Portugiesen oder nahmen Einfluss auf die Kultur der verbliebenen Indigenen. Und in Amerika trafen junge Afrikaner, die Europäer millionenfach als Sklaven verschleppt hatten, auf neue Klangwelten: Schmiede, die Hufeisen hämmerten. Erste Dreschmaschinen, die laut polternd Körner aus den Hülsen schlugen. Und die rumpelnden Kutschen der Gutsbesitzer oder das Ticken und Schlagen der ersten Standuhren, die junge Haussklaven in den Haushalten reicher Sklavenhalter aufschrecken ließ.

Jenseits von der Gier nach Gold oder Auswanderung zog es Europäer in die Neue Welt, die die Wunder der Natur sehen und hören wollten. Das gewaltige Rauschen und Donnern der Wasserfälle nahmen Entdecker und Abenteurer weit eher wahr, als dass sie die gewaltigen Katarakte sahen. Der französische Missionar Louis Hennepin (1626–1705) war der wohl erste Europäer, der die Niagarafälle im Winter 1678 erblickte: «Die Wasser, die in diesen schrecklichen Abgrund stürzen, schäumen und knallen auf die abscheulichste Weise, die man sich vorstellen kann, und machen einen unerhörten Lärm, schrecklicher als der von Donner; denn wenn der Wind aus dem Süden weht, kann sein düsteres Brüllen mehr als fünfzehn Meilen entfernt gehört werden.»[34]

Der französische Entdecker und Offizier Henri de Tonti (ca. 1649–1704) traf nur Wochen später ein. Auf einer Expedition zu den Großen Seen erblickte sein Team die Fälle am 1. Februar 1679. Beeindruckt schilderte er den Anblick und das Brausen und Donnern: «Sie werfen Dampf (Nebel) ab, der in einer Entfernung von 16 Meilen (48 Kilometer) zu sehen ist und bei Windstille in gleicher Entfernung gehört werden kann.»[35] Auch der finnisch-schwedische Entdecker und Botaniker Pehr Kalm (1716–1779) war überwältigt, als er am 13. August 1750 die Niagarafälle erreichte. Das gigantische Brausen und Tosen der Fälle schilderte er in einem Brief an Benjamin Franklin, den er zwei Jahre zuvor in Pennsylvania kennengelernt hatte. «Und das Wasser, das von dieser olympischen Höhe herabstürzt, schäumt auf die schlimmste Art, wie Schaum oder Seifenlauge, und macht ein ominöses donnerndes Geräusch. Manchmal klingt es noch lauter, und dann – so glauben die Indianer – würden sie vor herannahendem Unwetter gewarnt. Oni-aw-ga-rah ist ihr Name für diesen Fluss, was Wasserdonner bedeutet.»[36]

Die Beschreibung Kalms ging um die Welt und machte die Niagarafälle rund um den Globus bekannt. Franklin ließ den Brief in der von ihm mit herausgegebenen *Pennsylvania Gazette* veröffentlichen; das berühmte *Gentleman's Magazine* in London – die erste Zeitschrift der Geschichte, die den Begriff «Magazin» im Titel führte – druckte die Geschichte im Januar 1751 nach. Kupferstiche vermittelten ein Bild der tosenden Wasserfälle, Publikationen in Frankreich, Deutschland und den Niederlanden folgten. Der Mythos Niagara war geboren.

Innerhalb von vier Jahrhunderten hatte der Mensch die natürlichen Lautsphären des präkolumbischen Amerikas aus Urwäldern, Steppe, Prärie und tropischem Dschungel fast vollständig beseitigt. Und er schuf mit den Megacitys der Neuen Welt Metropolen, die heute zu den lautesten Orten der Erde zählen.

Lärm von unten: Revolution der Unterdrückten

Im Absolutismus erreichten Verschwendung, Luxus und rücksichtslose Ausbeutung der Arbeiter, Bauern und Kleinbürger einen letzten Höhepunkt. Die Unterdrückten der damaligen Zeit sahen das nicht nur – sie hörten es auch. Die höfischen Gesellschaften mit Turnieren, Maskenspielen, Bällen, Banketten und Jagden entwickelten eine eigene Lautkultur, die zwar nur für die kleine Elite bestimmt, aber für alle hörbar war. Überall in Europa kam das Feuerwerk groß in Mode – in England, Italien und in den deutschen Territorien. Selbst kleinere Herrscher wollten mithalten. Neben opulenten Tafeln und aufwendigen Masken waren

Explosionen, prasselnde Feuer und knallende Raketen die Höhepunkte der rauschenden Bälle. Feuerwerke erlebten ihre Blütezeit an den Fürstenhöfen im 17. und 18. Jahrhundert – sicht- und hörbares Zeichen der Pracht und der Macht der absolutistischen Herrscher. Professionelle Pyrotechniker, die zu Beginn noch Sprengmeister und Artilleristen des Militärs gewesen waren, inszenierten knallende und funkensprühende Spektakel.

Es war Frankreichs König Ludwig XV., der 1770 eines der größten Feuerwerke seiner Zeit im Park von Versailles zünden ließ. Mehr als 20000 Raketen explodierten funkensprühend, ganze Häuserkulissen aus Stoff und Pappmaché brannten knisternd, mehrere Tausend Vulkane zischten lichterloh, und fast 100 Feuerwerkssonnen drehten sich knallend und schwindelerregend. Pech hatte Georg Friedrich Händel (1685–1759), als er am 21. April 1749 in London die öffentliche Generalprobe der berühmten *Feuerwerksmusik* vor 12000 zahlenden Zuschauern im Park Vauxhall Gardens abhielt. Durch die zahlreichen Kutschen, die sich über die London Bridge drängten, kam es zum ersten Verkehrsstau in der Geschichte der Stadt – angeblich sogar mit wüsten Beschimpfungen und Schlägereien. Die eigentliche Aufführung sechs Tage später im Green Park fiel vollends ins Wasser. Dauerregen, verpatzte Salutschüsse und Pannen in der Choreografie machten die Premiere zum Desaster. Der damals berühmte italienische Feuerwerker Gaetano Ruggieri konnte seine Raketen nicht rechtzeitig zünden. Dann setzte das Feuerwerk auch noch die Bühnenarchitektur in Brand, sodass der aufgebrachte Architekt mit einem Degen auf die Pyrotechniker losging. Und schließlich flogen so viele Raketen durch die Luft, dass die Zuschauer unter die Bäume des Parks flüchten mussten.[37] Händels Werk wurde trotzdem ein Welterfolg.

Unglücke mit Verletzten und Todesopfern blieben nicht aus.

Fast zeitgleich zu seinem rauschenden Lichterfest in Versailles ließ Ludwig XV. auch auf dem heutigen Place de la Concorde ein gigantisches Feuerwerk zünden – als Gabe an das Volk anlässlich der Hochzeit seines Sohnes mit Marie-Antoinette von Österreich-Lothringen. Tausende von Menschen kamen zu Fuß oder zu Pferd, zahlreiche Bürger und Adlige in ihren Kutschen, und auch die Fuhrleute schauten gebannt zum Himmel. Eine brennende Girlande löste dann die Katastrophe aus, indem sie die Raketen entzündete, die in einem Lager bereitgestellt waren. Die Feuerwerkskörper schossen krachend und ziellos umher und verletzten zahlreiche Zuschauer. In der anschließenden Massenpanik starben offiziell 139 Menschen – die meisten in den überfüllten Gassen von der Masse erdrückt oder totgetreten. Die Katastrophe klang wie ein krachendes Omen. Nur 19 Jahre später vernichtete die Französische Revolution Pracht und Macht der absolutistischen Herrscher.

Doch wie klingt Revolution? TV, Radio und Internet transportieren heute den Lärm von Umstürzen in alle Welt. Vom wichtigsten Aufbegehren der Geschichte gibt es keine Tondokumente. Schon Monate vor der Französischen Revolution 1789 hatte es in Paris lautstark rumort. Im Jahr zuvor waren die Menschen wegen steigender Brotpreise auf die Straßen gegangen. Fast dreimal so viel wie in den Vorjahren hatten sie bezahlen müssen. Als König Ludwig XVI. am 11. Juli 1789 den beim Volk beliebten Finanzminister Jacques Necker (1732–1804) entließ – dieser hatte sich als Einziger bei Hof für die Rechte des Dritten Standes starkgemacht –, brach der Sturm der Revolution los. Der Rechtsanwalt Camille Desmoulins (1760–1794) setzte sich an die Spitze der Bewegung: «Die Entlassung Neckers ist die Sturmglocke zu einer Bartholomäusnacht der Patrioten! (...) Nur ein Ausweg bleibt uns: zu den Waffen zu greifen!»[38] 5000 Menschen zogen vor das Stadtgefängnis Bastille, wo die epochemachenden Ereignisse begannen.

Die Schilderungen des britischen Historikers Thomas Carlyle (1795–1881) über den 14. Juli 1789 prägen die europäische Vorstellung der Revolution bis heute. «Seit 9 Uhr morgens ist überall der Ruf: Nach der Bastille! laut geworden.» Die Massen strömten zur Festung mit dem berüchtigten Gefängnis «unter wüthendem Sturmläuten und dem Trommeln des Generalmarsches». Auch wenn die Soldaten auf den Zinnen die Kanonen bereitgemacht hatten, ließen sich die wütenden Einwohner nicht aufhalten. Bürgerdeputationen wurden nach Verhandlungen in den Vorhof eingelassen, doch als diese nichts bewirkten, ließ der Bastille-Kommandant das Feuer eröffnen, und die verzweifelten Bürger schossen zurück. «Immer wieder schwillt die Menschenflut, immer lauter wächst ihr unendliches Gemurmel zu Flüchen, bald vielleicht zu knatterndem Gewehrfeuer an, das freilich ohnmächtig ist gegen neun Fuß dicke Mauern.»[39]

Als die Besatzung der Bastille Stunden später aufgab und eine weiße Flagge hisste, konnten die Soldaten und ihr Kommandant Bernard-René Jordan de Launay (1740–1789) zwar noch einen freien Abzug zum Rathaus aushandeln, doch dazu kam es nicht mehr. Der Kommandant, der mit seinen Leuten nur noch sieben Gefangene bewacht hatte, wurde vom lärmenden Mob angegriffen und schließlich durch Messer- und Bajonettstiche sowie durch einen Schuss getötet. Ein Metzger schnitt ihm unter dem Johlen der Menge den Kopf ab und trug ihn auf einer Stange zum Rathaus. De Launay wurde so zum ersten prominenten Opfer der Französischen Revolution, dem noch Tausende folgen sollten. «Bürger, euer Zorn ist grausam, euer Grèveplatz ist zum Rachen eines Tigers geworden, voll wilden Gebrülls und Durst nach Blut!», so Carlyle.[40]

Kurz darauf machte sich überall im Land der Druck von Jahrhunderten Luft. Nach dem Sturm auf die Bastille griffen die zumeist landlosen Bauern drei Wochen lang zahlreiche Schlösser, Gutshäuser und Klöster in ganz Frankreich an. Mit Heugabeln, Säbeln und Lanzen bewaffnete Menschen stürmten lärmend die Orte der Mächtigen, plünderten, raubten und brannten die Archive nieder, in denen die Akten über die Vorrechte von Adel und Klerus lagerten – Frankreich war für Wochen in Aufruhr.

Der Braunschweiger Schriftsteller und Verleger Joachim Heinrich Campe (1746–1818) wurde Augen- und Ohrenzeuge der ersten Sitzungen der französischen Nationalversammlung in Versailles, ihrer hitzigen Debatten und lautstarken Auseinandersetzungen. Am 14. August 1789 schrieb er aus Paris: «Nur einigen wenigen, welche riesenmäßige Stimmen hatten, gelang es, das tumultarische Geschrei zu überschreien.» Die Luft sei erfüllt gewesen «durch widersprechende Stimmen, bald durch Beifallrufen, bald durch Händeklatschen, bald durch ein allgemeines Gelächter». Die Redner hätten «wie wahre Athleten» gekämpft, «mit geballter, in die Luft schlagender Faust, mit hoch aufgeschwollenen und stark gespannten Gesichtsmuskeln, und mit Blicken, welche von Zorn glüheten»[41].

Am 21. Januar 1793 versammelten sich rund 20000 Menschen auf dem heutigen Place de la Concorde. Als sich der Karren mit König Ludwig XVI. rumpelnd dem Richtplatz näherte, schwoll das Murmeln der Menge an. Tausende Menschen beobachteten gebannt, wie der ehemals gottgleiche Herrscher aufs Schafott geführt wurde. Als der Henker ihm Handfesseln und eine Augenbinde anlegen wollte, wehrte sich Louis Capet – so der bürgerliche Name, den ihm die Revolutionäre verpasst hatten – noch kurz. Ein letztes Aufbäumen gegen das Unvermeidliche. Mit lauter Stimme rief der König der Menge zu: «Volk, ich bin unschuldig! Ich vergebe …» Doch der Rest seiner Worte ging im lauten Trommeln der Nationalgarde unter. Die Menge hielt den Atem an, als das Beil der

Guillotine sirrend herabsauste, dumpf aufschlug und der Kopf des Königs in einen Korb fiel. Danach hob der Henker das Haupt in die Höhe, das Volk brüllte ohrenbetäubend und rief «Vive la nation!». Auf dem Land wurde nicht gejubelt, so berichten zeitgenössische Quellen. Aber es wurde eben auch nicht getrauert oder gar protestiert wie in früheren Jahrhunderten – zu tief war die Kluft zwischen Herrschenden und Beherrschten geworden.

Das sirrende und klirrende Sausen der Guillotine, ihr dumpfer Aufschlag und das anschließende Gebrüll der Masse wurden zum akustischen Sinnbild der revolutionären Schreckensherrschaft. Wie ein elektrischer Schlag ließ das Geräusch Tausende von Menschen zusammenzucken, die atemlos das grausame Geschehen verfolgten. Nach dem Aufprall des Fallbeils und manchmal auch nach dem Poltern und Knistern des Weidenkorbs, in den der abgetrennte Kopf fiel, sei es häufig für einen winzigen Augenblick mucksmäuschenstill gewesen – eine Schrecksekunde des Entsetzens, bevor sich im Gebrüll der Masse nicht nur der jahrzehntelange Zorn auf die Unterdrücker, sondern auch das Adrenalin des fürchterlichen Geschehens entlud. Der französische Arzt Joseph-Ignace Guillotin (1738–1814), ein frühes Mitglied der jungen Nationalversammlung, hatte darauf gedrängt, die unvermeidlichen Hinrichtungen zu modernisieren, um das Leid der Delinquenten zu verkürzen – kein Richtschwert, kein Scheiterhaufen und kein Hängen mehr. Unterstützung fand er in Charles-Henri Sanson (1739–1806), dem offiziellen Henker von Paris, der das Violinspiel liebte, leidenschaftlicher Opernliebhaber war und als bekennender Monarchist schließlich seinen König Ludwig XVI. eigenhändig hinrichten musste. Sanson, der 2918 Enthauptungen durchführte, wurde zum Zeremonienmeister des Todes.

Der Artillerieoffizier Napoleone Buonaparte (1769–1821), ein nur 1,68 m großer Korse mit italienischen Vorfahren, nutzte das

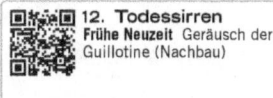
12. **Todessirren**
Frühe Neuzeit Geräusch der
Guillotine (Nachbau)

entstandene Machtvakuum nach der Revolution geschickt. Der spätere Kaiser der Franzosen galt als lärmempfindlich: «Drei Schreihälse machen mehr Lärm als tausend schweigende Männer», soll Napoleon gesagt haben. Kriegsgetöse war Musik in seinen Ohren, Alltagslärm für ihn jedoch ein Graus. «Die Bevölkerung braucht lärmende Feste; Dummköpfe haben Lärm gern, und die Menge besteht aus Dummköpfen», legte der Schriftsteller Honoré de Balzac dem Kaiser später in den Mund (*Maximen und Gedanken*, 1838).

Dampfmaschine – Geburt des industriellen Lärms

Sie ist der Inbegriff der Industriellen Revolution des 19. Jahrhunderts – und doch begann die Entwicklung der Dampfmaschine schon Jahrhunderte zuvor. Ihr Schmauchen, Dampfen und Zischen drang bereits seit etwa 1600 aus Werkstätten und Ingenieursstuben in Europa, unterbrochen von aus Fehlfunktionen resultierendem Knallen. Auch Explosionen, bei denen die Druckkessel zerbarsten und manchmal sogar mitsamt den Tüftlern in die Luft flogen, waren an der Tagesordnung. Zerplatzte Rohre und zerborstene Kessel waren Alltag für die mutigen Erfinder der damaligen Zeit, und ihre Häuser und Werkstätten wurden zu Orten, die die Einheimischen mieden. Hier musste man jederzeit mit unheimlichen Geräuschen oder einem heftigen Knall rechnen. Doch der Faszination tat dies keinen Abbruch: Schließlich handelte es sich um eine Maschine, die sich wie von Geisterhand bewegt und übermenschliche Kräfte hervorbringt. «Ich kann an nichts anderes denken als an diese Maschine», schrieb James Watt (1736–1819) am 29. April 1765 an seinen Freund, den Arzt James Lind.

Der weltberühmte Schotte Watt war kein früher Wegbereiter und erst recht nicht der Erfinder der Dampfmaschine. Er verbesserte lediglich die Erfindungen seiner Vorgänger, aber auf so geniale Weise, dass erst seine Version des zischenden Maschinenungeheuers die Welt verändern konnte. Und er hatte viel aus den Fehlern seiner Vorgänger gelernt. Er verlagerte den Prozess der Abkühlung des heißen Wasserdampfs aus dem Zylinder in einen separaten Kondensator. So erhöhte er auf einen Schlag den Wirkungsgrad der Dampfmaschine. Endlich lohnte sich der große Aufwand – der teure Bau der Druckkessel, das Anfeuern und das Risiko für Leib und Leben. Watts Dampfmaschine brauchte obendrein 60 Prozent weniger Steinkohle als das bis dahin modernste Modell. So wurde das englische Patent No. 913 *A New Invented Method of Lessening the Consumption of Steam and Fuel in Fire Engines* vom 29. April 1769 zur Geburtsurkunde der modernen Maschinenwelt[42] – und zum Startschuss für eine neue Phase der Lärmentwicklung weltweit.

Die Dampfmaschine war ein Quantensprung der Moderne, der nur mit wenigen technischen Revolutionen wie Rad, Wassermühle oder Computer vergleichbar ist. Erstmals in der Geschichte war der Mensch damit komplett unabhängig – nicht nur von tierischer Arbeitskraft, sondern auch vom Wetter. Außerdem war der Bau von Maschinen nun nicht mehr an bestimmte Orte gebunden. Mühlen und Hammerwerke brauchten keine Flüsse, Seen oder Stauwehre mehr. Weil Dampfmaschinen nicht auf bestimmte Standorte angewiesen waren, konnten die neuen Fabriken überall gebaut werden, vorzugsweise inmitten dicht bewohnter Städte. Der Krach zog zu den Einwohnern. Damit war unvermeidlich geworden, dass die Lärmbelastung durch Fabriken, Maschinen und Fahrzeuge exponentiell anstieg – bis hin zum akustischen Inferno der Maschinenmoloche und Großfabriken am Ende des 19. Jahrhunderts.

Mit der schnaufenden Dampfpumpe des Briten Thomas Savery (1698) und der ersten in Serie gebauten Dampfmaschine zur Entwässerung von Bergwerken (1712) durch seinen Landsmann Thomas Newcomen begann der Siegeszug. Newcomen, ein ehemaliger Schmied, hatte noch mit vielen Problemen zu kämpfen. Obwohl seine Maschinen grundsätzlich funktionierten, waren sie unvollkommen und unbeliebt. «Sie arbeitete mit einem schrecklichen Getöse, schwerfällig und mühsam», so eine rückblickende Bewertung.[43] Seine Dampfmaschine besaß einen schlechten Wirkungsgrad, außerdem mussten die Ventile zum Ein- und Auslassen des heißen Dampfs noch von Hand bewegt werden. Vor allem Kinder und Alte standen an den zischenden und schnaufenden Maschinen, um sie am Laufen zu halten. Ausgerechnet ein kleiner Junge brachte die Weiterentwicklung der Dampfmaschine entscheidend voran. Entweder war dem kleinen Humphrey Potter im Jahr 1713 an einer Kohlengrube in Cornwall langweilig geworden, oder er wollte nur möglichst schnell mit den anderen Kindern spielen. Auf jeden Fall band der findige Knirps die Ventile mit Schnüren an den sich hoch und runter bewegenden Balancier,[44] einen riesigen pendelnden Balken, ähnlich dem von kleinen Ölförderpumpen der heutigen Zeit. Dieser öffnete danach automatisch die Ventile – und zum ersten Mal arbeitete damit eine Dampfmaschine selbstständig und ohne menschliche Hilfe. «Wie demüthigend für den stolzen männlichen Geist es auch sein mag», schrieb der französische Physiker François Arago (1786–1853) hundert Jahre später, «so muss doch gesagt werden, dass eine der wichtigsten mechanischen Einführungen dem Spieleifer eines ungebildeten kleinen

13. Maschinenbrausen
18. Jahrhundert
Dampfmaschine
(Raddampfer)

Jungen zu danken ist.» Ob die Geschichte stimmt, ist nicht mehr eindeutig zu klären. Schön ist sie trotzdem.

Die Industrialisierung nahm so ab 1750 deutlich an Fahrt auf. Drei Faktoren spielten dabei die Hauptrolle: die Steinkohle, die Massenproduktion von Eisen durch neue Hochöfen und die Erfindung der Manufaktur als Vorläufer der modernen Fabrik. Die kleine Ortschaft Coalbrookdale in den englischen West Midlands wurde ab 1709 zu einer Keimzelle der Industriellen Revolution. Der Brite Abraham Darby I (1676–1717) hatte eine Idee, die zur Massenproduktion von Eisen führte. Um endlich von der raren und energieschwachen Holzkohle loszukommen, experimentierte er mit Steinkohle – zunächst ohne Erfolg. Als es ihm gelang, den Schwefel- und Phosphoranteil durch das Verkoken (Umwandlung in Koks) zu reduzieren, klappte es. Endlich konnte er Eisenerz mit der billigen und energiereichen Steinkohle zu Roheisen verhütten. Für Abraham Darby, einen gläubigen Quäker, hatte das angenehme Folgen: Er wurde zum schwerreichen Graf Koks. Es war ein riesiger Fortschritt, und die Mengen an produziertem Eisen stiegen weltweit gewaltig an. Das glühende Roh- und Gusseisen wurde zum Motor der Wirtschaft. Die Eisenindustrie mit ihren Hochöfen bestimmte von da an das Bild vieler Städte in England, Deutschland oder Belgien. Eine Blütezeit erlebte das Gusseisen. Kirchenglocken wurden im Akkord gegossen, ebenso wie Kanonen, Öfen, Kamingitter, Kochgeschirr, Kerzenleuchter oder Heizkörper. Darbys Enkel Abraham III schließlich trieb die Begeisterung auf die Spitze. In der Nähe seiner Heimatstadt ließ er 1779 eine Brücke nur aus Eisen über den Fluss Severn errichten. Vor den Augen der verblüfften Dörfler und zahlreichen Schaulustigen hämmerten, schraubten und nieteten die Arbeiter sie innerhalb von nur drei Monaten zusammen. Die Frühindustrialisierung war auf einem ersten Höhepunkt angelangt.

Die wachsende Bevölkerung tat ihr Übriges. Nach dem Ende des Mittelalters hatte es einen gewaltigen Wirtschafts- und Handelsaufschwung gegeben, immer mehr Menschen waren geboren worden. Die Einwohnerzahl Londons hatte sich zwischen 1650 und 1700 nahezu verdoppelt und stieg bis zum Jahr 1800 auf knapp eine Million. Mit kleinen Handwerksbetrieben allein war eine Versorgung der Menschen nicht mehr möglich. Der Übergang zur Manufaktur und damit zur Fabrik war zwangsläufig. Und damit änderte sich für die arbeitenden Männer, Frauen und Kinder alles. Dampfmaschinen trieben die Hämmer an und lärmten am Ohr. Im Takt der Maschinen klapperten die ersten automatischen Webstühle oder Spinnmaschinen. Neue Techniken wie Fräsen, Drehen und Bohren schufen neue Werkzeuge, die das Arbeitstempo weiter beschleunigten. Die gesamte Arbeitswelt wurde schneller, effizienter und lauter. Und vor allem: Der Charakter von Arbeit wandelte sich fundamental.

Wie sehr sich die Arbeitswelt in dieser Zeit veränderte, zeigt das berühmte Stecknadel-Beispiel des britischen Philosophen Adam Smith (1723–1790), dem Begründer der modernen Nationalökonomie. Als er 1776 in seinem Hauptwerk *Der Wohlstand der Nationen* die Arbeitsteilung in den neuen Manufakturen und Fabriken beschrieb, legte er den Grundstein für den Industrielärm der Zukunft – für Massenproduktion, Maschineneffizienz und Fließbandarbeit. In den alten Handwerksbetrieben hatte ein Beschäftigter alle Arbeiten zur Herstellung einer Stecknadel noch allein ausgeführt: das Schneiden des Drahts, das Anspitzen und die Fertigung des Nadelkopfes. Auf diese Weise konnte ein Arbeiter pro Tag maximal 20 Nadeln herstellen. Smiths Idee war einfach, aber bestechend. Wenn sich die Menschen nur auf einen Arbeitsgang spezialisieren würden – Drahtziehen, Schneiden, Anspitzen, Kopf montieren oder verpacken –, könnte sich die Arbeitsgeschwindigkeit drastisch erhöhen. Und je einfacher der Arbeitsgang sei, desto eher könnten Maschinen helfen. Die Idee der industriellen Massenfertigung war geboren und der Weg frei für moderne Fabriken, Akkordarbeit und auch ungezügelten Maschinenlärm. Im Beispiel der Stecknadeln war die Berechnung Smiths für damalige Verhältnisse atemberaubend. Wenn nach seiner Methode vorgegangen werde, könnten zehn Arbeiter nicht 200 Nadeln, sondern 48000 herstellen – pro Tag. Und auch für den Klang der Arbeitswelt hatte das Folgen. Höhere Effizienz bedeutete schnellere Bewegungen und mehr Lautstärke. Immer gleiche Arbeitsschritte förderten Gleichklang, Rhythmus und Monotonie. Und der Einsatz von Maschinen bereitete zusätzlichen Lärm, der sich bis in taub machende Kakophonie steigern konnte.

Der Krach der Frühindustrialisierung wies einen wesentlichen Unterschied im Vergleich zur heutigen Zeit auf. Bewegliche Lärm-Apparate oder gar mobile Dampfmaschinen gab es noch nicht – doch das sollte sich bald ändern. Das erste Fahrzeug, das sich in der Frühen Neuzeit scheinbar von allein fortbewegte, war aber wohl nicht mehr als ein Taschenspielertrick. Der Nürnberger Zirkelschmied Hans Hautsch (1595–1670) baute um das Jahr 1649 einen vierrädrigen, mechanischen Wagen, der angeblich durch ein Uhrwerk von selbst fuhr. Wahrscheinlicher ist, dass sich in dem Wagen Menschen befanden, die ihn versteckt antrieben. Der prächtige Wagen sorgte für Menschenaufläufe und war die Attraktion in der alten Reichsstadt ein Jahr nach Ende des Dreißigjährigen Krieges. Nürnberg war noch von den Schweden besetzt, als der pfiffige Erfinder monatelang an dem Wagen herumwerkelte. Als das Fahrzeug – eine prächtig verzierte Kutsche mit Posaune blasenden Engeln und einem feuerspeienden Drachen als Galionsfigur – wie von Geisterhand angetrieben über das Kopfsteinpflaster der Stadt rumpelte, war das Erstaunen gewaltig. «Mit diesem

Kunst-Waagen legte er A(nno) 1649 seine Proben in Nürnberg, da er öffters so wohl in der Stadt, Berg auf und ab, als um dieselbe mit einigen seiner guten Freunde, zu aller Anschauenden Bewunderung, auf selbigem herumfuhr, und in einer Stund 2000 Schritt weit gelangte, glücklich ab», schrieb ein Chronist.[45]

Hautsch hatte auch einen Vorläufer der Hupe in seinen Wagen eingebaut. So konnte er für freie Fahrt sorgen, «wann das Volck, bey einem starcken Zulauff, den Fortgang des Wagens in etwas hemmen wollte, einen an dessen Ende sich befindenden Drachen (...) durch besondere Drucke viel Wasser ausspeyen, und damit die Leuthe von vorn wegtreiben ließe». Mit einer komplizierten Mechanik habe der Drache dann die Augen verdrehen und der Wagen sogar ein Hupsignal abgeben können, indem «ein paar Engel die Posaune aufheben und darauf blasen mußten»[46]. 1650 habe Hautsch den Wunderwagen für 500 Reichstaler an den schwedischen Kronprinzen Karl Gustav verkauft, der sich damals als Befehlshaber der protestantischen Schutzmacht in Nürnberg aufgehalten hatte. Angeblich habe dieser den Wagen nach Stockholm bringen und ihn bei seiner Inthronisierung als Karl X. Gustav vier Jahre später feierlich dort vorführen lassen.

Das erste Auto, das sich selbstständig durch einen Motor fortbewegte, war nicht der berühmte dreirädrige Wagen von Carl Benz im Jahr 1886. Es war ein dampfendes, schnaubendes, pfeifendes und rumpelndes Ungetüm eines Franzosen genau 117 Jahre zuvor. Nicholas Cugnot (1725–1804), ein Artillerieoffizier und leidenschaftlicher Tüftler aus Lothringen, hatte Ende der 1760er-Jahre vom Kriegsministerium den Auftrag erhalten, ein modernes Zugfahrzeug für Geschütze zu entwickeln. Er fasste den revolutionären Entschluss, eine Dampfmaschine, die erst wenige Jahrzehnte zuvor erfunden worden war, auf drei Räder zu montieren. 1769 stellte er seinen selbstfahrenden Koloss in Paris vor – mehr als sieben Meter lang und etwa vier Tonnen schwer. Vorn am Fahrzeug hing ein gewaltiger Dampfkessel, der einen Kolben antrieb und der wiederum über eine Pleuelstange das Vorderrad in Bewegung setzte.

Als der Wagen bei der Vorführung startete, rollte er nach anfänglichem Zischen, Puffen und Pfeifen der Dampfmaschine vor den Augen der verblüfften Zuschauer tatsächlich los, angeblich mit einer Geschwindigkeit von 3 bis 4 km/h. Doch die Vorführung vor den Ingenieuren des Ministeriums wurde zum Reinfall: Der Dampfwagen war schwer zu lenken und fuhr immer weiter, bis er krachend in einer Mauer zum Stehen kam. Cugnot hatte schlicht vergessen, Bremsen einzubauen. Trotz aller Fehler, Pannen und dem lautstarken Ende der Vorführung: Cugnots Dampfwagen war das erste Automobil, das erste von einem Motor angetriebene Gefährt der Geschichte. Und auch der König zollte der Leistung grundsätzlich Respekt: Cugnot erhielt von Ludwig XV. für die gute Idee eine jährliche Pension von 600 Livres. Sein Fardier (Karre) ist noch erhalten und im Nationalen Konservatorium für Kunst und Gewerbe in Paris zu sehen.

Ein Anfang war gemacht – die Dampfmaschine rollte. Doch wie sehr diese Entwicklung die Welt und auch ihren Klang verändern sollte, war noch niemandem klar.

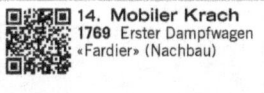

14. Mobiler Krach
1769 Erster Dampfwagen
«Fardier» (Nachbau)

Gequältes Gehör:
Wie Goethe gegen
eine Kegelbahn kämpfte

Es ist heiß und stickig und die Zahl der Menschen ungeheuer. Dicht gedrängt stehen sie auf drei Etagen in dem hölzernen Rund, das so neu ist, dass es noch nach frischem Holz riecht. Die Menge brüllt, weil der Bösewicht soeben die Bühne betreten hat. Doch als er zu sprechen beginnt, sind alle plötzlich still. Keiner will ein Wort versäumen. Ich bin zum zweiten Mal hier und höre gebannt zu. Dröhnendes Lachen erfüllt den prächtigen Bau am Themseufer, als der Hanswurst vom Stuhl kippt. Und vor allem die Ladys seufzen vernehmlich, wenn der Held die Szene betritt. Erst nach drei Stunden ist Schluss, und auch ich johle und klatsche begeistert Beifall. Es ist so ganz anders als beim letzten Mal. Da buhten und pfiffen die Zuschauer um die Wette, denn das Werk des Walisers war gar fürchterlich langweilig. Und vor allem die Leute im dritten Rang hatten einen ohrenbetäubenden Lärm gemacht, als der Autor die Bühne betrat. Mehrere Aufgebrachte bewarfen ihn sogar mit Kohl und Unrat – so hat er sich seine Premiere bestimmt nicht vorgestellt.

Die Unterprivilegierten erkannten in der Frühen Neuzeit schnell, welches Protestpotenzial der Lärm birgt. Öffentlicher Krach wurde zunehmend zur Waffe gegen die empfindsamer werdende Welt des Bürgertums – eine Art akustische Erpressung der Bessergestellten durch das anwachsende Proletariat. Tagelöhner, Huren und Fuhrleute gaben sich grob, brüllten quer über die Straßen und lachten laut über derbe Zoten. Die Kutscher schlugen besonders scharf und knallend mit ihren Peitschen, wenn ihre Pferdewagen durch bessere Wohngegenden ratterten. Straßenmusikanten lärmten so lange vor den Häusern wohlhabender Bürger, bis diese endlich zahlten – nur damit die Wandermusiker weiterzogen. Lärm wurde spätestens in dieser Zeit zum Kampfmittel der Besitzlosen, denn Krachmachen kostet nichts.

Lärm entwickelte sich zum Merkmal neuer Klassenunterschiede, die nicht nur Adel, Kirche und den Rest der Bevölkerung voneinander trennten. Die bürgerliche Gesellschaft fächerte sich weiter auf und grenzte sich gegen untere Schichten ab. Reiche Bürger legten zunehmend Wert auf ruhiges Benehmen und gesittete Umgangsformen mit zurückhaltendem Auftreten und leisen Manieren – eine Hinwendung zur Lautlosigkeit und damit eine bewusste Abgrenzung der Reichen und Privilegierten gegen die lauten, groben und lärmenden Unterschichten. Ein Bildungsbürgertum entwickelte sich, das deutlich anders klingen und auftreten wollte als Handwerksgesellen, einfache Arbeiter, Gesinde, Tagelöhner oder gar Straßenhändler und Straßenmusikanten. Lärm war roh, derb, garstig und ein Zeichen mangelnder Bildung und Kultur, ein Merkmal schlechter Erziehung, von Rücksichtslosigkeit, überbordender Körperlichkeit und auch von Gewalt.

Intellektuelle, Wissenschaftler und Aufklärer litten fast körperlich unter dem zunehmenden Krach ihrer Epoche. «Höflichkeit und Anstand verbieten Geschrei und Thränen», sagte Gotthold Ephraim Lessing (1729–1781) in seiner Denkschrift *Laokoon*. Der Pastorensohn aus Sachsen wurde während des Schreibens seiner Dramen und Theaterstücke regelmäßig von Lärm aus seinen Gedanken gerissen, ebenso wie Immanuel Kant, Johann Wolfgang von Goethe oder Erasmus von Rotterdam. Die Denker der Zeit mussten sich auf neue Lebenswirklichkeiten einstellen und auf die Geräusche der Neuzeit, die in die Studier- und Schreibstuben drangen. Wirksame Schalldämmung gab es nicht. Stilles Erdulden des Lärms oder die Flucht aufs vermeintlich ruhigere Land waren die einzigen Lösungen. Doch auch dort störte der Schmied mit durchdringenden Ambossschlägen oder der peitschende Kutscher, wenn die Gelehrten ihren Gedanken nachhingen. «Ich möchte wissen», klagte der deutsche Philosoph Arthur Schopenhauer (1788–1860), «wie viele große und schöne Gedanken diese Peitschen schon aus der Welt geknallt haben.»[47]

William Shakespeare (1564–1616) machte Krach in seinem Theaterstück *Der Sturm* zum dramatischen Element: «In einem Schiff auf dem Meer. Man hört ein Getöse von einem heftigen Sturm, mit Donner und Blitzen.» So beginnt das Stück des Meisters aus dem Jahr 1611 über Prospero, den Herzog von Mailand. Und der gefeierte Autor konnte sich sicher sein, dass die Bühnentechniker im legendären Globe Theatre in London, dessen Mitbesitzer er war, alle Register zogen, um es mächtig krachen zu lassen – mit scheppernden Metallplatten, funkensprühenden Dosen und dem üblichen Theaterdonner der Zeit. Lautstarke Effekte waren das Salz in der Suppe für ein städtisches Publikum, das Lärm bereits als Teil des Alltags akzeptiert hatte. In allen größeren Städten und an den Residenzen Europas entstanden private oder herrschaftliche Theaterbühnen, die die Menschen in Scharen anlockten. Feste Spielstätten ergänzten die Auftritte von wandernden Theaterbühnen in der Tradition des Mittelalters und lösten sie am Ende der Frühen Neuzeit fast vollständig ab. Übrig blieben nur Zirkus, Jahrmarkt und Tourneetheater.

In London kam es am Ende des 16. Jahrhunderts zu einem wahren Gründungsboom. Nachdem James Burbage (ca. 1530–1597), ein gelernter Tischler, 1576 in einem Londoner Vorort The Theatre eröffnet hatte, folgten zahlreiche weitere Spielstätten – darunter das Curtain Theatre (1577), das Fortune Theatre (1600), The Swan (1595) oder das Globe Theatre (1599), das durch die Aufführungen Shakespeares weltberühmt wurde. Die Besucher lauschten den

Stücken gebannt, aber sie johlten, sangen mit oder beschimpften auch die Schauspieler und den Autor, wenn das Stück nicht gefiel. Zwischen 1500 und 3000 Besucher fassten die Theater, in denen sich auch Garküchen und Gastwirtschaften befanden. Die Bankside auf der rechten Seite der Themse, damals noch nahezu ländlich, war das Vergnügungsviertel, in das die Menschenmassen strömten und in dem es vor allem abends laut, lärmend und trubelig war.

Auch wenn das Theater im London des 16. und 17. Jahrhunderts die Massen unterhielt, gab es eine Attraktion, die noch populärer war. Das Bear and Bull Baiting, eine Art Tierkampf, bei dem aggressive Hunde auf Bären, Stiere, Affen, Pferde und andere Tiere gehetzt wurden. In den Metropolen vieler Länder gab es große Arenen, in denen jeweils mehrere Tausend Menschen zusammenkamen, um Geld wetteten oder sich einfach nur an dem grausamen Spektakel ergötzten. Sowohl Wien (Hetztheater) als auch Berlin (Hetzgarten) oder Nürnberg (Fechthaus) hatten Tierkampfarenen. 1708 war in Wien das erste Hetztheater eröffnet worden, weitere folgten in den kommenden Jahrzehnten. Die größte Arena Wiens fasste rund 3000 Personen – eine Art hölzernes Theaterrund mit drei Etagen, das allerdings im September 1796 abbrannte.

Der Londoner Bärengarten lag auf der Bankside am südlichen Themse-Ufer, wo sich heute im alten Ölkraftwerk die Tate Gallery of Modern Art befindet. Bis zu 3000 Menschen besuchten das Bear and Bull Baiting und bejubelten das blutige Spektakel, darunter regelmäßig auch Diplomaten oder Prominente wie der englische Seefahrer und Entdecker Walter Raleigh (ca. 1552–1618), der 1601 in der Arena gesehen wurde. Der genaue Eröffnungstermin ist unbekannt, aber wahrscheinlich machte die Tierkampfarena ebenfalls um das Jahr 1570 auf, als die großen Theater auf der Bankside öffneten. «Dort», so schrieb ein Besucher 1639, «können Sie das Geschrei von Männern, das Bellen von Hunden, das Knurren der Bären und das Brüllen der Stiere hören – in einer wilden, aber natürlichen Harmonie.» Die Vorstellungen blieben den gläubigen Puritanern ein Dorn im Auge, doch die blutigen Tierhatzen waren so beliebt, dass es keinen ernsthaften Versuch zur Schließung der Arena gab. Erst 1835 wurden Bären- und Bullenhatzen in England per Parlamentsgesetz verboten. Noch heute tragen zwei Straßen im Süden Londons die Namen Bear Gardens und Bear Lane – nach den grausamen und lärmenden Vorführungen, die einst in der Gegend stattfanden.

Johann Wolfgang von Goethe war von seiner modernen Zeit fasziniert. Lärm war dem Dichterfürsten zwar überaus zuwider, doch zugleich nahm er den Klang seiner Epoche ganz bewusst auf. Mächtig Eindruck auf den jungen Goethe hatte schon die Königskrönung 1764 in seiner Heimatstadt auf ihn gemacht. Als der künftige König Joseph II. zu seiner Wahl durch die Kurfürsten am 21. März Einzug in Frankfurt hielt, war der 14-jährige Goethe wie alle anderen Beobachter überwältigt. Wehende Flaggen, festlich dekorierte Zelte und zahlreiche Musiker umrahmten den Weg, als sich der Zug Richtung St.-Bartholomäus-Kirche bewegte. «Hier fing nun das Kanonieren an, mit dem wir auf lange Zeit mehrmals betäubt werden sollten»[48], schrieb Goethe in seinen Erinnerungen. Das Läuten der Glocken und der Kanonendonner kündigten das Herannahen des Kronprinzen an. Unzählige Kutschen ratterten die Straße entlang, begleitet vom Stampfen der Ehrengarden, dem Trappeln der Pferde und endlosen Reihen paradierender Soldaten, die sich unter lauten Jubelrufen fortbewegten. Pauker und Trompeter schlugen und bliesen unaufhörlich – ein spektakuläres Schau- und Hörspiel vom Anspruch auf die weltliche Macht. «Des Gottesdienstes, der Musik, der Zeremonien und Feierlichkeiten, der Anreden und Antworten, der Vorträge und Vorlesungen waren in Kirche, Chor und Konklave so viel, bis es zur Beschwörung der Wahlkapitulation kam, dass wir Zeit genug hatten, eine vortreffliche Kollation einzunehmen», schrieb der Dichter und meinte damit, gemeinsam ein Glas trinken zu gehen.

Goethe lebte an einer Zeitenwende des Lärms – am Übergang zur Moderne mit technischen Erfindungen, politischem Aufruhr und der Eskalation der damaligen Kriege. Der Lärm der Französischen Revolution erreichte ihn ebenso wie der Furor der Napoleonischen Kriege und das Stampfen der ersten Maschinen. Als Student in Straßburg war Goethe erstmals mit der Moderne und dem Krach früher Industriebetriebe in Berührung gekommen. Im Saarland hatte er eine Drahtziehmühle und eine Großschmiede besucht, in der Sensen im Akkord hergestellt wurden – «kompliziertes Maschinenwerk», wie der damals 21-Jährige notierte.[49]

Auch als Geheimrat im beschaulichen Sachsen-Weimar-Eisenach beschäftigte ihn der Lärm der Moderne – vor allem der Maschinenbau, erste Versuche mit Elektrizität oder die neuesten Entwicklungen moderner Chemie. Als Minister im Herzogtum war der Dichter seit 1776 schon durch sein Amt mit dem technischen Fortschritt verbunden. Fast 20 Jahre lang musste er sich mit dem Eisen-, Silber- und Kupferbergbau im Bergwerk Ilmenau beschäftigen und war Leiter der Bergbau-Kommission. Versuche zur Errichtung einer eigenen Stahl- und Eisenindustrie in Ilmenau trieb der Schriftsteller ebenfalls voran.[50] Wassereinbrüche in die Stollen machten dem Bergbau-Chef Goethe zu schaffen, und er suchte Hilfe bei modernster Technik. So erblickte und hörte der Dichter bei einem Besuch in Tarnowitz (Oberschlesien) im Jahr 1790 eine der ersten Dampfmaschinen seiner Zeit – und war von der Kraft beeindruckt. An seinen Ministerkollegen Christian Gottlob von Voigt (1743–1819) schrieb er am 12. September 1790 aus Breslau: «In Tarnowitz habe ich mich über Ilmenau getröstet; sie haben, zwar nicht aus so großer Tiefe, eine weit größere Wassermasse zu heben und hoffen doch. Zwey Feuermaschinen arbeiten und es wird noch eine angelegt.»[51]

Unter Krach und lauten Geräuschen litt Goethe seit frühester Jugend – und die Empfindlichkeit blieb ein Leben lang. «Ein starker Schall war mir zuwider», schrieb der 21-jährige Goethe bereits im Jahr 1771, als er in Straßburg auf Wunsch seines Vaters Jura studierte. Doch der junge Student stellte sich seinen Dämonen. Seine Höhenangst bekämpfte er, indem er mehrmals das Straßburger Münster bestieg. Und seine Lärmempfindlichkeit ging er ebenfalls aktiv an. Er suchte regelmäßig die Nähe der örtlichen Militärkapelle, die zum Ausklang des Tages vor der Garnison spielte. «Abends beim Zapfenstreich ging ich neben der Menge Trommeln her, deren gewaltsame Wirbel und Schläge das Herz im Busen hätten zersprengen mögen.»[52]

Der Lärm Roms dagegen faszinierte den aufstrebenden Schriftsteller. Als er am 4. Januar 1787 dem jungen Gottlob Friedrich Constantin von Stein, dem Sohn seiner angebeteten Charlotte, von seiner berühmten Italienreise schrieb, berichtete er nicht nur davon, dass er Tage zuvor im Petersdom den Papst beim Beten gesehen habe. «Er hat keinen Bart, sondern sieht aus wie die Päpste, die du kennst, nur daß er älter.» Viel mehr beeindruckte ihn das Massenschlachten von Schweinen durch die Metzger, die die kalten Tage zur Schlachtung nutzten. Die Tiere waren auf einem Platz nahe des Minervatempels zusammengetrieben worden. Auf ein Zeichen seien die Metzger mit langen Messern ins Gatter gesprungen, um die Tiere abzustechen. «Das Lärmen der Menschen, das von dem Geschrei der Thiere überschrieen wird, die Händel, die dabei vorfallen, der Antheil der Zuschauer und noch allerlei Detail machen dieses Amazzamento zum sonderbarsten Spektakel.»[53] Rom blieb im nahenden Frühling für Goethe wunderschön, die Mandelbäume blühten, und der Himmel sei wie «hellblauer Tafft». Doch dem Gelehrten schlug der Krach der turbulenten Stadt zunehmend aufs Gemüt, besonders das Faschingstreiben mit lauter Musik, Pferderennen, Umzügen und wilder Ausgelassenheit der Maskierten. Im Februar 1787 schrieb er an seinen Freund, den Dichter Johann Gottfried Herder (1744–1803): «Das Carnaval hab ich satt! Es ist, besonders an den letzten schönen Tagen, ein unglaublicher Lärm, aber keine Herzensfreude.» Von Rom gehe er gern, es sei an der Zeit.[54]

Insbesondere vor der eigenen Haustür wollte er vom Krach der Neuzeit nichts wissen. Seit vielen Jahren wird die Geschichte erzählt, dass Goethe in Weimar sein Nachbarhaus aufkaufte, weil ihm der Lärm eines geplanten Abbruchs keine Ruhe gelassen haben soll. Die Goethe-Gesellschaft fand jedoch schon 1951 den wahren Grund für den Lärm und die Erschütterungen heraus, die den Gelehrten unablässig plagten: Die Webstühle seines Nachbarn, des Leinenwebers Johann Heinrich Herter (ca. 1762–1815). Dessen Weberei am Frauenplan direkt gegenüber zerrte an den Nerven des Dichters und führte zum erbitterten Kampf Goethes gegen die Lärmquelle in seiner Nachbarschaft. Seit 1793 gab es immer wieder Streit um die Lärmbelästigung. Es war einer der wenigen Kämpfe, die der große Goethe am Ende nicht gewann.

Nicht nur der Leinenweber ging dem Dichter auf den Geist. Auch feiernde Menschen, lautstarke Unterhaltung und der Freizeitlärm der örtlichen Gastronomie störten ihn erheblich – am schlimmsten eine benachbarte Gaststätte mit Kegelbahn. Am 5. März 1810 hatte Goethe sich bei seinem Kollegen und Freimaurer-Bruder Karl Wilhelm von Fritsch (1769–1850), Staatsminister von Sachsen-Weimar-Eisenach, beschwert, dass die Haufische Wirtschaft für alle Nachbarn «eine große Unbequemlichkeit» geworden sei und sich der Lärm von dort seit Jahren verschlimmert habe. «Aus einer Kegelbahn sind zwey geworden», rechnete er vor, «und anstatt, daß sonst wenigstens der Morgen ruhig war, und daß auch selbst Nachmittags- und Abendstunden Einschränkung erlitten; so ward zuletzt von Morgen bis in die Nacht gekegelt, wobey es denn an Geschrey, Lärm, Streit und andern Unarten nicht gebrach.»[55]

Und Goethe begründete auch, warum er sich in den Vorjahren nicht beschwert habe: In Zeiten des Krieges (wie die gegen Napoleon) müsse man eben mehr Lärm ertragen, und außerdem sei er in den Vorjahren während des Sommers häufig auf Reisen gewesen. «Ich leugne nicht, daß mir diese Sache sehr angelegen ist: denn eine der Hauptursachen, warum ich den Sommer auswärts zubrachte, war eben diese unruhige Nachbarschaft, die mir den ganzen Tag und weit in die Nacht hinein, mein Hinterhaus und meinen Garten unbrauchbar machte.» Zwar zog die ehemalige Wirtin später aus, und die offene Kegelbahn sollte ein Dach bekommen. Doch eine Woche später verließ Goethe Weimar erst einmal für sieben Monate Richtung Jena und Karlsbad. Ebenso wie in den Vorjahren war er dem störenden Lärm seiner Umgebung wieder einmal entflohen. Als Goethe zurückkehrte, zahlten sich seine Beziehungen aus: Die Kegelbahn hatte der Polizeipräsident inzwischen schließen lassen.

Doch der Freizeitlärm in Weimar ließ sich offenbar nicht abstellen. Am 27. August 1811 schrieb Goethe erneut an von Fritsch, dass er wieder «eine Regeley zu denunciren» habe. In der Gastwirtschaft gebe es abermals Lärm, der es ihm nicht ermögliche, sich seines «stillen und heimlichen Gartens zu erfreuen». Und wenn keine Gäste da seien, würden die Kinder der Nachbarschaft über die Tische toben. Er könne es nicht verstehen, dass «an Feyerabenden und an Sonn- und Festtagen der Müßiggang mehr Getöse macht, als die sämmtlichen thätigen Leute zusammen in ihren

Arbeitsstunden.» Er wolle seinen Kollegen und Freund nicht drängen, und es sei nur eine kleine, aber ihm wichtige Angelegenheit. «Ich bin ohnehin hier außen in der Vorstadt zwischen manche Handwerker eingeklemmt, zwischen Grob- und Nagelschmiede, Tischler und Zimmerleute, und sodann ist mir ein Leinweber der unangenehmste Wandnachbar. Doch macht man sich über solche notwendige Dinge noch Raison, indem man zugeben muß, daß ein Gewerbe nicht geräuschlos sein könne.»[56]

Wie Goethe ging es vielen Philosophen der Zeit. Schon der niederländische Universalgelehrte und Humanist Erasmus von Rotterdam (ca. 1466–1536) galt als Nervenbündel, das keinen Krach vertragen konnte. Täglich habe er in Basel einen Umweg zu seiner Wohnung in Kauf genommen, schrieb sein Biograf Stefan Zweig 1934 – nur um eine besonders üble und lärmende Gasse zu vermeiden. «Rohheit und Tumult verursachten seiner Sensibilität mörderische Seelenqual», so der Schriftsteller in seinem berühmten Buch über Erasmus.[57] «Nicht sehen können trennt von den Dingen, nicht hören können von den Menschen», soll Immanuel Kant (1724–1804) gesagt haben. Dabei hätte der Erkenntnistheoretiker aus Königsberg ab und zu gern die Ohren verschlossen. Er war jeden Morgen durch den laut krähenden Hahn in der Nachbarschaft so genervt, dass er den Nachbarn das Tier kurzerhand abkaufte – und es danach schlachten und servieren ließ. Die berühmte Geschichte lässt sich nicht belegen, aber sie passt zu anderen Episoden seines Lebens. Der Autor der *Kritik der reinen Vernunft* stritt leidenschaftlich mit seinen Nachbarn, wenn es ihm zu laut wurde, und wechselte die Wohnung, wenn er nichts ausrichten konnte. Hausmusik schien den Großgeist besonders zu stören: In einer Anmerkung zu *Kritik der Urteilskraft* (1790) schrieb er: «Diejenigen, welche zu den häuslichen Andachtsübungen auch das Singen geistlicher Lieder empfohlen haben, bedachten nicht, dass sie dem Publikum durch eine solche lärmende (eben dadurch gemeiniglich pharisäische) Andacht eine große Beschwerde auflegen, indem sie die Nachbarschaft entweder mitzusingen oder ihr Gedankengeschäft niederzulegen nötigen.»[58]

Der französische Mathematiker und Philosoph Blaise Pascal (1623–1662) fühlte sich beim Denken und Rechnen nicht vom Lärm der aufgewühlten Welt des Dreißigjährigen Krieges gestört, sondern eher von den vermeintlich leisen Geräuschen der Nachbarschaft: «Der Geist des größten Mannes in der Welt ist nicht so unabhängig, dass er nicht gestört werden könnte durch den geringsten Lärm in seiner Nähe. Um seine Gedanken zu hindern, dazu ist nicht das Knallen einer Kanone nöthig, sondern nur das Knallen einer Wetterfahne oder einer Winde.»[59] Auch in einer der berühmtesten Wohngemeinschaften der Zeit war störender Lärm ein häufiges Thema: Friedrich Hölderlin (1770–1843) und Georg Wilhelm Friedrich Hegel (1770–1831) teilten sich während ihres Theologiestudiums in Tübingen zeitweise ein Zimmer. Pfarrer wurde keiner von beiden. Hölderlin konnte laute Geräusche und akustische Störungen seines Denkens kaum ertragen, Hegel war dagegen robuster. Am 10. Juli 1794 schrieb Hölderlin an Hegel, der zu dieser Zeit als Hauslehrer in der Schweiz arbeitete: «Lieber Bruder! Ich bin gewis, daß Du indessen zuweilen meiner gedachtest (...). Du bist mer mit Dir selbst im Reinen, als ich. Dir ists gut, irgend einen Lärm in der Nähe zu haben; ich brauche die Stille.»[60]

Die Musik der Frühen Neuzeit brachte den Menschen nicht nur neue Klangwelten, sondern auch zuvor unbekannte Lautstärken. Barock und Renaissance blieben zwar klanglich und kompositorisch noch mit dem Mittelalter verbunden, ihre Intensität und Innovationskraft aber waren es nicht mehr. Die moderne Polyphonie mit dem Verschmelzen eigenständiger Melodielinien schaffte zuvor ungehörte Klänge, die die Menschen in ihren Bann zogen. Erste Orchester bildeten sich, deren Instrumentenvielfalt zwar geringer war als noch in der Renaissance, aber die durch den zunehmenden Einsatz von Bläsern und Schlaginstrumenten deutlich lauter wurden. Komponisten wie Dieterich Buxtehude (ca. 1637–1707), Georg Philipp Telemann (1681–1767) und schließlich Johann Sebastian Bach (1685–1750) schufen neben behutsamer Kammermusik auch mächtige Orchesterstücke.

In der anschließenden Klassik ging die Entwicklung weiter mit noch größeren Klangkörpern und mit der Ausformung der europäischen Kunstmusik mit Symphonie, Konzert, Fuge und Sonate. Und sie war der Hintergrund für eine der wohl berühmtesten Episoden der Musikgeschichte – ein Drama zwischen Genie und Suchtkrankheit, zwischen genialer Komposition und fürchterlichem Leiden. Die Taubheit Ludwig van Beethovens (1770–1827) ist legendär und viel beschrieben, ebenso wie das Wunder der Komposition durch den Gehörlosen. Schon im Alter von 28 Jahren hatten sich erste Symptome bei dem jungen Musiker gezeigt: eine beginnende Schwerhörigkeit, ein Tinnitus und eine damit verbundene Überempfindlichkeit gegen laute Töne (Hyperakusis). Woran der große Komponist litt, ist bis heute nicht endgültig klar. Medizinhistoriker vermuteten bislang eine chronische Innenohrschwerhörigkeit, eine Otosklerose (eine Art Verknöcherung des Innenohres) oder einen Gewebeschwund (Atrophie) der Gehörnerven infolge einer bis heute unbekannten Infektionskrankheit.

Innerhalb weniger Jahre war der geniale Pianist ab 1792 in Wien mit seiner kraftvollen Spielweise und seinen innovativen Kompositionen zum Star der Musikszene geworden. Als Schüler von Joseph Haydn setzte er Maßstäbe und übte wie ein Besessener. Umso mehr machte ihm der Hörverlust zu schaffen. In einem Brief an seinen Jugendfreund aus Bonner Zeiten, den Arzt Franz Gerhard Wegeler (1765–1848), schrieb er am 29. Juni 1801: «Der neidische Dämon, meine schlimme Gesundheit, hat mir einen schlechten Stein ins Brett geworfen nemlich: mein Gehör ist seit 3 Jahren immer schwächer geworden (...). Meine Ohren, die sausen und brausen Tag und Nacht fort; ich kann sagen, ich bringe mein Leben elend zu.»[61] Bäder, Ölspülungen, Tee und Trinkkuren halfen nichts, der Hörverlust verschlimmerte sich bis zur fast völligen Taubheit. Bei einem Kuraufenthalt in Heiligenstadt (Thüringen) erlebte der geniale Komponist im Oktober 1802 den Tiefpunkt: Er hatte Suizidgedanken, weil er den Lärm im Ohr und den Verlust des Gehörs nicht mehr ertragen konnte. Auch diese Kur hatte nichts gebracht. In seiner Verzweiflung verfasste er am 6. und 10. Oktober 1802 an seine Brüder Kaspar Karl und Johann einen Brief, den er jedoch nie abschickte. «Wie ein Verbannter muß ich leben», notierte er in dem Schreiben, das als «Heiligenstädter Testament» in die Musikgeschichte einging. «Welche Demüthigung, wenn jemand neben mir stund und von weitem eine Flöte hörte und ich nichts hörte (...). Es fehlte wenig und ich endigte selbst mein Leben – nur sie die Kunst, sie hielt mich zurück.»[62]

1814 baute der Regensburger Erfinder Johann Nepomuk Mälzel (1772–1838), der auch das Metronom entwickelt hatte, für Beethoven mehrere Hörrohre. Der Hörverlust des schwer kranken Mannes, der zeit seines Lebens auch an Koliken, Entzündungen, Unterleibsschmerzen und später an einer Leberzirrhose wegen übermäßigen Alkoholgenusses litt, ging weiter. Seine berühmte Misanthropie war wohl auch eine Folge seiner Krankheiten. Beethoven blieb verschlossen und mürrisch, und auch die Begegnung mit einem anderen Giganten der Zeit verlief kühl. 1812 traf er im böhmischen Kurbad Teplitz auf Johann Wolfgang von Goethe, für den er einige Verse und Lieder vertont hatte. «Sein Talent hat mich in Erstaunen gesetzt; allein er ist leider eine ganz ungebändigte Persönlichkeit», schrieb Goethe nach der Begegnung.[63] Und auch der Dichter lag nicht auf der Wellenlänge Beethovens: «Göthe behagt die Hofluft zu sehr, mehr als es einem Dichter ziemt», berichtete der Komponist wenig später seinem Musikverleger Gottfried Christoph Härtel.[64] Als Beethoven am 24. März 1827 in Wien starb, war er ein körperliches Wrack – ausgemergelt vom inneren Lärm und fast völliger Taubheit, aufgedunsen vom Alkoholmissbrauch und «insbesondere an den Gliedmaßen sehr abgezehrt», wie der zuständige Pathologe am 27. März feststellte.[65]

Dass Wolfgang Amadeus Mozart (1756–1791), der Exzentriker, das Wunderkind, der Pop-Star der Zeit, beim Lärm eine Sonderrolle spielte, wundert nicht wirklich. Während die meisten seiner Kollegen kaum einen Ton niederschreiben konnten, wenn es um sie herum laut war, ging es Mozart wohl anders. Er soll jedenfalls munter komponiert haben, auch wenn in der engen Stube seine Kinder und die Jungen und Mädchen der Nachbarschaft lärmten. Angeblich sei die diffuse Lautstärke sogar förderlich gewesen. Nur punktuelle Störungen hätten den Fluss der Komposition gestört. Mozart war nach Aussage von Zeitgenossen ein lauter Mensch. Gern lud er sich Abendgesellschaften ins Haus, sang und musizierte bis spät in die Nacht mit seinen Freunden. Allerdings wohl häufig zum Ärger seiner Nachbarschaft: Allein in Wien zog er zwischen 1781 und 1791 dreizehnmal um. «Gefurzt wird immer in der Nacht und immer so, dass es schön kracht», schrieb Mozart frech am 31. Januar 1778 in einem Brief an seine Mutter in 47 wohlgereimten Zeilen.[66]

Akt der Verzweiflung:
erste Gesetze gegen Lärm

«In jeder Straße donnern Karren und Kutschen so, als ob die Welt auf Rädern läuft. An jeder Ecke treffen sich Männer, Frauen und Kinder in großen Schwärmen (...). An einem Ort schlagen Hämmer, an einem anderen trommeln Fässer, an einem dritten klirren Töpfe, an einem vierten krachen Wasserkrüge.»[67] Es ist das Jahr 1606 in London, als der britische Dramatiker Thomas Dekker (ca. 1572–1632) den Lärm Londons beschreibt. Elisabeth I. ist erst drei Jahre tot und Jakob I. neuer König von England – der Sohn Maria Stuarts, die Elisabeth hatte hinrichten lassen. Ungerührt von den mächtigen Intrigen der Zeit lebten die Londoner ihr lärmendes Leben. Es brodelte und vibrierte an der Themse. Die maritime Expansion nach Nordamerika und in die Karibik zeigte sich im internationalen Hafen, und Londons Aufstieg begann. Im Jahr 1600 war die Hauptstadt Englands mit 350000 Einwohnern zwar noch kleiner als Paris, Peking und Konstantinopel. Bis 1700 hatte sich die Einwohnerzahl aber verdoppelt. Die Metropole wuchs ungebremst und immer schneller. 1871 war London schließlich mit knapp 3,9 Millionen Einwohnern die größte Stadt der Welt.

Die Versorgung der riesigen Stadt trug zum Lärm der Straßen bei. Ochsen, Pferde, Schafe, Ziegen und Schweine trieben die Bauern und Großviehhändler nach Smithfield im Norden Londons, damals noch vor der Stadtmauer gelegen. Hier war fast ununterbrochen der Lärm der Tiere zu hören. Im Mittelalter noch als Hinrichtungsstätte genutzt, entwickelte sich Smithfield zum größten Viehmarkt der Welt – ein akustischer Mikrokosmos im ohnehin ohrenbetäubend lauten London. Charles Dickens setzte dem tosenden Treiben in *Oliver Twist* (1837–39) ein literarisches Denkmal:

«Das Keifen der Weiber, das Bellen der Hunde, das Brüllen und Stampfen der Ochsen, das Blöken der Schafe, das Grunzen der Schweine und das Geschrei der Händler hallte aus allen Ecken und Winkeln wider. Unrasierte schmutzige Gestalten rannten hin und her, stürzten in das Gewühl hinein und wieder heraus: Kurz, es war ein sinnverwirrendes abstoßendes Schauspiel.»[68]

Der deutsche Wissenschaftler Georg Christoph Lichtenberg (1742–1799) reiste zweimal nach London und tauchte tief in den Lärm der Metropole ein. Insbesondere der Kontrast zum beschaulichen Göttingen, wo er als ordentlicher Professor für Experimentalphysik arbeitete, fiel dem Naturforscher sofort auf. Am 10. Januar 1775 schrieb er in einem Brief an seinen Freund, den Schriftsteller Heinrich Christian Boie (1744–1806), wie er sich zwei Wochen zuvor gegen 20 Uhr in das Getümmel der City of London gestürzt hatte. «Viele tausend von Lichtern erleuchten da Silberläden, Kupferstichläden, Bücherläden, Uhren, Glas, Zinn, Gemählde, Frauenzimmer-Putz und Unputz, Gold, Edelgesteine, Stahl-Arbeit, Caffeezimmer und Lottery Offices ohne Ende (...). Dem ungewöhnten Auge scheint dieses alles ein Zauber; desto mehr Vorsicht ist nöthig, Alles gehörig zu betrachten; denn kaum stehen Sie still, Bums! läuft ein Packträger wider Sie an und rufft By your leave, wenn Sie schon auf der Erde liegen. In der Mitte der Straße rollt Chaise hinter Chaise, Wagen hinter Wagen und Karrn hinter Karrn. Durch dieses Getöße, und das Sumsen und Geräusch von tausenden von Zungen und Füßen, hören Sie das Geläute von Kirchthürmen, die Glocken der Postbedienten, die Orgeln, Geigen, Leyern und Tambourinen englischer Savoyarden, und das Heulen derer, die an den Ecken der Gasse unter freyem Himmel kaltes und warmes feil haben. (...) Das ist Cheapside und Fleetstreet an einem December Abend.»[69]

Große Städte wie Paris oder Konstantinopel litten unter ähnlichen Problemen. Die französische Musikwissenschaftlerin Mylène Pardoen hat 2017 eine spannende Arbeit veröffentlicht, die längst vergangene Klänge der französischen Hauptstadt wieder zum Leben erweckt hat. Im *Projet Bretez* bildete sie die Klanglandschaft von Paris im 18. Jahrhundert nach.[70] Hufgeklapper, das Gackern von Hühnern, Stimmengewirr, das Schlagen der Schmiede, das Summen von Fliegen am Fischmarkt und das Rauschen der Seine – all das mischte sie zu einem Klangbild einer Stadt, die zwar noch keinen Motorenlärm kannte, aber dennoch hörbar laut war. Als Archäologin von Klanglandschaften rekonstruierte sie die Geräusche und den Lärm des alten Paris – und jeder kann sich das Klangbild heute anhören.

Neben dem Krach der Märkte und dem Straßenverkehr waren es die Einwohner selbst, die insbesondere Großstädte zur Lärmhölle machten. Rücksichtslose Nachbarn, Teppichklopfen, illegale Bierstuben, betrunkene Arbeiter, streitende Huren, Blasmusik, bellende Hunde, schreiende Babys, stöhnende Kranke oder Raufereien gehörten zum Klangbild der Zeit. Alles auf offener Straße, ungezügelt und ohne die Möglichkeit zum Rückzug in eine ruhige Wohnung oder in der Hoffnung auf eine erfolgreiche Beschwerde wegen Lärmbelästigung.

Deutsche Städte waren im Gegensatz zu London und Paris in der Zeit zwischen 1500 und 1800 klein und provinziell. Zwar hatte auch hier der tägliche Lärm durch Kutschen, peitschenknallende Kutscher, Handwerker und Schmiede ein erhebliches Ausmaß erreicht. Aber der Krach war noch erträglich und häufig nur ein punktuelles Ereignis, das hingenommen wurde, weil es zum täglichen Broterwerb gehörte. Empfindlicher reagierte die deutsche Seele auf nächtliche Ruhestörung. Mit der Konsolidierung der Gesellschaften nach dem Dreißigjährigen Krieg störten zunehmend gerade die Menschen, die eigentlich für Ruhe zu

15. Stadtlärm
18. Jahrhundert Stadtklänge von Paris (Simulation)

sorgen hatten. Nachtwächter waren häufig ungehobelte Gesellen, die viel Lärm machten – auch wenn sie ihren Dienst nach Vorschrift ableisteten. Das *Policey- und Cameral-Magazin* von 1773 aus Frankfurt am Main enthält einen Eintrag über die Aufgaben und Pflichten der Nachtwächter, die im 17. und 18. Jahrhundert in Europa ihre Blütezeit erlebten. Das Magazin merkte an, dass nicht alle vorbildhaft ihrer Arbeit nachgingen. «So giebt es doch einige, welche ihr Absingen und Rufen, oder ihre Anzeige der Stunden durch ein Horn oder Knarre, tadeln und verwerfen, weil dadurch die Schlafenden aufgeweckt und in ihrer Ruhe gestöhret werden.» Viele andere Nachtwächter seien eine Plage, wenn sie mit «solch Geschrey, wie die Esel machen, eine geruhige Nacht wünschen».[71] Der Berliner Polizeidirektor Johann Albrecht Philippi (1721–1791) schrieb sarkastisch an die Adresse der Nachtwächter in Preußen: «Das kommt mir vor, als wenn ich meinem Bedienten beföhle: Wecket mich um sieben Uhr, und er schrye mir um drey Uhr ins Ohr: Mein Herr, jetzt ist es erst drey, Sie haben noch vier Stunden zu schlafen.»[72]

Wurde im Mittelalter so manche Ruhestörung noch durch das Gesetz des Stärkeren beseitigt, änderte sich das in der Frühen Neuzeit grundlegend. Streit, Hader, Zwist und Feindschaft waren zwar weiterhin Alltag, doch nun wurden diese zunehmend aktenkundig. Nach der Erfindung von Papier und Buchdruck und der rasanten Zunahme der Verschriftlichung notierten die Menschen ihre Streitigkeiten – nicht zuletzt, um die Strafverfolgung zu professionalisieren und die Beweislage zu vereinfachen. In der ersten Phase der Frühen Neuzeit riefen vor allem Privatpersonen Gerichte und Schiedsleute an, wenn es um Krach wegen Lärms ging, lange bevor die Herrschenden zögerlich Gesetze und Verordnungen erließen. Insbesondere Gewerbetreibende, deren Geschäft die Ruhe ihrer Kunden war, gingen gegen Radaubrüder vor, aus Angst, ihre Lizenz oder Schankgenehmigung zu verlieren. So berichtete das Justizamt in Großalsleben (Sachsen-Anhalt) 1780 von einer Klage des Gastwirts Peter Jacob vom Gasthof Schwarzer Bär in Alikendorf gegen zwei «Musketiere des hochlöblichen von Kalkstein'schen Regiments» wegen Trunkenheit und Lärms.[73]

Ruhiger zu wohnen wurde zumindest für die Privilegierten ein zunehmendes Bedürfnis. So kamen erste Klauseln in Verträgen auf, mit denen Lärm unterbunden werden sollte. In einem Mietvertrag der Stadt Neuss vom 16. April 1513 überließen Bürgermeister, Schöffen und Rat einem Ehepaar ein Haus «unter dem Stadt-Rathaus in der Kremerstraße gelegen» für jährlich 10 Goldgulden. Die Stadträte hatten mit einer dort enthaltenen Klausel sicherlich auch ihr eigenes Ruhebedürfnis im Sinn, da sie nicht selten in der Nähe des Rathauses wohnten. Im Vertrag verpflichteten die Stadtherren das Ehepaar, das Haus «nicht an Schmieder, Metzmecher (Messermacher) oder dergleichen» zu vermieten.[74]

Die alte Reichsstadt Nürnberg erlebte am Übergang zur Neuzeit zwischen 1470 und 1530 ihre Blütezeit, nachdem um 1450 nach jahrzehntelangen Bauarbeiten die erweiterte Stadtmauer fertiggestellt worden war. Die Entwicklung der Taschenuhr durch Peter Henlein (ca. 1485–1542), der erste Globus der Welt durch den Tuchhändler Martin Behaim (1459–1507) oder die Arbeiten Albrecht Dürers – der Nürnberger Witz, wie der Erfindungsreichtum der Franken damals hieß, wurde zu dieser Zeit legendär. Der Reichtum der Nürnberger Patrizier war ungeheuer und konnte sich fast am Wohlstand der Augsburger Fugger messen. Die Einnahmen waren so groß, dass sie angeblich die des gesamten Königreichs Böhmen überstiegen.[75]

Doch die Stadt bezahlte auch einen Preis. Nürnberg war am Übergang zur Neuzeit eine vergleichsweise laute Stadt. Insbesondere das Kleinmetallgewerbe hatte Nürnberg wohlhabend gemacht: Draht, Bleche, Nadeln, Besteck, Geschirr, Waffen und Rüstungen produzierten die Schmiede, Mestmacher und Dengler im Akkord. In unzähligen Werkstätten und ersten Manufakturen schufteten die Metallarbeiter teilweise bis spät in die Nacht, während die Metallhämmer von Wassermühlen an der Pegnitz und ihren Nebenbächen angetrieben wurden. Neben Sägemühlen waren auch hier die Metallhämmer die Betriebe mit der größten Lärmemission.

So ist es nicht verwunderlich, dass die reichen Nürnberger Kaufleute zu den ersten Mächtigen gehörten, die mit Dekreten für mehr Ruhe sorgen wollten. Die Kaufleute wohnten mit ihren Familien innerhalb der Stadtmauern und waren noch selbst von dem Lärm betroffen, den ihre eigenen Betriebe erzeugten. Umso empfindlicher reagierten die mächtigen Ratsherren wohl auf zusätzliche Geräusche, die den Lärm der Stadt verstärkten, insbesondere an Sonn- und Feiertagen. Eine der ersten offiziellen Lärmverordnungen Deutschlands stammt deshalb aus Nürnberg. 1602 erließ der Senat der Stadt ein Verbot, dass «man kein Feuerwerck, noch fliegende Röhrlein, werffen soll, bey straff Funfftzig gulden».[76]

Die Bemühungen um Ruhe waren anscheinend nur teilweise erfolgreich. Regelmäßig erneuerte der Stadtrat seine Verordnungen, die er auf Flugblättern aushängen ließ. 1619, 1646 und 1674 ergingen weitere Verbote. 1685 sah sich der Senat genötigt, gegen Straßenhändler in Nürnberg vorzugehen, die am heiligen Sonntag ihre lautstarken Geschäfte in den Gassen der Stadt machten und die Bürger mit «Zanck und Hader oder anderm Geschrey» in ihrer Ruhe störten. «Verdamliches Gottslästern, abscheuliches Fluchen und leichtfertiges Schweren» sei überall zu hören und könne nicht mehr hingenommen werden. Am 26. März 1685 gebot der Nürnberger Rat seinen Bürgern «sich hinfüro an Sonn- und Feyer-Tägen deß Verkauff und Einkauffens der grünen Wahr / Naschwerks und

16. **Fabrikkrach**
18. Jahrhundert Historische
Klopfmühle (Schwarzwald)

dergleichen / auf offenem Marckt / oder in denen Häusern / wie auch des Mezelns / Würsthauens / Waschen und Wäschaufhängens / oder was sonsten von Handarbeit Namen haben mag / nicht weniger deß Brod- und Fleischhausirens / Milchausschreyens unter der Predigt / und Fahrens mit denen raßlenden Bierbräu-Wägen / auch deß Getöß der Kutschen und dergleichen / vor denen Kirchenthüren während der Frühmeß / Predigt / Kinderlehr oder Vesper / gänzlich zu enthalten».[77] Obwohl die Nürnberger Patrizier mit «würcklichen und wohlempfindlichen Leibs-Straffen» drohten, blieb eine grundlegende Beruhigung der Stadt offenbar aus. 1744, 1752, 1762 und 1768 folgten weitere Dekrete mit ähnlich bescheidenem Erfolg.

Gesetze gegen Lärm blieben die Ausnahme. Der Weg zu allgemeingültigen Lärmschutzverordnungen war noch weit.

Nachrichten auf Rädern: Warum Metzger ins Posthorn bliesen

Die verheerendste Naturkatastrophe der europäischen Geschichte wurde zum Urknall des Lärms der heutigen Massenmedien – das Erdbeben von Lissabon am 1. November 1755 mit bis zu 100000 Todesopfern. Fast die gesamte Stadt stürzte krachend in sich zusammen, ein meterhoher Tsunami riss die Menschen fort, und ein Großfeuer vernichtete die übrig gebliebenen Häuser. Die Erdstöße hatten nicht nur Lissabon getroffen. Das Beben war in ganz Europa bis nach Finnland spürbar. Flutwellen von bis zu 20 Metern Höhe überfluteten tosend die Algarve und die

Küste Nordafrikas, selbst auf der anderen Seite des Atlantiks auf Barbados und Martinique richtete der Tsunami noch Schäden an. Giacomo Casanova (1725–1798) berichtete in seinen Lebenserinnerungen, wie das bleierne Dach des Dogenpalastes in Venedig rumpelte.

Die Nachricht von der Katastrophe machte sich auf die Reise um die Welt – auf dem Seeweg und zu Land, durch reitende Boten und Handelstrecks. Drei Wochen später erreichte die Meldung Paris und London, ein paar Tage später auch die deutschen Territorien. Ein Kaufmann berichtete einer Wiener Zeitung: «Mitten in dem Lärmen, welches ein solches Unglück verursachte, hörte man das ängstliche Heulen und Wehklagen so vieler Unglückseeligen, welche zu dem Himmel schrien, und die Barmherzigkeit Gottes anruften, dessen schreckliches Gericht sie empfanden.»[78] Eine Zeitung aus Hamburg meldete, Lissabon sei «nichts als ein Steinhaufen, worunter mehr als 100000 Menschen lebendig begraben».[79] Alle großen Blätter Europas berichteten monatelang über die Katastrophe. Nicht nur Sensationslust schürte das Interesse. Handelsstädte wie Hamburg und Lübeck, aber auch London oder Amsterdam betrieben zahlreiche Kontore in Lissabon und sorgten sich um Wirtschaft und Handel.

Eilig gedruckte Bücher und vor allem Flugschriften erschienen, die neben dem Bild der Verwüstung auch den Klang der Katastrophe schilderten. Unter dem Titel *Ausführliche und sicherste Nachricht des entsetzlichen Erdbebens der Stadt Lissabon* berichtete in Leipzig ein Flugblatt darüber, wie der Tsunami im Tejo das Wasser meterhoch in die Stadt schießen ließ. Im Zentrum Lissabons «barsten die Haustüren und sprangen aus ihren Angeln, auch die Mauern und Erker stürzten ein. Kurz, es schien, als ob der Jüngste Tag gekommen sei und kein Stein auf dem anderen bleiben sollte. Diejenigen, welche noch im Schlafe lagen, wurden durch die heftige Erschütterung ihrer Häuser und das Einstürzen der Wohnungen ihrer Nachbarn fürchterlich aufgeweckt und versuchten sich mit der Flucht zu retten; allein, die meisten wurden von ihren Häusern elendig zerschmettert.»[80] Der Tsunami hatte die Schiffe im Hafen aufs Land geworfen und die Überlebenden retteten sich «teils fast nackend und teils halb gekleidet» auf eine Hochebene oberhalb Lissabons. «Unter denselben sah man auch den französischen Ambassadeur nebst seiner Gemahlin, in bloßen Unterkleidern. Andere vornehme Damen sahen noch viel unordentlicher aus.» Rettung für die beim Beben Verunglückten war nahezu aussichtslos: «Einige unerschrockene Personen haben es gewagt, sich nach den Ruinen dieser unglücklichen Stadt zu begeben, allwo sie noch das Winseln von Männern, Frauen und Kindern, die halb erstickt gewesen, hören müssen.»[81]

Die Katastrophe hatte weitreichende Auswirkungen auf Kultur, Philosophie und die Weltsicht der Zeit. Gelehrte Geister der Aufklärung stritten, warum die lärmende Erschütterung gerade das erzkatholische Portugal getroffen hatte – ausgerechnet am Allerheiligentag am 1. November. Wie habe Gott so ein Unglück zulassen können, bei dem auch zahlreichen Kirchen krachend in sich zusammenstürzten, die Alfama – das Viertel der Huren, Spelunken und Absteigen – jedoch verschont blieb? Kant, Voltaire und Lessing diskutierten leidenschaftlich. Goethe schrieb über das Erdbeben, Georg Philipp Telemann komponierte seine *Donner-Ode*, die 1756 uraufgeführt wurde, und auch Heinrich von Kleist (1777–1811) widmete noch 50 Jahre später dem Katastrophenlärm seine Novelle *Das Erdbeben in Chili*: «Hier stürzte noch ein Haus zusammen, (...) hier leckte die Flamme schon, (...) hier lag ein Haufen Erschlagener, hier ächzte noch eine Stimme unter dem Schutte, hier schrieen Leute von brennenden Dächern herab.» Auch an den Kaffeetischen und in den Gaststätten der Städte und

Dörfer gab es monatelang kaum ein anderes Thema. Die Katastrophe hatte Europa tief getroffen und die alte Ordnung erschüttert. Die *Berlinischen Nachrichten* brachten es am 23.12.1755 auf den Punkt: «Es scheint, dass die Natur völlig in Unordnung geraten sey; denn man hört fast von nichts anderem sprechen, als von entsetzlichen Erdbeben, grausamen Sturm-Winden, starcken Donnern, Blitzen und Hagel, heftigen Feuersbrünsten, schleunigen Ueberschwemmungen, und andern Zorn- und Strafgerichten Gottes.»[82]

Die Verbreitung von Nachrichten hatte Jahrhunderte zuvor auch ohne Zeitungen und Flugschriften funktioniert – nur eben langsamer und häufig vom Zufall bestimmt. Wenn im 16. und 17. Jahrhundert Neuigkeiten durch Reisende oder Händler eintrafen, waren sie ein Ereignis, bei dem die Menschen zusammenliefen. Die ersten Boten, die sich ankündigten, waren umherziehende Metzger. Bereits im Hochmittelalter gaben sie mit einem Rinderhorn ein Signal, dass sie bereit waren, Briefe zu befördern. Die Lohnschlachter, die bei ihren Ausritten Vieh ankauften, nahmen Post und Pakete mit. Das weit tönende Hornsignal kündigte sie auch an Pferdewechselstationen an und erlaubte ihnen eine schnellere Abfertigung. Die Metzgerpost war vor 1500 weit verbreitet.

Es war eine Tradition, die das frühe Postwesen in Deutschland im 16. Jahrhundert übernahm. Das Posthorn aus Messing signalisierte Abfahrt und Ankunft zunächst der Postreiter und dann der Postkutschen. Der durchdringende Ton, den der Postillion von sich gab, gehörte für Jahrhunderte zur Lautsphäre Europas. Nach der Übernahme des Postwesens durch das ursprünglich aus Italien stammende Geschlecht der Taxis spannte sich ein Postnetz von Norwegen bis nach Spanien. «Trari Trara, die Post ist da» – auch wenn das Kinderlied erst seit dem 19. Jahrhundert überliefert ist, beschreibt es gut, was die Menschen beim Eintreffen der Post vernahmen. Wenn das metallene Signal ertönte, kamen Neuigkeiten: gute, schlechte, unterhaltsame oder Unheil verkündende. Das Tuten der Postillione als Vorbote dessen, was kommt. Ein Symbol für die Post ist das Horn bis heute.

Die Postillione, die ab dem 17. Jahrhundert als Gespannführer die Postkutschen lenkten, hatten das Horn auch aus anderen Gründen immer dabei. Sie warnten damit andere Verkehrsteilnehmer, forderten, Platz zu machen, und signalisierten den zahlreichen Zöllnern im territorial zersplitterten Europa, dass sie den Schlagbaum zu öffnen hatten. Postillione brauchten keinen Wegezoll zu entrichten. Auch zum Öffnen der Stadttore oder zum schnellen Pferdewechsel an den sogenannten Relaisstationen genügte ein lauter Stoß ins Posthorn. Wie in weiten Teilen der Geschichte des Lärms war auch dieser Vorgang ein Zeichen von Macht, Autorität und Recht – obrigkeitlich verliehen von der kaiserlichen Reichspost. Ein Missbrauch stand unter Strafe so wie heute der Gebrauch des Martinshorns durch Unbefugte. Wer als einfacher Reisender, Kaufmann oder privater Bote ein Posthorn benutzte, war dran: In Preußen wurde er mit einer Geldbuße von zwölf Talern belegt oder bei besonders heftigem Geblase mit einer Prügelstrafe.

In der Folge verbreiteten sich Nachrichten immer stärker über Zeitungen und Druckschriften. Leise, raschelnd und nahezu lautlos transportierten die neuen Medien den Krach der Frühmoderne in den letzten Winkel der europäischen und später auch in die amerikanische Welt. In die Frühe Neuzeit fiel die Geburtsstunde erster Flugblätter und Einblattdrucke, es entstanden *Newe Zeitungen*, *Lufftkurriere* oder gedruckte *Correspondencen*. Ab 1600 brachten sie den Lärm von Schlachten genauso wie lehrreiche Abhandlungen über Glockenklang bis zu «erschröcklichen Geschichten»

17. Signaltöne
18. Jahrhundert Historische Posthorn-Fanfaren

aus fernen Ländern in die Wohnstuben und Kaffeehäuser der Zeit. Vor allem aber vermittelten sie neue Ideen, Überzeugungen oder politische Gedanken, die die Modernisierung vorantrieben. Die *Relation aller Fürnemmen und gedenckwürdigen Historien* des Straßburger Buchdruckers Johann Carolus (1575–1634) von 1605 gilt als eine der ersten Zeitungen der Welt. Einmal wöchentlich kam das Blatt in Straßburg heraus. Carolus versprach in der ältesten erhaltenen Ausgabe von 1609, dass er Nachrichten aus ganz Europa «Schott und Engelland, Hisspanien, Hungern» und vielen anderen Ländern bringen werde und «alles auf das trewlichst wie solche bekommen und zu wegen bringen man / in Truck verfertigen will». *Avisen*, *Couranten*, *Novae* und *Postillons* verbreiteten von nun an, was in der Welt passierte.[83]

Die erste Tageszeitung der Welt entstand 1650 in Leipzig. Der Drucker Timotheus Ritzsch (1614–1678) hatte im Juli erstmals die *Einkommenden Zeitungen* herausgegeben. Fast wie heutige Zeitungen erschien das Blatt an sechs Tagen in der Woche. Gegenüber dem Handdruckverfahren, das Johannes Gutenberg noch benutzt hatte, waren die Druckpressen der Renaissance und der Frühen Neuzeit schon effektive Multiplikatoren. Eine einzelne Presse konnte damals bis zu 3600 Seiten täglich drucken und gab damit einem ganzen Berufszweig seinen Namen. Unzählige Publikationen folgten in fast jeder größeren Stadt Europas. 1703 erschien erstmals der Vorläufer der *Wiener Zeitung* (*Wienerisches Diarium*). Damit ist das Blatt aus Österreich die älteste noch existierende Tageszeitung der Welt.

Diejenigen, die lesen und schreiben konnten, kosteten die neuen Freiheiten aus. Kriegsberichte, Erfindungen, Entdeckungen, Lokales, Gedichte, Reiseberichte oder unerhörte Kuriosa füllten die zahlreichen Blätter. Um 1780 wurde Siebenbürgen durch große Schwärme von Wanderheuschrecken geplagt. Tagelang zogen sie durchs Land und fraßen den Bauern die Ernte weg. Rauschend und brummend kündigten sich die Schwärme an und versetzten die Menschen in Angst. Das *Ungrische Magazin oder Beyträge zur ungrischen Geschichte, Geographie, Naturwissenschaft und der dahin einschlagenden Litteratur* berichtete 1782 von so einem Ereignis. Die «Zugheuschrecken», so meldete das Blatt, hätten «eine Menge Landvolk zusammen gebracht», das «durch Geschrey und Lärm mit verschiedenen klingenden Instrumenten die Heuschrecken fort zu treiben bemüht war» – allerdings ohne Erfolg.[84]

Die frühen Blätter veröffentlichten alles – häufig ungeprüft, vom Hörensagen und aus heutiger Sicht politisch vollkommen unkorrekt. Berichte über «tumbe Wilde», die nicht mehr als Tiere in Menschenform seien, wechselten sich ab mit Halbwahrheiten aus Politik und Naturwissenschaften. «Der Donner sey nicht, wie man allgemein annimmt, der Lärm einer elektrischen Explosion, und das Rollen des Donners sey nicht das Echo dieser Explosion», schrieben die *Göttingischen Anzeigen* noch im Juni 1792, «sondern der Donner sey die Folge der plötzlichen Entstehung einer großen Wolke».[85] Die Zeitungsmacher schlugen sich ohne Scheu auf eine Seite, wie im Amerikanischen Unabhängigkeitskrieg (1775–1783). Die meisten deutschen Blätter unterstützen die Engländer, mit denen fast alle Territorien beste Handelsbeziehungen unterhielten. «Man hat die unangenehme Nachricht, dass die königl. Fregatte, der Fuchs, (...) von den Amerikaneren erobert worden sey», schrieb die *Münchner Zeitung* am 5. August 1777. Auch aus exotischen Welten berichteten die neuen Medien. Am 29. Mai 1700 meldeten die *Mercurii Relation, oder Wöchentliche Reichs Ordinari Zeitungen* aus München den erfolgreichen Aufstand der einheimischen Bevölkerung Kenias gegen die Kolonialmacht Portugal, die dort seit mehr als 100 Jahren einen Stützpunkt für die Fahrt nach Indien unterhielt. «Von der Orientalischen Seite von Africa

(Ostküste) seynd Schreiben angekommen / welche melden / daß endlich die Mohren von Monbassa (Mombasa) Meister gemachet / nachdem sie die Belagerung davor über ein Jahr lang fortgesetztet haben.»

Die Welt rückte weiter zusammen.

19. Jahrhundert
Entfesselung des Lärms

Ein erstaunliches Jahrhundert

Eine Bilanz des abgelaufenen Jahrhunderts zogen die Zeitungen erst am 1. Januar 1901. Das neue Jahrhundert – darauf hatten sich fast alle deutschen Medien geeinigt – beginne erst mit diesem Jahr. Und die Blätter würdigten das 19. Jahrhundert ausgiebig. «Es hat uns einen Sensationenrausch gebracht, wie ihn einem der Zeitengott selten in so kurzer Zeit zu versetzen pflegt», kommentierte die *Berliner Morgenpost* das vergangene Säkulum, und andere Zeitungen schlossen sich der Meinung an.[1] Es war tatsächlich das wohl erstaunlichste Jahrhundert der bisherigen Geschichte. Nie zuvor hatte sich die Welt in so kurzer Zeit so dramatisch verändert.

Die Eisenbahn eroberte die Erde in rasender Geschwindigkeit und verband Städte, Länder und später auch Kontinente miteinander. Erste Kutschen ohne Pferde fuhren auf asphaltierten Straßen, Dampfomnibusse schnauften, und am Ende des Jahrhunderts waren Automobile keine Seltenheit mehr. Schon 1899 erreichte ein Mensch mit einem motorgetriebenen Fahrzeug eine Geschwindigkeit von mehr als 100 km/h. Weil Menschen zunehmend nicht mehr dort wohnten, wo sie arbeiteten, entstand das Phänomen der Rushhour. Der Verkehr in den Großstädten stand erstmals vor dem Kollaps, und der Lärm der Städte erreichte ein Ausmaß, das krank machen konnte. Das Leben vieler Menschen änderte sich von Grund auf. Millionen zogen aus den Dörfern in die immer schneller wachsenden Städte, um in Fabriken zu arbeiten. Mietskasernen prägten das Bild der neuen Stadt. Elend wurde zunehmend sicht- und hörbar.

Auch die moderne Stadtplanung veränderte im 19. Jahrhundert

den Klang der Stadt – und machte sie lauter. Die Straßen wurden breiter, die Häuser größer und das Stadtbild kolossaler. Besonders ein Name ist mit der modernen Stadt verbunden: Der französische Pfarrerssohn Georges-Eugène Haussmann (1809–1891) gestaltete als Planer Paris vollständig um und erschuf das Stadtbild, das bis heute Bestand hat. Haussmann beseitigte durch seine Planung das Verwinkelte, die Enge, die Unregelmäßigkeit der Stadt, wo sich viel Schall gefangen hatte und absorbiert worden war. Stattdessen prägten plötzlich glatte hohe Fassaden und breite Boulevards das Stadtbild – ideale Resonanzflächen für den Lärm der Großstadt. Und die Anonymität der Metropolen wurde durch die Akustik weiter verstärkt. Die Resonanzen machten es immer schwerer, zu erkennen, woher die Geräusche kamen und wer dafür verantwortlich war.

Je mehr Menschen auf engem Raum beieinander wohnten, desto größer wurde die Lärmbelästigung durch den direkten Nachbarn. Das dichte Zusammenleben hatte Folgen. Die Zahl der Beschwerden über nachbarschaftlichen Lärm wuchs. Hölzerne Etagenböden, dünne Wände, einglasige Fenster und schlecht schließende Türen trugen dazu bei. Effizienten Schallschutz gab es schlichtweg nicht. Der massive Bevölkerungsanstieg in den Metropolen entfachte ab 1850 einen Bauboom in den Städten. Mietskasernen für das Proletariat, aber auch schnell hochgezogene Wohnhäuser für Kleinbürger und selbst die großzügigen Stadthäuser der Wohlhabenden – alle krankten daran, dass der Lärm der Stadt in die Wohnungen drang. Teppichklopfen, Bettenausschlagen, Wäscheklatschen, Hundegebell, Klavierspielen, streitende Menschen, tobende Kinder, Getrampel und Türenschlagen – fast alles war in den Wohnungen zu hören. Und es betraf immer mehr Menschen. Wohnten 1871 in Deutschland noch zwei Drittel der Menschen auf dem Land oder in Kleinstädten, wandelte sich das fundamental.

1910 lebte schon mehr als die Hälfte der Deutschen in größeren Städten – Tendenz rasant steigend.

Wände in Häusern aus der Gründerzeit des 19. Jahrhunderts zeigen noch heute, wie gering der Schallschutz war. Trotz vorgeblich massiver Bauweise waren viele Häuser schnell und billig hochgezogen worden, die Wände dünn und brüchig. Noch heute rieselt beim Bohren Sand aus den Bohrlöchern von Altbauwohnungen, Zeitungen dienten als billiger Dämmstoff. Weit verbreitet war die sogenannte Rabitzwand. Die von dem Berliner Maurermeister Carl Rabitz (1823–1891) entworfene Konstruktion bestand aus einfachem Drahtgitter, auf das Putzmörtel aufgetragen wurde. Schnelle, billige Wände für den Bauboom der Gründerzeit – quasi die Vorläufer der Gipsplatten aus dem heutigen Baumarkt. Zügig gebaut, aber mit extrem schlechtem Lärmschutz. In England, Deutschland und Frankreich mussten andere Mittel her, um die Lärmbelastung in den Innenräumen zu verringern. Die üppige Ausstattung der viktorianischen und wilhelminischen Ära mit dicken Teppichen, Wandbehängen und schweren Samtvorhängen hatte nicht nur optische Gründe. Der Schall der Straße sollte zumindest in den Innenräumen optimal absorbiert werden.

Die Mauern der Häuser waren aus hartgebrannten Ziegeln, die den Schall von außen gut nach innen leiteten. Rohre für Gas und Wasser transportierten nicht nur ihre eigentliche Fracht, sondern auch den Lärm zwischen den Stockwerken. Erste WCs rauschten, Duschen platschten, elektrische Klingeln und erste Telefone läuteten nach der Jahrhundertwende in vielen Häusern. Es waren neue Wohntöne, die zunächst in den besseren Bürgerhäusern, aber zunehmend auch in Mehrfamilienhäusern Einzug hielten.[2] Wärme- und Schallisolierung waren nur rudimentär vorhanden, verschiedene Vorstöße von Kommunen und Ingenieuren zur Schalldämpfung scheiterten – bis auf einen. Doppelfenster, die damals noch aus zwei getrennten Flügeln bestanden, wurden zumindest in den Häusern des wohlhabenden Bürgertums zum Standard.

Unfassbarer Krach entstand in den ersten Industriegebieten der Welt, die noch roh, unreguliert und rotglühend Eisen und Stahl in Millionen von Tonnen ausspuckten. Niemals zuvor waren Menschen Rauch, Staub, Hitze und Lärm in solchem Ausmaß ausgesetzt gewesen. Zum ersten Mal überschritt die Weltbevölkerung die Zahl von einer Milliarde Menschen. Die Bevölkerungsdichte in den Städten stieg gewaltig an, sodass sich die Bewohner zunehmend gegenseitig auf die Nerven gingen. Elektrizität machte die Nacht zum Tag, Telegrafen verbanden Kontinente, und eiserne Schiffe für mehrere Tausend Passagiere überquerten die Ozeane.

Atemlos, erstaunt und überwältigt erlebten die Menschen ihre Zeit und jede neue Erfindung. Zwischen 1830 und 1880 explodierte die Zahl der Innovationen: Morseapparat, Auto, Presslufthammer, Grammophon, elektrischer Strom, Telefon, Staubsauger, Dampfmobil, Straßenbahn, Fahrrad, Hupe, Schreibmaschine oder Dynamit. Angst vor dem Neuen und Unbekannten entstand und die Sorge, mit der Geschwindigkeit der Moderne nicht mithalten zu können. Neue Krankheiten kamen auf, die Medizin erforschte die Folgen von Dreck und Lärm und die Psyche des modernen Menschen. Nervosität wurde Mode und Qual zugleich – und das 19. zum nervösen Jahrhundert. Schneller, größer, lauter war der neue Maßstab für Erfolg und Fortschritt.

Der Alltag wurde unruhiger, lärmender und gefährlicher. Nie zuvor in der Geschichte kamen mehr Menschen durch Unglücke ums Leben – durch Kutschen, erste Autos, Kesselexplosionen, Grubenunglücke oder Eisenbahnkatastrophen. Kriege erreichten industrielle Vernichtungskraft und wurden Vorboten von noch Schlimmerem. Das Maschinengewehr wurde erfunden, und Hochleistungskanonen von Krupp feuerten den Tod kilometerweit hinter feindliche Linien. Und 1883 erschütterte das bislang lauteste Geräusch der Geschichte die Welt.

Im Jahr 1800 war ein Großteil der Menschen vom krähenden Hahn geweckt worden. 100 Jahre später vernahmen die meisten am Morgen den Klang der Fabriksirene. Das Leben hatte sich grundlegend gewandelt.

«Immerwährendes Sausen und Brausen» – Aufstieg zur Maschinenwelt

Der Maler Adolph von Menzel (1815–1905) war, ohne es sich wahrscheinlich bewusst zu sein, nicht nur ein Chronist der modernen Zeit, sondern auch der Lärm-Revolution des 19. Jahrhunderts. Menzel, nur knapp 30 Jahre nach dem Tod des Preußenkönigs Friedrich II. geboren, erfuhr in seinem fast 90 Jahre währenden Leben den Wandel der Epochen – und damit auch die exponentielle Ausbreitung des Lärms in Europa zwischen 1800 und 1900. Die zarten Flötentöne des Privatkonzerts Friedrichs des Großen im Schloss Sanssouci hatte von Menzel zwar nicht selbst erleben können, aber sie waren ihm als Zeugnis jüngerer Vergangenheit noch präsent. Von diesem Bild[3], das er 1852 fertigstellte, geht heute ein eigentümlicher Zauber aus, der eines versinnbildlicht: Wie die Welt einmal war, bevor es Motoren, Eisenbahnen und Industrieanlagen gab.

Von Menzel schuf 1872 wiederum ein Bild, das den Wandel hin

zur modernen Welt des Lauten wie kaum ein anderes verdeutlicht. *Das Eisenwalzwerk* (später: *Moderne Cyklopen*) ist eines seiner wichtigsten Gemälde. Es dokumentiert nicht nur die schweißtreibende Arbeit der Menschen, die Hitze und den technischen Fortschritt der Zeit, sondern auch die ungeheure Lautstärke, die damals auf die Arbeiter einschlug. Mit eisernen Greifern befördern die Männer das rotglühende Eisen in eine Maschine, die Dampfhämmer antreibt, um das Metall zu walzen. Neben der Walze trocknen sich Arbeiter den Schweiß – erschöpft von Hitze und Lärm. Ein junger Mann, der vermutlich das erste Mal die lärmende Fabrikhalle betritt, schaut sich mit schreckgeweiteten Augen um. Hinter einem großen Blech, das kaum die Hitze und schon gar nicht den ohrenbetäubenden Krach abhalten kann, kauern Arbeiter, die während einer Pause etwas essen und trinken. Eine junge Frau, die ihnen den Essenskorb bringt, kauert sich zu Boden, um dem Höllenlärm zu entgehen.

Von Menzel hatte für seine Studien eine Fabrikhalle im oberschlesischen Königshütte (heute Chorzów, Polen) besucht. In dem Walzwerk wurden Eisenbahnschienen gefertigt. 1871, zur Zeit der Reichsgründung, beschäftigte es etwa 3000 Arbeiter. Das Bild erregte damals großes Aufsehen. Erstmals dokumentierte ein Maler Last und Mühsal der Arbeiterschaft in der Moderne – und damit auch eine neue Form der Lärmbelastung, die überall auf der Welt rasant zunahm. In den Eisenwerken der USA genauso wie in den britischen Bergwerken oder in den klappernden mechanischen Webereien in der Schweiz oder in Italien.

Von Menzel, ein kleinwüchsiger, nur 1,40 Meter großer Mann, hatte den Aufstieg seiner Wahlheimat Berlin zur Welt- und Industriestadt hautnah miterlebt. Als der Sohn eines Steindruckers 1815 geboren wurde, besaß Berlin knapp 200000 Einwohner und war in vielen Bereichen noch kleinstädtisch geprägt. Kutschen rollten, das Leben verlief gemächlich. Als der Maler 1905 starb, überschritt Berlin gerade die Schwelle von zwei Millionen Einwohnern. Von Menzel hatte den Wandel zur Industriewelt erfahren. In seiner Lebensspanne waren Auto, Telefon, Straßenbahn und Grammophon erfunden worden. Der Maler verewigte nicht nur historische Höhepunkte, sondern auch die zahlreichen Baustellen Berlins. Und die Anfänge der Eisenbahn. 1838 war die Berlin-Potsdamer Eisenbahn als erste Zugverbindung Preußens eröffnet worden, und von Menzel verfolgte den Bau aufmerksam. Sein Bild *Die Berlin-Potsdamer Bahn* (1847) zeigt eine Dampflokomotive, die sich glühend und schnaubend auf einer eingleisigen Strecke von Berlin wegbewegt.

Die Industrielle Revolution kam nicht über Nacht. Die Frühindustrialisierung wurde nach den Napoleonischen Kriegen ab 1815 langsam ein Teil des Lebens der Menschen. Sie revolutionierte nicht nur die Technik, sondern warf auch das Zusammenleben durcheinander. Und alles begann kurz nach 1760 still, heimlich und leise. Der britische Baumwollweber James Hargreaves (1721–1778) aus der beschaulichen Kleinstadt Oswaldtwistle nördlich von Manchester wird nicht geahnt haben, dass seine Erfindung eine ganze Epoche einleiten würde. Allerdings ahnte er wohl, dass es Ärger mit den zahllosen Spinnern und Webern geben könnte, die als nicht gerade zimperlich bekannt waren. So baute er heimlich in seiner Werkstatt an der ersten automatischen Spinnmaschine: der Spinning Jenny, die er 1764 erfolgreich in Betrieb nahm. Sie konnte gleichzeitig sechs Teile Wolle, Baumwolle, Hanf oder Flachs zu einem Faden spinnen. Mit Dutzenden von zeitgleich arbeitenden Spindeln ersetzte nur eine Maschine die Arbeitskraft von acht Spinnerinnen und Spinnern. Die Spinning Jenny gab noch ein leises Zischen, Klappern und Surren von sich. Nur ein zarter Windhauch vor dem akustischen Orkan, der folgen würde.

Der nächste Schritt fünf Jahre später brachte die Welt in die Zeit der Maschinen. Richard Arkwright (1732–1792), der nur 30 Kilometer von Hargreaves entfernt wohnte, war eigentlich Perückenmacher, doch sein Herz schlug für die moderne Technik. Zusammen mit einem Uhrmacher entwickelte er 1769 die automatische Spinnmaschine entscheidend weiter. Seine Waterframe arbeitete mit der Kraft einer Wassermühle und lief mit viel größerer Geschwindigkeit. Und sie war schon wesentlich lauter als die von Hand angetriebene Spinning Jenny. Als später Dampfmaschinen die Wasserkraft ersetzten, war der Weg für moderne Industriefertigung frei. Richard Arkwright, der trotz mangelhafter Schulbildung später zum Sir ernannt wurde, gilt als Begründer der maschinellen Textilindustrie. Und er wurde zum Stammvater aller Industriemagnaten von Friedrich Krupp bis John D. Rockefeller, von August Borsig bis Cornelius Vanderbilt.

Die dritte Maschine, die endgültig den Weg für die lärmende Textilindustrie ebnete, erdachte ausgerechnet ein Mann der Andacht. Edmund Cartwright (1743–1823) war Pfarrer, hatte aber zugleich eine Leidenschaft für Technik. Er entwickelte in akribischer Kleinarbeit den ersten mechanischen Webstuhl der Welt. Die Power Loom und ihre technischen Nachfolgerinnen klopften, zischten und knallten, was die Baumwolle hergab. Manchester wurde innerhalb weniger Jahre zum Zentrum der weltweiten Textilwirtschaft. Wohnten 1717 noch 8000 Menschen in der nordwestenglischen Stadt, verzehnfachte sich die Einwohnerzahl bis 1819. Fast alle der insgesamt 100000 Einwohner – Männer, Frauen und Kinder – arbeiteten an Spinnmaschinen, automatischen Webstühlen und in Textilfärbereien. Es klapperte und ratterte in allen Winkeln und Ecken der Stadt. In aufreibenden Schichten von bis zu 16 Stunden täglich arbeiteten die Menschen vom frühen Morgen bis tief in die Nacht, begleitet vom Lärm und Stampfen der Dampfmaschinen, die die Webstühle und Spinnmaschinen antrieben.

Die Schriftstellerin Johanna Schopenhauer (1766–1838), Mutter des Philosophen Arthur Schopenhauer, reiste zwischen 1803 und 1805 durch mehrere Staaten Europas und kam auch nach Manchester. «Dunkel und vom Kohlendampfe eingeräuchert, sieht sie einer ungeheuren Schmiede oder sonst einer Werkstatt ähnlich», schrieb Schopenhauer, die wenig später in Weimar eine enge Vertraute Goethes wurde. «Arbeit, Erwerb, Geldbegier scheinen hier die einzige Idee zu seyn, überall hört man das Geklapper der Baumwollspinnereien und der Weberstühle, auf allen Gesichtern stehen Zahlen, nichts als Zahlen.»[4] Unter unaufhörlichem Rattern arbeiteten vor allem Frauen und Kinder an den Maschinen, reinigten die Baumwolle mithilfe eines sich schnell bewegenden Kamms oder knüpften gerissene Baumwollfäden in Windeseile wieder zusammen. «Alles in der Fabrik, auch das Geringste, geschieht mit bewundernswerther Genauigkeit und Zierlichkeit, dabei mit Blitzesschnelle», notierte die Autorin fasziniert. «Am Ende schien es uns, als wären alle diese Räder hier das eigentlich Lebendige und die darum beschäftigten Menschen die Maschinen.»[5]

Als der französische Publizist und Politiker Alexis de Tocqueville (1805–1859) im Jahr 1835 Manchester besuchte, war er schockiert über den immensen Dreck und den ungeheuren Lärm. «Ein dichter, schwarzer Qualm liegt über der Stadt. Durch ihn hindurch scheint die Sonne als Scheibe ohne Strahlen. In diesem verschleierten Licht bewegen sich unablässig dreihunderttausend menschliche Wesen. Tausende Geräusche ertönen in diesem feuchten und finsteren Labyrinth. Aber es sind nicht die gewohnten Geräusche, die sonst aus den Mauern großer Städte aufsteigen. Die Schritte einer geschäftigen Menge, das Knarren der Räder, die ihre gezahnten Ränder gegeneinander reiben, das Zischen des Dampfes, der

18. **Dauerrattern**
19. Jahrhundert
Maschinenbetriebener
Webstuhl

dem Kessel entweicht, das gleichmäßige Hämmern des Webstuhles, das schwere Rollen der sich begegnenden Wagen – dies sind die einzelnen Geräusche, die das Ohr treffen.»[6]

Manchester erinnere frappierend an die Cittá di Dite, an die flammende Höllenstadt Dantes, schrieb der deutsche Reiseschriftsteller und Sozialreformer Victor Aimé Huber (1800–1869) knapp 20 Jahre später. «Ja, das Getöse dumpf gemischter Töne, welches aus jenen höllischen Palästen Dir entgegentönt, hat dadurch noch etwas eigenthümlich Grausiges, was sogar die Hölle entbehrt, da es lauter mechanische Töne sind.»[7] Der Klang der Dampfmaschinen und der ratternden Webstühle sei «todtes Geklapper, Gebrumme und Gezische» und die dort arbeitenden Menschen durch ihre «trübseligen, hagern Gesichter» gezeichnet.

Weltweit revolutionierten die mechanischen Webstühle die Textilherstellung – in Frankreich ebenso wie in Australien oder den USA. Die klappernden Maschinen offenbarten, welchen Geräuschpegel die Fabrikhallen des 19. und 20. Jahrhunderts erreichen würden. Der Lärm von Dutzenden dieser Maschinen war ohrenbetäubend und enervierend. Einen Eindruck davon geben Berichte von Frauen, die um 1840 in den Fabriken der Stadt Lowell im US-Bundesstaat Massachusetts arbeiteten, das damals als das amerikanische Manchester galt. Die Frauen stammten zumeist aus der dörflichen Umgebung Neuenglands. Menschen, die bis dahin nur die gemäßigten Klänge des Landlebens gewohnt waren, tauchten plötzlich ein in die lärmende Welt der Textilfabriken. Die US-Autorin Benita Eisler sammelte die Aufzeichnungen und veröffentlichte sie. Man gewöhne sich an den Lärm, schrieb eine Frau namens Susan um das Jahr 1840. Besucher seien dagegen fassungslos, wenn sie das erste Mal die Fabrikhallen betreten würden: «Sie wissen, dass die Menschen mit dem Donner von Niagara im Ohr schlafen lernen, und eine Baumwollspinnerei ist nicht schlimmer, obwohl sie sich wundern, dass wir bei einem solchen Lärm nicht den Atem anhalten müssen.»[8]

Neben der Herstellung von Eisen und Stahl war die Kohleförderung hauptverantwortlich für den Aufstieg zur Maschinenwelt. Neben England, Oberschlesien und Belgien wurde Deutschland zum Kohlenrevier von Weltrang. Die Jagd nach der Steinkohle entwickelte sich zunehmend zu einem lärmenden Spektakel, weil immer mehr Maschinen zum Einsatz kamen. Der Anstieg der Kohleförderung im deutschen Bergbau war gigantisch. Schufteten 1820 noch 3556 Kumpel in den Zechen an Rhein und Ruhr, waren es am Ende des Jahrhunderts 228593 Menschen – mehr als 65-mal so viel.[9]

Die Stadt Essen war ein Moloch aus Fabrikschloten, Kohlenzechen und Mietskasernen, in denen die Kumpel wohnten, die nicht nur bei der Arbeit Lärm, Rauch und Gestank ausgesetzt waren. Am Abend kamen sie nicht zur Ruhe, weil das Ruhrgebiet auch nachts ununterbrochen lärmte. Der Koblenzer Jurist Gustav Koepper (1872–1969), der für die örtliche Handwerkskammer arbeitete, war ein leidenschaftlicher Schriftsteller, der auch die Arbeitswelt der Bergleute beschrieb. «Die Dampfpfeifen summen, die gewaltigen Maschinen arbeiten mit schwerem Stampfen, und auf den Schienengleisen im oberen Schachtturm rollen die leeren und gefüllten Kohlenwagen hin und her – ein betäubender Lärm schlägt uns entgegen, der unseren zart besaiteten und schwachnervigen Großstadtmenschen unfehlbar in hysterische Krämpfe werfen müsste.»[10]

Für den rasanten Anstieg der Kohleförderung war eine neue Maschine mitverantwortlich, die zum Inbegriff des Lärms wurde. Von 1865 an hämmerten die ersten Pressluftbohrer in der Tiefe den Energieträger aus dem Flöz. Lange Druckluftleitungen verbanden die Bohrer mit den Dampfmaschinen über Tage. Inner-

halb von zehn Jahren konnten die Zechen ihren Ertrag verdrei-
fachen. Das Hämmern in den Gruben war ohrenbetäubend und
Gehörschutz so gut wie nicht vorhanden. Kleine Druckluftbohrer
zum Erzeugen von Sprenglöchern kamen hinzu, 1867 der Einsatz
von Dynamit unter Tage.

Unglücke und Katastrophen begleiteten den lärmenden Siegeszug der Industrie. Jährlich kamen Hunderte von Arbeitern durch
Unfälle mit Dampfkesseln, Hochöfen und schweren Maschinen
ums Leben. Meldungen wie in der *Leipziger Zeitung* am 19. Februar
1848 waren fast jeden Tag zu lesen: «In Manchester hat in diesen
Tagen eine furchtbare Explosion stattgefunden. In der Spindel-
fabrik des Hrn. Riley sprang mit entsetzlichem Getöse ein Dampfkessel und zerschmetterte Alles umher; sieben Personen wurden
auf der Stelle getötet. Die Dampfmaschine war alt, und man
schreibt das Unglück allein dem Umstande zu, daß sie zu sehr
angespannt worden. Hr. Riley ist verhaftet.»[11] Die sich rasant ent-
wickelnde Zeitungsindustrie sorgte dafür, dass die Katastrophen-
meldungen in Windeseile um die Welt gingen. Bei zwei aufeinan-
derfolgenden Schlagwetterexplosionen kamen im Dezember 1866
in Yorkshire 388 Bergleute ums Leben, mehr als 300 im Jahr 1892
bei einem Grubenbrand in Böhmen. Am 15. Januar 1868 starben
bei einer Entzündung von Kohlenstaub auf der Zeche Neu-Iser-
lohn 81 Bergleute. «Die Explosion erfolgte Viertel nach 6 Uhr am
Morgen», schrieb das Fachblatt *Berggeist*.[12] Die Förderwagen unter
Tage seien «wie Glas» zusammengedrückt worden, Maschinen-
stube und Förderschächte sähen aus wie ein Schlachtfeld. Nicht
selten war auch die Umgebung der Werke betroffen, so wie im
August 1890 in der Nähe von Chicago. «Der Hochofen der Illinois-
Stahl-Gesellschaft in Joliet bekam am 11. August, als er eben
40000 Pfund geschmolzenes Metall enthielt, einen Sprung», meldete eine Zeitung lapidar. «Die Explosion war so furchtbar, daß alle

Häuser der Stadt in ihren Grundfesten erschüttert wurden. Vier Arbeiter wurden in kleine Stücke zerrissen, einer wurde lebend geröstet, und eine Anzahl trug schwere Brandwunden davon.»[13]

Die Herstellung von Eisen und Stahl gehörte zu den lautesten und schmutzigsten Industrien und veränderte ganze Landstriche. Was früher aus Holz oder Stein gewesen war, wurde nun aus Metall gebaut, und der Bedarf war gewaltig. Brücken, Treppen, Dachstühle oder sogar Schornsteine waren aus Eisen. Es dampfte, zischte, rumpelte, polterte und sauste in ohrenbetäubender Lautstärke, wenn die Männer in Lederschürzen beim Abstich an den glühend heißen Hochöfen standen. Bei der Kupferverhüttung, die in vielen Betrieben bereits in der Nacht um 2.30 Uhr begann, zischte es wie stürmischer Wind, wenn die Schwefelsäure aus dem blasenwerfenden Kupfer entwich. Antimon und Schwefel gasten pfeifend aus, während Kobalt, Nickel und Zinn in die Schlacke sanken. Die *Berg- und Hüttenmännische Zeitung* berichtete am 1. November 1872 vom Vorgang des Eisenkochens nach der neuen Bessemer-Methode. «In dieser Periode entweicht nebst dem Stickstoffe eine Menge Kohlenoxydgas, daher die Heftigkeit des Aufkochens beim Frischen (...). Im Ofen ist ein Getöse mit hörbaren Detonationen vernehmbar und es zeigen sich violette Streifen.»

John Cockerill (1790–1840), ein belgischer Unternehmer mit englischen Vorfahren, wurde zu einem der ersten Stahlbarone Europas. Am Stammsitz in Seraing, einem Vorort von Lüttich, stampfte Cockerill innerhalb kürzester Zeit eine gigantische Industrielandschaft aus dem Boden. Neben Kohlegruben und einem Erzbergwerk baute er ein riesiges Hüttenwerk. Cockerill walzte bereits Eisenbahnschienen für das noch junge Verkehrsmittel der Zukunft. Mehr als 20 Dampfmaschinen zischten und klapperten Tag und Nacht. In dem Stahlkonzern, der noch heute moderne Dampfkessel und Lokomotiven baut, arbeiteten schon damals mehr als 7000 Menschen. In den Zeitungen und Zeitschriften Europas wurde das Eisen- und Stahlwerk als «größte Fabrik der Welt»[14] gefeiert. Unzählige Journalisten und Besucher pilgerten nach Lüttich, um den Industriemoloch mit eigenen Augen und Ohren zu sehen und zu hören.

Als ein Reporter des Nürnberger *Friedens- und Kriegs-Kuriers* das Werk 1839 besuchte, war er zutiefst beeindruckt, obwohl er aus einer berühmten Stadt des Metallgewerbes stammte und schon vieles gewohnt war. Am linken Ufer der Maas gelegen, sei das fast ausschließlich von Fabrikarbeitern bewohnte Dorf Seraing plötzlich aufgetaucht, «durch einen Wald riesiger Schornsteine und ein unaufhörliches Getöse die Aufmerksamkeit des vorüberpassirenden Fremden auf sich lenkend».[15] Es sei ein Werk, das in «kolossaler Größe und Ausdehnung und ungeheurem Aufwande mechanischer Kräfte» in ganz Europa schwerlich seinesgleichen finden dürfte. Rauch und Dampf tauchten das gesamte Areal in eine schwarze Wolke. Zwischen den Häusern und Hallen direkt am Ufer der Maas dröhnte, donnerte und klapperte es ununterbrochen, und es klang wie das Zischen der Hölle, wenn die Flammen aus den riesigen Schornsteinen herausschlugen. «Das ungeheure Getöse, welches Tag und Nacht aus diesen Mauern hervordringt, macht einen unvergeßlichen Eindruck.» Und am Abend sehe man von Lüttich aus «den Himmel beständig wie von einer fernen Feuersbrunst geröthet».[16]

Reportagen wie diese waren in den Zeitungen des 19. Jahrhunderts weit verbreitet. Sie weckten die Neugier der Menschen, die lärmenden Fabriken selbst zu erleben, zu sehen und zu hören. Heerscharen von neugierigen Bürgern, Literaten, Malern und Musikern machten sich auf, die tosenden Tempel der Moderne zu besichtigen. Von 1880 an wurde es chic, Fabriken zu besuchen. In Gruppen spazierten Damen mit spitzenverzierter Garderobe und

Herren in Gehrock und Zylinder durch lärmende Hallen, in denen schwitzende Arbeiter Stahl gossen und Dampfkessel zusammennieteten. Fasziniert und mit einem leisen Schaudern bestaunten die Menschen die riesigen Maschinen, das glühende Rot der Eisenessen und das Funkensprühen der Stahlhämmer. Und sie verließen die Orte mit dem erleichternden Gefühl, dass sie nicht unter solchen Bedingungen ihr Brot verdienen mussten. Der Strom der Besucher war so gewaltig, dass später einige Fabriken Besichtigungen verboten, um die Betriebsabläufe nicht zu stören.

Reisehandbücher, Zeitungsreportagen und Postkarten mit Industriemotiven zeugen heute von der damaligen Begeisterung.[17] In seinem Band über die «Rheinlande» von 1892 schwärmte der *Baedeker* von der Kruppschen Gußstahlfabrik in Essen. Das riesige Gelände werde von einem «leuchtturmartigen Bau» von 69 Metern Höhe bestimmt. «Er gehört einem Riesendampfhammer von 1000 Centner Gewicht», klärte der Reiseführer die Besucher auf. «Ein neues großartiges Gebäude mit Glasdach dient hydraulischen Schmiedepressen für Gußstahl und einem Panzerplatten-Walzwerk. Die Zahl der Arbeiter, die zum Teil kolonieartig beieinander wohnen, beträgt etwa 15000. Der Zutritt ist nicht gestattet.»[18]

Für sein Wochenblatt *Household Words* berichtete Charles Dickens kritisch und reformerisch über den Alltag der Arbeiter in England. Vor einem Besuch in einer Papiermühle in Kent fiel ihm die ländliche Idylle des Jahres 1850 am kleinen Fluss Darent auf: singende Lerchen, summende Bienen und das Rauschen der Bäume. Doch als er sich der Papiermühle näherte, änderte sich das Klangbild schlagartig. Ein Ton kam Dickens an die Ohren, «wie das Murmeln und Pochen eines mächtigen Riesen, der hart arbeitet».[19] Von einem Mitarbeiter ließ er sich zeigen, wo die Lumpen gesammelt, zerkleinert und in zischenden Boilern gekocht wurden, und kam dann in den Raum, wo die Lumpen durch die Kraft der Dampfmaschine zerkleinert wurden. «Solch ein Trommeln und Rasseln, solch ein Schlagen und Klappern, so eine Lust am Schneiden und Hauen – das hat nicht einmal der österreichische Teil in mir je erlebt», schrieb Dickens beeindruckt.[20]

Auch der feinnervige Heinrich Heine ließ es sich nicht nehmen, in Lärm und Dreck abzutauchen. Im September 1824 besuchte er während seiner Harzreise mehrere Bergwerke und wurde Augen- und Ohrenzeuge der Arbeitsbedingungen der Bergleute. Mit studentischen Freunden stieg er die Silbermine in der Grube Carolina in Clausthal herab und schilderte auch die akustischen Eindrücke, die ihn verstörten. «Ich war zuerst in die Carolina gestiegen. Das ist die schmutzigste und unerfreulichste Carolina, die ich je kennengelernt habe. Die Leitersprossen sind kotig naß (...). Da unten ist ein verworrenes Rauschen und Summen, man stößt beständig an Balken und Seile, die in Bewegung sind, um die Tonnen mit geklopften Erzen, oder das hervorgesinterte Wasser heraufzuwinden (...). Bis in die unterste Tiefe, wo man, wie einige behaupten, schon hören kann, wie die Leute in Amerika ‹Hurrah Lafayette!› schreien, bin ich nicht gekommen; unter uns gesagt, dort, bis wohin ich kam, schien es mir bereits tief genug – immerwährendes Brausen und Sausen, unheimliche Maschinenbewegung, unterirdisches Quellengeriesel.»[21]

Die *Düsseldorfer Zeitung* sorgte sich im Januar 1827 um das «Rauschen und Klappern», das die Dampfschiffe auf dem Rhein verursachten. Die Ergiebigkeit des Fischfangs habe bereits gelitten, schrieb der Autor, und es sei zu befürchten, dass durch das «bei dem Gange jener Fahrzeuge stattfindende Lärmen die Fische nach und nach vielleicht ganz verscheucht werden».[22] Selbstkritik der Industrie an Lärm, Dreck und Umweltbelastung fand sich im 19. Jahrhundert nur äußerst selten, aber es gab sie. In einer Erläuterung zur *Österreichischen Gewerbeordnung* merkten die

Verfasser vorsichtig an: «Vom dampfenden Schlote mit seinen verschiedenen penetranten Ausdünstungen angefangen bis zu dem nerventödtenden Getöse des fleissigen Hammerschmiedes hinab kann der Segen eines belebenden Gewerbefleisses auch zum bohrenden Wurm werden, welcher die Sicherheit unserer Person, unseres Eigenthums oder mindestens unserer Ruhe untergräbt.»[23] Allerdings gab es dafür in der *Oesterreichischen Zeitschrift für Berg- und Hüttenwesen* gleich Kontra: Die Kritik sei nicht zweckmäßig, «weil sie geeignet ist, den nur leider allzu häufigen Widerstand gegen die Errichtung von Gewerben zu verstärken».[24] Hier wurde deutlich, was den Kampf gegen den Lärm für Jahrzehnte erschweren sollte: Lärmkritik wurde gleichgesetzt mit Fortschrittsfeindlichkeit.

Rollender Lärm: Öffentlicher Nahverkehr erobert die Welt

Es war der Straßenverkehr, der den Klang der Stadt im 19. Jahrhundert entscheidend beeinflusste. Ähnlich wie heute präsentierten sich die Metropolen voller Fahrzeuge – mit zwei wichtigen Unterschieden. Es gab damals so gut wie keine Verkehrsregeln, und es tummelten sich wesentlich mehr Arten von Verkehrsteilnehmern in dem chaotischen Durcheinander. Kutschen, Fuhrwerke, Pferde-Omnibusse, Straßenbahnen, erste Dampfmobile, Hand- und Kinderwagen, Fußgänger und Schubkarren schlängelten sich in einer grotesken Choreografie durch die Stadt. Schlaglöcher, ungepflasterte Bereiche und Baustellen verknappten den Platz zusätzlich; und dass die Straßen dreckig und die Rinnsteine von Schmutz verstopft waren, machte das Durchkommen nicht einfacher.

Hauptursache des Lärms blieben zunächst die Hufeisen der Pferde und die Wagenräder, die mit Metall beschlagen waren. Sie krachten und klackerten über das grobe Kopfsteinpflaster in einer Lautstärke, die durch Mark und Bein ging. Die Achsen der Kutschen quietschten und knackten, Fuhrwerke mit ihren Kisten oder Ladungen aus Metallstangen oder Holzlatten klapperten. Es rumpelte dröhnend, wenn die Brauer die Fässer von ihren Wagen rollten, oder Pferde wieherten plötzlich, weil sie sich deswegen erschreckt hatten. Und weil Verkehrsregeln fehlten, musste jeder auf sich aufmerksam machen, um nicht unter die Räder zu kommen. Kutscher bimmelten ununterbrochen ihre Glocken, bliesen in Pfeifen und Hörner, schrien sich heiser oder knallten schneidend mit ihren Peitschen. Noch bevor die Autohupe erfunden war, ertönte eine grelle Mischung von Warn- und Signaltönen auf den Straßen. Hildegard Freifrau von Spitzemberg (1843–1914), eine bekannte Salon-Gastgeberin im Berlin der Wilhelminischen Zeit, fand kurz vor der Jahrhundertwende den Straßenverkehr «förmlich betäubend», wie sie ihrem Tagebuch verriet: «Wagen aller Art, Droschken, Drei- und Zweiräder zu Hunderten fahren neben-, vor-, hinter- und oft aufeinander, das Läuten aller dieser Vehikel, das Rasseln der Räder ist ohrzerreißend, der Übergang der Straßen ein Kunststück für den Großstädter, eine Pein für den Provinzler.»[25]

Im 19. Jahrhundert entstand das, was wir heute öffentlichen Personennahverkehr (ÖPNV) nennen. Immer mehr Menschen legten innerhalb der Städte lange Wege zurück – zur Arbeit, zur Schule oder einfach zum Vergnügen. Zum Transport von Waren kam der massenhafte Transport von Menschen. 1662 gab es in

Paris den weltweit ersten Personennahverkehr: Die «Carrosses à cinq sols» nahmen ihren Betrieb auf – fünf Linien mit Pferdeomnibussen, die mehrere Stadtteile von Paris miteinander verbanden. Das französische Multitalent Blaise Pascal hatte die Idee dazu gehabt. Auch wenn das System nur knapp 20 Jahre bestand, legte es die Grundlagen für das moderne Gewimmel des ÖPNV. Der Weg zur Pferdebahn mit Waggons, die auf Schienen rollten, war nicht mehr weit. Großer Vorteil: Die Fahrt verlief ruhiger und erschütterungsfreier, das Rumpeln der Räder über unebenes Steinpflaster entfiel – auch wenn andere Geräusche wie metallisches Kreischen entstanden.

Mit der Verlegung von Schienen begann der Siegeszug der Straßenbahn. Am 30. Juni 1827 nahm die erste Pferdebahn des europäischen Kontinents ihren Betrieb auf. Vom französischen Saint-Étienne rollten Waggons in das benachbarte Andrézieux-Bouthéon – zunächst allerdings nur mit Steinkohle zu einem Binnenhafen an der Loire. Die weltweit erste Pferdebahn für den innerstädtischen Personenverkehr wurde am 26. November 1832 in New York eröffnet, die nächste 1859 in Rio de Janeiro. Erst 1864 folgte Deutschland mit Pferdebahnen in Berlin und in Hamburg. Die ersten Straßenbahnen setzten die Geräuschkulisse der Pferdefuhrwerke fort – allerdings ergänzt durch die Glockenschläge der Bahnen, das Rattern der Waggons und die laut rufenden Schaffner und Wagenführer.

Fast zeitgleich mit dem Beginn der Pferdebahnen tüftelten Erfinder daran, die Dampfmaschine zum Antrieb zu nutzen. Der britische Ingenieur Richard Trevithick (1771–1833), der wenig später zu den Vätern der Eisenbahn gehörte, motorisierte erstmals den öffentlichen Nahverkehr. Aus den Resten eines abgebrannten Dampfmobils baute er 1803 ein neues Gefährt, setzte es auf riesige Eisenräder und brachte einen Dampfkessel am Heck des Wagens an. Eine ausgediente Kutsche diente als Fahrzeugkabine, die Trevithick auf großen Stahlfedern montierte. Sie ermöglichten zwar eine wacklige, aber nahezu erschütterungsfreie Fahrt. Anfang 1803 brachte er das Gefährt, das er mit dem Geld seines Vetters entwickelt hatte, nach London. Die London Steam Carriage war im Mai des Jahres die Attraktion in der Millionenstadt. Unter dem Staunen der Bevölkerung stampfte, rumpelte und puffte das Dampfmobil durch die Straßen an der Themse. Sieben Personen fanden in der Dampfkutsche Platz, die mit ihrem Steuerrad, der Fahrzeugkabine und dem Heckantrieb einem modernen Kraftwagen schon recht ähnlich sah. Der Chemiker Humphry Davy (1778–1829), der Entdecker der schmerzstillenden Wirkung des Lachgases, schrieb begeistert an einen Freund: «Ich hoffe, bald davon zu hören, dass Englands Straßen von Captain Trevithicks Drachen bevölkert werden.»[26]

Heerscharen von Ingenieuren versuchten sich angespornt von Trevithicks Versuchen an Nachfolgemodellen. So tuckerten und polterten in den nächsten Jahrzehnten zahlreiche Dampfomnibusse über die immer noch schlechten Straßen in England – zum Teil abenteuerliche Gefährte, die wie Dampfwalzen mit Anhänger aussahen oder reich verzierte Kutschen ohne Pferde. Zwischen London und Birmingham sollte 1835 eine Dampfkutsche ihren Betrieb aufnehmen, die mit mehr als 40 Fahrgästen eine Geschwindigkeit von 24 km/h erreichte. Doch schon bei der ersten Fahrt ging der Dampfomnibus in einer Kurve zu Bruch. Der Betrieb der schnaufenden Kolosse blieb fehleranfällig. Da durch Dampfomnibusse zahlreiche Unfälle passierten, erließ Londons Stadtverwaltung das erste Straßenverkehrsgesetz der Geschichte für motorisierte Fahrzeuge. Es schrieb aus heutiger Sicht eine kuriose Regel vor: Um Unfälle durch zu hohe Geschwindigkeit zu vermeiden, musste ein Fußgänger vorauslaufen und zur Warnung

19. Rollender Lärm
1803 Richard Trevithicks
«Steam Carriage» (Nachbau)

der Bevölkerung eine rote Flagge vor sich herschwenken. Der bekannte *Red Flag Act* (1865) wirkte eher verzweifelt als hilfreich.[27] Das Gesetz wurde erst 1896 wieder abgeschafft, die Dampfomnibusse verschwanden im Dunkel der Verkehrsgeschichte.

Erfolgreicher verlief die Entwicklung von Hoch- und Untergrundbahnen, bei deren Einführung die kommende Weltstadt New York die Nase vorn hatte. Zunächst waren die Anfänge des Nahverkehrs zwischen Hudson und East River bescheiden. Jahrelang klapperten Pferdekutschen durch die Stadt. Ab 1820 verstopften Postkutschen den Broadway und von 1832 an auch die erste Pferde-Straßenbahn der Welt. Sie war der Anfang des Massenverkehrs – laut rasselnd, rumpelnd und von einem unaufhörlichen Klingeln der Kutscher begleitet. Die New York and Harlem Railroad beförderte Fahrgäste von der Bowery über die Prince Street zum Union Square.

In New York nahm schließlich am 1. Juli 1868 die erste dampfbetriebene Hochbahn ihren Betrieb auf. Die IRT Ninth Avenue Line verband die Südspitze Manhattans mit den nördlicheren Stadtteilen. Dampflokomotiven fuhren über Gleise, die auf Stelzen und Brücken über die Straßen der aufstrebenden Stadt führten. Die Loks schnauften, Waggons quietschten, und die Stahlräder ratterten über die Gleise, sodass der Lärm viele New Yorker um den Schlaf brachte. Nachdem weitere Linien gestartet waren, formierte sich Widerstand. Aber es gab auch findige Menschen, die praktische Lösungsversuche lieferten. Eine von ihnen: die New Yorkerin Mary Elizabeth Walton, die direkt an der 1878 eröffneten Sixth Avenue Line lebte. Sie fand heraus, dass der Großteil des Lärms durch die hölzernen Stützkonstruktionen entstand, die frei schwingen konnten. Durch Experimente mit kleinen Modellen in ihrem Keller bewies sie, dass der Lärm gut durch Sandsäcke gedämmt werden konnte, die in die Pfeiler verbaut wurden. Ihr

Patent reichte sie am 7. Januar 1879 ein – sie konnte die Rechte an ihrer Erfindung später für 10000 US-Dollar an die Metropolitan Railroad verkaufen. Das System wurde bald von anderen Hochbahnunternehmen übernommen. Heute gibt es auf einer Teilstrecke der ersten Hochbahn der Welt eine grüne Oase: Tausende von Fußgängern flanieren täglich über die High Line, nachdem New York dort 2009 einen spektakulären Park über den Straßen der Stadt geschaffen hat.

Das einzige Verkehrsmittel, das bis heute auf der Straße keine Lärmbelastung erzeugt, ist eine britische Erfindung. In der Geschichte des Mobilitätslärms spielt die Untergrundbahn bis heute eine Sonderrolle. Als Tube, Metro oder U-Bahn ist sie weltweit eines der effektivsten Massenverkehrsmittel. Kein Stau auf der Straße behindert sie, die Menschen können witterungsunabhängig fahren. Die Metropolitan Railway in London war die erste U-Bahn der Welt. Als sie am 10. Januar 1863 das erste Mal vom Bahnhof Paddington nach Farringdon in der Nähe der City of London fuhr, waren die Straßen oben so hoffnungslos verstopft, dass dieser Schritt der einzige Ausweg war. Der Entschluss, eine U-Bahn zu bauen, hatte also nur bedingt mit dem Wunsch zu tun, weniger Verkehrslärm zu erzeugen. Die erste U-Bahn dampfte noch mit rauchenden Loks durch die Tunnel und wurde ein riesiger Erfolg. Am Eröffnungstag wurden 38000 Fahrgäste gezählt, die mit den Waggons die sieben Stationen entlangrumpelten. Alle 15 Minuten fuhr die U-Bahn, fast zehn Millionen Menschen nutzten sie im ersten Jahr. «Die Linie kann als großer technischer Triumph unserer Zeit betrachtet werden», schrieb die *Illustrated Times* im Januar 1863.[28]

Dass dieser Schritt den Lärm auf den Straßen nicht verringerte, wissen wir heute. Er machte dort nur Platz für andere, noch lautere Verkehrsmittel. Und er schuf einen ganz eigenen unterirdischen

Klangraum, den jeder kennt, der schon einmal mit einer U-Bahn gefahren ist. Das leise Brummen, wenn die Waggons heranrauschen. Dann die warme und nach Gummi und Metall riechende Luftdruckwelle, die sich schließlich in einem lauten Rattern und Brausen entlädt und mit dem Zischen der Drucklufttüren endet.

Wie Bertha Benz an einer Apotheke tankte und das Pferd arbeitslos machte

Die Apotheke ist geschlossen – es ist Sonntagvormittag und damit Schluss! Außerdem bin ich gerad vom Kirchgang zurück und müde. Aber was ist das für ein Klopfen und Knattern auf der Straße vor meinem Haus? Gott sei Dank hört es in diesem Moment auf, aber der unziemliche Mensch an der Haustür betätigt weiter die Klingel. Es hilft nichts, ich gehe runter und öffne die Tür. Vor mir steht ein etwa 13 Jahre alter Junge und neben ihm eine elegante Frau mit einem schwarzen Hut. Sie grüßen freundlich, entschuldigen sich für die Störung und fragen, ob ich ihnen helfen könne. Ein weiterer Junge ist dabei. Er sitzt auf einer schwarzen Kutsche, die vor meiner Treppe steht – doch die Pferde fehlen. Zwei große Räder hinten und ein kleines Rad vorn. Vor dem Sitzplatz eine Kurbel. Ich habe schon davon gehört. Ist das nicht diese neue Erfindung aus Mannheim? Von diesem – wie heißt er noch? Ob ich Ligroin in meiner Apotheke habe? Ich muss nachsehen, gehe in mein Lager und finde noch zwei Liter in einer Glasflasche, die der Junge an sich nimmt. Routiniert schraubt das Kind den Verschluss ab und gießt das Leichtbenzin in den Behälter hinter der Sitzbank. «Fertig!», strahlt er, und auch der große

Junge freut sich. Die Dame bezahlt, verabschiedet sich freundlich und geht hinter den Wagen. Während der Kleine auf den Kutschbock klettert, dreht sie an einem großen Rad hinter der Kutsche. Sofort beginnt die Apparatur am Heck zu knattern, zu poffen, zu klopfen und zu stinken. Der Hund des Nachbarn, der eben noch neugierig bei uns stand, sucht kläffend das Weite. Hinter den Gardinen der Nachbarhäuser bewegt sich etwas, der Schneider kommt aus der Tür und steht mit offenem Mund da. Während die automatische Kutsche rüttelt und schüttelt, steigt auch die Dame wieder auf den Wagen. Die Frau vom Schneider, die auch aus der Tür getreten ist, kann es kaum glauben. Dann legt die Dame auf dem Kutschbock einen Hebel um. Das Knattern wird lauter, die pferdelose Kutsche macht einen Satz nach vorn, rollt los und fährt die Hauptstraße runter. Keiner sagt ein Wort, während sich die Kutsche laut schnaufend und ratternd von uns entfernt. Erst als sie hinter der Biegung verschwindet, beginnt wildes Gerede. Ich schüttele den Kopf. Seit elf Jahren bin ich in Wiesloch nun Apotheker – aber so etwas habe ich noch nie erlebt.

Auch wenn das erste alltagstaugliche Automobil 1886 gebaut wurde, gehörte das 19. Jahrhundert bis zum Ende der Epoche dem Pferd. Weder Dampfmaschine oder Verbrennungsmotor noch der Elektromotor erreichten vor der Jahrhundertwende einen bedeutenden Anteil am Individualverkehr. Wer sich und seine Begleitung mit einem eigenen Fahrzeug bewegen wollte, blieb bis zum Beginn des Ersten Weltkriegs fast ausschließlich auf Kutsche und Pferd angewiesen. Die Equipage war das alles bestimmende Verkehrsmittel für den Individualverkehr.

Ein-, zwei- oder vierspännige Kutschen, die mit Fahrer oder sogar ein oder zwei Dienern besetzt waren, drängten sich durch die engen Gassen oder über die erst langsam besser werdenden Überlandstraßen. Je wichtiger oder reicher der Reisende, desto größer war die Equipage. Der Einspänner mit Kabine oder offen als Cabrio war für kürzere Strecken die erste Wahl und auch auf dem Land weit verbreitet – ein Kleinwagen der Frühen Neuzeit. Die Golf-Klasse bildete der klassische Zweispänner. Er war die Stadt- und Überlandkutsche für alle Fälle. Herrschende bevorzugten mehrspännige Kutschen, die nicht unbedingt mehr Komfort boten, aber wesentlich mehr Eindruck machen sollten. Kutschen waren das Verkehrsmittel der Wahl für alle, die es sich leisten konnten. Adlige, Klerus und reiche Bürger besaßen eine eigene Equipage oder sogar einen kompletten Fuhrpark. Alle anderen mieteten sich Kutschen mit Fahrer und livrierten Pagen, wenn sie sie benötigten. Die meisten Menschen waren jedoch weiterhin zu Fuß oder zu Pferd unterwegs oder auf dem Ochsen- oder Maultierkarren, dem Fahrzeug der Landbevölkerung, das sich allerdings nur im Schritttempo bewegte.

Im 19. Jahrhundert erreichte das Kutschenzeitalter seinen Höhepunkt. Unzählige Equipagen, Droschken und Fuhrwerke quetschten sich zwischen Fußgängern, Handkarren, Pferden, streunenden Hunden und herumflatternden Hühnern hindurch. Die meisten Straßen und Gassen waren in den ersten Jahren nach 1800 noch eng, verwinkelt und nicht selten hoffnungslos verstopft, sodass man nicht unbedingt schneller vorankam, dem Dreck der Straße jedoch erfolgreich entkam. Für die Passagiere war die Fahrt unbequem. Sie wurden wegen der schlechten Straßen und harten Federung herumgeworfen und durchgeschüttelt – quasi verschaukelt. Die Kutscher bemühten sich, den Weg freizubekommen, was nicht selten scheiterte. Am Zielort beeilten sich Pagen, die entweder vorn, hinten oder an den Seiten der Kutschen saßen oder standen, die Türen der Reisenden zu öffnen. Weltweit blieb der Lärm der Pferdekutschen ein Klang, der durch Mark und Bein ging. Der kanadische Dichter Charles Mair (1838–1927) schilderte

1868 den Krach der Fuhrwerke in einer Siedlung am Red River, wo er als Zeitungskorrespondent gearbeitet hatte: «Das Knarren der Räder ist unbeschreiblich. Es ist wie kein Geräusch, das Sie jemals in Ihrem ganzen Leben gehört haben, und lässt Ihr Blut gefrieren. Tausend dieser Räder gleichzeitig stöhnen und knarren zu hören, ist ein Geräusch, das man nie vergisst – es ist einfach höllisch!»[29]

Es war wie viele Jahrhunderte zuvor. Der Mensch blieb auf das Pferd angewiesen – mit allen Nachteilen. Dass Kriege, Naturkatastrophen und Hungersnöte zur Erfindung von Draisine und Fahrrad führten, ist eine These, die nicht bewiesen ist. Plausibel scheint sie dennoch: Die Befreiungskriege von der Herrschaft Napoleons und die Hungersnot durch das «Jahr ohne Sommer» 1816 durch die – bis dahin in Europa nicht erkannten – Folgen des Ausbruchs des Vulkans Tambora (Indonesien) hatten die Zahl der Pferde drastisch zurückgehen lassen. Das wichtigste Tier zur Fortbewegung des Menschen war zur Mangelware geworden, der Drang zur Mobilität blieb aber ungebrochen.

Der badische Forstbeamte Karl Freiherr von Drais (1785–1851) hatte vermutlich seinen Spaß am autonomen Rollen und Dahingleiten, als er das Ur-Fahrrad entwickelte. Es hatte noch keine Pedale, ermöglichte aber Geschwindigkeiten von mehr als 15 km/h – schneller als so manche Kutsche der Zeit. Beim Schlittschuhfahren sei ihm die Idee gekommen, verriet der Freiherr Jahre später, als er mit seiner Erfindung ab 1817 durch ganz Europa reiste. Eine Zeitung aus Leipzig berichtete darüber, wie der Erfinder persönlich das aufsehenerregende Gefährt in Frankfurt am Main vorstellte. Auf mehreren Laufrädern war Freiherr von Drais zusammen mit einigen Mitstreitern angereist, um vor der hiesigen Prominenz Werbung für sein «Equipagen-Surrogat» zu machen. Die Zuschauer zeigten sich neugierig und verwundert

20. Klapperkutschen
19. Jahrhundert Lärm durch Pferdewagen (Fiaker in Wien)

über das Gefährt, das erstaunlich leichtgängig auf ebener Erde unterwegs sei. Allerdings gehe es auf unebenem Gelände äußerst holprig zu, und bergauf sei die Maschine nicht zu gebrauchen. Aber wenn der mutige Fahrer endlich den Berg erklommen habe, gebe es kein Halten mehr. «Bergab geht es wie ein Blitz und ein Pferd in voller Carriere könnte die Draisine nicht einholen», schilderte der Reporter beeindruckt. Der Freiherr selbst besitze im Lenken seiner Maschine eine «außerordentliche Fertigkeit».[30]

Im Jardin du Luxembourg in Paris «manövrierte gestern eine Draisine mit vieler Gewandtheit», schrieben die *Berlinischen Nachrichten* Anfang April 1818. «Wahrscheinlich wird es auf unsern Promenaden bald davon wimmeln.»[31] Auch andere Blätter verfolgten die Werbetour des radelnden Freiherrn. Geschäftstüchtig präsentierte er das klappernde und ungefederte Gefährt der erstaunten Pariser Bevölkerung. Einen Franc Eintritt pro Person mussten die Neugierigen bezahlen. «Die Franzosen finden die Erfindung vortrefflich», bemerkte eine Zeitung. Es sei nur schade, «daß man mit der Maschine müder werde, als wenn man zu Fuß gehe».[32]

Die Erfindung des Tretkurbelrads (1861), der berühmten Hochräder (1867) und des Sicherheitsniederrads (1884) trugen zur Verbesserung und Verbreitung des Fahrrads bei. Es klingelte und rasselte nicht nur in den Großstädten. Auch auf dem Land wurde das Rad geschätzt – wenn der Nutzer es sich leisten konnte. Die erfolgreiche Einführung des Luftreifens 1888 durch den schottischen Tierarzt John Boyd Dunlop (1840–1921) gab eine erste Vorstellung davon, dass Fortbewegung auch leiser als bisher sein konnte. Das Fahrrad erlebte im letzten Jahrzehnt des 19. Jahrhunderts einen wahren Boom. Gab es 1887 geschätzt rund 10 000 Zweiräder im Deutschen Reich, stieg ihre Zahl auf mehr als 500 000 Exemplare zehn Jahre später und schließlich auf zwei Millionen im Jahr 1902.

«Radfahrerseuche», urteilte eine Broschüre im gleichen Jahr über das Phänomen, das leicht zu erklären war. Immer mehr Menschen konnten sich ein Zweirad leisten. Mobilität war kein Privileg der Reichen mehr.[33] Obwohl das Fahrrad durch die neuartigen Gummireifen nahezu lautlos den Verkehr bereicherte, war ein Klang unter Fußgängern besonders berüchtigt: Das Klingeln der Fahrradglocke erschreckte täglich Tausende von Menschen, die das Herannahen der lautlosen Zweiräder nicht bemerkt hatten. Fahrradverordnungen beschränkten den Einsatz von Klingeln auf bestimmte Situationen, doch kaum jemand hielt sich daran. Im Gewühl der Großstadt bimmelten die Radfahrer, was die Klingel hergab, um im Getöse des Verkehrs bemerkt und nicht überrannt oder überfahren zu werden.

Der Weg zum Automobil war um 1800 noch weit, und auch er begann mit dampfgetriebenen Fahrzeugen. Nach dem Scheitern von Nicolas Cugnot 1769 in Paris tüftelten Erfinder weiter. Zu faszinierend war der Gedanke, sich von den zischenden und schnaubenden Maschinen bewegen zu lassen. Die Ingenieure experimentierten mit kompakten Dampfkesseln, die sie mit Brennholz, Kohle, Koks oder Öl befeuerten. Sie stellten sie auf drei oder mehr Räder und machten sich auf wackligen Gefährten mutig auf den Weg. Diese frühen Dampfwagen waren die ersten Kraftfahrzeuge überhaupt – Jahrzehnte vor dem berühmten Patentwagen, den Carl Benz erst 1889 bei der Weltausstellung in Paris vorstellte.

Richard Trevithick war auch hier ein Pionier, der Maßstäbe setzte. Der Ingenieur aus Cornwall schraubte bereits 1801 einen einfachen Dampfwagen zusammen. Sein «Puffing Devil» war eine echte Straßenlokomotive, ein zwei Meter langer Kessel auf vier Rädern, der über ein Gestänge gesteuert wurde. Der Dampfwagen erreichte eine Höchstgeschwindigkeit von immerhin 8 km/h und war die Attraktion im kleinen Städtchen Camborne. Stolz an den

Schalthebeln stehend, fuhr Trevithick an Heiligabend 1801 durch die Stadt, «lud das staunende Volk ein, aufzuspringen, und bald saßen 10 bis 12 Personen auf dem Dampfwagen, der hügelan die Fahrgäste zog».[34] Doch der «Puffing Devil» war zu klobig für einen nachhaltigen Erfolg, schwer zu lenken, und geübte Fußgänger überholten ihn ohne Probleme. Ein Anfang war jedoch gemacht. Aber Trevithick war vom Pech verfolgt – wie später beim Bau seiner Lokomotive. Nachdem er am 28. Dezember 1801 erneut durch Camborne gefahren war, hatte Trevithick an einem Gasthof gehalten, um Mittag zu essen. Als der Dampfwagen ohne Aufsicht war, lief der Kessel trocken und setzte den Holzrahmen in Brand. Der «Puffing Devil» brannte knisternd und knallend vor Augen und Ohren der verblüfften Bevölkerung ab.[35]

Zahlreiche Modelle und Prototypen folgten in den nächsten Jahrzehnten, doch sie blieben Exoten. Eher ein Spielzeug für Reiche und Technikbegeisterte, die von der Vision des pferdelosen Antriebs fasziniert waren. Dampfomnibusse, Dampflaster und Dampfwagen lösten nicht nur Begeisterung, sondern auch Besorgnis und Ängste aus. Pferde scheuten, wenn die stampfenden und schnaufenden Wagen die Straßen durchfuhren. Passanten bewarfen die Gefährte mit Steinen, und Kutscher protestierten aus Angst, ihre Jobs zu verlieren. Immer häufiger nahmen Zeitungen, Satiren und Flugblätter die Dampfomnibusse aufs Korn. Erst am Ende des Jahrhunderts konnten sich Dampfmobile durchsetzen. Das Dampfdreirad des Franzosen Léon Serpollet (1858–1907) war 1886 das erste industriell gefertigte Kraftfahrzeug der Welt. Sein Serpollet-Dampfwagen verkaufte sich an Liebhaber in ganz Europa, und nebenbei wurde der Sohn eines Schreiners zum Stammvater des französischen Automobilbaus. Die erste Lizenz ging an die noch junge Firma Peugeot, die allerdings schnell auf den neuen Verbrennungsmotor umstieg. 1891 nahm Serpollet einen 14-jähri-

21. Pfeifende Premiere
1801 Richard Trevithicks «Puffing Devil» (Nachbau)

gen Jungen mit auf eine Rundfahrt mit seinem Dampfwagen – und entfachte damit wohl eine Leidenschaft. Der junge Louis Renault (1877–1944) durfte bei der Ausfahrt sogar ans Lenkrad.

Experten diskutierten in Büchern und Zeitungen über die möglichen Vorteile von Dampfwagen anstelle von pferdebetriebenen Kutschen und Fuhrwerken. Der deutsche Wissenschaftler Ludwig Kufahl (1802–1878), der später die erste in Preußen entwickelte Lokomotive konstruierte, war ein eifriger Verfechter der Dampfmobilität. Ein Dampfwagen, so rechnete er 1833 vor, könne eine Last wenigstens doppelt so schnell bewegen wie Zugpferde. Außerdem könne die Maschine durchgehend arbeiten. Und schließlich: «Der Dampfwagen fordert nur Unterhalt, während er arbeitet, das Pferd während es lebt.»[36]

Auch wenn es heute anders erscheint: Es war bis zum Ersten Weltkrieg nicht sicher, wer das Rennen machen würde – die schnaufenden Dampfmobile, die tuckernden Benzinkutschen oder die ersten Elektroautos, die sich zwar leise, aber kostspielig und mit geringer Reichweite fortbewegten. Zu den ersten nutzbaren Elektrokutschen gehörte der Wagen des Coburger Erfinders Andreas Flocken (1845–1913). Sein Mobil von 1888 gilt als erstes vierrädriges Elektrofahrzeug der Welt. Der lärmende Siegeszug des Automobils gelang aber erst Carl Benz (1844–1929), der im Alter von 30 Jahren eine Blechmaschinenfabrik gegründet hatte. Benz tüftelte verbissen an seinem ersten Fahrzeug, dem «Benz Patent-Motorwagen Nummer 1», den er am 29. Januar 1886 beim Reichspatentamt anmeldete. Vom 1. August 1888 an hatte Carl Benz auch die offizielle Erlaubnis, seinen Wagen zu fahren: Er erhielt den ersten Führerschein der Weltgeschichte vom Bezirksamt des Großherzogtums Baden.

Dass seine Frau wenige Tage später die erste Fernfahrt der Geschichte machte, dürfte zunächst für Ärger im Hause Benz gesorgt haben. Die resolute und selbstbewusste Bertha Benz (1849–1944), die ihren Mann jahrelang finanziell und technisch unterstützt hatte, schlich sich am Morgen des 5. August 1888 mit ihren beiden Söhnen Eugen (15) und Richard (13) aus dem Haus der Familie an der Waldhofstraße in Mannheim. Sie schob mit den Kindern das Auto aus der Garage und startete den ratternden Motor erst, als der Wagen außer Hörweite war. Carl sollte nichts bemerken. Bertha wollte zu den Großeltern nach Pforzheim fahren – und noch etwas anderes erreichen. Die zielstrebige Frau wusste genau: Sollte die Fahrt gelingen, wäre die Erfindung ihres Mannes tauglich, die Welt zu erobern.

Es war eine tuckernde Fahrt mit Hindernissen, die die couragierte Frau souverän meisterte. Als bei Wiesloch nahe Heidelberg der Wagen ruckelte, griff Bertha Benz zur Selbsthilfe. «Der Benzinzufluss verstopfte sich, eine Hutnadel musste Dienste leisten; und als die Zündung versagte, musste mein – es sei ausgesprochen, mein – Strumpfband als Isoliermaterial dienen!», erzählte sie viele Jahre später.[37] Wenn der Wagen, der 0,67 PS hatte und 16 km/h schnell war, Steigungen nicht bewältigen konnte, stiegen Bertha und ihre Söhne aus und schoben den Wagen. In Wiesloch ging dem Motorwagen das Leichtbenzin aus. Bertha klingelte an einer Apotheke im Ort, kaufte dem Apotheker zwei Liter Ligroin ab und fuhr weiter. Die Apotheke wurde so zur ersten Tankstelle der Welt. Nach 12 Stunden und 57 Minuten hatten Bertha Benz und ihre Söhne die 106 Kilometer lange Strecke geschafft. Erschöpft, verdreckt, aber glücklich kamen die drei am Abend des 5. August wohlbehalten in Pforzheim an. Eine Kutsche ohne Pferde, die stank, knatterte, knallte und rumpelte. «Es ist nicht zu bezweifeln, dass sich dieses Motoren-Velociped bald zahlreiche Freunde erwerben wird», berichtete die *Neue Badische Landeszeitung* am 4. Juni 1886.

1896 ließ Carl Benz zwei seiner Motorwagen an einer der ersten Wettfahrten der Welt teilnehmen – von Paris nach Marseille und zurück. Insgesamt 1728 Kilometer hätten seine Fahrzeuge «tadellos ohne jede Störung zurückgelegt», verkündete Benz stolz in einem Telegramm, das er in mehreren Zeitungen veröffentlichen ließ. Er unterzeichnete es mit «Benz & Cie., Rheinische Gasmotoren-Fabrik Mannheim. Erste und grösste Specialfabrik der Welt für Motorwagen. 600 Motorwagen bis heute abgeliefert.»[38] Bis zur Jahrhundertwende hatte Benz bereits 1709 Exemplare des Motorwagens verkauft, insbesondere in die USA, nach England und nach Frankreich. Mehr als 400 Arbeiter, die wegen Lohndifferenzen 1898 in den ersten Streik der Automobilgeschichte traten, bauten die Fahrzeuge. Um 1900 war die Benz & Cie. AG schließlich der größte Automobilproduzent der Welt.

Bis zum Ersten Weltkrieg stieg der Zahl der Kraftfahrzeuge in Deutschland und weltweit nur langsam, erst danach ging es mit den Produktions- und Zulassungszahlen aufwärts. Wurden im Jahr 1900 im Deutschen Reich noch 884 Autos hergestellt, waren es 1925 schon mehr als 70000 Fahrzeuge. Das Auto hatte mit Widerstand und Konflikten zu kämpfen. Die Pferde- und Fuhrwerksindustrie, an der Zehntausende von Arbeitsplätzen hingen, kritisierte die Motorkutschen leidenschaftlich. Zum anderen waren Autofahrer und ihre Wagen nicht nur wegen Lärm und Qualm allgemein unbeliebt: Als arrogant, selbstherrlich und rücksichtslos galten die neuen Herrscher der Straße, die mit ihrer Geschwindigkeit und ihrer Motorkraft einen neuen Takt in der Abfolge des Verkehrs erzwangen. Bereits am 29. April 1899 durchbrach ein Auto die magische Grenze von 100 km/h. Es war weder ein Dampfwagen noch ein Benziner. «La Jamais Contente» des belgischen Rennfahrers und Konstrukteurs Camille Jenatzy (1868–1913) war ein reines Elektrofahrzeug, das aussah wie eine

22. Siegeszug
des Motors
1886 Benz Patent-Motorwagen Nummer 1 (Nachbau)

Zigarre auf Rädern. Im Monatstakt ging die Entwicklung weiter: Die Motorleistung wuchs, die Fahrzeuge wurden größer und immer schneller.

Das 20. Jahrhundert wurde zum Jahrhundert des Autos und zur neuen Ära des Verkehrslärms.

Eisenbahn – Siegeszug der zischenden Dampfrosse

Zwei riesige Union Jacks flattern im Wind. Zwischen ihnen ist eine große Tribüne aufgebaut, und ich schaffe es gerade noch, einen Sitzplatz in den hinteren Reihen zu ergattern. Erwartungsvolles Stimmengewirr liegt in der Luft bei den mehreren Tausend Menschen, die sich um die Rennstrecke versammelt haben – auf der Tribüne, an den Seiten und in den zahlreichen Kutschen, die am Morgen auf das Plateau des Dörfchens Rainhill gekommen sind. Ein eisernes Schienenpaar glänzt in der Oktobersonne, als das erste Gefährt schnaubend vorfährt. Die Novelty zischt so laut, dass sich die elegante Frau neben mir die Krempe ihres riesigen Huts über die Ohren klappt. Andere Menschen auf der Tribüne schreien auf, als sich das Ungetüm auf den Schienen vorwärtsbewegt, zunächst ganz langsam und dann immer schneller. Das Schnauben wird zu einem heftigen Stampfen, die metallenen Räder rumpeln und quietschen, weißer Qualm schießt aus dem großen Schornstein. Die Novelty ist die hübscheste Lokomotive und der Liebling der Buchmacher. In dunklem Blau und kupferfarben wird sie das Rennen machen. Auch ich habe auf sie gesetzt. Sie nimmt immer mehr Fahrt auf, und nur aus der Ferne kann man noch sehen, wie sie davonrast. Begleitet vom rhythmischen Stampfen der Dampfmaschine zieht sie davon, doch dann kommt sie mit einem metallischen Kreischen zum Stehen. Schnell spricht sich auf der Tribüne herum, dass sie es nicht geschafft hat. Meinen Wetteinsatz kann ich wohl abschreiben.

Die Eisenbahn ist neben der Dampfmaschine der Inbegriff der Industriellen Revolution. Auch wenn das schwere Stampfen der Dampflokomotiven heute nur noch bei Museumsfahrten zu hören ist, war ihr Geräusch der bestimmende Laut der Moderne. Es geht voran, schienen die Dampfpfeifen und schnaubenden Schlote der Lokomotiven zu verkünden – ungebremst, kraftvoll und unumkehrbar. Insbesondere ein Name ist mit der Erfindung der Eisenbahn verbunden: George Stephenson (1781–1848).

Dass George Stephenson schließlich zum Begründer des Eisenbahnwesens wurde, war Folge eines tragischen Zufalls. Der Sohn eines Bergbauarbeiters aus dem nordenglischen Wylam musste schon als 13-Jähriger im Kohlenrevier arbeiten, um seine Familie zu unterstützen. Dort kam er das erste Mal mit Dampfmaschinen in Berührung. Eines Tages explodierte eine Maschine, an der sein Vater gearbeitet hatte. Eine Erblindung des alten Stephenson war die Folge. Von da an ließ den jungen George die Dampfmaschine nicht mehr los. Vor allem sicherer sollte sie werden, schwor sich Stephenson.

1825 war sein Modell so ausgereift, dass die erste öffentliche Eisenbahn der Welt eröffnet werden konnte. Die Stockton & Darlington Railway Company verband auf einer Länge von 40 Kilometern mehrere Kohlenzechen im Nordosten Englands. Drei Jahre zuvor hatte die Verlegung von 64000 steinernen Schwellen begonnen, die damals noch längs und parallel zu den Schienen verbaut wurden. Die Locomotion No. 1, die Stephenson zusammen mit seinem Sohn Robert baute, war die bis dahin beste Lokomotive

23. Erstes Schnaufen
1802 Richard Trevithicks
Lokomotive (Nachbau)

der Zeit. Die Jungfernfahrt schrieb Geschichte. Am 27. September 1825 stand der stolze Erfinder selbst im Führerstand. Hinter seiner Lokomotive reihten sich 36 Wagen. Ein damals atemberaubender Anblick: Der 80 Tonnen schwere Zug hatte eine Länge von 120 Metern. Tausende von Zuschauern waren morgens um 8 Uhr auf eine Anhöhe nahe des Dorfes West Auckland in Nordengland gekommen, um das Spektakel zu verfolgen.

Unter dem tosenden Beifall der Schaulustigen setzte sich die Locomotion No. 1 zischend, puffend und schnaubend in Bewegung. Es war geplant, dass 300 Menschen mitfahren sollten, und Tickets für die Mitfahrt waren gedruckt worden. Doch die Begeisterung der Menschen war gewaltiger als gedacht. «Der Zudrang des Volkes war so groß, daß ohne Beachtung der ausgetheilten Einladungskarten in einem Nu alle Wagen, beladene und unbeladene, mit Menschen vollgepfropft und überfüllt waren», schrieb der Reporter einer Münchener Zeitschrift.[39] «Nichts glich der Scene, als die Maschine auf das gegebene Signal mit ihrem ungeheuern Zuge von Wagen dahin rollte, und nun unzählige Reiter querfeldein sprengten, um der Maschine auf beiden Seiten zu folgen.» Auch wenn auf der ersten Teilstrecke ein Wagen aus den Gleisen sprang und abgehängt werden musste, war die erste Eisenbahnfahrt der Geschichte über eine Strecke von neun Meilen ein voller Erfolg. Wegen des Getöses der Dampflokomotive scheuten Pferde, und einige Besucher hielten sich die Ohren zu. Aber alle spürten, dass in diesem Moment Geschichte geschrieben wurde. Der Beweis war erbracht: Stephensons Konstruktion funktionierte – die Eisenbahn war geboren.

Es war das weltberühmte Rennen von Rainhill, das Stephenson endgültig in die Geschichtsbücher brachte. Zu der Wettfahrt nahe Liverpool kamen zwischen dem 6. und 14. Oktober 1829 rund 15000 Menschen. Die Zeitungen des Landes hatten das

24. Triumph der Lok
1825 Stephensons
«Locomotion No. 1»
(Nachbau)

Ereignis seit Wochen angekündigt. Mit dem Wettbewerb wollten die künftigen Betreiber der Liverpool and Manchester Railway herausfinden, welche Lokomotive am geeignetsten war. Auf der rund 2,5 Kilometer langen Teststrecke mussten sich die dampfgetriebenen Gefährte beweisen. Am Ende hielt nur Stephensons «Rocket» durch. Die schwarz-gelbe Dampflok war zwar langsamer als die favorisierte «Novelty», aber als Einzige konnte sie die Anforderungen erfüllen. Mit einer Zuglast von 13 Tonnen erreichte sie eine Geschwindigkeit von 30 Meilen pro Stunde (48 km/h). Es war der Auftakt zu einem unvergleichlichen Siegeszug. Ab sofort war Stephenson der ungekrönte König der Eisenbahn. Er leitete fast alle bedeutenden Projekte der Zeit und exportierte Loks und Technik nach Belgien, Frankreich, Deutschland, Italien oder in die USA.

Wie scharf der Klang der Eisenbahn durch die bisherige Lautsphäre unberührter Natur schnitt, hielt der amerikanische Schriftsteller Nathaniel Hawthorne (1804–1864) am 27. Juli 1844 in seinem Notizbuch fest. Er befand sich in Sleepy Hollow, einem stillen Ort in der Nähe seines Zuhauses in Concord (New Hampshire), und lauschte Vögeln, Insekten und raschelnden Blättern, als er zum ersten Mal eine Dampflokomotive hörte. Sie zerriss nicht nur die Stille, sondern brach in die bislang unberührte Welt mit einer Gewalt ein, die erschreckte und verstörte. «Aber hört! Da ist das Pfeifen der Lokomotive – das lange Kreischen, schroff und schlimmer als alle anderen Geräusche, und nicht einmal eine Meile Entfernung kann es in Harmonie verwandeln (...). Es gibt einen so erschreckenden Schrei von sich, und bringt die lärmende Welt mitten in unseren schlummernden Frieden.»[40] Auch US-Schriftsteller Henry David Thoreau (1817–1862) schilderte den jähen Einbruch der Moderne in sein bisher ruhiges Leben. Das Klappern der Waggons auf der Eisenbahnstrecke von Fitchburg nach Boston sei gewaltig, das «eiserne Pferd» ein Symbol der Unruhe, das mit seinem Gebrüll Tier und Mensch erschüttere. «Wir fahren nicht mit der Eisenbahn; sie fährt auf uns», schrieb er in seinem berühmten Werk *Walden oder Leben in den Wäldern* (1854).[41]

Deutschland war in Sachen Eisenbahn ein Spätzünder. Erst im Dezember 1835 schnaufte der berühmte «Adler» über die Strecke zwischen Nürnberg und Fürth. Im neuen Ludwigsbahnhof in Nürnberg knallte um neun Uhr morgens ein Salutschuss, als sich die Dampflok mit neun Waggons zischend in Bewegung setzte. «Aus dem Schlot fuhren nun die Dampfwolken in gewaltigen Stößen, die sich dem schnaubenden Ausathmen eines riesenhaften, antediluvianischen (vorsintflutlichen) Stieres vergleichen lassen», schrieb ein Reporter am Eröffnungstag.[42] Die Menschen jubelten, einige hielten sich die Ohren zu, ein «Hurra» auf König Ludwig I. wurde ausgerufen – obwohl der Monarch dem historischen Ereignis ferngeblieben war. Mit drei Fahrten um 9, 11 und 13 Uhr begann die Ära der Eisenbahn in Deutschland, und in nur 15 Minuten hatte der Zug die kurze Strecke absolviert. Der Reporter des *Morgenblatts* aus Stuttgart wagte bei der zweiten Tour um 11 Uhr eine Mitfahrt. «Ich kann versichern, daß die Bewegung durchaus angenehm, ja wohltuend ist», schrieb er begeistert. Ein bisschen wie Schlittenfahren fühle es sich an. «Wer zum Schwindel geneigt ist», mahnte er, «muß es freilich vermeiden.»[43]

Schon am Eröffnungstag hatten 1200 Fahrgäste die Eisenbahn benutzt. Bereits am nächsten Tag begann der Regelbetrieb. Jede Stunde rumpelte ein Zug über die Strecke. Doch nur um 13 und 14 Uhr zog der «Adler» die Waggons. Die übrige Zeit waren Pferde im Einsatz. Grund waren die damals hohen Preise für Steinkohle, die mit Pferdefuhrwerken aus Sachsen importiert werden musste. Die Bahn entwickelte sich zu einem riesigen Erfolg. «Die Personenfrequenz auf der Ludwigs-Eisenbahn nimmt auf überraschende Weise zu, so daß die Erträgnisse sich fast auf ein Drittheil höher belaufen, als man hoffte», schrieb die *Bayerische National-Zeitung* rund zwei Wochen nach der Eröffnung.[44] Bereits im ersten Jahr transportierte die Eisenbahngesellschaft fast 450000 Passagiere. Im Jahr darauf kam mit dem «Pfeil» eine weitere Lok hinzu, und 1844 entstand mit der Fürther Kreuzung der erste Eisenbahn-knotenpunkt Süddeutschlands. Nicht Weichen, sondern zwei sich kreuzende Gleise verbanden die Strecke mit der Ludwig-Süd-Nord-Bahn. Am Kreuzungspunkt konnten die Passagiere umsteigen.

Lärm und Dampf zeigten erstmals in der deutschen Verkehrs-geschichte ihre Wirkung. «Pferde auf der sehr nahen Chaussee sind daher beim Herannahen des Ungethüms scheu geworden», schrieb eine Zeitung kurz nach Eröffnung der ersten Strecke. «Kin-der haben zu weinen angefangen, und manche Menschen (...) ein leises Beben nicht unterdrücken können.»[45] An den Reglern der Lokomotive «Adler» hatte am Eröffnungstag der britische Inge-nieur William Wilson (1809–1862) gestanden, den Stephenson für den Transport und die ersten Fahrten in Deutschland abgestellt hatte. Für Wilson, den ersten Lokomotivführer Deutschlands, wurde der Zug zum Schicksal. Obwohl er nur als Übergangslösung gedacht war, verlängerte die Eisenbahngesellschaft seinen Ver-trag immer wieder. Zahlreiche Fahrgäste wollten nur mit ihm die Reise antreten – ein großer, steifer, aber sehr freundlicher Eng-länder, der immer gut sichtbar vorn auf der schnaufenden Lok stand. Durch seinen Dienst in Wind und Wetter – Wilson fuhr fast immer in Gehrock und Zylinder – verschlechterte sich sein Gesundheitszustand. Als er am 17. April 1862 in Nürnberg starb, nahm die Bevölkerung unter großer Anteilnahme Abschied auf dem hiesigen St.-Johannis-Friedhof, auf dem sich noch heute sein Grab befindet.

Nach dem großen Erfolg eröffneten weitere Strecken in den deutschen Territorien: die Berlin-Potsdamer Eisenbahn als erste Zugstrecke Preußens im September 1838 und im Dezember desselben Jahres die Verbindung zwischen Braunschweig und Wolfenbüttel. Die Düsseldorf-Elberfelder Eisenbahn wurde zeitgleich zur ersten Strecke im Rheinland. Ab 1840 folgten Eröffnungen im Jahrestakt, und 1842 war das deutsche Schienennetz bereits knapp 1000 km lang. Züge schnauften schon 1849 quer durch die deutschen Lande – von Krakau nach Aachen und von Kiel bis Basel. Fünfzig Jahre später legten sich die Eisenbahnlinien wie ein Spinnennetz über das gesamte Deutsche Reich. Das Schnaufen und Stampfen der großen Dampflokomotiven hatte auch den letzten Winkel des Landes erreicht.

Und das hatte erhebliche Folgen für den Klangalltag vieler Menschen. Die Stille von Dörfern und einsamen Landstrichen durchschnitt plötzlich das metallische Kreischen der eisernen Radreifen, das mächtige Schnaufen der riesigen Dampfkessel oder das schrille Tönen der Signalpfeifen. Bahnhöfe entstanden überall auf dem Kontinent, und um sie herum wuchsen die Dörfer und Städte an. Durch Züge und Eisenbahnen hielt die Moderne in Windeseile Einzug. Beschwerden über den Lärm der Eisenbahnen waren selten. Zu sehr war der Aufstieg der dampfenden Stahlungetüme mit dem Aufschwung von Wirtschaft und Technik verbunden. Eisenbahnen waren notwendig ebenso wie das Handwerk, der tägliche Broterwerb oder auch die lärmenden Fabriken.

Technisierung, Moderne, rasende Geschwindigkeit, Furcht vor Identitätsverlust, Angst vor dem Unbekannten – alles spielte in Diskussionen eine Rolle. Heinrich Heine empfand 1843 bei der Eröffnung der Eisenbahnstrecke Paris–Rouen ein «unheimliches Grauen», das nicht nur durch die Urgewalt der neuen Maschine ausgelöst wurde. «Durch die Eisenbahn wird der Raum getötet, und es bleibt uns nur noch die Zeit übrig», schrieb er in einem Korrespondentenbericht für die *Augsburger Allgemeine Zeitung*. «Hätten wir nur Geld genug, um auch letztere anständig zu töten! In vierthalb Stunden reist man jetzt nach Orléans, in ebensoviel Stunden nach Rouen.»[46]

Mit dem neuen Verkehrsmittel entstand ein weiteres Phänomen des Jahrhunderts – die technische Katastrophe. Von 1840 an häuften sich Unfälle mit Eisenbahnen, über die die Zeitungen ausführlich berichteten. Es waren Unglücke der modernen Zeit, die die Menschen beunruhigten – wenn Züge kreischend entgleisten, mit Urgewalten aufeinanderprallten oder Feuer fingen. Sie zeigten den Menschen erstmals, was sie schon befürchtet hatten. Moderne Technik kann tödlich sein, und das in einer Größenordnung, die bislang nicht vorstellbar war.

Als am frühen Abend des 8. Mai 1842 ein aus 17 Waggons bestehender Sonderzug aus Paris Richtung Versailles fuhr, waren die meisten der 700 Fahrgäste festlich gekleidet. Die Menschen befanden sich auf dem Weg zu einem Fest des Bürgerkönigs Louis-Philippe im Garten des Schlosses, doch sie sollten nie ankommen. Kurz nach dem Passieren eines Bahnübergangs brach die Achse der Lokomotive, die in einen Graben rutschte. Eine zweite Lokomotive, die zur Unterstützung des überlangen Zuges eingesetzt war, stürzte um, und mehrere Waggons schoben sich auf die verunglückten Loks. Als der Kessel explodierte, verteilte sich glühende Kohle über die hölzernen Waggons, die sofort in Brand gerieten. Es war der Beginn der bis dahin größten Katastrophe der Eisenbahngeschichte.

Da viele Reisende das erste Mal mit einer Eisenbahn fuhren, hatte die Gesellschaft die Türen verriegeln lassen, damit niemand unbeabsichtigt aussteigen oder herausfallen konnte. Verzweifelt klopften die Eingeschlossen gegen Türen und Fenster und schrien,

25. Weltweites
Schnaufen
19. Jahrhundert Klang der
Dampflokomotive

doch viele verbrannten. Offiziell starben 50 Menschen, Beobachter gehen jedoch davon aus, dass es mehr als 200 Tote gab. Viele Opfer konnten niemals identifiziert werden. «Es war ein furchtbarer Anblick, als an 6000 Personen sich drängten, um die verstümmelten Reste ihrer Angehörigen zu recognosciren», schrieb eine Zeitung wenige Tage später.[47]

Zum ersten Mal war vielen Menschen klar geworden, welche Gefahren die neue Technik birgt. Skeptiker schienen in ihren Vorahnungen bestätigt. Obendrein hatte der Zug eine für damalige Verhältnisse hohe Geschwindigkeit. Zeugen gaben an, dass die Lokomotiven kurz vor dem Unfall auf 40 km/h beschleunigt hatten. Es war eine Katastrophe der Moderne, die es so vormals nicht gegeben hatte. «Nie war der Tod mit seinen Gefahren und seinen Schmerzen mit so großer Schnelligkeit seinen Schlachtopfern entgegengeeilt», schrieb die *Wiener Zeitung* am 21. Mai 1842.[48] Das Unglück von Versailles war nur der Auftakt für zahlreiche Katastrophen der nächsten Jahrzehnte. Zu unausgereift, zu mangelhaft und zu unsicher war der Bahnverkehr noch jahrelang. Als am 28. Dezember 1879 ein Orkan über Schottland tobte, ließ der Sturm die drei Kilometer lange Firth-of-Tay-Brücke einstürzen. Der gerade darüberfahrende Zug riss 72 Reisende und Personal in den Tod – ein Ereignis, das wochenlang die Schlagzeilen aller europäischen Zeitungen bestimmte und Theodor Fontane zu seinem Gedicht *Die Brück' am Tay* inspirierte: «Tand, Tand, ist das Gebilde von Menschenhand.»

Ikonischen Charakter erlangte das Eisenbahnunglück am Gare Montparnasse am 22. Oktober 1895 in Paris. Als kurz vor 16 Uhr der Lokführer des Zuges aus Granville die Lok abbremsen wollte, versagten die Bremsen. Lokomotive und Tender rasten über das Gleisende des Kopfbahnhofs hinaus, durchbrachen krachend eine Glaswand und stürzten mehrere Meter tief auf die Straße, auf der die Lok kopfüber stehen blieb. Es gab fünf Verletzte und eine Tote: die Zeitungsverkäuferin Marie-Augustine Aguilard, die auf der Straße gestanden hatte. Sie vertrat an diesem Tag ihren Mann. Das Foto der abgestürzten Lok ging um die Welt – auch als Mahnmal für die Gefahren der Moderne. Doch nichts konnte den Lauf der Zeit aufhalten. Die Welt war bereits gefangen im Strudel aus Geschwindigkeit, Maschinenlärm und Massenverkehr. Der Fortschritt war fast jeden Preis wert geworden.

Mit der Eisenbahn hatte der Massenverkehr an Land begonnen. Auf dem Wasser sorgten Dampfschiffe dafür, dass das leisere Segeln bald der Vergangenheit angehörte. Die Entwicklung zum hochseefähigen Dampfschiff dauerte noch, doch sie ging voran. Auf der Halbinsel Isle of Dogs in London, wo sich zahlreiche Werften befanden, begann der Bau von riesigen Raddampfern. Auch in Glasgow und anderen Städten hämmerten die Arbeiter an gigantischen Schiffen mit Eisenrümpfen. Als die «Persia» am 25. Juli 1855 in Glasgow vom Stapel lief, war sie das größte Schiff der Welt – eine Kombination aus Dreimaster und Dampfschiff mit zwei riesigen Schaufelrädern in der Mitte und rund 120 Meter lang. Die Cunard-Linie ließ den Dampfer über den Atlantik nach New York fahren.

Die «Persia» war allerdings ein Winzling gegen den absoluten Giganten der Zeit. Der britische Ingenieur Isambard Kingdom Brunel (1806–1859) konstruierte auf der Isle of Dogs die «Great Eastern», einen riesigen Schaufelraddampfer mit zwei seitlich angebrachten Rädern. 12000 Arbeiter, darunter auch Hunderte von Kindern, hatten vier Jahre lang an dem schwimmenden Koloss genietet, geschraubt und gehämmert. Hundert Meter länger als die «Persia», von Schaufelrad, Schiffspropeller und Segeln angetrieben, bot die 211 Meter lange «Great Eastern» rund 4000 Menschen Platz. Schon der Bau des Dampfers, der bis 1901 das größte Schiff der Welt war, wurde zur Attraktion. «Als ich mich auf meinem eisernen Themse-Dampfschiff-Omnibus mit vielleicht Tausend andern Personen dem berühmten Etablissement (...) näherte, schrumpften wir alle in eine Nußschale zusammen», berichtete ein deutscher Journalist 1855. «Ein thurmhoher eiserner Riese, zugleich lang und breit, wie eine ganze deutsche Provinzialstadt, hob und streckte sich vor uns und ein Kleingewehrfeuer von Tausenden von Handhammern und der ununterbrochen Feuer speiende, erderschütternde Donner des schweren Geschützes von Dampfmaschinen getriebener Eisenhämmer, dumpf niederkrachend auf ungeheure, weiche, glühende Eisenmassen, die zahllosen Dampfwolken und leckenden Flammen, die aus dem betäubenden Geknatter der Handhämmer überall hervorschossen. Das Krachen, Donnern, Blitzen, Rauchen, Kreischen und Stöhnen aus unzähligen andern Schuppen und Werkstätten und weithin nach allen Seiten im Freien gab das Bild einer hitzigen Feldschlacht.»[49]

Antiphon und Goodyear: Moderne Technik hilft – nicht wirklich

Ende des 19. Jahrhunderts wuchs allmählich das Bewusstsein, dass beim Lärm die Grenzen des Erträglichen erreicht waren. In zahlreichen Zeitungen tauchten erste Artikel über Anti-Lärm-Gruppen in Europa, den USA und in Australien auf. Noch waren die Bewegungen lokal organisiert, und sie alle hatten ein Problem: Ein objektives Verfahren zur Messung von Schall existierte noch nicht. Lärm blieb zutiefst subjektiv, und fehlende Vergleichbarkeit machte es Behörden und Lärmverursachern leicht, das Anliegen der Ruhebedürftigen zurückzuweisen oder sie gar als verzärtelt und fortschrittsfeindlich zu verspotten.

Dass die ersten Anti-Lärm-Gruppierungen in London entstanden, hat einen guten Grund. Die Metropole an der Themse war bis zum Ersten Weltkrieg die größte Stadt der Welt. Wo viele Menschen lebten, da war es auch lauter als an anderen Orten. Das Chaos in Englands Hauptstadt mit ihren fast sechs Millionen Einwohnern blieb ungeheuerlich, und den Londonern riss der Geduldsfaden. Nach einem ersten halbwegs erfolgreichen Feldzug gegen den Lärm durch Straßenmusikanten sagte eine Gruppe dem steigenden Furor durch den Straßenverkehr den Kampf an. Die Leserbriefspalten der Londoner Tageszeitungen waren voll von Beschwerden über den Großstadtlärm und den Krach auf den Straßen. In der *Times* vom 13. August 1869 empörte sich ein Arzt über das Gelärme der Kutschen und insbesondere über die Kutscher, die laut riefen und sich schreiend Witze erzählten.

Am 5. Dezember 1895 beschwerte sich ein gewisser Charles Fox in der *Times* darüber, dass der allgemeine Straßenlärm in London hinsichtlich von Lautstärke und Intensität unzumutbar geworden sei. Er wurde Sekretär der Association for the Suppression of Street Noises (ASSN), der ersten größeren Anti-Lärm-Bewegung der Welt. Die ASSN forderte von der Stadt, den Straßenlärm in London zu begrenzen. Gesundheitliche Auswirkungen und psychische Störungen wie Neurasthenie würden zunehmen und die Menschen zur Verzweiflung treiben. 1898 berichtete das medizinische Fachblatt *The Lancet* über die Arbeit der Gruppe und unterstrich die Notwendigkeit, endlich zu handeln. Auch wenn es die Anti-Lärm-Bewegung schaffte, den Innenminister zur Einführung von Gesetzen aufzufordern, verschwand die Gruppe nach 1899 plötzlich aus der Öffentlichkeit.

Berühmte Anti-Lärm-Aktivisten wie die New Yorkerin Julia

Barnett Rice und der deutsche Philosoph Theodor Lessing traten erst im 20. Jahrhundert an die Öffentlichkeit, deshalb mussten für den Moment andere Mittel zur Lärmbekämpfung her. So ruhte die Hoffnung aller Ruhesuchenden ab 1870 auf zwei Erfindungen – auf Asphalt und luftgefüllten Reifen.

1869 ließen Londons Stadtväter eine Straße zur Probe asphaltieren – so erfolgreich, dass im Jahr darauf bereits die Straßenzüge Cheapside und Pultry vollständig geteert wurden. Die Minderung des Straßenlärms war jedoch teuer erkauft. Noch war Asphalt kostspielig, weil das schweizerische Asphaltwerk in Val de Travers quasi ein Monopol hatte. Dort waren 1721 riesige Naturasphaltvorkommen entdeckt worden. Das Werk La Presta, das von 1841 bis 1846 vom Schweizer Schokoladenhersteller Philippe Suchard (1797–1884) geführt wurde, war zeitweilig für ein Fünftel der weltweiten Asphaltproduktion verantwortlich. 1889 beschloss der Münchener Magistrat, die Ludwigstraße versuchsweise asphaltieren zu lassen. Vorausgegangen waren Anfragen von Anwohnern. Hausbesitzer der Schellingstraße hätten sogar angeboten, Zuschüsse für die Asphaltierung zu zahlen, um endlich mehr Ruhe vor der Haustür zu bekommen.[50] Die Straßen vor Kirchen, Schulen, Krankenhäusern und Amtsgebäuden sollten bevorzugt asphaltiert werden. «Der Anforderung, die üblen Folgen des wachsenden Verkehrs durch geräuschloses Pflaster zu paralysiren, wird sich München nicht entziehen können», zitierten die Zeitungen ein Magistratsmitglied im Januar 1891.[51]

Ärzte mahnten eindringlich zur Einführung. «Der Straßenlärm ist für Kranke eine wahre Höllenpein», urteilten Mediziner. «Dieser Lärm macht Gesunde nervös, Nervöse nervöser.»[52] Letztlich setzte sich der Asphalt durch. Ab 1900 wurde die glatte Fahrbahn Standard, zunächst in Paris und London. In Deutschland besaß vor allem Berlin schon um die Jahrhundertwende zahlreiche asphaltierte Straßen. 1,5 Millionen qm, etwa die Hälfte der Straßenfläche, wiesen dort den glatten Belag auf. Berlin stand im Vergleich gut da. Alle anderen Städte des Deutschen Reichs mit mehr als 30000 Einwohnern brachten es zusammen nur auf 1,1 Millionen qm, einige Städte wie Kassel, Freiburg oder Plauen hatten noch gar keinen Asphalt.[53] In Deutschland rumpelten Pferdewagen und Autos noch Jahrzehnte über holpriges Kopfsteinpflaster.

Bei der Vorstellung seines neuesten Dampfwagens setzte der schottische Ingenieur Robert William Thomson (1822–1873) im Jahr 1871 in Edinburgh erstmals auf Gummibereifung, was den Reportern angenehm auffiel. «Der große Vorteil dieser Straßenlokomotive ist, daß dieselbe keine Schienenunterlage gebraucht. Ihre breiten Räder sind mit fünf Zoll dicken Kautschukreifen umgeben, die den doppelten Vortheil großer Dauerhaftigkeit und Geräuschlosigkeit gewähren. Letzteres ist deßhalb nicht gering anzuschlagen, weil der Hauptvorwurf, welchen man den Straßenlokomotiven machte, darin bestand, daß ihr Geräusch Pferde scheu machen und alle zartnervigen Menschen ungemein inkommodiren würde.»[54] Doch die Gummiräder hatten einen großen Nachteil: Sie nutzten sich zu schnell ab. Eine weitere Erfindung musste her.

Die Erfindung des Hartgummis durch den US-Amerikaner Charles Goodyear (1800–1860) – er hatte es 1844 geschafft, Gummi durch Erhitzung aus Naturkautschuk herzustellen – ermöglichte den Tüftlern der Zeit neue Möglichkeiten. Goodyear, der mit Gummistiefeln und Zelten für den Goldrausch 1849 seine Dollars verdiente, hat allerdings nie erlebt, dass seine Erfindung mehr Ruhe und Komfort auf die Straßen brachte. Er war dauernd pleite, stritt sich vielfach mit Konkurrenten vor Gericht und starb früh. Erst 38 Jahre nach seinem Tod wurde die weltberühmte Firma Goodyear Tire & Rubber Company 1898 gegründet.

Luftgefüllte Schläuche federten und dämpften erstmals wirksam den Fahrzeuglärm der Zeit. Angeblich war es das klappernde Dreirad seines Sohnes, das den Schotten John Boyd Dunlop (1840–1921) dazu brachte, mit Luft gefüllte Gummischläuche um die Reifen zu wickeln. Dunlop war eigentlich Tierarzt und hatte durch seinen Beruf mit Kautschuk zu tun. Im Jahr 1888 rollte mit dem Dreirad des elfjährigen Dunlop jr. das erste Gefährt der Geschichte erfolgreich mit Luftreifen über eine Straße. Obwohl Dunlop eine Fabrik für Luftreifen gründete, zog er sich später aus dem Geschäft zurück und arbeitete lieber als Tierarzt weiter. Andere Männer machten mit seiner Entwicklung Millionengeschäfte. Der Franzose Edouard Michelin (1859–1940) begründete bereits ein Jahr später einen Weltkonzern, andere Unternehmer wie der Italiener Giovanni Battista Pirelli (1848–1932) oder der Deutsche Friedrich Veith (1860–1908) folgten.

Wissenschaft, Wirtschaft, Fahrer und Anwohner jubelten. Endlich sei der Durchbruch geschafft, und der ohrenbetäubende Lärm der Straße gehöre der Vergangenheit an. Der Weg in eine ruhigere Zukunft des Verkehrs schien gebahnt. «Die Verbesserung der städtischen Lebensbedingungen durch die allgemeine Einführung des Motorfahrzeugs kann kaum überbewertet werden», schrieb das US-Wissenschaftsmagazin *Scientific American* im Juli 1899 und war sich sicher: «Leichte gummibereifte Fahrzeuge, die schnell und geräuschlos über den glatten Straßenbelag fahren, werden die Nervosität, die Ablenkung und den Stress der modernen Zeit größtenteils eliminieren.»[55]

Doch weit gefehlt. Die geniale Erfindung, die zur Beruhigung des Straßenverkehrs beigetragen hatte, trug den Keim künftigen Lärms wie einen Fluch schon in sich. Auch wenn die Wagen nun leichter und leiser rollten, ermöglichten luftgefüllte Gummireifen den Fahrzeugen plötzlich erheblich höhere Geschwindigkeiten.

Immer stärkere Motoren, röhrende Auspuffanlagen, hohe Drehzahlen und rasendes Tempo waren von nun an die Hauptursachen für den Lärm im Straßenverkehr.

Da half nur noch eines: die Ohren zuhalten oder verstopfen. Ein schillernder Erfinder war es, der einen ersten Versuch unternahm, die ersehnte Stille zu erzwingen. Maximilian Pleßner, ein ehemaliger Soldat der preußischen Armee, legte 1885 eine Patentschrift für das Antiphon vor – «ein Apparat zum Unhörbarmachen von Tönen und Geräuschen». Unter der Reichspatentnummer 29516 meldete der Hauptmann a.D. seine Erfindung in Berlin an. Sie bestand aus zwei Hartgummi- oder Metallkügelchen an einem Karabinerhaken. An jeder Kugel befand sich ein Metallstab mit einer abgerundeten kleinen Scheibe, mit der das Antiphon in der Ohrmuschel verkantet werden konnte. Kugeln in einer Größe von 10, 11 und 12 mm würden verfügbar sein, schrieb Pleßner in seiner Patentbeschreibung.[56] Jeder sei damit jetzt in der Lage, sich «böswillig oder unabsichtlich erzeugte akustische Unflätereien vom Leibe zu halten».

Doch seine Patentschrift ist kein nüchterner technischer Aufriss, sondern eine wütende Generalabrechnung mit den Krachmachern seiner Zeit. In fast jeder Zeile schwitzte Pleßner, der ab 1890 auch schon über Flugschiffe oder elektrisches Fernsehen nachdachte, seinen Zorn über den Lärm der Zeitgenossen aus. Die Menschen des 19. Jahrhunderts lebten durch den Alltagslärm in einem Zustand der «erniedrigsten Sklaverei» und «körperlicher Mißhandlung» – und zwar «der Gebildeten durch die Ungebildeten, der Gesitteten durch die Rohen (...), der der Gesamtheit Nützlichsten durch die der Menschheit Entbehrlichsten».[57] Es herrsche eine unerhörte «Schutzlosigkeit der höheren Gesellschaftsklassen unter der Despotie der Straßentyrannen». Der wahre Despot der Zeit – und da spielte Pleßner wohl auf die Sozialdemokraten an – sei der Pöbel. «Kein Wunder, da es den roheren Naturen unter den arbeitenden Klassen eine Genugthuung gewährt, von einer Waffe Gebrauch zu machen, gegen deren Streiche ihre eigene Rhinoceroshaut unempfindlich ist.» So würden unzählige Menschen, insbesondere Kranke, «durch die Brutalität des singenden Pöbels oder in den Morgenstunden durch die empörende Roheit schrillen Gepfeifes der ihren Rundgang beginnenden Laufburschen» geweckt.[58]

In kleineren Orten könne man die arbeitende Klasse noch zur Ruhe zwingen, indem man nur den Handwerkern Aufträge gebe, die sich an das Gebot der Ruhe halten würden. In Großstädten allerdings sei alles zu spät. Hier hätten die Kopfarbeiter unter dem Lärm «akustischer Projektile zu leiden, welche kreischende Straßenverkäufer, peitschenknallende Knechte, schreiende, pfeifende und trommelnde Kinder und musizierende Almosensammler» in die Häuser schleudern würden.[59] Nachtschwärmer hatte der Hauptmann a.D. ganz besonders gefressen. Das «Absorbieren alkoholhaltiger Getränke nach Sonnenuntergang» führe zu «Tönen von beträchtlicher Schallwirkung». Obendrein seien die akustischen Missetäter durch ihre Physiognomie klar zu erkennen. «Ihr Schädel ist pyramidalisch; die Nasenscheidewand breit; die Nägel der Finger sind kurz und gewölbt; der Körper ist stark behaart, von gedrungenem Bau, und mit muskulösen Gliedern versehen.» Auch wenn Pleßner hier den südamerikanischen Brüllaffen beschrieb, stellte er mit rassistischer Attitüde klar, dass dieses Äußere auch auf viele betrunkene und lärmende Nachtschwärmer zutreffe. Der Zoologe Ernst Haeckel (1834–1919), der gerade Charles Darwins Evolutionstheorie verfeinert hatte, habe doch recht.[60]

Sosehr der Erfinder den (Hör-)Nerv der Zeit getroffen hatte, so mangelhaft war die Idee umgesetzt. Zwar schirmte das Antiphon

Lärm effektiv ab. Aber die Ohrstöpsel waren zu unbequem, saßen schlecht im Ohr und drückten fürchterlich. Es brauchte einen zweiten Anlauf, um den Menschen die ersehnte Ruhe zu bringen. Erst dem Berliner Apotheker Maximilian Negwer (1872–1943) gelang schließlich das Kunststück. Die erste Packung seiner «Ohropax Geräuschschützer» wurde 1908 zum Preis von heute ungefähr sechs Euro angeboten. Dosen mit jeweils sechs Paar Wachskugeln konnten die Menschen in Drogerien und Warenhäusern kaufen. Richtig bekannt in der Bevölkerung wurden die Geräuschschützer durch den Ersten Weltkrieg. Das Militär kaufte Tausende der weichen Kugeln, um die Ohren der Soldaten in den Schützengräben zu schonen. Die Lärmschützer wurden ein Welterfolg. Noch heute vertreibt die Firma aus dem hessischen Wehrheim rund 30 Millionen Packungen pro Jahr. Seit 1915 hatte auch Franz Kafka bei dem Hersteller gekauft und blieb sein kurzes Leben lang ein treuer Kunde. «Ohne Ohropax bei Tag und Nacht ginge es gar nicht», schrieb er am 24. Juli 1922 aus dem tschechischen Kurort Planá an seinen Freund Robert Klopstock in einem berühmt gewordenen Postscriptum.[61]

Als Charles Dickens über die Ärmsten der Armen schimpfte

Schriftsteller Charles Dickens traf die Nachricht im Herbst 1864 in London wie ein Schlag. Sein Freund, der Zeichner John Leech (1817–1864), war gestorben – der Mann, der zu seinen engsten Vertrauten gehört und seine weltberühmte Weihnachtsgeschichte

(*A Christmas Carol*) illustriert hatte. Wie der Historiker John M. Picker herausfand, habe ein Telegramm die schreckliche Neuigkeit während einer Abendgesellschaft überbracht.[62] Für den Schriftsteller war klar, wer schuld an diesem Tod trägt: der Lärm Londons und die verhassten Straßenmusiker, die Leech sehr zusetzten. Sie hätten Leech fast wahnsinnig und zu einem Nervenbündel gemacht, klagte Dickens. Sein Freund sei dadurch arbeitsunfähig geworden, seine Herzkrankheit habe sich durch die Quälgeister verschlimmert. Nur zwei Monate vor seinem Tod hatte Leech geklagt: «Lieber als weiterhin auf diese Weise gequält zu werden, würde ich zum Grab gehen, wo es keinen Lärm gibt.»[63]

In der ganzen Stadt teilten Akademiker, Musiker, Autoren und Wissenschaftler das Leid von Leech und Dickens. Der Streit wurde erbittert geführt, auch ausländerfeindliche und rassistische Beleidigungen waren an der Tagesordnung. Besonderes Ziel waren die italienischen und französischen Bettelmusikanten, die nur wenig oder gar kein Englisch sprachen. In der britischen Wochenzeitung *The Examiner* bezeichneten Leitartikel die Straßenmusiker als Degenerierte, als «Schwarzgardisten aus Savoyen und deutsche Schweineherden», «mit Geräuschen wie denen eines Schweins, mit dem sie so nah verwandt sind».[64] Ein Journalist der Londoner *City Press* schrieb, dass die italienischen Straßenmusiker «so schmutzig in der Sprache sind, wie sie aussehen». Die Männer würden «heulen wie Affen und Paviane und genau wie diese Kreaturen aussehen». Am Schluss gab der Autor seinen Lesern mit: «Kein Londoner sollte zur Arbeit aufbrechen, ohne zuerst einen der Brüller auf der Straße zu erstechen, aufzuhängen oder zu erschießen.»[65] Auch Dickens empörte sich über die Musiker – derselbe Schriftsteller, der den verelendeten Menschen mit Werken wie *David Copperfield* ein literarisches Denkmal gesetzt hatte.

Der Kampf um die Begrenzung der Straßenmusik war in London seit 1840 erbittert ausgetragen worden. Die Debatte begann, als die *Times* regelmäßig Leserbriefe veröffentlichte. Zahlreiche Bürger waren zunehmend genervt von den Musikern, die seit dem 17. Jahrhundert aus vielen Ländern Europas nach England gekommen waren und zu jeder Tages- und Nachtzeit für ein Almosen spielten. Geiger, Trompeter, Trommler und Drehorgelspieler entwickelten ihre eigene Klangwelt aus schrägen Tönen, lauten Schlägen und schlecht intonierten Instrumenten, die so manchen Bürger in den Wahnsinn trieb. Ein britisches Sprichwort hat in dieser Zeit seinen Ursprung: «Gib dem Pfeifer einen Penny, damit er spielt – und gib ihm zwei Pence, damit er wieder aufhört.»[66]

Wenn man den Aufzeichnungen Glauben schenkt, gab es damals schon organisierte Musik-Bettler, die auf Anordnung eines Padrone Geld zu erspielen hatten. Vielfach war das Musikanten-Problem Thema von Kupferstichen. Der britische Künstler William Hogarth (1697–1764) schuf mit *The Enraged Musician* ein Bild, das noch heute gut illustriert, wie der Lärm die Menschen nervte. Vor dem Fenster eines Geige übenden Bürgers mit Perücke tummeln sich Musikanten und andere Lärmende, die den Gepeinigten sich die Ohren zuhalten lassen: eine schwangere Sängerin mit einem schreienden Baby, ein kleines Mädchen mit einer Rassel, ein Flötenspieler, ein kleiner Trommler, ein krächzender Papagei, zwei streitende Katzen und ein Mann mit einem Horn. Die Kakophonie wird begleitet von einer singenden Milchmagd, einem Messerschleifer, einem Mann, der vor Zahnschmerzen schreit, und einem kleinen Jungen, der dem Bürger unter das Fenster pinkelt.

Michael Thomas Bass (1799–1884), einflussreiches Parlamentsmitglied und Inhaber der damals größten Bierbrauerei der Welt, scharte Prominente wie Dickens um sich und startete eine politische Kampagne, um die Straßenmusik einschränken zu lassen.

Bass schrieb ein 120 Seiten umfassendes Buch, in dem er Briefe veröffentlichte, die ihm zugesandt worden waren. «Der Protest gegen den Straßenlärm ist keine Frage des Geschmacks», urteilte ein gewisser Mark Lemon. «Er betrifft vor allem den Fortschritt durch ehrliche Arbeit und die Vermeidung großer seelischer Leiden.»[67] Herzstück war ein offener Brief, in dem Charles Dickens sich stellvertretend für 27 Prominente über die Musikanten beschwerte. Männer, die «sich um den Frieden und das Wohlbefinden der Menschheit kümmern, werden täglich von Straßenmusikern gestört, belästigt, in Sorge versetzt, erschöpft und fast in den Wahnsinn getrieben». Die Straßenmusikanten seien nichts weiter als «freche Spieler auf dreisten Instrumenten, Trommelschläger, Orgelschleifer, Banjoprügler, Beckenschläger, nervende Geiger und Balladenbrüller».[68] Nach erregten Debatten erließ das britische Parlament am 25. Juli 1864 den berühmten *Metropolitan Police Act*, der es ermöglichte, Straßenmusikern eine Geldstrafe von bis zu vierzig Schillingen aufzuerlegen oder eine Haft von bis zu drei Tagen zu verhängen. Die Zahl der Straßenmusikanten sank drastisch. Es war einer der wenigen Erfolge von Lärmgegnern in dieser Zeit.

Der Krach um den Lärm wurde zunehmend zu einer sozialen Frage. Intellektuelle und das Bürgertum sahen sich nicht nur vom Straßenlärm bedrängt, sondern auch von den städtischen Unterschichten und den ausländischen Zuwanderern. Werkstätten in Hinterhöfen, lärmende Straßenhändler, feiernde Arbeiter und ungebildete Kraftpakete seien für den Krach verantwortlich und würden ihn genussvoll als Waffe gegen das Bildungsbürgertum nutzen. Sogar für den Lärm der Fabriken machten viele Intellektuelle die Arbeiter verantwortlich. Dass die Unternehmer die eigentlich Schuldigen waren, kam vielen von ihnen nicht in den Sinn. In den Protest gegen den Lärm mischte sich zunehmend

26. Umstrittenes Geleier
19. Jahrhundert Drehorgeln und Straßenmusikanten

eine Angst vor dem Neuen und Fremden, aber auch vor der gesellschaftlichen Teilhabe, die das Proletariat einforderte.

Der Mathematiker Charles Babbage (1791–1881) ging mit seiner
«Analytical Engine», einem Vorläufer des modernen Computers,
in die Geschichte ein. Doch bekannt ist er heute vor allem durch
seinen Kampf gegen den Lärm. Besonders der Klang der Drehorgeln brachte ihn zur Weißglut. Mehr als zwölf Jahre lang stritt
er sich mit Orgelspielern, wandernden Musikern und örtlichen
Autoritäten, um dem Lärm Einhalt zu gebieten. Schließlich versuchte Babbage, der Plage mit einem Trick Herr zu werden. Er
ließ alle Drehorgeln aufkaufen, um endlich Ruhe zu haben. Doch
das ging nach hinten los. Weil sich der Aufkauf herumsprach,
zogen immer mehr Drehorgelspieler vor Babbages Haus, um ihre
alten Instrumente dort möglichst teuer zu verkaufen. In seinen
Lebenserinnerungen widmete der Mathematiker den verhassten
Musikern ein ganzes Kapitel. «Den beschäftigten Menschen raubt
die Straßenmusik ihre Zeit, musikalische Menschen erzürnt sie,
weil sie unerträglich schlecht ist», schrieb er 1864.[69] In einer Liste
führte Babbage «von der Regierung zugelassene Folterwerkzeuge»
auf, die ihn am meisten nervten: Orgeln, Blaskapellen, Fideln, Har-
fen, Spinette, Flageolette, Pauken, Dudelsäcke, Pfeifen, Trommeln
und Trompeten. Dazu kam für ihn die menschliche Stimme in verschiedenen Formen, insbesondere «das Anpreisen von Verkaufs-
gegenständen, religiöses Geplärr und Psalmlieder».[70]

«Ich bin durch solche Musik», so klagte er, «sehr oft nach elf
Uhr und sogar nach zwölf Uhr abends gestört worden. Einmal
spielte eine Blaskapelle mit nur wenigen Unterbrechungen fünf
Stunden lang.»[71] Wie erbittert Babbage gegen den Lärm kämpfte,
zeigte sich daran, dass er einzelnen Musikern die örtliche Polizei
hinterherjagte und sie vor Gericht zerrte. «Einer von ihnen, ein
äußerst hartnäckiger und aufdringlicher Mensch mit einem Leier-

kasten, gab mir einmal eine falsche Adresse. Nachdem ich die richtige herausgefunden hatte, wurde er etwa vierzehn Tage lang von der Polizei gesucht, aber nicht gefunden. Als sein Padrone erfuhr, dass er gesucht wurde, schickte er ihn auf eine Rundreise durch das Land. Einmal traf ich, wenige Meilen von Land's End entfernt, einen dieser Burschen, die ich häufig aus meiner eigenen Straße weggeschickt hatte.»[72]

Der Mathematiker erreichte durch sein erbittertes Vorgehen landesweite Berühmtheit – und wurde so erst recht zum Ziel lärmender Attacken. Die Musikanten machten sich mitsamt Frauen und Kindern einen Spaß daraus, den entnervten Wissenschaftler zu verfolgen, sobald er vor die Tür trat. Unbekannte legten tote Katzen vor seine Haustür, seine Fensterscheiben wurden eingeschlagen, und er erhielt Todesdrohungen. Zeitweise zogen seine Gegner ihre schärfste Waffe. Sie zogen mit Pauken und Trompeten vor sein Wohnhaus und lärmten, was die Instrumente hergaben.

Auch der schottische Autor und Historiker Thomas Carlyle (1795–1881) ist ein tragischer Held der Geschichte des Lärms. Carlyle war hochgebildet und sprach fließend Deutsch – ein intellektueller Feingeist der viktorianischen Zeit. Als Übersetzer brachte er den Engländern viele Werke Goethes nah, mit dem er auch in Briefkontakt stand. Er schrieb vielbeachtete Biografien über Oliver Cromwell oder Friedrich den Großen und verfasste das wohl berühmteste Werk über die Französische Revolution. Doch im Gedächtnis vieler Menschen blieb er vor allem, weil er einen erbitterten und sinnlosen Feldzug gegen den Lärm seiner Zeit führte. Und weil er damit den Menschen unglücklich machte, den er am meisten liebte.

In zahlreichen Briefen wird klar, wie sehr Carlyle unter dem Lärm seiner Zeit litt. Das Klavierspielen der Nachbarin, Hahnengeschrei, Hundegebell, das Rattern der Kutschen und Pferdebahnen und die zahlreichen Straßenmusikanten – all das bereitete ihm ruhelose Tage, schlaflose Nächte und setzte seiner Gesundheit zu. Am 2. Oktober 1843 schrieb er seiner Frau Jane Welsh (1801–1866) verzweifelt, dass «kein Leben von Cromwell oder irgendein anderes Buch jemals neben diesem verdammten Lärm geschrieben werden» könne.[73] Doch auch Jane verzweifelte – allerdings mehr an ihrem Gatten und der Sorge, dass wieder Lärm ihren Mann nerven und ihr damit den Tag vergällen würde.

Laut pöbelnd ging Carlyle auf Straßenmusikanten los, stritt sich mit seinen Nachbarn und verklagte Menschen wegen Ruhestörung. Seine Frau stand ihm zur Seite, hielt ihm den Rücken frei und schirmte ihn so weit wie möglich vor dem Lärm seiner Mitmenschen ab. Sie schrieb Briefe an die klavierspielende Nachbarin oder zahlte den «lärmenden Roncas» im Nebenhaus fünf Pfund, damit diese ihren Hahn und den Papagei, einen Ara, abschafften. 40 Jahre waren beide verheiratet – eine leidenschaftliche Ehe, in der auch viel gestritten wurde. Jane Welsh Carlyle war eine selbstbewusste Frau, die einen prominenten Salon im Londoner Stadtteil Chelsea führte, in dem Größen wie Charles Dickens und Frédéric Chopin ein und aus gingen. Kein prächtiger Stadtpalast, sondern ein typisch englisches Reihenhaus – allerdings nur eine dünne Hauswand entfernt von lauten Nachbarn.

Über die ihm besonders verhassten Drehorgelspieler schrieb Carlyle am 8. Februar 1853 an seine Schwester Jean: «Hier kommt zur Krönung des Ganzen ein unglücklicher Lombarde (brauner Jüngling von der Alpensüdseite) mit seiner Orgel, um sich seinen Lebensunterhalt gerade unter meinem Fenster zu erdrehen. Und es stellt sich die Frage, ob ich ihn nicht ermorden, die Polizei rufen oder mich in die Badewanne auf die andere Seite des Hauses begeben soll? Natürlich sollte ich die letztere Alternative wählen und tue es auch, denn die Drehorgel des Elenden ist eine Pferdeorgel, wie ich höre, von einem Pferd gezogen – und man will meinen, auch von einem gespielt!»

Um dem Lärm zu entgehen, ließ Carlyle 1843 einen kleinen Raum unter dem Dach schalldicht ausbauen, um weit weg vom «Lärm der Klaviere» zu sein – eine Arbeit, bei der seine Frau Jane kräftig mit anpacken musste. «Mein kleines Zimmer hier ist so eine Kuriosität, wie du sie selten gesehen hast», schrieb er am 9. November 1843 an seine Mutter. «Ein Platz, der von meinem Schlafzimmer abgeht, ungefähr 7 oder 8 Fuß im Quadrat, an den Wänden tapeziert, mit einem Fenster darin, das auf gepflegte Gärten, Bäume und Häuser in der Ferne hinausblickt – und jetzt mit einem Kamin, einem Bücherregal, meinem Schreibtisch und einem Stuhl: Hier sitze ich, erhaben über den Lärm der Welt, entschlossen, keinen Sterblichen in meine Privatsphäre eindringen zu lassen; und ich fange wirklich an, es zu mögen.» Doch der Raum konnte sein Lärmproblem nicht wie erhofft lösen. Carlyle nahm weiterhin die hochfrequenten Geräusche wahr – zwar leiser, «aber immer noch perfekt hörbar». Der Kampf gegen den Lärm ging in hypochondrischer Weise weiter. «Es ist mühsam, sich vom Lärm fernzuhalten – wenn man es denn überhaupt kann. Das ist das Schlimmste für ein armes, dünnhäutiges Geschöpf wie mich!», notierte Carlyle am 8. April 1846 in einem Brief an seine Schwester.

Den Ruheraum ließ der Schriftsteller zehn Jahre später um- und ausbauen. Ihrer Cousine schilderte Carlyles Ehefrau Jane detailliert, wie die Handwerker die Fensterritzen mit Baumwolle ausstopften. Hoffnungsfroh schrieb Carlyle seinem Bruder John am 27. Januar 1854: «Jetzt stören mich keine Geräusche mehr; unser Nachbar zur Rechten ist unter Strafe verpflichtet, keine zu machen – das erledigt ihn.» Doch es nützte alles nichts. Noch immer drang der Lärm der Welt an Carlyles Ohr. Ängstlich beobachtete Jane alle Regungen ihres Mannes. «Carlyle konnte in dem neuen Zimmer nicht schlafen», berichtete sie entnervt ihrer Cousine. «Seine ausgestopften Fensterläden waren mit ebenso vielen Schrauben und Riegeln befestigt wie für die Fenster eines Irrenhauses.» Nachts sei Carlyle schlaflos im Haus herumgeirrt, und sie habe die ganze Nacht wach gelegen und mit klopfendem Herzen zugehört. «Aber ich habe Angst, mich einzumischen – sogar irgendeine Hilfe anzubieten –, dann folgen Tage dieser Art noch solche Nächte!»

Carlyle hat nie begriffen, wie sehr er seine Frau mit seiner Lärmempfindlichkeit quälte. Nach ihrem Tod – Jane Welsh starb 1866 mit 65 Jahren – entdeckte er ihre Briefe und Tagebücher. Tief erschüttert darüber, dass er die Sorgen seiner Frau nicht verstanden hatte, veröffentlichte er Janes Vermächtnis, die er in seinen Briefen häufig auf Deutsch als «Schatz» oder «Liebstes Weibchen» bezeichnet hatte.

Heinrich Heine verfügte, er wolle auf gar keinen Fall auf dem Pariser Friedhof Père Lachaise begraben werden, sondern auf dem Cimetière Montmartre, «weil es dort ruhiger sei und er weniger gestört sein werde». Wilhelm Busch (1832–1908) war «die ländliche Stille» lieber, schrieb er 1902 nach einem Besuch in Frankfurt am Main. Der Dichter floh vor dem Lärm der Städte immer wieder in seine Idylle nach Wolfenbüttel. Doch auch dort konnte er dem Alltagslärm nicht entfliehen. Klappern mit Messer und Gabel, Türenschlagen und der Lärm spielender Kinder hätten Wilhelm Busch gestört und wütend gemacht, erinnerten sich seine Neffen Adolf, Hermann und Otto Nöldeke Jahre später. Und auch einer der größten Philosophen der Zeit wurde von Geräuschen gepeinigt. Arthur Schopenhauer (1788–1860) sah sich ebenfalls als Opfer des Proletariats. In seinem 1851 veröffentlichten Text *Über Lerm und Geräusch* beklagte er sich über die Arbeiterschaft. Lärm sei eine Waffe der Handarbeiter im Krieg mit den Kopfarbeitern. Die

These des großen Denkers: Besonders unempfindlich gegen Lärm seien diejenigen, die auch wenig empfänglich für «Dichtungen und Kunstwerke, kurz gegen geistige Eindrücke jeder Art sind». Anders ausgedrückt: Die tumberen Menschen und Nicht-Intellektuellen seien abgehärtet gegen Lautstärke. Schopenhauer hatte dafür eine physiologische Erklärung parat: «Es liegt an der zähen Beschaffenheit und handfesten Textur ihrer Gehirnmasse.»[74]

Nur wenige Intellektuelle kümmerte es offenbar, wie der Lärm auch auf ihre Mitmenschen wirkte. Für den Schriftsteller Émile Zola (1840–1902) wurde der Krach zum Sinnbild für die Last der Moderne, die den Menschen in seiner Existenz bedrohen konnte. Bei ihm ist es die rohe Gewalt der Eisenbahn, die die menschlichen Sinne verstörte, betäubte und auch krank machte. Sein Roman *La Bête Humaine* (*Die Bestie im Menschen*, 1890) ist ein Gleichnis von Lärm und Moderne. Pfeifen, Stampfen und Vibrieren symbolisieren die schrecklichen Untaten der Menschen um den Lokomotivführer Jacques. An der Eisenbahnstrecke zwischen Paris und Le Havre spielt sich ein verstörendes Drama aus Gewalt, Intrigen, Mord, Eifersucht und psychischer Deformierung ab, dessen Rahmen vom Lärm der Eisenbahn geprägt ist. Die Geräusche der Moderne sind hier nicht der verheißungsvolle Klang von Fortschritt und einem besseren Leben, sondern von Untergang, Verfall und Katastrophe.

Die Eisenbahn ist weder Errungenschaft noch Segen, sondern ein fauchender Dämon. Als der Stationsvorsteher Roubaud einen Mordplan schmiedet, um sich des Geliebten seiner untreuen Ehefrau zu entledigen, macht sich im Bahnhof um 6 Uhr morgens der Schnellzug von Paris nach Le Havre bereit: «Aus diesem Schattensee heraus schallten Lärm, scheinbar von Riesen ausgestoßene, fieberhaft beschleunigte Athemzüge, das Kreischen der Dampfpfeifen, ähnlich dem Schreien einer vergewaltigten Frau.» Der

Roman endet nicht nur mit dem Tod vieler Menschen, sondern auch mit einem Zug, der französische Soldaten an die Front des Deutsch-Französischen Krieges (1870/71) bringen soll. Nachdem der Lokführer Jacques und sein Heizer nach einem Kampf auf Leben und Tod aus dem Zug fallen, rasen die Waggons führerlos durch die Nacht – mit den singenden Soldaten an Bord, die in eine unheilvolle Zukunft fahren. «Was kümmerte die Locomotive die Opfer, die sie auf ihrem Wege zermalmte? Nicht achtend des vergossenen Blutes sauste sie der Zukunft entgegen.»

Zola wohnte direkt an einer Eisenbahnstrecke, die durch Médan nordwestlich von Paris verläuft. Vermutlich inspirierte sie ihn zum Roman. Sein Vater François Zola war ein Geburtshelfer der Eisenbahn gewesen. Als Ingenieur in Diensten des österreichischen Kaisers hatte er an der ersten Ferneisenbahnlinie auf dem europäischen Kontinent mitgewirkt. Das Wohnhaus von Émile Zola, das heute ein Museum ist, liegt noch immer an den Gleisen von damals – nur 40 Meter vom Rumpeln und Rattern der Züge entfernt.

Spannungsgeladen – als die Elektrizität den Lärm verstärkte

Wir haben Pause. Zwar ist es nur auf unserer Ecke ruhig, und über uns dröhnt es weiter. Doch ich kann endlich meinen Arm ausruhen. Monsieur Eiffel persönlich ist zu uns auf die erste Plattform gekommen, und der Vorarbeiter erklärt ihm gestenreich das Problem. Eiffel steht da in seinem langen Mantel, schweigt und nickt nur. Was der

Vorarbeiter ihm sagt, kann ich nicht verstehen, weil die Männer nebenan so laut sind. Jeder Schlag auf die Bolzen dröhnt wie eine Kirchenglocke und lässt die Plattform erzittern. Worum es genau geht, weiß ich nicht, denn die Arbeiten sind eigentlich gut im Plan. Gestern haben wir mehr als 800 Nieten versenkt, und die Esse glühte so stark, dass ich Angst hatte, sie würde durch den Boden schmelzen. Der alte Bertrand lächelt mir spöttisch mit seinem zahnlosen Mund zu. Er hat die Stopfen an meinen Ohren gesehen. Sie sind hart und drücken, aber sie halten den Lärm recht gut ab. Soll er nur lachen – der Alte ist fast taub, und so will ich nicht enden. Nach einem letzten Nicken Eiffels dreht sich der Chef um und gibt uns das Zeichen zum Weitermachen. Der junge Elian hält den glühenden Niet mit der Zange, und der große Belgier schlägt zu. Das Dröhnen ist unfassbar, und ich würde dem Kleinen gern von den neuen Kugeln geben – doch ich habe nur ein Paar. Ich halte gegen den Dorn, damit der Bolzen rund im Loch verbleibt. Immer acht Schläge – dann ist kurz Pause, bis die Esse den nächsten Niet rot geglüht hat. Noch sechs Stunden Hämmern, dann treffe ich endlich die süße Marie wieder.

Lärm hat viel mit Fortschritt zu tun. Und auch vermeintlich lautlose Technik trägt den Keim des Krachs in sich. Das Fließen der Elektronen ist vollkommen still – seine Auswirkungen können aber ohrenbetäubend sein. In den ersten Energienetzen des neuen Jahrhunderts strömte das Gas leise summend durch die Leitungen. Nur wenn es zischte, war höchste Vorsicht geboten. Und auch moderne Kommunikation, die uns heute 24 Stunden am Tag mit Geräuschen aller Art weltweit verbindet, fußt auf lautlosen Grundlagen, die Wissenschaftler und Erfinder im 19. Jahrhundert entdeckten und nutzten.

Neben der Dampfkraft entwickelten sich im 19. Jahrhundert Gas und Elektrizität zu wichtigen Motoren der Moderne. Sie eroberten die Welt in rasender Geschwindigkeit und veränderten den Klang entscheidend. Von ersten Versuchen des Briten William Murdoch (1754–1839) mit einer Laterne, die durch eine mit Gas gefüllte Schweinsblase brannte, bis hin zur Beleuchtung seines eigenen Hauses (1792) vergingen nur wenige Jahre. 1816 brannten in London schon mehr als 7000 öffentliche Gaslaternen, wenige Jahre später hatten bereits 50 britische Städte Gaswerke. Der Kontinent folgte mit Paris (1820), Hannover (1825) und Berlin (1826). Vorher hatten in großen Städten Laternen befüllt mit Rapsöl oder Petroleum trübes Licht verbreitet.

Gas, das zumeist aus Steinkohle gewonnen wurde, machte plötzlich die Nacht zum Tag – und das hatte unmittelbare Auswirkungen auf das Klangbild der Nacht. Das Ende des Tages bedeutete nicht mehr überwiegend Ruhe und Stillstand. Hektik und Geschäftigkeit verlagerten sich in die Abend- und Nachtstunden. In manchen Städten kam die Bevölkerung im 19. Jahrhundert nach Einbruch der Dunkelheit nicht mehr zur Ruhe. Sperrstunden und leergefegte Straßen gehörten endgültig der Vergangenheit an. Nachtschwärmer brauchten keine Handlaternen mehr, Handel und Verkehr war plötzlich nach Einbruch der Dunkelheit möglich, und selbst Bauarbeiten ließen die Behörden nachts durchführen, weil dann die Straßen nicht verstopft waren. Das Nachtleben, wie wir es heute kennen, wurde erst durch die Gasbeleuchtung der Städte möglich – eine Entwicklung, die die aufkommende Elektrizität beschleunigte. Schon ab 1850 vermehrten sich Beschwerden über gestörte Nachtruhe in den Städten. «Nachts lange andauernde Gartenmusiken» hatten 1854 Bürger in München über Wochen gestört. Die Königliche Polizeidirektion untersagte daraufhin «Harmonie- und Blechmusiken in sämmtlichen Gastwirthschaften».[75] In Augsburg verbaten sich 1868 Fabrikarbeiter die «nächtlichen Spektakel bei einem Kaffeestübchen-Inhaber», weil sie morgens früh aufstehen mussten.[76] Die Polizei sehe und höre «unbegreiflicherweise von derartigem Unfuge trotz aller Patrouillen nichts».

Die Entwicklung der Elektrizität verlief ähnlich rasant. Die erste funktionierende Batterie erfand der Italiener Alessandro Volta (1745–1825) im Jahr 1800, wenig später wurde der erste Gleichstrom-Elektromotor (1837) gebaut. Ab 1880 entstanden weltweit erste lokale Stromnetze, die mit Gleichstrom betrieben wurden – eine Lösung, die Thomas Alva Edison (1847–1931) in den USA vorantrieb. Doch erst die Entwicklung des Wechselstroms durch Nikola Tesla (1856–1943) und Edisons Gegenspieler George Westinghouse (1846–1914) verhalf den elektrischen Energienetzen weltweit zum Durchbruch. 1879 rollte auf einer Gewerbeausstellung in Berlin die erste öffentliche elektrische Bahn der Welt. Im gleichen Jahr prägte Werner von Siemens (1816–1892) das Wort «Elektrotechnik», und ebenfalls 1879 gab es den ersten tödlichen Stromunfall der Geschichte: Ein Zimmermann eines Theaters in Lyon hatte versehentlich eine 250-Volt-Leitung berührt.[77]

Dass der still fließende Strom von elektrischen Teilchen laut sein kann, wird nirgendwo anders so deutlich wie in der Starkstromabteilung des Deutschen Museums in München. Wenn der Betriebsobermeister im Vorführsaal langsam die Spannung erhöht, knistert es verheißungsvoll. Dann kommt es bei 280000 Volt zum Durchschlag durch die Luft – ein dröhnendes Knattern, tiefes Brummen und hartes metallenes Geräusch wie aus einem gigantischen Elektrorasierer. Die meisten Erwachsenen und fast alle Kinder im Publikum halten sich die Ohren zu. Wie Peitschen knallen die Blitze, knistern und krachen ohrenbetäubend. Es prasselt wie bei einem tausendfach verstärkten Starkregen – ein akustisches Inferno, das theoretisch ewig andauern könnte, solange der Strom ausreicht. Die Vorführung endet mit einem künstlich erzeugten

27. Laute Elektronen
19. Jahrhundert Elektrizität
(Deutsches Museum in
München)

Blitz, der sich mit 1,2 Millionen Volt und einer Stromstärke von 3000 Ampere entlädt. Spätestens dann halten sich alle Besucher in München die Ohren zu. Und spätestens jetzt zeigt sich der ultimative Beweis für die Bemühungen des Menschen, sich die Kräfte der Natur untertan machen zu wollen. Blitze, für Jahrtausende Machtsymbol der Götter, dienen künstlich erzeugt in einem Schauraum der Unterhaltung und Belehrung der Menschen.

Elektrischer Strom prägte vom 19. Jahrhundert an überall die Welt der Geräusche: Elektromotoren brummten, Elektrizitätswerke knisterten, und Telegraf und Fernschreiber klackerten. Funktechnik, Telefon und später Radio und Kino wurden dadurch möglich. Elektrische Türklingeln (1831) hielten Einzug in den Häusern. Das elektrische Licht ergänzte die Gasbeleuchtung und löste sie später ab. Leuchtreklamen erhellten die Nacht, und Maschinen veränderten den Klang in den eigenen vier Wänden. Kühlschränke (1876) brummten, und Deckenventilatoren (1882/87) sausten. Und 1890 donnerte die erste elektrische Untergrundbahn der Welt durch London – die City and South London Railway als Vorläufer der weltberühmten London Underground. Zwar erreichte die Elektrizität ihre Blütezeit erst im 20. Jahrhundert, doch alle Grundlagen waren spätestens 1890 geschaffen.

Elektrizität war am Ende des 19. Jahrhunderts eine Hoffnung nicht nur auf eine bequemere, sondern auch auf eine leisere Welt. Dampfmaschinen, Fabriken und Verbrennungsmotoren hatten den Lärm entfacht, den die Elektrizität nun dämpfen sollte. Die «electrische Eisenbahn» in Berlin-Lichterfelde wurde die erste elektrifizierte Straßenbahn der Welt. Sie habe sich «vortrefflich bewährt», schrieb die *Coburger Zeitung* kurz nach der Eröffnung im Mai 1881.[78] Die 2,5 Kilometer lange Strecke faszinierte die Berliner. Wie eine kleine Gartenbahn sah die Straßenbahn aus, die 20 Plätze hatte und doch ohne das Geklapper der Hufe und das

Rasseln des Zaumzeugs auskam. «Die elektrische Maschine ist zwischen den Rädern unterhalb des Fußbodens angebracht, arbeitet geräuschlos, ist kaum sichtbar und macht sich durch nichts äußerlich bemerkbar», staunten Journalisten. Die elektrische Straßenbahn habe «Aussicht auf eine bedeutende Zukunft».[79]

Den elektrischen Antrieb hatte kein Geringerer als Werner von Siemens entwickelt. Wien und das englische Brighton folgten 1883, die Erfindung eroberte die Welt. Die Hoffnung auf eine leisere Zukunft trog jedoch. Insbesondere die elektrische Straßenbahn wurde zu einer Lärmquelle ungeahnten Ausmaßes. Ihr Rumpeln auf den Gleisen, das Kreischen der Eisenräder in den Kurven und das nervtötende Geklingel der elektrischen Signale, das der Straßenbahn später den Namen gab – «die Elektrische». Dazu kamen Hunderttausende von Menschen, die das neue Verkehrsmittel täglich nutzten. All das ließ den Lärm der Stadt weiter anschwellen.

Elektrizität ist einigen Menschen bis heute unheimlich. Die Zeitgenossen damals waren auch fasziniert, weil Strom ihre Kommunikation revolutionierte. Nachrichten zu übermitteln, schnell wie der Wind, war ein jahrtausendealter Traum, der im 19. Jahrhundert endlich in Erfüllung ging. Die Wiege dieser epochemachenden Erfindung lag nicht in den USA, sondern in einem Universitätsgebäude in Göttingen. Carl Friedrich Gauß (1777–1855) und sein Mitarbeiter Wilhelm Eduard Weber (1804–1891) nahmen hier im Mai 1833 den ersten elektromagnetischen Telegrafen der Welt in Betrieb – ein hölzernes Dreibein mit Metallblech, Hebeln und Kabeln. Was der berühmte Gauß-Weber-Telegraf auslöste, war bahnbrechend. Unsere heutige Welt mit Telefon, Funk und Internet nahm ihren Anfang.

In anstrengenden Kletterpartien hatte der 29-jährige Weber Ende März 1833 einen Draht vom Dach des Physikalischen Kabinetts der Universität über den Turm der Johanniskirche zur Sternwarte der Stadt verlegt, wo Gauß seinen Arbeitsplatz hatte – 1,1 Kilometer lang und doppeladrig. Als die beiden Wissenschaftler rund um die Ostertage die erste Nachricht verschickten, hörte man nichts. Eine elektromagnetische Spule löste einen Impuls aus, der in der Sternwarte einen Magnetstab entweder nach links oder nach rechts bewegte. Gauß und Weber hatten sich zuvor auf einen Code verständigt, um Nachrichten übermitteln zu können. Welchen Inhalt das erste Telegramm der Welt hatte, ist unklar. Der Überlieferung nach lautete es «Michelmann kömmt» – wobei der Hausmeister Michelmann angeblich eher in der Sternwarte eintraf als die Nachricht, die Weber an Gauß geschickt hatte.

Vermutlich war der Inhalt bedeutsamer. «Wissen vor Meinen, Sein vor Scheinen» – diese Worte fanden Historiker in Gauß' handschriftlichen Aufzeichnungen über seinen Telegrafencode. Viereinhalb Minuten dauerte die Übermittlung, berechnete die moderne Forschung, und Gauß war sich bewusst, dass seine Erfindung bahnbrechend war. Im November 1833 schrieb er seinem Freund, dem Bremer Arzt Heinrich Christian Matthias Olbers, dass er mit Weber bereits zahlreiche «Wörter und kleine Phrasen» ausgetauscht habe: «Diese Art zu telegraphieren hat das Angenehme, dass sie von Wetter und Tageszeit ganz unabhängig ist. (...) Ich bin überzeugt, dass unter Anwendung von hinlänglich starken Drähten auf diese Weise auf einen Schlag von Göttingen nach Hannover oder von Hannover nach Bremen telegraphiert werden könnte.»[80]

Es war der US-Kunstmaler Samuel Morse (1791–1872), der die Erfindung verbesserte, vermarktete und zum weltweiten Erfolg führte. An eine Staffelei bastelte er 1837 Papierstreifen und ein Pendel, das sich durch Impulse bewegte. Das berühmte Piepsen und der Morsecode kamen erst zehn Jahre später hinzu, als im

Frühjahr 1844 die erste funktionierende Telegrafenverbindung der Welt zwischen Washington und Baltimore fertig war. Mit seinem inzwischen patentierten Morsealphabet sendete der Erfinder persönlich am 24. Mai 1844 die erste elektrische Nachricht: «What hath God wrought?» (Was hat Gott getan?) ist ein Bibelvers, den Morse aus einem Raum des Supreme Court im Washingtoner Kapitol nach Baltimore schickte. Die 60 Kilometer Entfernung überwand die Nachricht in Sekundenschnelle – zerhackt in kurze und lange Pieptöne.

Das Piepsen des Morseapparates wurde zu einem ikonischen Klang der Moderne. Es war ein Signal des Fortschritts, aber auch von Katastrophen und Kriegen. Und es ließ die Menschen näher zusammenrücken – erst in Städten und dann auch in Ländern und auf Kontinenten. Das Zeitalter der weltweiten Kommunikation in Echtzeit konnte beginnen.

Schon 1850 war mit der Verlegung von Seekabeln begonnen worden. Als Erste kommunizierten England und Frankreich mit Morsezeichen, nachdem ein Kabel zwischen Dover und Calais versenkt worden war. Versuche, Europa und Nordamerika zu verbinden, schlugen mehrfach fehl. Kabel rissen, rosteten durch, oder es fehlte an Schiffen, die die gewaltigen Kupferkabel hätten aufnehmen können. Mit der «Great Eastern», inzwischen zu einem Kabelleger umgebaut, startete 1866 ein weiterer Versuch. Gespannt blickte die Weltöffentlichkeit auf den Atlantik. «418 Meilen Kabel versenkt», berichteten die Ingenieure am 5. September von Bord. «Isolirung und Continuität vollkommen. Wetter schön. Alles wohl.»[81] Wenige Wochen später war alles fertig. Von 1866 an sendete eine stabile Telegrafenverbindung von Valentia Island im Südwesten Irlands ununterbrochen Nachrichten in die Kopfstation im Dorf Heart's Content in Neufundland und zurück – mehr als 100 Jahre lang. Erst 1966 wurde die Verbindung aufgegeben. Als

Morse 1872 starb, war bereits ein großer Teil der Welt per Telegrafenkabel miteinander verbunden.

Die Erfinder des 19. Jahrhunderts beließen es nicht bei den erstaunlichen Erfolgen ihrer Zeit. Nachdem der Hamburger Physiker Heinrich Hertz die elektromagnetischen Wellen entdeckt hatte, war der Weg frei für die drahtlose Kommunikation. Es war ein Italiener, der dafür sorgte, dass Nachrichten per Funk um die Welt schallten – erst in Tonsignalen und später auch in gesprochenem Wort. Schon als 20-Jähriger hatte Guglielmo Marconi (1874–1937) aus Bologna erste Sende- und Empfangsgeräte gebaut und Mitte 1896 sein System in Großbritannien patentieren lassen. 1899 gelang ihm eine Funkverbindung über den Ärmelkanal und am 18. Januar 1903 sein Meisterstück. Auf Cape Cod (USA) hatte Marconi eine Sende- und Empfangsstation errichtet, die über 60 Meter hohe Masten Signale über den Atlantik an eine Anlage im englischen Cornwall schickte. US-Präsident Theodore Roosevelt und König Edward VII. tauschten feierlich Grußbotschaften aus.

Als Tage später in New York das Ereignis mit einem Bankett gefeiert wurde, standen anstatt von Blumengestecken kleine Sende- und Empfangsanlagen Marconis auf den langen Tischen, um den Gästen den neuen Funk vorzuführen. Unter ihnen war auch Thomas Alva Edison, der sich an eine der Anlagen setzte und mit Marconi zu telegrafieren begann. Piepsend übertrug der Sender drahtlos die Nachricht durch den Saal, atemlos verfolgt von den zahlreichen Ehrengästen. «Haben Sie gut gespeist?», funkte Marconi seinem berühmten Gast über den Tisch zu, worauf dieser antwortete: «Nicht übel, und Sie?»[82] So banal waren die Nachrichten selten. Nachdem die «Titanic» am 14. April 1912 einen Eisberg gerammt hatte, schickte der Funker Jack Philipps, ein Angestellter Marconis, kurz nach Mitternacht auf Befehl von Kapitän Edward Smith das Notsignal «CQD» (Come Quick, Danger), gefolgt von den Zeilen «ss titanic ran into iceberg. sinking fast». Sein Kollege Harold Bride ermunterte ihn, ein relativ neues Signal hinterherzusenden – dreimal kurz, dreimal lang, dreimal kurz: «S.O.S.» Vielleicht sei jetzt die letzte Möglichkeit dazu, soll Bride zu seinem Kollegen gesagt haben. Beide waren zuvor vor allem damit beschäftigt gewesen, Urlaubsgrüße der Passagiere zu versenden. Als der Kapitän gegen 2 Uhr ein letztes Mal in die Kabine des Marconi-Raums kam, entband er die Funker von ihren Aufgaben. Beide fanden einen Platz in einem Faltboot, das beim tosenden Untergang des Riesen umgerissen wurde und danach kieloben im Wasser trieb. Während Bride einen Platz auf dem Boot fand, starb der Mann, der das S.O.S.-Signal gesendet hatte, im Nordatlantik.

Marconi war eine kostenlose Passage für die Jungfernfahrt angeboten worden, doch er nahm das Angebot nicht wahr. Weil er arbeiten musste, hatte er die «Lusitania» gebucht, die drei Tage vor der «Titanic» abgelegt hatte.

Vom Tickern der Telegrafensignale bis zur Übertragung von Tönen, Stimmen und sogar Musik war es nur noch eine Frage der Zeit. Die Erfindung des Telefons wurde zu einem Höhepunkt in der technischen Entwicklung des 19. Jahrhunderts. Zum ersten Mal in der Geschichte konnten Menschen miteinander sprechen, auch wenn sie kilometerweit voneinander entfernt waren. Zwar zunächst noch in schlechter Qualität, aber deutlich und verständlich. Fast wie ein Wunder in einer an Sensationen nicht armen Zeit.

1877 erschienen in deutschen Zeitungen die ersten Berichte über den neuen «Sprechtelegraph» aus Amerika. Am 12. Januar 1881 nahm in Berlin das erste öffentliche Telefonnetz mit 48 Anschlüssen seinen Probebetrieb auf – eine Sensation für die Hauptstädter. Mühlhausen, Hamburg und Stuttgart folgten. «Mit frappanter Deutlichkeit» höre man den Gesang im Opernhaus, berichtete eine Münchener Zeitung über die Aufstellung eines

28. Piepsende Nachrichten
1912 Letzte Telegrafensignale der «Titanic» (Simulation)

«amerikanischen Mikrophons», das im Dezember 1881 den Ton in das sieben Kilometer entfernte Generalpostamt in München übertrug.[83] 1889 gab es in Berlin bereits 10000 Telefonanschlüsse, knapp zwanzig Jahre später mehr als eine Million im Deutschen Reich. Das Zeitalter der Telekommunikation hatte begonnen.

Das Telefon brachte allerdings auch eine völlig neue Erfahrung. Ohne Ankündigung, ohne Anklopfen und ohne Vorwarnung konnten Nachrichten nun in die Wohnbereiche der Menschen eindringen. Das Klingeln des Telefons war besonders geeignet, die Stille und die Ungestörtheit des Privaten zu zerreißen.

Bis zur Mitte des 19. Jahrhunderts waren Klänge flüchtig – einmalige Ereignisse, die verhallten und nie wieder zu hören waren. Das änderte sich erst mit einem Franzosen, der als Drucker und Buchhändler sein Geld verdiente. Der Phonautograph wurde 1857 von Édouard-Léon Scott de Martinville (1817–1879) in Paris erfunden. Es war das erste Gerät der Menschheitsgeschichte, mit dem Schall aufgenommen werden konnte. Nur den Schall wiedergeben konnte die Konstruktion aus einem Horn, einer Membran, einem mit Ruß geschwärzten Zylinder und einer Schweinsborste noch nicht. Auch wenn sich der erfinderische Buchhändler das Ergebnis nicht anhören konnte, späteren Generationen gelang es. Scott nahm am 9. April 1860 das französische Volkslied «Au Clair de la Lune» auf und hinterlegte die Ergebnisse 1861 bei der Französischen Akademie der Wissenschaften. Experten gelang es 2008, die Schallwellen auf dem Zylinder auszulesen. Es ist bislang die früheste erkennbare Aufzeichnung der menschlichen Stimme. Und jeder kann sie sich heute im Internet anhören – faszinierend, auch wenn es sich eher anhört wie ein summendes Insekt.

Ein Gerät zur Aufzeichnung und zum Abspielen erfand erst die amerikanische Legende Thomas Alva Edison genau zwanzig Jahre später. In seinem Patent vom Dezember 1877 nannte Edison den

29. Konservenmusik
1860 Volkslied *Au Clair de la Lune* (Aufnahme Phonautograph)

Phonographen eine «Sprechmaschine». Über eine Dose wurde eine Nadel in Schwingung gebracht, die den Schall auf eine hauchdünne Zinnfolie und später auf eine Wachswalze kratzte. Edisons «Hello» war das erste Wort, das auf diese Weise konserviert wurde. Über eine andere Schalldose konnte der aufgezeichnete Ton wieder abgespielt werden – die Vorfahrin aller Stereoanlagen und MP3-Player. Alle diese Erfindungen waren faszinierend und zogen Aufmerksamkeit auf sich. Doch sie hatten einen großen Nachteil. Sie waren sehr exklusiv, teuer und für nur wenige Menschen erlebbar. Das seltsam-schaurige Gefühl, eine menschliche Stimme, Musik oder Geräusche zu hören, die scheinbar körperlos daherkamen.

Faszinierend anzuhören ist ein Tondokument, das bis vor Kurzem als verschollen galt. Am 7. Oktober 1889 bekam der deutsche Reichskanzler Otto von Bismarck Besuch auf seinem Schloss Friedrichsruh bei Hamburg. Adelbert Theodor Wangemann (1855–1906), ein Mitarbeiter Edisons, hatte eine ungewöhnliche Bitte. Der Staatsmann solle in das Rohr einer Maschine sprechen. Wangemann zeigte Bismarck den Phonographen. Der alte Herr ließ sich nicht lange bitten. Zunächst trug von Bismarck den Text des englischen Folksongs *Three Jolly Rogues* vor, dann zitierte er ein Gedicht von Ludwig Uhland, das Studentenlied *Gaudeamus Igitur* und Teile der französischen *Marseillaise*. Heute kann man es wieder hören – auch wenn es nur schwer zu verstehen ist. 2012 fanden US-Wissenschaftler die Wachswalze in einem Archiv.

Wangemann bannte zwei Wochen später auch die Stimme von Helmuth Karl Bernhard von Moltke (1800–1891) auf die Wachswalze. Moltke ist der früheste in der Geschichte geborene Mensch, dessen Stimme erhalten ist. Die Ironie dabei: Von Moltke galt zu Lebzeiten als wortkarg und hatte den Spitznamen «Der Schweiger». Der 89-jährige Generalfeldmarschall klingt zackig-

 30. Körperlose Stimmen
1877 Thomas Alva Edison (*Mary Had a Little Lamb*) – Aufnahme 1927

 31. Historische Worte
1889 Otto von Bismarck (Aufnahme Edison-Phonograph)

militärisch, als er sich lobend über den Phonographen äußert: «Diese neueste Erfindung des Herrn Edison ist in der Tat staunenswert. Das Telephon ermöglicht, dass ein Mann, der lange schon im Grabe liegt, noch einmal seine Stimme erhebt und die Gegenwart begrüßt.» Und im Dezember 1889 hielt Wangemann in Wien erstmals das Klavierspiel eines großen Komponisten fest: Johannes Brahms spielte seinen *Ungarischen Tanz Nr. 1.*

Telefon, Telegraf, Phonograph, Gasmotor, Automobil, Nähmaschine, Fahrstuhl und auch der elektrische Stuhl – alle Erfindungen feierten damals ihre internationale Premiere auf einer globalen Messe, die für den Fortschritt der Zeit schlechthin stand. Queen Victoria eröffnete am 1. Mai 1851 im Londoner Hyde Park die erste Weltausstellung. Es war eine Leistungsschau für alles, was leuchtet, fährt und lärmt. «Fortan sind Maschinen und der Geist des Menschen Sieger und Besieger der Welt», bilanzierte eine deutsche Zeitung.[84]

Krönung des innovativen Jahrhunderts war die Weltausstellung des Jahres 1889 in Paris. Dass der Eiffelturm zur Ikone des 19. Jahrhunderts werden sollte, war den Erbauern nicht klar. Fast zwei Jahre lang dröhnte das Hämmern der Nietgesellen vom Champ de Mars über die Seine und war in weiten Teilen der Stadt zu hören. Das kraftvolle Hineintreiben der glühenden Bolzen wurde von der Resonanz der Metallkonstruktion erheblich verstärkt. Die Baustelle im Herzen der Stadt brachte zwischen Januar 1887 und März 1889 ein Chaos aus Dreck und Lärm, das die Pariser fasziniert bestaunten. Doch es war nicht der Baulärm, der die Menschen erregt diskutieren ließ, sondern das Gebäude selbst. Der Eiffelturm wurde zum Leuchtturm der lärmenden Moderne – eisern, roh, ein Skelett des Machbaren, das Industrialisierung, Fortschritt und Technik symbolisierte. «Alles ist möglich», schrie der Turm den Menschen durch seine aggressive Kraft und Form entgegen.

32. Lautstarker Schweiger
1889 Helmuth Karl Bernhard von Moltke (Aufnahme Edison-Phonograph)

Gustave Eiffel (1832–1923), der eigentlich Chemie studiert hatte, baute Brücken, Bahnhöfe, Kirchen und Viadukte, bevor er ab 1879 zunächst an einer anderen Ikone mitwirkte. Das Trägersystem der New Yorker Freiheitsstatue stammt von ihm und machte ihn zum ungekrönten König der Symbolarchitektur. Die Pläne für den vierbeinigen Pfeiler in Paris kamen zwar aus Eiffels Ingenieurbüro, doch die Idee dazu hatte nicht er selbst. Der Elsässer Ingenieur Maurice Koechlin (1856–1946), ein Mitarbeiter Eiffels, zeichnete den Entwurf, der zum vielleicht berühmtesten Gebäude der Welt wurde. Bei den Bauarbeiten verwendete Eiffel Schmiedeeisen mit geringem Kohlenstoffgehalt, das nur genietet und nicht geschweißt werden konnte. Nieten, die wohl lauteste Tätigkeit im 19. Jahrhundert, wurde zur Technik, die das Stahlskelett entstehen ließ. 2,5 Millionen Stahlnieten halten mehr als 18000 Einzelteile zusammen. In Vierertrupps hatten die Arbeiter den Turm nach dem Baukastenprinzip errichtet. Ein Mann glühte den Nietkopf an einer transportablen Esse vor, ein anderer trug ihn mit einer Zange an das Bohrloch. Den anstrengendsten und lautesten Job hatten die beiden Letzten: Ein Arbeiter hielt den glühenden Nietkopf im Loch, während der vierte mit einem Vorschlaghammer die andere Seite des Niets zu einem Kopf formte.

Schon während der Bauphase zeigte sich, dass die Pariser Bevölkerung den Turm ablehnte. Das Gebäude sollte als Eingang zur Weltausstellung 1889 dienen und an den 100. Jahrestag der Französischen Revolution erinnern. Am 14. Februar 1887 veröffentlichten französische Intellektuelle, unter ihnen Alexandre Dumas und Guy de Maupassant, ein Schreiben «gegen die Errichtung des nutzlosen und monströsen Eiffelturms im Herzen unserer Hauptstadt». Der Turm sei eine «Schande von Paris», über die sich die zahlreichen Besucher aus dem Ausland lustig machen würden. Der Turm sei wie ein «riesiger und schwarzer Fabrikschornstein, der mit seiner barbarischen Masse» Notre-Dame und andere Bauwerke erdrücken würde.[85]

«Schön ist das Ding wahrhaft nicht», urteilte eine deutsche Zeitung nach einem Baustellenbesuch im Jahr vor der Eröffnung.[86] Anders als die Franzosen waren sich die deutschen Beobachter aber sicher, dass der Turm ein Erfolg werden würde. «Viele Hunderttausende von den 14 Millionen Ausstellungsbesuchern, auf die man rechnet, werden die Auffahrt wagen, selbst wenn das Vergnügen nicht billig zu stehen kommt.» Damals machten noch Pläne die Runde, auf dem Eiffelturm «riesige Aeolsharfen, chinesische Gongs mit kolossalen Klöppeln und eine Windharmonika von Trompeten» zu montieren, «auf welchem der Luftzug unablässig vom Pianissimo des Zephyrs bis zum Fortissimo des Sturmes spielen soll». Lärm werde es auf dem Eiffelturm also auch ohne Parlamentsdebatten geben, schloss der Korrespondent. «Und Lärm zu machen ist ja der wahre und wohl auch der einzige Zweck des ganzen Wunderwerks.»[87]

Höher, größer, lauter – nichts schien mehr unmöglich. Der Schriftsteller Jules Verne (1828–1905) wurde zum Chronisten des Industriezeitalters und des modernen Lärms. Alles, was schnaufte, stampfte, puffte, zischte und explodierte – Vernes visionäre Maschinen reicherten nicht nur seine fantasiereichen Geschichten an. Sie modellierten eine Epoche von Aufbruch, Technik und Hoffnung auf ein besseres Leben und gaben einen Ausblick auf das, was noch kommen könnte. *Die Reise zum Mittelpunkt der Erde* (1864) tönt von fauchenden Vulkanschloten oder rollenden Kugelblitzen, in *20000 Meilen unter dem Meer* (1869/70) taucht Kapitän Nemo mit dem U-Boot Nautilus in die Tiefe, und in der *Reise um die Erde in 80 Tagen* (1873) nutzt Phileas Phogg alle Verkehrsmittel seiner Zeit – Dampfschiff, Eisenbahn, Raddampfer und Fesselballon, hektisch angetrieben von eiligen Telegrammen, die über das gerade verlegte Transatlantikkabel von Amerika nach Europa piepsten.

In *Von der Erde zum Mond* (1865) nahm Jules Verne nicht nur die Raumfahrt vorweg, sondern bediente sich im Arsenal der Kriegstechnik, die in den 1860er-Jahren eine Blüte erlebte. Eine gigantische Kanone, die vom Kanonenclub Baltimore gebaut wird, soll mit Schießbaumwolle eine bemannte Kapsel zum Mond schießen. Als diese dann in Florida tatsächlich mit drei Passagieren und zwei Hunden abgefeuert wird, hinterlässt sie schwerste Verwüstungen. «Sofort ertönte ein fürchterlicher, unerhörter, donnerartiger Knall, der ebenso wie das Blitzen und Krachen beim Ausbruch über alle menschlichen Begriffe hinaus ging. Eine himmelhohe Feuersäule schoß aus dem Boden, wie aus einem Krater empor. Die Erde erbebte, und kaum einzelne Personen konnten einen Augenblick das Projectil gewahren, wie es inmitten flammender Dünste siegreich in die Lüfte empor drang.»[88]

Als der deutsche Schriftsteller Friedrich Wilhelm Hackländer (1816–1877) die Weltausstellung 1867 in Paris besuchte, kam er in eine gigantische Ausstellungshalle, in der riesige Dampfaggregate über schwere Transmissionsriemen eine Unzahl von großen Maschinen antrieben. «Es ist eigenthümlich, wie bald wir uns an das Schnauben, Sausen, Schwirren, Rasseln der Maschinen gewöhnen», schrieb der damals populäre Autor. «So blicken wir mit einem fast bangen Gefühle auf die riesenhafte Krupp'sche Gußstahlkanone mit ihren explodirenden Spitzkugeln von tausend Pfund Schwere, die im Stande wäre mit einem einzigen Schusse alle diese Blüten des menschlichen Geistes zu zerstören.»[89]

Bereits drei Jahre später feuerten diese deutschen Kanonen ihre tödlichen Granaten auf Frankreich und seine Soldaten.

Der industrielle Klang des Krieges

Die technische Revolution veränderte auch den Klang des Krieges. Trommelfeuer und stundenlange Kanonaden aus eingegrabenen Stellungen lösten den klassischen Bewegungskrieg und die Feldschlacht ab, mit der Napoleon noch zu Beginn des Jahrhunderts erfolgreich war. Der Krimkrieg (1853–1856), der Amerikanische Bürgerkrieg (1861–1865) und der Deutsch-Französische Krieg (1870/71) gaben eine Vorstellung davon, was noch kommen könnte. Kriege wurden erstmals zu dröhnenden Materialschlachten, und die neuen Waffen verursachten fürchterliche Verluste.

Als Lew Tolstoi (1828–1910) in *Krieg und Frieden* 1867 den Vorstoß Napoleons auf Russland schilderte, wusste er, wovon er schrieb. Als Offizier einer Artilleriebrigade der zaristischen Armee hatte er an der wohl berühmtesten Schlacht des 19. Jahrhunderts teilgenommen – der Belagerung von Sewastopol 1854/55 im Krimkrieg. Tief eingegraben in Stellungen beschossen sich Russland und die mit der Türkei verbündeten Engländer und Franzosen knapp ein Jahr lang mit Millionen von Granaten. «Bald erschütterte eine Explosion die Luft und ließ den Offizier unwillkürlich zusammenzucken, bald folgten schwächere Schüsse schnell aufeinander, daß es wie Trommelschlag klang, der zuweilen von erschütterndem Donner unterbrochen wurde. Bald verschmolz alles in ein rollendes Krachen, Donnerschlägen ähnlich, wenn das Unwetter in vollem Gange ist und ein Platzregen herabströmt», schilderte Tolstoi in seinen Tagebüchern das Bombardement.[90]

Die *Donau-Zeitung* aus Passau berichtete unter der Überschrift «Oestlicher Kriegsschauplatz» von der Situation im belagerten Sewastopol. «Wir werden allerdings Tag und Nacht bombardiert», schrieb der Kriegsberichterstatter, der seinen Bericht telegrafisch durchgegeben hatte. Die französische Artillerie habe «verheerendes Feuer» auf die Festung eröffnet. Die Fenster der Stadt seien zersprungen, auf den Straßen würden Millionen von Granatsplittern liegen. «Des Tages ist es noch erträglich, aber nachts, wenn sich der müde Körper ausruhen will, wird es unmöglich, unter dem Krachen der Bomben, dem Knattern der Granaten und dem unheimlichen Pfeifen der Brandraketen Ruhe zu finden.»[91]

Es war der erste Krieg der Moderne. Enfield-Gewehre britischer Produktion schossen mit ihren gezogenen Läufen auf 800 Meter genau, viermal so weit wie die russischen Waffen. Militärhistoriker schätzen, dass während des Krimkrieges etwa 150 Millionen Gewehr- und 50 Millionen Kanonenschüsse abgegeben wurden. Der Konflikt gilt auch als erster Medienkrieg der Geschichte. Moderne Telegrafen verkürzten den Lauf einer Nachricht nach Paris von zwei Wochen auf mehrere Stunden. Erste Kriegsberichterstatter wie William Howard Russell (1821–1907) telegrafierten Meldungen in Windeseile nach London. Pioniere der Kriegsfotografie wie Roger Fenton (1819–1869) machten Bilder vom Schlachtfeld, die um die Welt gingen. Alle Zeitungen der Welt berichteten unaufhörlich, und sogar die aufkommende Unterhaltungsindustrie entdeckte den Krieg. Große Panoramen aus Pappmaché, riesige Reliefe Sewastopols, die Fotos Fentons und mit Pyrotechnik versehene Theaterspektakel lockten in London und Paris Tausende von Menschen an.

Im Deutsch-Dänischen Krieg (1864) begann sich die Überlegenheit der deutschen Rüstungsindustrie abzuzeichnen. Bei der Schlacht an den Düppeler Schanzen verwüstete die preußische Artillerie die dänischen Einheiten mit ihren hochpräzisen Hightech-Waffen. Die Gussstahlkanonen aus der Waffenschmiede des Stahlproduzenten Alfred Krupp (1812–1887) waren den dänischen

33. Geschützdonner
19. Jahrhundert «Parrot Rifle» aus US-Bürgerkrieg (1861)

Bronzekanonen in Effektivität und Reichweite haushoch überlegen. Aus sicherer Entfernung schossen die preußischen Kanoniere über die Flensburger Förde und richteten Tod und Verwüstung an, während die Kanonenkugeln der Dänen im Wasser der Ostsee landeten. Die Granaten der neuen Superwaffe brachten den Dänen schreckliche Verluste bei. Eindrucksvoll erinnert heute das Museum im dänischen Dybbøl an die Tragödie – auch akustisch. Den Besucher empfangen Kanonendonner, das Geschrei der Sterbenden und das Krachen der Handfeuerwaffen.

Am 12. April 1864, eine Woche vor der Erstürmung der Düppeler Schanzen durch die Preußen, schilderte die *Kölnische Zeitung* die deutliche Überlegenheit der preußischen Kanonen: «Vor Allem markirt sich der dumpfe Ton des Mörsers, welchem alsbald der Laut der zerplatzenden Bombe folgt. (...) Von anderer Art, aber unheimlicher, ist das Singen und Sausen der Geschosse. Mit lautem Getöse treibt das fast centnerschwere Hackgeschoß aus dem 24Pfünder einen Luftwall vor sich her, dessen Aechzen erst verklingt, wenn die Granate am Ziele crepiert (...). Lauter und bösartiger bezeichnet die runde Granate ihren Weg; sich plump umwälzend, umgeben von dem Rauchreifen, oder nächtlich von dem feurigen Ringe des Zünders, entlockt sie dem Luftmeere das Getöse des Orkans.»[92]

Die *Allgemeine Militär-Zeitung* aus Darmstadt berichtete 1865 über die Herstellung der neuen Gussstahlkanonen in den Essener Krupp-Werken. Zum Guss einer 400 Zentner schweren Kanone für die japanische Armee waren 800 Arbeiter in die Halle der Eisenhütte geströmt, während Besucher und Journalisten von einer glasgeschützten Empore aus der tosenden Geburt beiwohnen durften. «Die Anstrengung und Erschöpfung der Arbeiter ist aber bei dieser ungeheuren Hitze so groß, daß ihnen nach jedem solchen, kaum 10 Minuten dauernden Gusse eine Erholungs- oder

Ruhezeit von 2 Stunden gegeben wird.»[93] Ein Exemplar, das Krupp auf der Weltausstellung in Paris präsentiert hatte, schenkte der Rüstungsproduzent seinem König Wilhelm I. von Preußen, dem späteren deutschen Kaiser – ein wohl nicht uneigennütziges Geschenk am Vorabend des nächsten Krieges.

Alfred Nobel war erst 17 Jahre alt, als er das erste Mal von Nitroglycerin hörte. Während seiner Europareise, auf die ihn sein Vater geschickt hatte, war der junge Schwede in Paris 1850 auf den italienischen Chemiker Ascanio Sobrero (1812–1888) getroffen. Sobrero, ein verschlossener und vorsichtiger Mann, hatte drei Jahre zuvor die brisante Verbindung bei Experimenten mit Schießbaumwolle entdeckt und sich dabei schwer verletzt. Glycerin ist süß und harmlos, eine Substanz für Kosmetik und Schuhcremes. Durch die sogenannte Nitrierung wird es zu einem Stoff, der tödlich sein kann: hochexplosiv, stoß- und erschütterungsempfindlich und geeignet für Detonationen bislang ungeahnten Ausmaßes. Sobrero erzählte Nobel von dem Stoff, den er für zu gefährlich hielt, um weiter mit ihm zu experimentieren. Doch wohl gerade damit weckte er das Interesse des jungen Mannes.

Als Nobel 1859 nach Stockholm zurückkehrte, brannte er vor Eifer und forschte im Labor auf dem Betriebsgelände seines Vaters. Schon im Jahr drauf probierte er es praktisch aus – als «Nobels Sprängolja» (Sprengöl) in schwedischen Bergwerken und im Ruhrgebiet. Die Gewalt der Explosionen übertraf alles bislang Bekannte, sodass Nobel sich entschloss, den Stoff weltweit zu vermarkten. Doch vor dem wirtschaftlichen Durchbruch ereilte ihn eine Tragödie. Am 3. September 1863 vormittags zerriss eine gewaltige Explosion das Fabrikgebäude der Familie auf Södermalm in Stockholm. Fünf Menschen starben, darunter auch Nobels zehn Jahre jüngerer Bruder Emil Oskar. Er hatte mit einem Techniker Experimente mit Nitroglycerin durchgeführt, als die Detonation erfolgte.

Nobels Bruder und der Techniker «nebst einem jüngern Knaben und einem 19jährigen Mädchen, welche hülfreiche Hand beim Experimentieren leisteten, wurden total verbrannt an verschiedene Stellen geworfen», meldete die *Magdeburgische Zeitung*.[94]

Trotzdem verkaufte die Firma gleich von Beginn an ungeheure Mengen des explosiven Sprengöls – zu groß waren die Vorteile und der Nutzen. 1865 kaufte Alfred Nobel ein Grundstück bei Geesthacht in der Nähe von Hamburg, direkt an der Elbe gelegen, um das Nitroglycerin schnell verschiffen zu können. Die dortige Fabrik auf dem Krümmel wurde zu einem der Hauptproduktionsorte des Sprengstoffs. Nobel exportierte in alle Welt und bewarb das Nitroglycerin offensiv – es wurde zu einem globalen Verkaufsschlager trotz der großen Gefahren. «Nobel's Patent Sprengöl» eigne sich «zu allen Arten von Sprengungen, auch zu Unterwassersprengungen», bewarb eine Anzeige im Dezember 1865 das Nitroglycerin.[95] Es sei «gefahrlos beim Transport», versicherte Nobel in der Anzeige. Doch die Wirklichkeit sah anders aus.

New York (1865), Panama (1866) oder San Francisco (1867) erlebten verheerende Explosionen, die zahlreiche Tote und Verletzte forderten. Am 5. November 1865 hatte ein Portier des Wyoming-Hotels in New York eine Kiste mit Warenmustern aus Hamburg aus dem Fenster geworfen, weil die Kiste in Brand geraten war. Die Explosion erschütterte Greenwich Village und forderte wie durch ein Wunder nur 29 Verletzte. «Mr. Cornelius Stevens, ein Milchmann, der zum Zeitpunkt der Explosion am Wyoming vorbeifuhr, wurde betäubt, verstümmelt und blutend auf der Straße gefunden», berichtete eine Zeitung am Tag danach.[96] Zu einer Katastrophe entwickelte sich ein Unglück fünf Monate später in Colón (Panama), als der britische Frachter «European» mit einer Ladung Nitroglycerin im Hafen explodierte. «Mehr als 60 Personen getötet, verwundet und vermisst», meldete die *New York Times* am

21. April 1866. «Zwei Kais und Frachthäuser der Panama Railroad Company zerstört (...), ungeheure Zerstörung von Eigentum.» Der Hafen war dem Erdboden gleichgemacht worden, Holzstiche mit Bildern vom Unglücksort gingen um die Welt. Erstaunlicherweise gefährdeten die Unglücke den Verkaufserfolg nicht. Im Gegenteil. Sie demonstrierten der Welt vor allem die Kraft, die in dem neuen Sprengstoff steckte. Fortschritt war Risiko, und das wurde in Kauf genommen, ebenso wie Dreck und Lärm.

Nobel war fasziniert und entsetzt zugleich von der Gewalt und Macht des Nitroglycerins und setzte alles daran, es sicherer zu machen – auch weil ein weiteres Unglück ihn selbst betraf. Am 12. Juli 1866 war die gerade eröffnete Fabrik in Geesthacht offenbar durch Selbstentzündung des gefährlichen Stoffes in die Luft geflogen und teilweise zerstört worden. Nach dem Wiederaufbau experimentierte Nobel aus Sicherheitsgründen ab Oktober 1866 auf einem Floß vor seinem Werk auf der Elbe, bis ihm angeblich ein Zufall weiterhalf. Bei einem Transport war ein Gefäß undicht geworden und Nitroglycerin auf Kieselgur getropft, das zur Stoßdämpfung auf der Ladefläche des Wagens ausgestreut war. Die zähe Masse, die daraus entstand, soll ein Arbeiter Nobel gezeigt und damit den Durchbruch herbeigeführt haben. Die Masse war genauso explosiv wie das Sprengöl, aber stoßunempfindlich. Das Dynamit war erfunden und trat seinen Siegeszug um die Welt an. Bis heute ist nicht klar, ob die Geschichte stimmt. Nobel bestritt zeit seines Lebens, dass seine Erfindung ein Zufallstreffer war. Der Verkaufserfolg des Dynamits begründete Weltruhm, Reichtum und auch die spätere Stiftung Nobels. Produzierte die Fabrik 1867 rund elf Tonnen Dynamit, waren es drei Jahre später schon fast 800 Tonnen. Nobel gründete mehr als 90 Dynamit-Fabriken weltweit und wurde zur Legende.

Dabei war sein Dynamit gar nicht für den Krieg geeignet. Die

Substanz für die dröhnenden Granaten, Mörser und Kanonenprojektile des modernen Krieges war eine andere. TNT (Trinitrotoluol) wurde zu einem weiteren Sprengstoff, der die Welt veränderte. Der Unterschied zwischen den beiden Mitteln ist einfach: Während Dynamit eine Mischung von Nitroglycerin und anderen Stoffen enthält, besteht TNT aus nur einer chemischen Verbindung. 1863 hatte der deutsche Chemiker Joseph Wilbrand (1811–1894) den Stoff erstmals hergestellt – auch in Krümmel, wo zwei Jahre später die Weltkarriere von Alfred Nobel begann. Eine Tonne TNT wurde spätestens im 20. Jahrhundert zur Maßeinheit des Schreckens.

Wie Heinrich Heine unter einem Ohrwurm litt

«Musik wird oft als Lärm empfunden,
weil sie mit Geräusch verbunden.»
(WILHELM BUSCH)

Gigantismus wurde zum Zeichen der Zeit – auch in Kultur und Musik. Die Romantik trug der Moderne mit neuen Instrumentengruppen und immer größeren Orchestern Rechnung, die bislang ungewohnte Lautstärken erreichten. Bereits Ludwig van Beethoven hatte mit dem herkömmlichen piano und mezzoforte der Wiener Klassik gebrochen und auf das Ausdrucksmittel von musikalischer Kraft gesetzt. Hector Berlioz (1803–1869), Gustav Mahler (1860–1911), Richard Strauss (1864–1949) und nicht zuletzt Richard Wagner (1813–1883) komponierten tongewaltige Werke, die nicht nur mit ihren Harmonien und Melodien die Menschen bewegten, sondern auch mit ihrem Schalldruck. Instrumente wie Blechbläser und Pauken dominierten in der Spätromantik. Streicher und Holzbläser wurden doppelt und dreifach besetzt, und Chöre mit bis zu 300 Stimmen waren keine Ausnahme. Bis zur Jahrhundertwende setzten die Komponisten immer mehr Blech- und Holzbläser ein, lautstarke Instrumente wie die Bassklarinette oder die Tuba kamen hinzu. Die Wiener Klassik verfügte nur über zwei Hörner im Orchester. Richard Wagner dagegen schrieb in seinen bombastischen Werken bis zu acht vor.

Die wachsende Lautstärke der Welt spiegelte sich am Ende des 19. Jahrhunderts in den Konzertsälen wider. Das «Coliseum» in Boston gehörte dazu. 150 Meter lang, mit einer 13 Meter hohen Orgel und Platz für 100000 Zuhörer, war es einer der gewaltigsten Musiktempel der Geschichte. Von Mitte Juni bis Anfang Juli 1872 gab es dort die bis dahin größten Konzerte der Geschichte zu hören. Das World's Peace Jubilee (Weltfriedensfest), das zum 100-jährigen Bestehen der Unabhängigkeit Bostons vom Mutterland England veranstaltet worden war, wurde zum Hochamt musikalischen Größenwahns. Mit gigantischen Chören und überwältigender Musik wollten die Macher ein unüberhörbares Zeichen gegen die Schrecken des modernen Krieges setzen.

Der Wiener Komponist Johann Strauss (1825–1899) war Stargast. Am 17. Juni 1872 sei er mit großem Beifall empfangen worden und habe vor dem größten Orchester der Konzertgeschichte seinen berühmten *Donauwalzer* dirigiert, berichteten Zeitungen. 800 Musiker spielten, 20000 Sänger bildeten den Chor. Rund 100 Assistenten waren notwendig, um Strauss beim Dirigieren zu helfen, als der Österreicher den Amboss-Chor aus Verdis *Il Trovatore* aufführte, «wobei zur Erhöhung des Effektes 100 Feuerwehrmänner auf 100 Ambosse losschlugen».[97] Strauss erinnerte sich später an die Premiere. «Plötzlich kracht ein Kanonenschuß, ein zarter Wink für uns Zwanzigtausend, daß man das Konzert beginnen müsse. (...) Ich gebe das Zeichen, meine 100 Subdirigenten folgen mir so rasch und gut sie können, und nun geht ein Heidenspektakel los, den ich mein Lebtag nicht vergessen werde. (...) Da wir so ziemlich zu gleicher Zeit angefangen hatten, war meine ganze Aufmerksamkeit nur noch darauf gerichtet, daß wir auch zu gleicher Zeit aufhörten.»[98]

Heinrich Heine schrieb im März 1822 in einem Brief aus Berlin über eine Opernaufführung des italienischen Komponisten Gaspare Spontini (1774–1854): «Jetzt, mein Lieber, können Sie sich den Lärm erklären, der diesen Sommer ganz Berlin erfüllte, als Spontinis ‹Olympia› auf unsrer Bühne zuerst erschien. Haben Sie die Musik dieser Oper nicht in Hamm hören können? An Pauken und Posaunen war kein Mangel, so daß ein Witzling den Vorschlag machte, im Neuen Schauspielhause die Haltbarkeit der Mauern durch die Musik dieser Oper zu probieren.»[99] Der empfindsame Dichter litt auch unter etwas, das heute Ohrwurm genannt wird. Schuld daran war Carl-Maria von Weber (1786–1826), Starkomponist der Romantik. Er tourte kurz nach Fertigstellung seiner Oper *Der Freischütz* 1821 durch die deutschen Länder – mit dabei: das Lied *Der Jungfernkranz*, das danach fast überall zum Gassenhauer avancierte.

> «Wir winden dir den Jungfernkranz
> Mit veilchenblauer Seide;
> Wir führen dich zu Spiel und Tanz,
> Zu Lust und Hochzeitfreude.»

In dem Brief beklagte sich Heine: «Und nun den ganzen Tag verläßt mich nicht das vermaledeite Lied. Die schönsten Momente verbittert es mir. Sogar wenn ich bey Tisch sitze, wird es mir vom

Sänger Heinsius als Dessert vorgedudelt. Den ganzen Nachmittag werde ich mit ‹veilchenblauer Seide› gewürgt. Dort wird der Jungfernkranz von einem Lahmen abgeorgelt, hier wird er von einem Blinden heruntergefidelt. Am Abend geht der Spuk erst recht los. Das ist ein Flöten, und ein Gröhlen, und ein Fistuliren, und ein Gurgeln, und immer die alte Melodie. (...) Wenn der Eine ihn beendigt hat, fängt ihn der Andere wieder von vorn an. Aus allen Häusern klingt er mir entgegen. Jeder pfeift ihn mit eigenen Variationen. Ja, ich glaube fast, die Hunde auf der Straße bellen ihn.»[100]

Heinrich Heine erlebte nicht mehr, wie sein Albtraum zum Alltag wurde. Rund 20 Jahre nach dem Tod des Dichters meldete ein junger Deutscher in den USA ein Patent an, das für viele Menschen bis heute Glückseligkeit bedeutet, für andere aber akustische Folter. Es war eigentlich die Wehrpflicht, die zur Erfindung von Grammophon und Schallplatte führte. 1870 verließ der 19-jährige Emil Berliner (1851–1929) seine Heimatstadt Hannover, um dem Dienst als Soldat in Preußen zu entgehen, und nahm ein Schiff in die USA. Das Mikrofon, das er in seiner New Yorker Wohnung für das gerade erfundene Telefon von Alexander Graham Bell (1847–1922) entwickelt hatte, war technisch so perfekt, dass Bells Firma ihm 50000 Dollar für das Patent zahlte, damals eine unfassbar hohe Summe.

Das Grammophon, das Berliner damit baute und am 26. September 1887 zum Patent anmeldete, passte perfekt in die neue Zeit: Eine Maschine, die Sprache und Musik aufnehmen und beliebig wieder abspielen konnte. Ein Triumph der Moderne – ähnlich wie Eisenbahn, Dampfmaschine und Telegrafie. Nie zuvor war es möglich gewesen, Musik auf diese Weise zu reproduzieren. Ein Orchester, Schlager oder Walzer – überall und jederzeit verfügbar. Platte aufgelegt, Kurbel gedreht und Musik ab! Zwar hatte Thomas Alva Edison zehn Jahre zuvor bereits den Phonographen erfunden.

Doch im Gegensatz zum Phonographen hatte das Grammophon einen entscheidenden Vorteil. Es spielte die aufgenommene Platte direkt wieder ab, und Aufnahmen konnten unkompliziert vervielfältigt werden. Die Schallplatte begründete die Unterhaltungsindustrie und beeinflusste die Kultur des 20. Jahrhunderts wie kaum ein anderes Medium. Und sie veränderte die Art und Weise, wie Musik erlebt wurde, grundlegend. Der Apparat brachte sie nun überall und jederzeit zum Klingen. Das Grammophon demokratisierte die Musik. Teure Karten für Konzerte waren nicht mehr notwendig. Das neue Gerät wurde zum günstigen Orchester des kleinen Mannes.

Im Jahr 1900 waren in einem Geschäft in München bereits 1000 Grammophon-Platten verfügbar – «neueste und reizendste Aufnahmen», die von der «lautesten und klangreichsten Sprechmaschine der Welt» abgespielt werden könnten.[101] Schon früh kamen Beschwerden wegen Lärmbelästigung auf. Der Wiener Journalist Eduard Pötzl (1851–1914) nahm das Grammophon in sein Buch *Moderner Gschnas* (1901) auf. Das Grammophon sei «die neueste Plage in jeder besseren Familie, seine lächerlichen Töne unter Schnauben, Schnarren und Pusten» nur dazu geeignet «vulgäre Gassenhauer aller Nationen» zu spielen.[102]

Zahlreiche Klagen wegen Lärms erreichten in den Jahren nach 1900 die Königlich-Bayerischen Amtsgerichte, preußische Kammergerichte oder die Oberverwaltungsgerichte der Länder. Häufig zogen sich Gastwirte den Zorn ihrer Nachbarn zu, wenn sie mit Grammophonen, mechanischen Klavieren oder dem Orchestrion – einer Art frühe Jukebox – bis in den frühen Morgen Radau machten. Das Schöffengericht München verurteilte 1912 einen Gastwirt «wegen groben Unfugs» zu 20 Mark Strafe. Er hatte fast täglich bis in die tiefe Nacht hinein zur Unterhaltung ein mit einem Riesenschallrohr versehenes Grammophon spielen lassen. Der Wirt

34. Musik für Massen
19. Jahrhundert Grammophon-Platte
(ca. 1889/1890) mit *Loreley*

wehrte sich: Er habe niemanden belästigt, weil sein Instrument weit hinten im Lokal stehe und nur schöne Märsche spiele. Eine Revisionsinstanz hob das Urteil tatsächlich auf, «weil dem Angeklagten das Bewusstsein der Rechtswidrigkeit gefehlt habe». Das Grammophon musste er trotzdem abstellen.[103]

Unter der Überschrift «Schattenseiten der Kultur» merkte ein Feingeist im April 1908 an: «Was brauchen wir das Telephon, welchen Sinn hat die Erfindung des Grammophons? Eine geschmackvolle Zeit würde einen Mann, der das Grammophon erfindet, mit lebenslänglichem Zuchthaus bestrafen. (...) Er liefert uns nur den Lärm.»[104] Und in einem Brief an die *Münchener Abendzeitung* forderte ein Leser: «Nicht allein der Lärm der Straße, sondern auch das Geräusch, das aus den Häusern an die Ohren der geplagten Menschen dringt, muß auf das schärfste gegeißelt werden. Ich meine die sogenannten Lautsprecher und erwähne in diesem Zusammenhange gleichzeitig die Grammophone. Man sollte von oben herab verordnen, daß nur bei geschlossenem Fenster der Lautsprecher und das Grammophon in Betrieb gesetzt werden darf.»[105]

Musik war modern, besonders wenn sie vom Grammophon kam. Die *Münchner Neuesten Nachrichten* verzeichneten im Jahr 1900 unter der Rubrik Humoristisches die Geschichte einer modernen Ehe:

> «Auf dem Tennisplatz kennen gelernt,
> Telephonisch Liebe erklärt,
> Telegraphisch verlobt,
> Mit dem Rad zur Trauung gefahren,
> Per Automobil Hochzeitsreise gemacht,
> Kinematographisch Untreue nachgewiesen,
> Mit dem Grammophon gezankt:
> Im Luftballon geschieden.»[106]

Die Kultur testete Grenzen aus. Musiker experimentierten mit Tempo, Rhythmus, Polyphonie und Dissonanz. Claude Debussy (1862–1918) schuf völlig neue Klänge und bereitete den Weg für die Zwölftonmusik. Und auch die bildende Kunst entdeckte Lärm und Geräusch. Als der Norweger Edvard Munch (1863–1944) sein Gemälde *Der Schrei* 1893 präsentierte, traf es den Nerv der Zeit. Munch verarbeitete damit seine eigenen Ängste, Seelenqualen und Panikattacken, aber viele Menschen hatten das Gefühl, dass das Bild ihre eigenen Probleme spiegele – Lebensangst, Entfremdung durch Technik und Maschinen und Ratlosigkeit in einer immer komplizierter werdenden Welt. Wie kaum ein anderes Bild symbolisierte es nicht nur die gequälte Seele des modernen Menschen, sondern auch den Lärm der industrialisierten Welt, mit dem er von nun an leben musste.

Das lauteste Geräusch der Weltgeschichte

Ich bin froh, endlich an Deck zu sein. Die Nacht war unruhig, weil das unheimliche Grollen nicht aufhörte. An Schlaf war nicht mehr zu denken, nachdem alle um 5.30 Uhr von einem fürchterlichen Krach geweckt wurden, der das ganze Schiff erzittern ließ. Gott sei Dank ist die «Charles Bal» ein solides Schiff. Eine riesige Rauchsäule ist am Horizont zu sehen, wir sind etwa 10 Seemeilen von dem Schlot entfernt, und Captain Watson spricht uns Mut zu. Vulkanausbrüche gebe es hier in der Sundastraße öfters – kein Grund zur Beunruhigung. Doch kaum jemand glaubt ihm. Zu unheimlich ist das tiefe Grollen, das immer wieder zu hören ist. Um 6.44 Uhr kracht es wieder und um 8.20 Uhr erneut. Ich übernehme zusammen mit Johnson die Deckswache, und wir starren gebannt in die Ferne. Dann, um 10.02 Uhr, scheint die Welt unterzugehen. Da die Uhr in der Messe stehen geblieben ist, weiß ich es genau. Die Detonation der Insel reißt uns von den Beinen. Ich sehe die Explosion, bevor ich sie höre. Der Knall ist unfassbar laut und die Druckwelle heftig. Sekunden später durchschneidet ein scharfer Schmerz meinen Kopf. Ich sehe, dass Johnson aus einem Ohr blutet, und ich weiß, dass uns die Trommelfelle gerissen sind. Eine Wolke kommt näher, und alles verdunkelt sich. Ich habe Angst, dass meine letzte Stunde geschlagen hat. Dann fängt es plötzlich an, dass Steine vom Himmel regnen.

Kaum ein von Menschen gemachter Lärm erreicht annähernd die Intensität der von der Natur hervorgebrachten Laute. Asteroiden und Vulkanausbrüche übertreffen alles. Nur haben die meisten dieser Katastrophen so früh in der Geschichte der Erde stattgefunden, dass kein Mensch Ohrenzeuge sein konnte. Mehrere spektakuläre Ereignisse jedoch fielen in die Lebensspanne des modernen Menschen – und das lauteste jemals gehörte Geräusch ist gerade mal 140 Jahre her: Der Ausbruch des indonesischen Vulkans Krakatau im August 1883.

Die Explosion war so gewaltig, dass sie noch in 4800 Kilometer Entfernung zu hören war. Es wird geschätzt, dass der Ausbruch einen Schalldruckpegel von 310 dB erreichte. Einwohner der mehr als 3000 Kilometer entfernten australischen Stadt Perth berichteten von dumpfem Knallen und Dröhnen. Die Geräusche klangen «wie das Abfeuern von Kanonen im Landesinneren», berichtete ein Stabskommandant der Royal Navy namens Coghlan.[107] Sogar mitten im australischen Kontinent war die Explosion zu hören. Am Morgen des 27. August seien «zwei deutliche Knallgeräusche zu hören gewesen, ähnlich dem Abfeuern eines Gewehrs», meldete ein Mann namens Skinner aus Alice Springs, das 3500 Kilometer entfernt liegt.[108] Der gewaltige Knall war sogar noch auf der anderen Seite des Indischen Ozeans deutlich zu vernehmen – 4800 Kilometer entfernt auf der Insel Rodrigues nahe Mauritius vor der Küste Afrikas. «Wie das ferne Dröhnen schwerer Geschütze» habe es geklungen, berichtete der örtliche Polizeichef, James Wallis.[109]

Die Detonation löste bis zu 30 Meter hohe Tsunamis, Erdbeben und pyroklastische Ströme aus – glühend heißes Gestein mit Geschwindigkeiten von bis zu 400 km/h und Temperaturen von bis zu 800 °C. 160 Städte und Dörfer wurden zerstört, mehr als 36 000 Menschen starben. Die Asche wurde auf eine geschätzte Höhe von 80 km geschleudert, glühende Bimssteine regneten auf Schiffe nieder, die in der Region unterwegs waren. Das niederländische Dampfschiff «Berouw» wurde durch den Tsunami vier Kilometer weit landeinwärts geschoben. Alle 28 Besatzungsmitglieder kamen ums Leben. Am Ende blieben von der Vulkaninsel nur 30 Prozent der Landmasse erhalten.

Moderne Methoden und Geräte machten erstmals die physikalische Wucht dieser Katastrophe messbar. Wissenschaftler schätzen heute, dass die Sprengkraft des Krakatau fast 100000-mal so stark wie die der Atombombe von Hiroshima gewesen war. Die Auswurfmenge war gigantisch – Geologen schätzen sie auf bis zu 20 km^3. Zum Vergleich: Der Ausbruch des Mount St. Helens in den USA 1980 brachte es auf ein Volumen von 1 km^3.

Acht europäische Schiffe befanden sich in einem Umkreis von 40 Seemeilen, als der Vulkan ausbrach. Das britische Handelsschiff «Norham Castle» war zum Zeitpunkt der größten Eruption am 27. August 1883 um 10.02 Uhr rund 40 Seemeilen entfernt. Kapitän Sampson schrieb in sein Logbuch: «Eine schreckliche Explosion, ein furchtbares Geräusch.» Und weiter: «Ich schreibe dies in stockfinsterer Nacht. Wir stehen unter einem ständigen

Bimsstein- und Staubregen. Die Explosionen sind so heftig, dass die Trommelfelle von über der Hälfte meiner Mannschaft gerissen sind. Meine letzten Gedanken sind bei meiner lieben Frau. Ich bin überzeugt, dass der Tag des Jüngsten Gerichts gekommen ist.» Kapitän Watson war mit dem irischen Frachtschiff «Charles Bal» nur 10 Meilen südlich des Vulkans: «Geräusche wie Artilleriefeuer in Abständen von einer Sekunde, und ein knisterndes Geräusch, wahrscheinlich aufgrund des Eintauchens von Splittern in die Atmosphäre, war zu hören. (...) Ein Bimssteinregen in großen Stücken, ganz warm, fiel auf das Schiff.»[110]

Meteorologen maßen mit Barographen atmosphärische Veränderungen rund um den Globus. Die Luftdruckwelle wurde siebenmal innerhalb von fünf Tagen aufgezeichnet. Die Schallwelle des Krakatau, so berechneten die Wissenschaftler, hatte die Erde dreieinhalbmal umlaufen. Die ausgeschleuderte Vulkanasche stieg bis in die obere Atmosphäre auf und verteilte sich dort innerhalb weniger Tage über die ganze Welt. Wie schon beim Ausbruch des Vulkans Tambora 70 Jahre zuvor kam es rund um die Erde durch die winzigen Partikel zu Lichtbrechungen, die in vielen Gegenden zu spektakulären Sonnenuntergängen führten. Zeitungen veröffentlichten weltweit Hunderte von Berichten erstaunter Beobachter. «Kurz nach 5 Uhr flammte der westliche Horizont plötzlich in einem leuchtenden Scharlachrot auf, das Himmel und Wolken purpurrot färbte. Viele dachten, dass ein großes Feuer im Gange sei», meldete die *New York Times*.[111] Die großen Explosionen nahmen danach schnell ab, und am Morgen des 28. August 1883 war Krakatau still. Kleine Eruptionen setzten sich bis in den Oktober 1883 fort. Dann war der Lärm vorbei.

Der Ausbruch des Vulkans Tambora, 1400 Kilometer östlich des Krakatau, 70 Jahre zuvor war wesentlich gewaltiger. Trotzdem gibt es nur wenige Anhaltspunkte dafür, dass die Explosion im April 1815 lauter war. Mit etwa 60 km³ Auswurfmenge riss der Tambora dreimal so viel Gestein wie der Krakatau aus der Erde. Rund 48000 Menschen kamen auf Sumbawa ums Leben, mehrere Zehntausend starben durch Tsunamis und Hungersnöte. Dass es trotzdem weniger Berichte gibt, liegt wahrscheinlich am Zeitpunkt der Katastrophe. Als der Krakatau 1883 ausbrach, war das Telegrafenkabel vor Batavia (Jakarta) gerade verlegt worden. Erste Meldungen trafen nur Stunden später in Europa ein, und sie verbreiteten sich innerhalb eines Tages um die ganze Welt. Die Nachricht vom Ausbruch des Tambora hatte noch mehrere Monate gebraucht, bis sie ihren Weg nach England oder Deutschland fand.

Vermutlich trug also vor allem die Erfindung des Telegrafen zur Bildung der Krakatau-Legende bei. Fest steht: Der Ausbruch von 1883 ist das lauteste Ereignis, das erstmals aufgezeichnet und gesichert erfasst wurde.

Es waren aber nicht mehr nur Naturkatastrophen, die im 19. Jahrhundert über die Menschen hereinbrachen. Eine Mischung aus unfertiger Technik, Selbstüberschätzung und Fortschrittsgläubigkeit sorgte für das lärmende Inferno der Moderne. Nie zuvor gab es so viele und schwere menschengemachte Unglücke. Zu Eisenbahnkatastrophen, Kesselexplosionen und Bergwerksunglücken kamen Brückeneinstürze, geborstene Talsperren oder havarierte Dampfschiffe mit einer bislang unvorstellbaren Zahl von Opfern. Als der HAPAG-Dampfer «Cimbria» am 19. Januar 1883 vor Borkum nach einer Kollision mit einem britischen Schiff sank, starben 437 Menschen, die auf dem Weg nach New York waren. Auch der Untergang des französischen Passagierschiffs «La Bourgogne» im Juli 1898 vor Nova Scotia (565 Tote) und die Havarie des Raddampfers «Lady Elgin» auf dem Michigansee (ca. 400 Tote) sorgten weltweit für Schlagzeilen. Alle Schiffe waren mit anderen kollidiert – im Dunkeln, bei Nebel oder schlechter Sicht. Auch der Verkehr auf dem Wasser war so dicht geworden, dass es dringend Erfindungen brauchte, die mehr Sicherheit brachten. Nachdem die «City of Glasgow» am 1. März 1854 Liverpool mit dem Ziel USA verlassen hatte, hörte man nie wieder etwas von dem Schiff. Der Dampfer mit fast 500 Menschen an Bord verschwand spurlos im Nordatlantik.

Als ein Pulverturm in Mainz am 18. November 1857 explodierte und einen ganzen Stadtteil in Schutt und Asche legte, wussten die Menschen allerdings um die Gefahren. Bereits 200 Jahre zuvor hatte der Delfter Donnerschlag in den Niederlanden für Aufsehen gesorgt, als das Pulvermagazin der Stadt 1654 in die Luft geflogen war und geschätzt 1200 Menschen in den Tod gerissen hatte. Trotzdem deponierten die Mainzer Stadträte rund 200 Zentner Schwarzpulver und 600 Leuchtkugeln in einem alten Stadtturm nahezu ungesichert. «Fünf Minuten nach 3 Uhr nachmittags ertönte auf einmal ein donnerähnliches Getöse», berichtete der *Eilbote* aus Landau. «Erde und Häuser schwankten, Dächer stürzten ein, die Fenster wurden in die Zimmer geschleudert, Bilder und Spiegel fielen zertrümmert von den Wänden – der Schrecken in der ganzen Stadt war unbeschreiblich.»[112] Fast der gesamte Stadtteil Kästrich war dem Erdboden gleichgemacht worden. «Von der Bestürzung der Bevölkerung ist kein Bild zu geben», so ein Reporter. «Man geht hier nur noch auf Glas.»[113] Ein 700 Kilogramm schwerer Giebelstein flog fast einen halben Kilometer weit bis zum Ballplatz, wo er mehrere Stockwerke eines Hofgebäudes durchschlug. Dort liegt er noch heute. Bergarbeiter der Wiesbadener Tongruben in Dotzheim spürten unter Tage, wie die Erde erbebte. Die fürchterliche Bilanz: mindestens 153 Tote.

Zu einer der größten Katastrophen der US-Geschichte wurde der Talsperrenbruch von Johnstown in Pennsylvania. Zeitungen aus aller Welt berichteten wochenlang über das verheerende Unglück am 31. Mai 1889. Kein anderes Ereignis seit der Ermordung Lincolns 1865 machte größere Schlagzeilen. Tagelange Regenfälle hatten den Pegel anschwellen und den Staudamm über der Stadt brechen lassen. Mit einem unheimlichen Donnern und Grollen war die Flutwelle ins Tal gerauscht, was 2200 Menschen das Leben kostete. Ein gigantischer Trümmerberg aus Häusern, Kutschen und Fabrikteilen türmte sich vor einer Eisenbahnbrücke auf, die unter Ächzen und Knarren den Wassermassen standgehalten hatte. Nach dem Ablaufen der Flut brach im Schuttberg ein Feuer aus, das die dort Eingeschlossenen verbrannte. «Weiber und Kinder schrien in herzzerreißender Weise nach Hilfe», berichtete eine bayerische Zeitung. Die Verunglückten seien «auf dem angeschwemmten Scheiterhaufen langsam zu Tode geröstet» worden.[114] Zahlreiche Deutschstämmige hätten sich unter den Opfern in Pennsylvania befunden, berichteten die Blätter. Fritz Heßler, ein 16-jähriger Auswanderer, befand sich im Haus seiner Eltern, «als er ein dumpfes Geräusch wie von herantreibendem Wasser hörte. Er machte den Vater darauf aufmerksam, der aber meinte, das habe nichts zu bedeuten.»[115] Als das Haus fortgerissen wurde, habe er sich aufs treibende Dach retten können. Was aus seinen Eltern und seinen Geschwistern geworden sei, wisse er nicht. Ursache der Katastrophe war Schlamperei. Der Staudamm lag in der Verantwortung des exklusiven South Fork Fishing and Hunting Club, zu dem Wirtschaftsgiganten wie der Stahlbaron Andrew Carnegie (1835–1919) gehörten, die dort ihrer Angel- und Jagdleidenschaft nachgingen. Obwohl Lecks und brüchige Stützmauern bekannt waren, wurde niemand zur Rechenschaft gezogen. Carnegie stiftete der wiederaufgebauten Stadt eine Bibliothek.

Die Verunsicherung wuchs, Ängste vor der Moderne verstärkten sich. Hinzu kam, dass der Lärm jeder Katastrophe durch die Blüte der Zeitungsindustrie in Millionenauflagen vervielfacht wurde. War die neue Welt noch sicher?

Nervöses Zeitalter: Die Medizin entdeckt den Lärm

«Die Seuche der Zukunft wird der Lärm sein.
Und die Menschheit wird den Lärm eines Tages
ebenso bekämpfen müssen wie die Pest und
die Cholera.»

ROBERT KOCH (1843–1910)

Der Bakteriologe, Tuberkuloseforscher und Medizinnobelpreisträger Robert Koch war schwer herzkrank, als er diese Sätze in seinem letzten Lebensjahr 1910 angeblich formulierte. Dass Lärm krank macht, wissen wir heute. Im 19. Jahrhundert war das noch eine Vermutung. Zwar bemerkten die Menschen, dass zu großer Lärm das Gehör schädigte und sogar zu Taubheit führen konnte. Welche weiteren Folgen andauernder Krach auf Herz, Kreislauf und Psyche haben kann, war nicht bekannt.

Erst Anfang des 18. Jahrhunderts begann die Medizin, sich ernsthaft mit den Auswirkungen des Lärms auf die Gesundheit der Menschen zu befassen. Pionier war der Italiener Bernardino Ramazzini (1633–1714), der heute als Begründer der Arbeitsmedizin gilt. Sein Buch *De Morbis Artificum Diatriba* (1700), das er auf Anregung seines Freundes Gottfried Wilhelm Leibniz geschrieben hatte, war eine bahnbrechende Veröffentlichung. Zum ersten Mal widmete sich ein Mediziner gezielt Berufskrankheiten, Gesundheitsrisiken und arbeitsbedingten Gefahren. Auch wenn die Diagnosen noch holzschnittartig und für heutige Verhältnisse oberflächlich wirken, gelang dem Italiener Außergewöhnliches. Erstmals erkannte ein Arzt eine lärmbedingte Taubheit oder

Schwerhörigkeit als Krankheit an, benannte Ursachen und physische Auswirkungen. Bis dahin galten die Folgen schwerer Arbeitsbedingungen als gottgewollt, schicksalhaft und unabänderlich. Die Menschen waren als Teil ihres Berufes eben großem Lärm, ungeheurer Hitze, Staub oder gefährlichen Gasen ausgesetzt.

1831 war es ein Engländer, der die Forschungswelt auf das Problem aufmerksam machte. In der medizinischen Fachzeitschrift *The Lancet*, die 1823 das erste Mal erschien und bis heute besteht, beschrieb der Arzt John Fosbroke in drei Aufsätzen, wie mit durch Lärm verursachter Taubheit umzugehen sei. Der Hörverlust von Arbeitern müsse untersucht werden, weil die Taubheit eine Folge ihrer Beschäftigung sei und sich nur allmählich bemerkbar mache. «Der Patient ist unfähig, die Klangeindrücke richtig zu verarbeiten. Manchmal empfindet er sie zu laut, dann kann er tiefe Töne nicht erkennen.»[116] 1827 sei in seiner Praxis ein junger Mann erschienen, der seit fünf Jahren auf dem linken Ohr nichts mehr hören konnte und Ohrgeräusche wie das Pfeifen eines Teekessels hatte. «Vergrößerte Mandeln tragen zur Taubheit bei», stocherte Fosbroke noch im Nebel.[117] Wesentlich war aber der Umstand, dass erste Mediziner den Lärm ernst nahmen.

50 Jahre später erhielten Industriearbeiter erstmals Unterstützung. Vor der Royal Philosophical Society of Glasgow hielt der schottische Ohrenarzt Thomas Barr (1846–1916) am 3. März 1886 einen Vortrag, der in die Geschichte der Lärmbekämpfung einging. Mehrere Jahre lang hatte er Hörbeschwerden und Taubheit insbesondere von Stahl- und Metallarbeitern untersucht. Glasgows Industrie war seit Mitte des 19. Jahrhunderts durch Maschinenbau, Stahlhämmer und Dampfkesselproduktion geprägt worden – wobei es keinen Lärmschutz für die Arbeiter gab. Schnell wurde Barr in seiner Untersuchung klar, dass insbesondere die Kesselschmiede in den Dampfmaschinenwerken der Stadt betroffen

waren. Die Arbeit des Schotten gilt als erste qualifizierte Studie der Welt über Hörschäden.

Die Arbeiter standen bei der Arbeit zwischen riesigen Stahlplatten, die mehrere Meter hoch waren. Einer hielt im halb fertigen Kessel stehend einen glühenden Niet mit einer Zange durch ein Loch, ein anderer drückte gegen den Niet, und ein weiterer schlug mit einem Vorschlaghammer dagegen. Das Getöse war höllisch, der Kessel vibrierte, und der Lärm tat in den Ohren weh. Gehörschutz war so gut wie nicht vorhanden, viele Arbeiter behalfen sich mit einfacher Baumwolle in den Ohren. Insbesondere die Männer im Kessel litten fürchterlich. Es sei schwierig, überhaupt einen Arbeiter zu finden, dessen Gehör nicht unwiederbringlich geschädigt sei, schrieb Barr in seiner berühmt gewordenen Studie.

«Mit entsetzlicher Kraft» werde das Innenohr durch den vibrierenden Lärm getroffen, der Krach schieße durch den gesamten Körper und schädige die empfindlichen Hörnerven.[118] Barr untersuchte 100 Arbeiter zwischen 17 und 67 Jahren. Ergebnis: 15 waren nahezu taub und konnten das Ticken einer Uhr nicht hören, wenn sie auf ihr Ohr gepresst wurde. Alle anderen wiesen schwere Hörschäden auf. Zum Teil hätten die Betroffenen nur noch zehn Prozent Hörfähigkeit gehabt.[119] Bis zu 14 Stunden am Tag mussten die Handwerker in dieser Lärmhölle arbeiten. Die Kesselschmiedetaubheit (Boilermaker's Deafness) wurde zur ersten das Gehör betreffenden Berufskrankheit.

Dass Lärm auf die Nerven geht, war den Menschen schon seit Jahrhunderten klar. Wie stark andauernder Krach die Psyche schädigt, wurde im 19. Jahrhundert intensiv diskutiert. Von 1869 an entwickelte sich die Neurasthenie zur Modekrankheit der Moderne – zum Burnout der Industriellen Revolution, der Kaiserzeit und des Viktorianischen Zeitalters. Erschöpfte Frauen sanken ohnmächtig zu Boden. Ausgelaugte Intellektuelle waren geplagt von Schreibblockaden. Und immer mehr Menschen machten Müdigkeit, Erschöpfung, Depressionen, Kopf- und Nervenschmerzen und Angstattacken zu schaffen.

Der US-Neurologe George Miller Beard (1839–1883) verhalf ab 1869 dem Begriff «Neurasthenie» zu weltweiter Popularität. Sein Aufsatz *Neurasthenia, or Nervous Exhaustion* wurde zur Grundlage einer breiten Diskussion in Zeitungen, Fachzeitschriften und Vorträgen der Zeit. «Neurasthenie oder nervöse Erschöpfung kann zu Magen- und Darmbeschwerden, Kopfschmerzen, Lähmungen, Schlaflosigkeit, Ohnmachten, Neuralgie, rheumatischer Gicht, Unfruchtbarkeit bei Männern und Menstruationsunregelmäßigkeiten bei Frauen führen», stellte Beard in dem berühmten Aufsatz fest.[120] Er habe die Betroffenen mit milden Elektroschocks behandelt, verriet der Mediziner – eine Therapie, die bei vielen Kollegen auf Ablehnung stieß.

Welchen Anteil der moderne Lärm an der Neurasthenie hatte, blieb umstritten. Für die nervösen Erschöpfungsbeschwerden machten die Mediziner damals allgemeine Reizüberflutung verantwortlich. Viele Menschen erkannten sich in den Beschwerden wieder. Nervenärzte und Psychiater erlebten einen Ansturm von Nervösen, die Zahl ihrer Praxen und Sprechstunden stieg Ende des 19. Jahrhunderts vor allem in den Großstädten spürbar an. Dass Lärm die Nervosität der Menschen verschlimmerte, war eine Binsenweisheit, die die Medizin zunächst ungeprüft übernahm. Zu unausgereift waren noch die Mess- und Diagnosemethoden. Sigmund Freud (1856–1939) distanzierte sich von der Einstufung der Neurasthenie als eigenständiges Krankheitsbild.

In der allgemeinen Diskussion blieb die Neurasthenie bis ins 20. Jahrhundert öffentliches Thema und wurde zunehmend auf den Lärm der Zeit zurückgeführt. «Der tosende Lärm in Verkehrsstraßen mit Kopfpflaster (...) wirkt ebenso vielfältig schädlich durch beständige Erschütterung und Reizung des Nervensystems bis in die Gehirnganglien hinein», urteilten Experten 1892.[121] «Die fortwährende Erregung unserer Gehörnerven ist eine Hauptursache der heute so häufig auftretenden Neurasthenie», schrieb ein medizinischer Kolumnist einer Münchener Zeitung sechs Jahre später. Neurasthenie blieb en vogue – angefacht vom Lärm der Zeit. «Wer einmal einen Mittelohrkatarrh gehabt hat und Tage und Wochen lang durch die damit verbundenen Geräusche gequält worden ist, kann sich vorstellen, wie das geräuschvolle Treiben unseres modernen Lebens langsam, aber sicher an der Nervenkraft zehrt», bilanzierte ein Münchener Blatt 1898.[122]

Das 19. Jahrhundert blieb für viele Stadtmenschen eine sensorische Hölle ohne Aussicht auf Besserung. Abhilfe hätten nur technischer Schallschutz, verbesserte Arbeitsbedingungen oder wirksame Gesetze bringen können. Erste vorsichtige Versuche, den Lärm gesetzlich einzudämmen, hatte es ja bereits zuvor gegeben. Doch sie waren halbherzig, nicht allgemeingültig, und die wenigen Vorschriften wurden selten befolgt. In England, Frankreich und Deutschland ging es bis 1900 vor allem um nächtliche Ruhestörung oder um Verkehrslärm. Der Krach der Fabriken war noch sakrosankt. Zu groß und mächtig war der Gedanke, dass die Industrialisierung das Leben der Menschen besser mache. Und für die Arbeiter gab es so gut wie keine gesetzlichen Schutzmaßnahmen.

Um das Jahr 1900 war eine Grenze erreicht. Staat und Justiz zeigten sich zunehmend überfordert im Kampf gegen den Lärm. So konnte es nicht weitergehen.

20. Jahrhundert
Lärm der
Apokalypse

Die Menschheit
ringt um Ruhe

Den Klang des 20. Jahrhunderts meint der Mensch zu kennen – und tatsächlich ist es das erste Säkulum, dessen Lärm in weiten Teilen überliefert und bekannt ist. Erstmals gab es Ton- und Bilddokumente in so großer Zahl, dass sich die Menschen eine genaue Vorstellung vom Klang der Ereignisse machen konnten. Die Zeit zwischen 1900 und 2000 ist geprägt von Tönen, die zu akustischen Ikonen geworden sind. Weil sie fast jedem Menschen auf der Erde vertraut sind, genügen wenige Sekunden, um die Katastrophe oder die Heldentat zu erkennen. Die Geschichte des Lärms trat ein in eine neue Epoche.

Das zwanzigste wurde zum Jahrhundert der Mobilität. Alles war in Bewegung – rollte, rumpelte, raste und ratterte. New York löste um 1900 London als lauteste Stadt der Welt ab und blieb es bis zum Aufkommen asiatischer und südamerikanischer Megacitys nach dem Zweiten Weltkrieg. Europas Großstädte waren ebenfalls laut, erreichten aber nicht die Intensität nordamerikanischer Metropolen, in denen der Straßenlärm durch das Getöse der Hochbahnen entscheidend verstärkt wurde. Viele europäische Städte setzten auf Untergrundbahnen, sodass der Schnellbahnlärm zumindest teilweise unter der Erde verschwand. Das Auto wurde zum Symbol für die Mobilität und die Geschwindigkeit endgültig zu einem wesentlichen Faktor für die Lärmbelastung der Menschen.

Der Lärm der Welt breitete sich aus. Von 1901 an kam er auch vom Himmel, als erste Luftfahrtpioniere waghalsig ihre Propellermaschinen durch die Lüfte steuerten. Wo sie in den Himmel stiegen, kamen Tausende von Menschen zusammen. Nach 1945

35. Kaiserworte
1904 Stimme von
Kaiser Wilhelm II.
(Wachswalzenaufnahme)

brachen Düsentriebwerke in die Klangwelt des Menschen ein und brachten den Lärm der Turbinen in die entferntesten Winkel der Erde. Das Dröhnen gigantischer Schiffsdiesel durchzog die Weltmeere, Sonargeräte von U-Booten erzeugten einen Schalldruck von 240 dB in der Unterwasserwelt. Die Saturn-V-Rakete transportierte 1969 nicht nur die ersten Astronauten zum Mond, sondern erzeugte bei der Zündung der ersten Stufe auch den lautesten von Menschen gemachten Knall.

Die beiden Weltkriege brachten den Klang des Todes mit sich. Die verheerendsten Kriege der Geschichte schufen Klangkulissen, die verstörten, traumatisierten und töteten. Durch das Inferno des Bombenkrieges wurde der Krieg in das Herz der Städte transportiert. Millionen von Menschen starben auf den lärmenden Schlachtfeldern, in brennenden Ruinen und in den gigantischen Vernichtungslagern der Nationalsozialisten. Die Entdeckung der Kernkraft – eigentlich eine relativ lautlose Energie – führte zu den gewaltigsten von Menschen erzeugten Explosionen der Geschichte.

Aber die Menschheit erfasste auch eine lärmende Schaffenskraft. Preise fielen durch Massenproduktion, Fließband und Serienfertigung. Der Wohlstand wuchs in großen Teilen der Bevölkerung in der westlichen Welt. Immer mehr Menschen konnten sich Produkte leisten wie Grammophon, Telefon, Auto und später TV und Stereoanlage. Elektroakustik wurde zur Schlüsseltechnologie des Klangs im 20. Jahrhundert. Synthetisierung, Verstärkung und später die Digitalisierung des Tons prägten insbesondere die Zeit ab 1950.

Und es war das Jahrhundert, das den Lärm erstmals reglementierte, eingrenzte und wirksam zu dämpfen versuchte. Nachdem Fabrikbesitzer, die meisten Ärzte und auch die Politik bis Mitte des 20. Jahrhunderts die Belastungen und Gefahren durch Lärm weitgehend ignoriert hatten, war er nicht mehr wegzudiskutieren.

Erste Anti-Lärm-Bewegungen traten in Erscheinung – zunächst noch ohne großen Erfolg. Aber sie legten die Grundlagen für Bürgerinitiativen, Fluglärmproteste und Kampagnen zur Verkehrsberuhigung der 1970er-Jahre. Gesetzliche Maßnahmen zeigten erst gegen Ende des 20. Jahrhunderts spürbare Wirkungen, als die krankmachende Wirkung des Lärms allgemein anerkannt wurde. Und es war erstaunlicherweise auch das Jahrhundert, in dem die Welt begann, wieder leiser zu werden.

Anti-Lärm-Vereine – Aufstand der Privilegierten

Es begann mit einer Flucht vor dem Lärm. 1903 hatten sich der New Yorker Unternehmer Isaac Rice (1850–1915) und seine Frau vom lauten Broadway davongemacht und hoch über der lärmenden Stadt ein großes Anwesen am Riverside Drive oberhalb des Hudson River gebaut. Doch auch hier waren die beiden vor dem Krach New Yorks nicht sicher. Lastkähne tuteten, Dampfschiffe pfiffen ununterbrochen, und in den Marmor-Hallen der Familie Rice hallte der Lärm wider. Unzählige Signale seien es täglich gewesen, schrieb Julia Barnett Rice (1860–1929). Sie zählte innerhalb von 24 Stunden zwischen 2000 und 3000 Hupsignale der plauderwütigen Schiffer – bei Tag und bei Nacht. Denn die Kapitäne benutzten die Hupen nicht nur als Warnsignal, sondern auch zum Austausch von Nachrichten. Die hochgebildete und selbstbewusste Frau – sie hatte Medizin studiert, aber nie praktiziert – stieg zur Ikone der Anti-Lärm-Bewegung auf. 1906 gründete sie die Gesellschaft zur

Vermeidung von unnötigem Lärm (Society for the Suppression of Unnecessary Noise), die zur erfolgreichsten Antilärmbewegung vor dem Ersten Weltkrieg wurde. Schon ein Jahr später konnte mit ihrer Hilfe der sogenannte *Bennett Act* (1907) verabschiedet werden. Er regulierte und begrenzte erfolgreich das laute Tuten der New Yorker Hafenfähren und Dampfboote. Es war eine der wenigen Lärmschutzverordnungen, die damals Erfolg hatten. Den Schiffern drohten drakonische Strafen bis hin zum Entzug der Anlegekonzession.

Danach wandte sie sich mit ihren Mitstreitern, zu denen auch der Schriftsteller Mark Twain (1835–1910) gehörte, anderen Themen zu. Die Gesellschaft kämpfte für Ruhezonen rund um Krankenhäuser und Schulen. Twain, der als ehemaliger Lotse auf dem Mississippi die rüden Methoden seiner Kapitänskollegen kannte, nahm das Angebot von Barnett Rice an, Ehrenpräsident der Kinderabteilung zu werden. Dem morgendlichen Scheppern der Milchwagen wollte der Verein mit gummibereiften Rädern und Überzügen für die Pferdehufe («Noiseless Milk») Herr werden. Geräusche von Werkshallen, Fabriksirenen und die Baustellen der Stadt standen auf der Agenda.

Julia Barnett Rice reiste unermüdlich, um ihre Ideen zu verbreiten – erst innerhalb der USA und später auch nach Europa und Australien. Im November 1908 eröffnete sie in Boston eine Filiale ihrer Bewegung und präsentierte dem Frauenclub der Stadt Schallplatten mit Lärm aus New York, die Studenten für sie an belebten Kreuzungen aufgenommen hatten. Der Konservenlärm («Canned Noise»), wie er von Zeitungen genannt wurde, hatte durchschlagenden Erfolg. Als die Grammophone die plärrenden Geräusche abspielten, riefen mehrere Angestellte aus benachbarten Büros die Polizei. «Der Konservenlärm wurde umgehend abgestellt», berichtete die *New York Tribune* über den Vorfall.[1]

36. Verkehrslärm
1906 Straßenverkehr
New York (Ecke Broadway/
Fifth Avenue)

Die amerikanische Vereinigung war nur eine von vielen. Um die Jahrhundertwende entstanden zahlreiche Aktionsgemeinschaften gegen Lärm in europäischen, amerikanischen und australischen Städten, zumeist kleine Grüppchen, die sich um lokale Probleme kümmerten. Es war eine bunte Mischung aus genervten Bürgern, Immobilienbesitzern, Sozialromantikern, Religiösen, Intellektuellen und Schlafgestörten, die zunächst wenig Aufmerksamkeit fand. 1902 wurde das Street Noise Abatement Committee in London gegründet, zu dem auch der Schriftsteller Theodore Martin (1816–1909) gehörte. Die Organisatoren beklagten die Wertminderung von Eigentum, die gesundheitlichen Probleme und die allgemeine Belastung durch den Lärm. Obwohl das Komitee zur Bekämpfung des Straßenlärms im Gewerbeverzeichnis von 1914 nochmals erschien, wurde es in den allgemeinen Medien nach 1911 nicht mehr erwähnt. Ein ähnliches Schicksal ereilte die Ligue du Silence in Paris (1908) und andere Organisationen.

Die deutsche Anti-Lärm-Bewegung ist bis heute mit einem Namen verbunden: Der Philosoph Theodor Lessing (1872–1933), Sohn assimilierter Juden aus Hannover, gründete 1908 den ersten Anti-Lärm-Verein. Lessings Gruppierung polarisierte von Anfang an. Von den meisten Zeitgenossen wurden der Philosoph und dessen Anhänger belächelt und verspottet – als Sensibelchen und Modernitätsverweigerer. Viele der mehr als 1100 Mitglieder waren Künstler, Schriftsteller oder Musiker. Sie litten als Intellektuelle, als Kopfarbeiter und «Gehirnkulis» (Lessing) unter dem Lärm so stark, dass es ihre Berufsausübung beeinträchtigte. Der Anti-Lärm-Verein machte vor allem mobil für die Interessen der Intellektuellen. Und die Schuldigen hatte der Verein auch ausgemacht: Arbeiter, Tagelöhner, soziale Unterschichten und Besitzlose, die mit dem Lärm gegen die herrschende Elite protestierten. «Er ist ursprünglich nur verfeinertes Faustrecht und die Rache, die der mit den Händen arbeitende Teil der Gesellschaft an dem mit dem Kopfe arbeitenden nimmt», folgerte Lessing.[2] Zahlreiche seiner Auffassungen würden heute mehr als politisch unkorrekt gelten. Die Mentalität der Völker sei mit für den Lärm verantwortlich. «Der Südländer lärmt eben aus eitel Betäubungslust. Er lärmt mit Behagen», schrieb Lessing in seinem Buch *Der Lärm* 1908.[3]

Lessing kam mit seiner zum Teil polemischen Kritik bei seinen Kollegen nicht besonders gut an. Weil er 1910 den Literaturkritiker Samuel Liblinski unter anderem wegen seines Aussehens in einer Satire mit üblen antisemitischen Beleidigungen überzogen hatte, löste er einen Literaturskandal aus. Größen wie Stefan Zweig oder der Publizist und spätere Bundespräsident Theodor Heuss unterzeichneten eine Protesterklärung. Thomas Mann unterschrieb zwar nicht, aber er kündigte an, dass er «dem unverschämten Zwerg» auf andere Weise «gebührend übers Maul» fahren wollte, und schrieb danach das polemische Essay *Der Doktor Lessing*. Beide, sowohl Lessing als auch Mann, bedienten sich dabei antisemitischer Klischees. Mann verstieg sich zu der Behauptung, Lessing sei ein «Schreckbeispiel schlechter jüdischer Rasse».[4]

Das Monatsblatt des Anti-Lärm-Vereins hieß anfangs *Der Anti-Rüpel*, weil die Vereinsmitglieder zunächst die Rücksichtslosigkeit der Mitmenschen anprangerten und erst in zweiter Linie die Technologisierung und den damit verbundenen Lärm. Um breitere Schichten zu erreichen, änderte Lessing den Namen des Blattes in *Recht auf Stille*. Der anklagende Charakter gegenüber lärmenden Zeitgenossen blieb. Das Vereinsorgan, das den Untertitel *Monatsblätter zum Kampf gegen Lärm, Rohheit und Unkultur im deutschen Wirtschafts-, Handels- und Verkehrsleben* trug, machte weiter Stimmung gegen die zeitgenössischen Krachmacher: schreiende Zeitungsjungen, teppichklopfende Hausfrauen, rücksichtslose Hundehalter oder glockenläutende Droschkenfahrer.

Bei einigen Intellektuellen fand Lessing Zuspruch. Der Kunstmäzen Karl Ernst Osthaus, der den Grundstock für das weltberühmte Folkwang-Museum in Essen legte, schrieb Lessing: «Ihr Feldzug ist notwendig, ich leide sehr unter Geräusch, unter Kirchenglocken und Kirchenuhr, am meisten aber unter dem Läuten des benachbarten Marienhospitals. Ferner unter Straßenmusik, die mittwochs und freitags in Hagen geduldet wird.»[5] Zahlreiche Schriftsteller schrieben Lessing und klagten ihm ihr persönliches Lärmleid. Hugo von Hofmannsthal (1874–1929) lobte Lessings Bemühungen und wurde Mitglied des Vereins. «Ihren Feldzug halte ich für notwendig und nützlich im höchsten Grade», schrieb der Österreicher. «Langsam vorbeifahrende Lastwagen mit ihren peitschenknallenden Führern» würden ihr «physische Schmerzen» bereiten, so die Schriftstellerin Ilse von Stach. Ihre Kollegin Marfa von Sacher-Masoch lebte zwar auf dem Land, wusste aber auch von dort über nervenzerfetzenden Lärm zu berichten: «Ich gönne den Menschen etwa Kirchweihfreude, Karussell und Schießbuden; aber ich sehe nicht ein, weshalb auf dem Heimweg von 4 bis 6 Uhr früh gebrüllt werden soll.» Auch der Psychiater Wilhelm Weygandt befürwortete Lessings Ziele: «Ich leide persönlich unter Kindergebrüll auf der Straße, weniger unter Wagengeräuschen rollender Art. Eher unter dem Rasseln der Wagen und Klappern der Hufe. Ferner unter hartem Auftreten und Uhrenticken. Ich empfehle: besseres Pflaster, separate Kinderspielplätze, Alkoholbekämpfung.»[6]

Wie im Jahrhundert zuvor interessierten sich die vom Lärm gepeinigten Intellektuellen der Zeit kaum für das Leid der Arbeiter. Die lauten Fabriken und Werkstätten, der mangelnde Gesundheits- und Lärmschutz und die prekären und lauten Wohnverhältnisse in den dicht gedrängten Mietskasernen – all das spielte keine Rolle in den zahlreichen Briefen, Aufsätzen, Vorträgen und Büchern.

Im Gegenteil: Die Arbeiter und ihr angeblich rücksichtsloses und lärmendes Verhalten gegenüber der übrigen Gesellschaft wurden für den Anstieg der Lärmbelastung verantwortlich gemacht. «Fuhrknechte, Sackträger, Eckensteher u. dergl. sind Lasttiere der menschlichen Gesellschaft», zitierte Theodor Lessing den Philosophen Schopenhauer. «Sie sollen durchaus human, mit Gerechtigkeit, Billigkeit, Nachsicht und Vorsorge behandelt werden; aber ihnen darf nicht gestattet sein, durch mutwilligen Lärm den höheren Bestrebungen des Menschengeschlechtes hinderlich zu werden.»[7] Selbst die SPD hatte noch kein Ohr für den Lärm der Zeit und unternahm nichts, um die Arbeiter vor Industrie- und Verkehrslärm zu schützen. Klagen über Lärmbelästigung galten als rückschrittlich und fortschrittsfeindlich.

Kurz gesagt: Die ersten Feldzüge gegen den Lärm waren eine reine Selbstbespiegelung der Intellektuellen und ihres eigenen Leids.

So war dann auch der internationalen Zusammenarbeit wenig Erfolg beschieden. Zu sehr unterschieden sich die Ziele der pragmatisch-erfolgreichen Julia Barnett Rice und des durch Lärm persönlich beleidigten Theodor Lessing. Vom 11. bis 14. August 1909 kam auf Anregung der Amerikanerin im Hotel Ritz in London die erste Internationale Anti-Lärm-Konferenz zusammen.[8] In Wahrheit war es wohl nur ein Treffen von drei besonders regen Aktivisten: Barnett Rice, Lessing und der Sekretär des britischen Anti-Lärm-Vereins.[9] Aus Gründen der Gesundheit und des Wohlergehens der Gemeinschaft müsse unnötiger Lärm energisch bekämpft werden, verkündeten sie im Anschluss. Geplante internationale Konferenzen fanden jedoch nicht mehr statt. Lessing sagte ein für Juni 1910 in Berlin geplantes Treffen ab, auch eine Konferenz 1912 in New York fiel aus.[10]

Die Wissenschaft hingegen blieb nicht untätig. Siegmund

Auerbach (1866–1923), ein deutscher Neurologe, Sanitätsrat und Lärmaktivist, hatte sich schon vor dem Jahr 1900 mit den Gefahren durch lauten Krach auseinandergesetzt und ein reichsweit geltendes Lärmschutzgesetz gefordert. Als Nervenarzt leitete er in Frankfurt eine psychiatrische Poliklinik und war einer der ersten deutschen Mediziner, die auch international in der Lärmdebatte in Erscheinung traten. So nahm er im September 1912 am XV. Kongress über Hygiene und Demographie in Washington teil und erregte Aufsehen durch seinen Vortrag.

Die *New York Times* veröffentlichte wenig später einen großen Artikel über den Auftritt des deutschen Wissenschaftlers: *German neurologist tells why we are so nervous*. Das Leben in den USA sei deutlich lärmintensiver als in Europa, schilderte Auerbach den Delegierten und schlug den Amerikanern vor, in den Städten spezielle Sanatorien für «nervöse Wracks» einzurichten. Die Straßen der US-Großstädte seien in einem extrem schlechten Zustand, das Klappern der New Yorker Hochbahn eine große Belastung für die Bewohner. Die größere Intensität des Lärms in den USA sei auch der Grund dafür, dass es mehr Nervenkranke gebe als in den europäischen Ländern. Und er machte mit einem Vorschlag von sich reden: Hotels sollten schwarze Listen von Gästen führen, die zu viel Lärm machten, und diese dann auch in anderen Herbergen von der Übernachtung ausschließen.[11]

Letztlich blieben die Lärmkritiker aber ohne Erfolg. Lärmregelungen unterblieben oder wurden nicht durchgesetzt. Spöttisch erklärte ein Zeitgenosse: Die Anti-Lärm-Vereine haben fast alles erreicht, nur eines nicht – weniger Lärm. Der Erste Weltkrieg ließ den Lärm dann endgültig zu einem unbedeutenden Problem werden. Schon vor dem Krieg hatte Lessing alle Vereinsaktivitäten eingestellt. Der Philosoph war eines der ersten Opfer der Nationalsozialisten: Nachdem er mit seiner Frau Ada am 1. März 1933 in die Tschechoslowakei geflohen war, wurde er dort wenig später von nationalsozialistischen Schergen bei einem Attentat in seinem Wohnort Marienbad erschossen.

Megacitys: Hilfe! Lärm! Meine Nerven!

«Alle Augenblick ein neues unangenehmes Geräusch!», klagte Theodor Lessing 1908. «Auf dem Balkon des Hinterhauses werden Teppiche und Betten geklopft. Ein Stockwerk höher rammeln Handwerker. Im Treppenflure schlägt irgendjemand Nägel in eine offenbar mit Eisen beschlagene Kiste. Im Nebenhause prügeln sich Kinder. Sie heulen wie Indianer, sie trommeln an den Türen.» Und weiter: «Tausend Türen schlagen auf und zu. Tausend hungrige Menschen, rücksichtslos gierig nach Macht, Erfolg, Befriedigung ihrer Eitelkeit oder roher Instinkte, feilschen und schreien, schreien und streiten vor unsern Ohren und erfüllen alle Gassen der Städte mit dem Interesse ihrer Händel und ihres Erwerbs.»[12]

Neben Maschinen und Automobilen blieb der Mensch auch im 20. Jahrhundert Lärmquelle Nummer eins. Obwohl sie laut, dreckig und stressig waren, entwickelten die großen Städte eine ungeheure Sogwirkung. Millionen von Menschen zogen weltweit in die Metropolen und steigerten den Lärm ins teilweise Unermessliche. Zwischen 1910 und 1950 vervierfachte New York seine Einwohnerzahl auf 12,3 Millionen Menschen und wurde so zum Zentrum modernen Großstadtlärms. In den letzten Jahrzehnten des 20. Jahrhunderts verteilte sich der weltweite Lärm komplett neu. Von 1970 an explodierten die Einwohnerzahlen vor allem in den Metropolen Asiens und Mittel- und Südamerikas. 1985 war Tokio mit mehr als 30 Millionen Menschen die größte Stadt der Welt – mit fast doppelt so vielen Einwohnern wie New York. Seit der Jahrtausendwende knackten zahlreiche Megacitys in Asien die Zehn-Millionen-Grenze. Auch 2021 war Tokio mit 37,3 Millionen Menschen unumstrittene Nummer eins, gefolgt von Neu-Delhi und Shanghai. Unter den Top Ten der Welt befand sich in diesem Jahr keine einzige europäische oder US-amerikanische Stadt.

In den 1920er-Jahren waren es noch Städte in Europa oder den USA, die besonders lärmten. Der deutsche Schriftsteller Walter Hasenclever (1890–1940) erinnerte in seinem Aufsatz *Das Lärmzeitalter* an den Übergang von der vermeintlich ruhigen Welt des 19. Jahrhunderts zur Moderne. Auch wenn Verklärung und die Erinnerung an die gute alte Zeit eine Rolle spielten, spiegeln die Worte das Lebensgefühl vieler Menschen kurz nach der Jahrhundertwende wider. «In unserer Kindheit war das Fahrrad das allgemeine Beförderungsmittel. Damals gab es außer Militärkapellen und Kaisergeburtstagsfeiern noch wenig Lärm. Die Equipagen und Pferdebahnen verschafften sich mit Peitschenknallen und diskretem ‹Hühott› Gehör, Zimmertelephone existierten nicht, der Fernsprechapparat hing im Hausflur und läutete höchstens, wenn jemand geboren oder gestorben war.»[13] Hasenclever, der 1929 nach Berlin umzog, wurde durch die akustischen Eindrücke der Großstadt zu seinen Gedanken angeregt. «Plötzlich brach die Technik aus. Wie die Pilze aus dem Boden, so schossen die Lärminstrumente aus der Luft. Hupen und Sirenen überboten einander mit tollem Gebrüll, Autobusse ließen die Häuser erzittern, Garagen und Reparaturwerkstätten erfüllten die Straßen mit wildem Hämmern, und den Schlaf der Ermatteten bedrohten die Flugzeuge mit hartem Geknatter.»[14]

37. Fortschrittskrach
1908 Thomas Alva Edison
(Rede zur New York Electrical Show)

Der Schriftsteller Franz Kafka (1883–1924) war wie kaum ein anderer vom Lärm gepeinigt. In zahlreichen Tagebucheinträgen und Briefen klagte er sein Leid über laute Nachbarn, schrille Kirchenglocken und den Lärm der Großstadt. Rund ein Dutzend Mal zog Kafka allein in Prag um – doch Ruhe fand er nicht. Silvester 1912/13 schrieb er seiner Verlobten Felice Bauer, dass er «verlassen wie ein Hund» in seinem Bett liege. Glockenläuten, Uhrenschlagen und schreiende Menschen brächten ihn um seinen Schlaf.[15]

Lärm war für Kafka existenzielle Bedrohung, hinderte ihn nicht nur am Schreiben, sondern schränkte auch sein Leben ein. Auch in seinem Werk schlug sich das Leid nieder, das er durch akustische Marter erfuhr. Seine Erzählung *Großer Lärm* erschien im Oktober 1912 in einer Prager Zeitung. Nur zwanzig Zeilen lang, schildert sie doch die Pein, die der Dichter verspürte. «Ich sitze in meinem Zimmer im Hauptquartier des Lärms der ganzen Wohnung. (…) Die Wohnungstüre wird aufgeklinkt und lärmt, wie aus katarrhalischem Hals, öffnet sich dann weiterhin mit dem Singen einer Frauenstimme und schliesst sich endlich mit einem dumpfen, männlichen Ruck, der sich am rücksichtslosesten anhört.»[16]

Kafkas einzige Waffen gegen den Lärm waren die andauernden Umzüge und das Schreiben. In seinen Tagebüchern schrieb er sich das Lärmleid von der Seele. «Dreiviertel zwei nachts. Gegenüber weint ein Kind. Plötzlich spricht ein Mann im gleichen Zimmer, so nah, als wäre er vor meinem Fenster. Ich will lieber aus dem Fenster fliegen, als das noch länger anhören.»[17] Und am 17. März 1915: «Von Lärm verfolgt (…). Von Zeit zu Zeit ein Krach in der Küche oder am Gang. Über mir auf dem Boden gestern ewiges Rollen einer Kugel wie beim Kegeln, unverständlicher Zweck, dann unten auch Klavier (…). Ein wenig mit dem Lärm gekämpft, dann mit förmlich zerrissenen Nerven auf dem Kanapee gelegen, nach 10 Uhr Stille, kann aber nicht mehr arbeiten.»[18]

Der Schriftsteller Max Brod (1884–1968), ein enger Freund Franz Kafkas, litt ebenso unter dem Lärm der Zeit. Er habe in der «Lärmhölle» gelebt, schrieb er im Juli 1924 im deutschsprachigen *Prager Tagblatt*. Hofgeräusche, Teppichklopfbatterien, Hausmusik-Konzerte und Grammophone – alles nervte so sehr, dass er in eine vermeintlich stille Gasse Prags umzog. Doch er hatte mal wieder die Rechnung ohne seine Mitmenschen gemacht. «Kaum hatte ich die Wohnung bezogen, so stellte sich heraus, dass die Gasse gerade um ihrer Stille und Abgelegenheit willen der beliebte Tummelplatz fußballspielender und krakeelender Jungens war. Vergebens stürzte ich mit wilder Miene aus dem Hause: ‹Oben wohnt ein Kranker – Werdet Ihr sofort aufhören zu lärmen!› Mitleid kannten die Bengels nicht, nur etwas Angst, solange sie in Reichweite waren. Kaum war ich abgezogen, begann der tolle Lärm von neuem.»[19]

Er gab vorübergehend den Kampf auf und begab sich mit seinem Freund Kafka auf Reisen. Doch wohin die beiden Lärmgeplagten kamen, der Krach war schon da – oder zeigte sich nach kurzer Zeit. «Die Lärmhölle folgte uns. Wir nahmen Wohnung an einem Friedhof, dem stillsten Ort der Welt. Die Kirchenglocke weckte uns gellend vor Morgengrauen. Wir wählten das Hotel am See, fern der Eisenbahn. Der Raddampfer, der den See durchfurchte, schlug Wellen in unseren leichten Mittagsschlaf. Endlich glaubten wir, in einer ganz entlegenen Nebengasse des idyllischen Stresa am Lago Maggiore Ruhe gefunden zu haben. Es zeigte sich, dass wir einem Schmied gegenüber gemietet hatten, dessen metallisch sonorer Fleiß uns aus schönstem Morgentraum riss.»[20]

Die deutschen Zeitungen waren von 1900 an voll von Leserbriefen und Artikeln über den Lärm. «Wir alle haben es hundertmal empfunden: Zweckloser Lärm ist eine unerhörte Tortur», schrieb das *Jenaer Volksblatt* 1913.[21] Viele Bürger könnten nicht verstehen, dass die Polizei nur nachts grölende Radaubrüder aus dem Verkehr ziehe. «Aber wenn am Tage vor unserem Fenster Teppiche geklopft werden, wenn im Nachbarhause die zwölfjährige Else bei offenem Fenster stundenlang auf dem Klavier Fingerübungen macht, wenn drüben plötzlich die Sirene einer Fabrik aufheult – gegen alle diese Delikte gibt's kein Mittel, und kein Polizist ist befugt, einzuschreiten.»

Kaum ein Musikinstrument brachte die Menschen zur Jahrhundertwende so sehr in Rage wie das Klavier. Durch die industrielle Produktion waren Klaviere ab 1880 erheblich billiger geworden. In großbürgerlichen Haushalten gehörten sie zum guten Ton, aber auch Kleinbürger und zunehmend auch bessergestellte Arbeiterfamilien leisteten sich ein Pianoforte. Kinder übten, Mütter und Väter spielten Volkslieder und Gassenhauer oder erprobten sich an Klassikern – sehr zum Leid ihrer Nachbarn. Die Begriffe «Klavierpest» und «Pianoseuche» wurden populär. «Man macht sich keinen Begriff, was es heißt, wenn vierzehn Pfoten von den ersten Uebungen an bis zu den heruntergehackten Wirtshaustänzen dieses Marterinstrument bearbeiten», schrieben die *Münchner Neuesten Nachrichten* 1910. «Das Paradies stürzt zusammen. Man entflieht und irrt bis zum Abend umher, ein ruheloser Flüchtling, ein heimatloser.»[22]

Der Verleger und Klavierpädagoge Moritz Diesterweg (1834–1906) machte seinem Ärger über die «Modekrankheit Klavierunterricht» Luft. «Es gehört ja leider zur Mode, die Kinder vors Klavier zu bringen, egal, ob sie Anlage haben oder nicht. Ganz infame Mode das!», urteilte Diesterweg empört und kritisierte «überzärtliche Erzeuger, die in jedem Piepsen und Quieken des Sprößlings einen angehenden Mozart bewundern».[23]

Die «Klavierseuche» schaffte es bis in den Deutschen Reichstag: Der linksliberale Eugen Richter (1838–1906), als Abgeordneter der

Freisinnigen Volkspartei quasi Oppositionsführer im Parlament, erhielt bei seiner Rede 1901 nicht nur den Beifall seiner Partei. Nur wer jemals in einem Mietshaus gewohnt habe, wo «in vier Etagen hoch oben, tief unten und zu beiden Seiten der eigenen Wohnung» Kinder auf Klavieren übten, könne verstehen, wie ganze Häuser in ihrem Wert gemindert würden. «Hören Sie es doch einmal mit an, wie (...) jeden Tag immer dieselben Stücke gespielt werden und immer an derselben Stelle derselbe Fehler gemacht wird oder an derselben Stelle das Spiel immer wieder ins Stocken gerät», sagte Richter, der als brillanter Redner galt. «Sehr richtig und Heiterkeit», notierten die Stenografen des Reichstags im Protokoll. Demgegenüber seien die mechanischen Musikinstrumente ein Fortschritt, denn «sie spielen wenigstens nicht falsch».[24]

Hunde, Katzen, Papageien und Singvögel gingen den gestressten Städtern zunehmend auf die Nerven. «Hundebesitzer sind die rücksichtslosesten Menschen der Welt», klagte der lärmgeplagte Kurt Tucholsky 1927. Sie hätten es in der Hand, den Lärm der Kläffer abzustellen. Aber auch an den Tieren selbst ließ der Schriftsteller kein gutes Haar. «Der Hund bellt immer. Er bellt, wenn jemand kommt, sowie auch, wenn jemand geht – er bellt zwischendurch, und wenn er keinen Anlaß hat, erbellt er sich einen.»[25] Der sensible Tucholsky machte seinem Ärger ungezügelt Luft. «Der eigene Hund macht keinen Lärm, er bellt nur!», lautet das wohl berühmteste Zitat aus seiner bitterbösen Satire *Was machen die Leute da oben eigentlich?* aus dem Jahr 1930, mit der er den undefinierbaren Lärm aus Nachbarwohnungen aufs Korn nahm. «Lösers machen Manöver. Lösers räumen jeden Abend ihre Wohnung aus (...), sie hängen ihre sämtlichen Einrichtungsgegenstände zum Fenster hinaus, räumen sie wieder ein (...). Nein, sie rollen zwei kleine Kanonenkugeln, Andenken aus dem Weltkriege, fröhlichen Gemütes durch die Korridore. Sie spielen Zirkus: schlagen der

Länge lang hin, stehen wieder auf, schlagen wieder hin.»[26] Wie unzulänglich die menschliche Anatomie den Menschen gegen Lärm schützt, verewigte Tucholsky in seiner Erzählung *Schloß Gripsholm* im Jahr 1931: «Gott schenke uns Ohrenlider!»[27]

Straßenverkehr, Maschinenlärm und Baustellen verschlimmerten die Situation auch in der Nacht. Weil die Fahrbahnen tagsüber verstopft waren, verlegten die Behörden Bauarbeiten gern auf verkehrsarme Zeiten. Straßenbahnen, Omnibusse und Taxis fuhren bis tief in die Nacht. Die Schriftstellerin Ina Seidel (1885–1974) erinnerte sich in ihrem Buch *Berlin, ich vergesse dich nicht* an ihre Nächte in der Hauptstadt zwischen 1907 und 1914. Der Berliner Nachtlärm sei wie ein «niemals verstummendes Selbstgespräch der Stadt».[28] Das «metallene Dröhnen und Klirren rangierender Güterzüge» des nahen Stettiner Bahnhofs mische sich mit dem «Hufschlag pflastermüder Omnibusgäule», die ihre Waggons kurz vor Mitternacht in das Depot zurückschleppten. Wenn dann der Schlaf endlich über einen gekommen war, sei man schon frühmorgens wieder geweckt worden. Die Männer der Straßenreinigung seien dann mit ihren «rauschenden Sprengwagen» die Straßen entlanggefahren, gefolgt von der Müllabfuhr, die laut polternd die Abfalltonnen in ihre Hand- und Pferdekarren entleert habe – ein Klang wie das «Gerassel einer gigantischen Weckuhr».[29]

Der Schriftsteller Alfred Döblin (1878–1957) setzte dem Berlin der Zwanzigerjahre ein lärmliterarisches Denkmal. «Rumm rumm wuchtet vor Aschinger auf dem Alex die Dampframme. Sie ist ein Stock hoch, und die Schienen haut sie wie nichts in den Boden. (...) Viele Menschen haben Zeit und gucken sich an, wie die Ramme haut. Ein Mann oben zieht immer eine Kette, dann pafft es oben, und ratz hat die Stange eins auf den Kopf (...). Ruller ruller fahren die Elektrischen (...). Die Züge rummeln vom Bahnhof nach der Jannowitzbrücke, die Lokomotive bläst oben Dampf ab.»[30] Als

Franz Biberkopf, der Protagonist in *Berlin Alexanderplatz*, nach vierjähriger Haft aus der Justizvollzugsanstalt Tegel trat, war «der Schreckensmoment» über ihn gekommen – auch akustisch.

«Hilfe! Lärm! Meine Nerven!» – unter dieser Überschrift veröffentlichte die *Münchner Abendzeitung* im Oktober 1928 auf einer Doppelseite das Ergebnis einer Leserumfrage. Alle sollten zu Wort kommen: Fußgänger, Radfahrer, Autofahrer, Anwohner, Passanten und die Automobilverbände. Dem Verdacht der Fortschrittsfeindlichkeit wollte sich das Blatt aber auf keinen Fall aussetzen. Im Vorwort schrieb die Redaktion: «Es ist ein Unding, Maschinen wegen des Lärms, besonders alle Verkehrsmaschinen, abschaffen zu wollen. Das können, das wollen wir nicht.» Dennoch sei die Bekämpfung des Lärms unumgänglich geworden. Der Krach des Straßenverkehrs und auch die «ungeahnte Verbreitung mechanischer Musikinstrumente» seien in so kurzer Zeit dramatisch angestiegen, «daß sich unsere Nerven nicht ohne Schädigung anpassen konnten».[31]

Die Zeitung hatte einen Nerv getroffen und wurde von Zuschriften geradezu überschwemmt. Im Straßenverkehr störte die AZ-Leser vor allem der ununterbrochene Gebrauch der elektrischen Hupen. Auch die Straßenreinigung ging den Münchenern mächtig auf die Nerven. «Morgens 4 Uhr geht's schon los», beschwerte sich ein Leser, «der neue städtische Sprengwagen fährt zum Füllen. Schläuche, der eiserne Bodendeckel vom Hydranten fliegt aufs Pflaster (...). Jetzt geht's los, der Motor brüllt, und wenn erst der Spritzmeister seine Ventile öffnet, ist's mit der Ruhe vorbei.»[32]

Fahrradfahrer nervten ebenfalls. Wegen des unaufhörlichen Gebimmels der «Luftschlauchbrüder» sei es an der Zeit, dass die Schutzleute sie vom Rad holten. Und Betrunkene, die nachts grölend «auf Schilder so lange hinschlagen, bis Email wegspringt und schwarzes Blech rausschaut». Für solche Unholde hatte ein Leser gleich eine Lösung parat: «Kräftige Beamte in Zivil – radfahrend – solche Männer schnappen, gut massieren, ins kalte Bad stecken, zur Erhöhung der Herztätigkeit.» Er sei überzeugt, dass es dann bedeutend ruhiger würde.[33]

Zahlreiche Leserbriefe sind in deutschen Zeitungen zwischen 1920 und 1933 zu finden. «Was aber heute den Nerven in der Großstadt zugemutet wird, grenzt schon an das Unerträgliche», schrieb eine Münchenerin 1924 und machte ihrem Unmut Luft. Rollschuhfahrende Kinder, halbwüchsige Radaumacher, ununterbrochenes Hupen und das «viertelstundenlange Rattern von Motorrädern und Autos – oft mitten in der Nacht! – vor einem Hause» gingen ihr besonders auf die Nerven.[34] Dass es bedeutend schlimmer sein kann, wollte eine Leserin beweisen, deren Brief dieselbe Zeitung drei Monate später als Antwort auf die Beschwerde aus München veröffentlichte. «Was müßten Sie aushalten, wenn Sie hier in Neuyork einige Wochen leben sollten!», schrieb die deutsche Auswandererin. «Unten die dumpfrollende Untergrundbahn. Auf der Straße fährt in der Mitte die Straßenbahn mit ihrem Klingeln, beinahe ein Wagen hinter dem andern. Davon rechts und links oft in drei-, vierfacher Reihe Auto dicht an Auto, schwere Lastfuhrwerke, Lastkraftwagen, mit Menschen aufgetürmte Autobusse und dazwischen im Eiltempo sausend die (...) Feuerwehr mit greller Schelle. Dazwischen pfeift schrill der Polizist, der an jeder Straßenkreuzung steht.» Die Hochbahn auf Eisengerüsten und die Expresszüge kämen hinzu – und natürlich auch rollschuhfahrende Kinder, «und zwar nicht wenige».[35]

Anti-Lärm-Aktionen gab es in vielen Städten Europas und Nordamerikas. Häufig waren es die Zeitungen und das Radio, die die Kampagnen starteten und begleiteten. Die Londoner *Daily Mail* beauftragte 1928 die Columbia Graphophone Company, Englands führende Schallplattenfirma, den Straßenlärm an fünf Orten der

Stadt aufzuzeichnen, u.a. am Leicester Square und in Whitechapel. Die Zeitung hatte zuvor unzählige Leserbriefe erhalten, in denen sich die Londoner über unerträglichen Lärm beschwert hatten. Die BBC strahlte den Lärm aus, um alle Welt das «Gebrüll von London»[36] anhören zu lassen. Tagelang berichtete das Blatt und führte die Aufnahmen auch dem Innen- und Verkehrsminister vor. Die Polizei erhielt danach mehr Befugnisse, um gegen Lärm vorzugehen, insbesondere gegen unnötiges Hupen. Das erstaunliche Tondokument ist erhalten geblieben. Die *Daily Mail* veröffentlichte die Aufnahmen im Juli 2020 während der Corona-Krise, um einen Vergleich der Lärmbelastungen darzustellen.[37]

New York war die erste Metropole weltweit, die das Lärmproblem im Jahr darauf ernsthaft anpackte. Bereits 1905 hatte die *New York Times* den Ort zur lautesten Stadt der Welt («Noisiest City on Earth») gekürt.[38] Die Zeitung machte zahlreiche Lärmquellen aus: Oberleitungswagen, Kesselbau, Hochstraßen, Hochbahnen, Hafensirenen, Dampfpfeifen, Nietmaschinen, mit Eisenplatten und Stahlschienen beladene Lastwagen, klappernde Milchwagen, Handorgeln, Phonographen mit Megafon-Aufsatz, Fischverkäufer, Messerschleifer und die zahlreichen Kirchenglocken. Automobile, die wenig später zu Hunderttausenden lärmten, waren da noch gar nicht enthalten.

Die New York Noise Abatement Commission sollte ab 1929 die Einhaltung der Vorschriften überwachen und Anlaufstelle für Beschwerden der Bevölkerung sein. Kleinere Verbesserungen gab es tatsächlich, wie die Einführung von leiseren Eingängen in die New Yorker U-Bahn oder die Verbannung der Trillerpfeife, weil sich zunehmend Ampeln durchsetzten. Die Lärmkommission veranstaltete auch Messungen, wie im November 1929 am Times Square. Die Prüfungen mit einem sogenannten Phono-Audiometer waren weltweit die ersten technischen Messungen, um der Lärm-

38. Metropolengetöse
1928 Straßenlärm Londons
(Aufnahme der Daily Mail)

belastung auf die Spur zu kommen. So fanden die frühen Lärmforscher heraus, dass die Ecke 34th Street/Sixth Avenue in den
1920er-Jahren der lauteste Ort New Yorks war. Wenn man dort
stehe, müsse man so laut reden, als wenn man mit einer «halb-
tauben Person» spreche.[39]

Im September 1930 legte die Kommission einen mehr als
300 Seiten umfassenden Bericht vor. Er enthielt Lösungen, um
U-Bahnen und Hochbahnen leiser zu machen, das Nieten im
Hochhausbau durch Schweißen zu ersetzen, Luftreifen für alle
Fahrzeuge verbindlich zu machen oder Strafzettel für hupende
Autofahrer zu verteilen. Mehr als 11000 Beschwerden waren bei
der Kommission eingegangen. Laute Kraftfahrer hätten bereits
Vorladungen erhalten, schrieb die Zeitung aufmunternd, 283 wei-
tere Fahrer seien verwarnt worden.[40]

Bürgermeister Fiorello La Guardia (1882–1947) hob ein Jahr
nach Amtsantritt 1935 eine Aktion aus der Taufe, die insbesondere
den Lärm in der Nacht bekämpfen sollte. «Die Stadt schreit nach
dem Ende des Lärms», titelte die *New York Times*, die die Aktion
unterstützte. Mehr als 20000 Schreiben besorgter Bürger gingen
im Büro des Bürgermeisters ein. La Guardias «War on Noise»
wurde weltweit beachtet und brachte dem Stadtoberhaupt viele
Sympathien ein. Klimpernde Pianos, plappernde Papageien und
natürlich das Hupen, die Hochbahn, Lkw-Verkehr, Baustellen,
Grammophone und Radios gehörten zu den meistgehassten
Geräuschen.[41] Im Radio hielt der Bürgermeister eine flammende
Rede gegen den Lärm. Den rollschuhfahrenden Kindern versprach
er, neuartige Spielplätze zu bauen – und er hielt sein Versprechen.

Im April 1936 führte New York das erste Anti-Lärm-Gesetz
seiner Geschichte ein. Die *Anti-Noise Bill* des Stadtrats verbot
zahlreiche lärmende Tätigkeiten. Zu langes und unnötiges Hupen
stand auf dem Index, ebenso lautes Spielen von Radios, Grammo-

phonen und Musikinstrumenten zwischen 23 Uhr und 7 Uhr. Vor Krankenhäusern, Altenheimen und Pflegeeinrichtungen mussten Fahrzeuge leise und langsam fahren. Der Abbau von Schalldämpfern stand unter Strafe, außerdem untersagte die Behörde den Hochhausbau in der Nacht und an Sonntagen. Fliegenden Händlern wurde der Gebrauch von Trommeln und anderen Instrumenten verboten. Lautsprecherwagen durften nur noch mit behördlicher Genehmigung Werbung machen.[42] Strafen zwischen ein und zehn Dollar drohte die Stadt bei Verstößen an – und tatsächlich setzten die Behörden zahlreiche Vorschriften erfolgreich um.

New York blieb zwar laut, aber ein Anfang war gemacht.

Stahlgewitter – Armageddon der Kriege

Die Weltkriege des 20. Jahrhunderts brachten Millionen von Menschen Tod, Leid und Zerstörung. Und sie schufen neue Klangkulissen, die der Menschheit zuvor unbekannt gewesen waren. Es war keine infernalische Dauerbeschallung. Der Klang des modernen Krieges wechselte von Trommelfeuer und apokalyptischem Bombenhagel zu unheimlicher Stille und ängstlichem Lauschen. Moderne Rüstungstechnik brachte gewaltige Zerstörungsmaschinen hervor, gleichzeitig sorgten Verdunkelung und der Unterdrückungsapparat insbesondere der Nationalsozialisten zeitweise für ungewohnte Grabesruhe in weiten Teilen des vom Deutschen Reich besetzten Europas. Der Klang des Krieges war besonders zwischen 1939 und 1945 ambivalent – einerseits roh und zerstörerisch, andererseits bedrückend leise.

Der grausame Stellungs- und Grabenkampf wurde zum Kennzeichen des Ersten Weltkriegs, der von einer massiven Mechanisierung und Industrialisierung begleitet wurde. Die schweren Kanonen von Krupp, erste Panzer und Kampfflugzeuge und das Maschinengewehr bestimmten den neuen Klang des Krieges. Die Zeit ab 1914 brachte gigantische Waffen hervor wie den Großmörser «Dicke Bertha» und riesige Eisenbahngeschütze mit Rohrlängen von mehr als 30 Metern, die von rund 5000 Mann bedient werden mussten. Deutschland, Russland, Frankreich und die USA entwickelten diese gewaltigen Geschütze, deren Knall kilometerweit zu hören war. Deutschsprachige Zeitungen beschrieben die Geschütze und ihre Feuerkraft – auch die des französischen Gegners. Blätter zeigten ein Eisenbahngeschütz vom Typ Schneider-Creusot in der Nähe von Verdun. Neben der großkalibrigen Kanone ist auf dem benachbarten Waggon ein Beobachtungsturm zu sehen, der sich auf eine Höhe von 15 Metern ausfahren ließ. «Diese Geschütze sind natürlich sehr rasch beweglich und schwer zu bekämpfen», so eine Zeitung.[43]

Insbesondere auf den französischen Schlachtfeldern sorgte das Trommelfeuer für eine eigene Akustik – unaufhörlicher Granatenbeschuss, pausenloses Knattern der Maschinengewehre, das Pfeifen der Kugeln und das Schreien und Stöhnen der Verletzten und Sterbenden. Der Schriftsteller Ernst Jünger (1895–1998) beschrieb die Schrecken und den Lärm des Ersten Weltkriegs. In seinem Buch *In Stahlgewittern* schilderte er die beängstigende Lärmkulisse in den Schützengräben. «Leichte und schwere Kugelminen, Flaschenminen, Schrapnells, Ratscher, Granaten aller Art – ich konnte gar nicht mehr unterscheiden, was da alles durcheinander schnurrte, brummte und krachte.»[44] Der Krach des Krieges schlug mit niemals zuvor erlebter Wucht auf die Soldaten ein. Und er kam zumeist von oben, wenn die Geschosse von Mörsern, Kanonen und

Granatwerfern detonierten, wie es Jünger und Millionen von Soldaten erlebten. «Zuweilen wurde das Ohr durch einen einzigen, von Flammenerscheinungen begleiteten höllischen Krach völlig betäubt (...), Schrapnells platzten zu Dutzenden, zierlich wie Knallbonbons, streuten ihre Kügelchen in dichter Wolke aus, und die Hohlbläser fauchten hinter ihnen her.»[45]

Alfred Döblin, ein studierter Mediziner, hatte sich 1914 als Freiwilliger gemeldet und diente 1916 in einem Lazarett der saarfranzösischen Stadt Saargemünd. An einen Freund, den Berliner Schriftsteller Herwarth Walden, schrieb er am 29. März 1916: «Mit den Ohren haben wir die Schlachten um Verdun hier mitgekämpft; orientiere Dich auf der Karte, wie weit wir von Verdun sind, und so stark war die Kanonade tags und nachts, dass bei uns die Scheiben zitterten, dass wir Trommelfeuer unterschieden, ganze Lagen, Explosionen; ein ewiges Dröhnen, Bullern, Pauken am westlichen Himmel.»[46] Der britische Kriegsberichterstatter Philip Gibbs (1877–1962), der als einer von fünf offiziellen Reportern für England von der Westfront berichtete, schilderte 1914 den neuartigen Klang des Krieges. «Der Lärm war noch niederdrückender als die Aussicht auf den nahen Tod. Die Erschütterung war so gewaltig, dass meine Hirnschale wie unter Hammerschlägen schmerzte; lange nachher zitterte ich noch unter dem Einfluss jener Lautwellen.»[47]

Insbesondere der schon erwähnte «Tod von oben» wurde zur traumatischen Erfahrung vieler Kriegsteilnehmer. 1915 war der Schriftsteller Robert Musil (1880–1942) als Soldat in einer Gebirgsstellung in der Nähe des italienischen Trient, als er und seine Einheit von einem Flugzeug mit Fliegerpfeilen beworfen wurden – spitze Metallstäbe von etwa 15 Zentimeter Länge, die in Massen auf die Soldaten regneten. Die Fliegerpfeile konnten Helme durchschlagen und waren meist tödlich, wenn sie trafen.

«Es war ein dünner, singender, einfacher hoher Laut, wie wenn der Rand eines Glases zum Tönen gebracht wird; aber es war etwas Unwirkliches daran, das hast du noch nie gehört, sagte ich mir. Und dieser Laut war auf mich gerichtet.»[48]

Nicht nur die Waffen, sondern der Lärm selbst entfaltete eine zerstörerische Wirkung. Taubheit, Tinnitus, geplatzte Trommelfelle, Orientierungslosigkeit und Schwindel plagten die Männer nach dem Trommelfeuer in den Schützengräben. Zu den schrecklichen Verstümmelungen und inneren Verletzungen kamen die psychischen Folgen der traumatischen Erlebnisse. Wie das Trommelfeuer wirkte, beschrieb Ernst Jünger in seinem Kriegstagebuch. Am 25. Juni 1916 vermerkte er, wie er in seinem Schützengraben von einem Angriff aus dem Schlaf gerissen wurde: «Unter furchtbaren Mineneinschlägen warf ich mich in meine Sachen (...). Das Feuer war nervenzertrommelnd (...). Immer 4–5 Explosionen zu gleicher Zeit. Es war, als ob die Minen mit Körben über unsern Graben geschüttet würden.»[49] Tausende von Soldaten, die die Dauerkanonaden körperlich unverletzt überlebten, wurden wegen des Kriegslärms, der Erschütterungen und der ständigen Todesgefahr zu psychischen und körperlichen Wracks. Kriegszitterer und Schüttelneurotiker blieben zumeist bis zum Ende ihres Lebens pflegebedürftig. Sie zitterten am ganzen Leib und wurden von Angstzuständen geplagt. Heute als schwerste posttraumatische Belastungsstörung diagnostiziert, wurde die Krankheit damals nicht erkannt, es gab keine Hilfe für die Versehrten. Bis zu 5000 Kriegszitterer fielen Jahre später den Euthanasiemorden der Nationalsozialisten zum Opfer.[50]

Es waren furchtbare Erfahrungen, die sich tief ins Gedächtnis der Soldaten einbrannten. «Morgens (...) dringt noch einmal ein gurgelndes Röcheln herüber», beschrieb Erich Maria Remarque (1898–1970) in seinem Jahrhundertroman *Im Westen nichts Neues* den Todeskampf der sterbenden Soldaten, den ihre Kameraden anhören mussten. In der Hitze seien die Bäuche der Leichen aufgetrieben. «Sie zischen, rülpsen und bewegen sich. Das Gas rumort in ihnen.»[51]

Das Ende des Ersten Weltkrieges brachte zwar Ruhe auf den ehemaligen Schlachtfeldern, doch die politische Unruhe schwelte weiter. Die deutsche Revolution von 1918/19, die Februarrevolution in Russland, der Aufstieg der Faschisten in Italien und Spanien und schließlich die Machtübernahme der Nationalsozialisten machten Europa zu einem Pulverfass. Die geschwächte Weimarer Republik, die vom quirligen und lärmenden Leben Berlins geprägt war, schlitterte in die Diktatur mit ihrem totalitären Klangbild. Lautsprecherwagen von Nationalsozialisten und Kommunisten durchfuhren ab Mitte der Zwanzigerjahre die Städte des Reiches. Kampflieder der Roten und Braunen schallten durch die Straßen, Blasinstrumente und Trommeln untermalten das politische Tohuwabohu, nur unterbrochen von den Trillerpfeifen der Polizei.

Nach der Machtübernahme im Januar 1933 setzten die Nationalsozialisten bewusst auf die Macht der Töne und des Bildes. Das neue Regime nutzte moderne Lautsprechertechnik, das aufkommende Radio, Kino und lärmende Massenkundgebungen für seine politischen Zwecke. Das Dritte Reich war auch eine akustische Diktatur und ordnete das Klangbild Deutschlands neu. Die Aufmärsche auf dem Reichsparteitagsgelände in Nürnberg waren nicht nur ein optisches Spektakel. Hinzu kamen der laut gerufene Gruß «Heil Hitler» aus Tausenden von Kehlen als akustisches Zeichen der Zusammengehörigkeit, die stampfenden Stiefel von SA, SS und Parteianhängern, das Singen des Horst-Wessel-Liedes. NS-Großveranstaltungen folgten «christlich-liturgischen Ritualen», wie es die Historikerin Carolyn Birdsall beschrieb – Chorstück zur

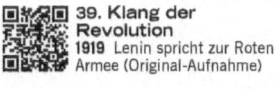
39. Klang der Revolution
1919 Lenin spricht zur Roten Armee (Original-Aufnahme)

Eröffnung, Gedichtvortrag, kurze Rede, Orchesterstück, NS-Zeremonie und das Horst-Wessel-Lied zum Abschluss.[52]

Die Kraft und Macht der Moderne und insbesondere der künstlich verstärkten Stimme war den neuen Machthabern deutlich bewusst. So betonte Reichspropagandaminister Joseph Goebbels bei seiner Rede zur Eröffnung der Internationalen Automobil- und Motorradausstellung Berlin 1939, «dass die Eroberung der Macht ohne Auto, Flugzeug und Lautsprecher nicht möglich gewesen wäre».[53] Trotz Lautsprecheranlagen schrien NS-Größen wie Hitler und Goebbels häufig. Dabei war die Technik bereits ausgereift, um den Lärm der Diktatur auch ohne Gebrüll zu transportieren. Als Joseph Goebbels am 18. Februar 1943 im Berliner Sportpalast mit der berühmten Frage «Wollt ihr den totalen Krieg?» die Menge aufputschte, hätte er es nicht nötig gehabt zu schreien. Bereits seit 1926 existierte eine moderne Verstärkeranlage in der Arena.[54]

Insbesondere Hitlers kakophones Geschrei wurde zur fürchterlichen Klangikone. Der US-Journalist William Shirer (1904–1993) berichtete zwischen 1934 und 1940 aus Berlin und wurde mehrfach Ohrenzeuge der Wortbrutalität Adolf Hitlers. In sein Tagebuch schrieb der Reporter ein Jahr vor Beginn des Zweiten Weltkriegs: «Hitler hat die letzten Brücken hinter sich abgebrochen. Heute Abend verkündete er im Sportpalast, so schrecklich brüllend und kreischend, wie ich ihn noch nie erlebt hatte, daß er am 1. Oktober, dem kommenden Samstag, ‹sein› Sudetenland haben werde. Wenn Benes es ihm nicht aushändigt, wird er ab Samstag Krieg führen. Zweimal schrie Hitler, dies sei seine absolut letzte territoriale Forderung in Europa. Mein Reporterplatz befand sich im Rang, unmittelbar über Hitler. Er hat immer noch dieses nervöse Zucken.»[55]

Die NS-Zeit war angefüllt mit ikonischen Klängen, die den Menschen noch heute vertraut sind. Neben der heiser schreienden

Stimme Hitlers und dem zynischen Gerede von Joseph Goebbels ist es auch die Stimme Roland Freislers (1893–1945), des Präsidenten des sogenannten Volksgerichtshofs. Die Vernehmung eines Verschwörers des 20. Juli 1944, Ulrich-Wilhelm Graf von Schwerin von Schwanenfeld (1902–1944), ist ein verstörendes Dokument der brutalen Willkürjustiz des NS-Staates, zu dessen Symbolfigur Freisler wurde. «Sie sind ja ein schäbiger Lump!», brüllte Freisler dem Angeklagten am 21. August 1944 entgegen. Mehr als 100 Todesurteile gehen auf den Richter zurück. In «lauter und sadistischer Intention» habe Freisler die Angeklagten vernommen, angeschrien und entwürdigt – eine Art von «Vernichtungsrhetorik», wie es die Kulturwissenschaftlerin Claudia Schmölders beschrieb.[56]

Die Fanfaren von *Les Préludes* von Franz Liszt dienten als musikalische Kennung der NS-Wochenschau und ab 1941 der Anfang von Beethovens *Fünfter Sinfonie* als Sendezeichen der BBC für ihren deutschen Dienst («Hier ist England»). Nur zwei Tage nach der Machtübernahme sprach Hitler am 1. Februar 1933 zum ersten Mal im deutschen Rundfunk. Das Radio entwickelte sich zum Kampfinstrument der Diktatur, die auch das Programm nach völkisch-nationalen Idealen ausrichtete. Der Volksempfänger wurde zum plärrenden Sprachrohr des Regimes – aber auch zu einem Gerät, mit dem sich die BBC und andere Auslandssender heimlich hören ließen. Nachdem die Nationalsozialisten den Preis für den Kleinempfänger (DKE 38), der im Volksmund auch «Goebbels-Schnauze» genannt wurde, auf 35 Reichsmark gesenkt hatten, stieg die Verbreitung des Radios in Deutschland rasant auf 16 Millionen Empfänger im Jahr 1943. Auch wenn sie verpönt war und nicht im Radio gespielt wurde, schwappte nach 1933 noch Swingmusik durch das Nazireich. Der Jazz, der seit den 1920er-Jahren vor allem durch Louis Armstrong und Duke Ellington populär geworden war, erlebte während der Olympischen Spiele 1936 in Berlin durch die Orchester von Teddy Stauffer und Kurt Widmann eine kurze Blüte, um danach aus der Öffentlichkeit zu verschwinden. Trotzdem waren Swingplatten bis weit nach Kriegsbeginn in Deutschland frei erhältlich. Doch wer sie für alle vernehmbar spielte, setzte sich dem Verdacht aus, ein Regimegegner zu sein. Die Subkultur der Swingjugend war nicht wegen der lauten Musik für die Diktatur gefährlich. Es war die Unangepasstheit und das Streben nach Individualität der jungen Männer und Frauen. Haarschnitt, Anzüge und Sprache der «Swingheinis» waren den Nazis ein Dorn im Auge. Das Regime nutzte den beliebten Sound für ihre Zwecke, deutschte ihn ein und schuf sogar ein eigenes Swingorchester für die Auslandspropaganda. Die NS-Big-Band «Charlie and his Orchestra» unter der Leitung des Saxophonisten Lutz Templin (1901–1973) veröffentlichte Schallplatten, die allerdings nur für Exportzwecke produziert wurden. Im deutschen Rundfunk war ihre Musik nicht zu hören.

Auch mit dem Beginn des Zweiten Weltkriegs war das Radio eng verbunden. Am 1. September 1939 wurde eine Rede Adolf Hitlers, die mit einer viel zitierten Lüge begann, reichsweit übertragen: «Seit 5.45 Uhr wird jetzt zurückgeschossen!» Dass eine SS-Einheit den angeblichen polnischen Überfall auf den Reichssender Gleiwitz in Schlesien inszeniert hatte und tote KZ-Häftlinge als angeblich getötete deutsche Soldaten zurückließ, verschwieg der Diktator. Nach den militärischen Erfolgen der ersten beiden Jahre traf die Wucht des Krieges auch die deutsche Zivilbevölkerung in einem bislang unbekannten Ausmaß. Heulende Sirenen, das dumpfe Brummen der alliierten Bomberflotten und das gewaltige Krachen der einschlagenden Spreng- und Phosphorbomben haben sich tief im Gedächtnis von Generationen festgesetzt.

Insbesondere das auf- und abschwellende Jaulen des Fliegeralarms wurde zum sinnbildlichen Laut des Zweiten Weltkriegs. Hunderttausende von Menschen in Deutschland, England und anderen Ländern, die die Schrecken des Bombenkrieges überlebten, wurden traumatisiert. Noch heute verfolgt das Geräusch der Sirenen viele Menschen, die damals noch Kinder waren, und löst zum Teil massive Ängste aus.

Zu Beginn des Zweiten Weltkriegs warnte in Deutschland ein Heulton von zwei Minuten Länge vor einem möglichen Luftangriff – ein wellenförmiger Ton zwischen 150 und 600 Hertz, der durch einen gleichbleibenden Ton bei Entwarnung abgelöst wurde. Als sich ab 1941 die Luftangriffe auf die deutschen Städte massiv verstärkten, verkürzten die Behörden mit einer neuen Luftschutzordnung die Dauer auf eine Minute. Am Ende des Krieges bestand die «Öffentliche Luftwarnung» aus drei abgesetzten Dauertönen innerhalb einer Minute. «Ausschneiden, aufkleben, aufheben!» rieten die gleichgeschalteten Zeitungen des Deutschen Reichs im Januar 1945 und klärten kurz vor dem Zusammenbruch nochmals über alle Signale auf. Es war allerdings keine Pflicht mehr, in die Luftschutzräume zu gehen. «Wer jedoch im Wirtschafts- und Verkehrsleben nicht eingespannt ist, tut gut daran, Luftschutzräume oder Deckungsgräben aufzusuchen», empfahlen die Blätter.[57]

Das Sirenentagebuch eines Schülers aus Olpe/NRW vom 22. März 1945 schildert, wie der Luftraum über Deutschland kurz vor Ende des Krieges klang. «7.45 Alarm – Entwarnung – Alarm bis 13.30 Uhr – immer Flieger», schrieb der damals 13-jährige Helmut Berghaus und skizzierte den Ablauf des Tages. «Immer noch Alarm – prima Sonne – immer noch Alarm – 6 Flugzeuge – immer noch Alarm – ca. 145 viermotorige Bomber übergeflogen – Bordwaffen und Brandbomben – immer noch Flieger – immer noch Alarm – keine Flieger – wieder Flieger – Alarm von 22 bis 23 Uhr – Vorentwarnung von 23 bis 24 Uhr.»[58]

In den Luftschutzbunkern und Kellern lauschten die Menschen ängstlich den Geräuschen des Bombenkrieges. Die traumatischen Erfahrungen in den Bunkern, die nicht selten zum Grab wurden, prägen viele Menschen bis heute. In den letzten Kriegstagen im April 1945 erlebten die Bewohner von Berlin noch einmal ein massives Bombardement. 125-mal ertönten in den letzten vier Kriegsmonaten die Sirenen in der Hauptstadt. «Es donnerte und fauchte draußen von den schweren Geschossen», erinnerten sich Zeitzeugen. «Der Bunker schwankte in seiner massiven Schwerfälligkeit hin und her wie ein tanzender Elefant. (...) Da ein furchtbarer Krach! Der Bunker zitterte und schaukelte (...). Unsere armen Kinder wimmerten leise und fingen an zu röcheln.»[59] Der niederländische Tagebuchschreiber C.M.A. de Bruijn-Barends schrieb im Juli 1940 über die Luftangriffe auf Amsterdam: «Dies ist die furchtbarste Nacht, die wir bisher erlebt haben. Es war so schlimm, so schrecklich, dass ich das erste Mal wirklich Angst hatte, was nicht so leicht passiert. Um halb 3 Uhr die ersten schweren Bomben; direkt von so schwerem, hämmerndem Feuer gefolgt, dass man im Bett gezittert hat. Es hat ewig gedauert und wurde immer heftiger. (...) Alles hat geknallt und gedonnert. Es hat an den Nerven gerüttelt. Es hat bis nach 4 Uhr gedauert, ohne Unterbrechung.»[60]

An der Front waren die Soldaten einem unberechenbaren Wechsel von Monotonie und infernalischem Schlachtenlärm ausgesetzt. Moderne Panzer mit ihrem Kettenrasseln, das Feuern der Mörser und Granatwerfer, das Zischen der Flammenwerfer, das Brummen der Tiefflieger, die Detonationen der Bomben und natürlich das Peitschen, Knallen und Sirren der Schüsse. Das deutsche Maschinengewehr vom Typ MG 42 konnte zwischen 1200 und 1500 Schuss pro Minute abgeben – die fürchterlichste Gewehrwaffe des Krieges. Ihr hämmerndes Geräusch prägte alle

Fronten ab 1942. Ein Klang, den die Alliierten als «elektrisch» beschrieben, weil die Töne der einzelnen Schüsse nahtlos ineinander übergingen. Deutsche Soldaten bezeichneten es auch als «Hitlersäge» oder «Knochensäge».

Gefürchtet bei alliierten Soldaten war ein zuvor unbekanntes Geräusch, das die deutsche Luftwaffe zur psychologischen Kriegsführung einsetzte und das bis heute Assoziationen zum Zweiten Weltkrieg weckt. Der berühmte Kampfpilot und spätere Generaloberst Ernst Udet (1896–1941) gilt als Erfinder der sogenannten Jericho-Trompete.[61] Zumindest war er einer der Ideengeber für die Sirene, die zunächst am Fahrwerk des Sturzkampfflugzeugs Junkers Ju 87 (Stuka) angebracht war. Ging das Flugzeug in den Sturzflug über, erklang ein jaulendes Geräusch, das sich durch den zunehmenden Fahrtwind in der Tonhöhe änderte und kilometerweit zu hören war.

Die Katjuscha, einen Mehrfachraketenwerfer der sowjetischen Armee, der sich ab Juli 1941 mit seinem pfeifenden Zischen tief einprägte, tauften die deutschen Soldaten «Stalinorgel». Und der Zweite Weltkrieg brachte erstmals Geräusche hervor, die den Klang der Nachkriegszeit erheblich bestimmten. Die Fieseler Fi 103, von den Nationalsozialisten als «Vergeltungswaffe» (V1) bezeichnet, wurde der erste Marschflugkörper der Geschichte, der mit Raketenantrieb Angst und Schrecken besonders in englischen Städten verbreitete – mit einem gefürchteten Sausen und Zischen, das erst gefährlich wurde, wenn es abriss und der Flugkörper mit einer Tonne Sprengstoff zu Boden stürzte. Mit dem «Aggregat 4» (V2) kam ab September 1944 die erste funktionsfähige Großrakete der Welt zum Einsatz. Rund 3200 dieser Raketen wurden in den letzten Kriegsmonaten zischend auf England, Frankreich, Belgien, Holland und auf alliierte Truppen in Deutschland abgefeuert. Neben dem ungeheuren Schrecken mit

40. Kriegsgejaule
1937 Fahrwerksirenen am Kampfflugzeug Junkers Ju 87 (Stuka)

mehr als 8000 Toten erzeugte Konstrukteur Wernher von Braun (1912–1977) damit auch die Blaupause für die gigantische Saturn-V-Rakete und den späteren Flug zum Mond. Es waren Erfindungen, deren Klang die Nachkriegszeit bestimmen sollte, wie auch der deutsche Jagdbomber Me 262, das erste in Serie gebaute Düsenflugzeug, das allerdings nur begrenzt zum Einsatz kam.

Die NS-Wochenschau mit der knarrenden Stimme des Sprechers Harry Giese (1903–1991) und der musikalischen Untermalung durch heroische Klänge versorgte die deutsche Bevölkerung bis zuletzt mit lärmender Propaganda. Im Radio unterbrachen Sondermeldungen zwischen 1939 und 1945 regelmäßig das Programm, um über besondere Ereignisse an der Front oder aus der Wehrmacht zu berichten – eingeleitet durch eine Trompetenfanfare mit Trommelwirbel. Deutschland wurde zur Hörgemeinschaft in der Not. Wie sein Beginn wurde auch das Ende des Krieges von einer Lüge eingeleitet. Als der letzte verbliebene Reichssender in Norddeutschland am 1. Mai mit viel Pathos verbreitete, dass der Führer Adolf Hitler «bis zum letzten Atemzug gegen den Bolschewismus kämpfend für Deutschland gefallen ist», hatte sich der Jahrhundertverbrecher seiner Verantwortung bereits durch Selbstmord entzogen.

Das Kriegsende am 8. Mai 1945 brachte Stille – nicht mehr unheimlich, aber ungewohnt, rätselhaft und von Unsicherheit durchsetzt über die Dinge, die jetzt kommen würden. In den Städten war der Wechsel frappierend. Keine Luftschutzsirenen jaulten mehr, das dumpfe Dröhnen der Bomberflotten am Himmel war verschwunden. Kein fernes Krachen der heranrückenden Front war mehr zu hören. Ein kurzer Moment der Stille legte sich über Deutschland – zumindest dort, wo bis zuletzt noch gekämpft worden war. Der Lärm des Krieges war vorüber.

«Und dann auf einmal herrschte völlige Ruhe. Absolute Stille.

Nichts», berichtete Ljudmila Kotscherzhyna, Tochter einer Zwangsarbeiterin aus der Ukraine, die sich damals in Schwäbisch Hall aufhielt. «Ich habe vorsichtig aus dem Fenster geschaut, und überall habe ich an den Fenstern weiße Betttücher heraushängen gesehen (...) und immer noch war es ganz ruhig.»[62] Der Krach des Krieges blieb nur als Nachhall erhalten. Wenn die Panzer der Alliierten mit ihrem Kettengerassel die eroberten Städte und Dörfer durchfuhren oder endlose Kolonnen von Kriegsgefangenen stumm die Straßen entlangtrotteten.

Der Schriftsteller Dieter Forte (1935–2019) beschrieb, die Stadt Düsseldorf habe sich gewandelt «zu einer wortlosen Todesstille, in der kein Vogelschrei zu hören war, kein Flügelschlag; es gab keine Vögel mehr, wie es keine Hunde und Katzen mehr gab, deren Gebell und Geschrei schon vergessen war».[63] Ungläubig, erleichtert, aber auch in Sorge um die Zukunft und vermisste Angehörige zogen zahlreiche Menschen schweigend durch die Trümmer der Städte. «Staubwolken erhoben sich aus dem Geröll, zogen über die versteinerte Wüste, in der es keine Bäume und keine Gärten, keine Seen und keine Parkanlagen mehr gab, so dass man kein Blätterrauschen hörte, kein Plätschern der Wellen, nur ein monotones an- und abschwellendes Sausen, verbunden mit dem dumpfen Poltern abstürzender Mauerteile, dem hohlen Klappern von Heizungskörpern an verbrannten Wänden, dem Flattern einer Gardine in einem leeren Fenster.»[64]

Während Deutschland zunächst in Stille versank, jubelte die Welt über den Sieg gegen Nazideutschland auf unzähligen Freudenfeiern vom Times Square in New York bis zum Roten Platz in Moskau. Die lärmende Hölle des Krieges tobte noch Monate in der Schlacht um Japan weiter – und endete mit dem wohl lautesten von Menschen gemachten Geräusch der Geschichte. Die Atombombenabwürfe von Hiroshima und Nagasaki erschreckten die

Menschheit nicht wegen ihres Lärms. Es waren die apokalyptische Zerstörungskraft und die unsichtbare und unberechenbare Gefahr der Strahlung und Spätfolgen, die die Waffe bis heute zum Schrecken der Moderne machten. Überlebende schilderten zunächst einen grellen Blitz, dann einen ohrenbetäubenden Knall und danach das dumpfe Grollen, das Sausen des Windes und das harte Prasseln umherfliegender Gegenstände.

Beim Abwurf der ersten Atombombe über Hiroshima am 6. August 1945 konnten die Menschen das Geräusch zunächst gar nicht zuordnen. Tsutomu Yamaguchi (1916–2010), ein japanischer Ingenieur aus Nagasaki, war an diesem Tag nach einem dreimonatigen Aufenthalt in Hiroshima dabei, seine Heimreise anzutreten. Am Himmel hatte er kurz zuvor das Brummen eines hoch fliegenden Flugzeugs gehört, vermutlich die «Enola Gay», deren Besatzung die Atombombe abwarf. Yamaguchi stieg gerade aus einer Straßenbahn und war etwa drei Kilometer vom Bodennullpunkt entfernt, als die Atombombe in etwa 600 Metern Höhe detonierte. Er sei von der Wucht der Explosion von den Füßen gerissen worden, erzählte er später Reportern. Ein gleißender Blitz habe ihn geblendet, gefolgt von einem ohrenbetäubenden Knall.[65] Nach der Explosion sei er durch die Stadt getaumelt – mit zahlreichen Verbrennungen und auf einem Ohr taub.

140000 Menschen starben, doch der Ingenieur war bis auf die Brandwunden und das Knalltrauma unverletzt geblieben. Kurz danach schaffte er es, mit einem Zug in seine Heimatstadt Nagasaki zurückzukehren. Am 9. August saß Yamaguchi gerade im Büro seines Chefs, um ihm von der Katastrophe zu erzählen. Doch dieser konnte sich nicht vorstellen, dass eine einzige Bombe Hiroshima zerstört haben sollte. Um 11.02 Uhr detonierte dann die Atombombe «Fat Man» über Nagasaki. Auch in diesem Fall war Yamaguchi nur etwa drei Kilometer vom Bodennullpunkt entfernt und überlebte mit seiner Familie das Inferno. Yamaguchi war einer von nur etwa 200 bekannten Menschen, die beide Atombombenabwürfe überlebten. Die meisten «Double Survivors» (Nijū Hibakusha) waren nach Hause zurückgekehrt oder nach Nagasaki evakuiert worden, weil Krankenhäuser und Unterkünfte in Hiroshima zerstört waren. Obwohl Zehntausende von Opfern noch nach Jahrzehnten an den Strahlungsfolgen starben, blieb der Japaner bei relativ guter Gesundheit. Abgesehen von Taubheit auf einem Ohr, Altersbeschwerden und dass seine Beine «schwächer werden», gehe es ihm gut, verriet Yamaguchi 2009. Ein Jahr später starb er im Alter von 93 Jahren.[66]

Wie genau eine Atombombe klingt, beschrieb ein amerikanischer Soldat nach Ende des Krieges. Ende der Fünfzigerjahre erlebte der US-Leutnant Richard Rowland als Augenzeuge die Detonation einer Atombombe in einem Testzentrum der Armee in der Nähe von Las Vegas. Nachdem eine Männerstimme über Lautsprecher einen Countdown heruntergezählt hatte, gab es eine 13-Kilotonnen-Explosion. «Zuerst kam ein extrem lautes Geräusch», erzählte Rowland, «dann war es verblüffend, jeden Knochen in meinen Händen zu sehen, wie auf einem Röntgenbild.» Der Wind sei angeschwollen wie ein Hurrikan, Massen von Staub flogen durch die Luft, schilderte Rowland. «Man hörte das Aufprallen zahlreicher Sachen, laut und beängstigend, und diesen schrecklichen Wind. Und dann wurde es totenstill. (...) Im Graben hätte man eine Stecknadel fallen hören können.» Aber der Lärm war noch nicht vorüber. «Dann hörten wir von Weitem ein dumpfes Dröhnen. Der Wind kam zurück, um das Vakuum zu füllen, das die Explosion verursacht hatte. Die Luft war voller Müll, und zahlreiche Dinge prasselten herunter. (...) Als der Wind aufhörte, was er abrupt tat, gingen wir hinaus.»[67]

Wie eine Suffragette Pionierin des Heavy Metal wurde

Die ungeheure Stille, die nach dem 8. Mai 1945 auf den zerstörten Städten Europas und insbesondere Deutschlands lastete, wurde fast überall nur durch tieffrequente Laute unterbrochen. Das dumpfe Stechen der Spaten, das knirschende Schaben der Schaufeln, das hohle Klopfen der Spitzhacken oder das stumme Werfen der Ziegelsteine, um die gewaltigen Schuttberge abzubauen. Ganz langsam kehrten die Klänge der Stadt zurück und sickerten ins Bewusstsein der um ihr Überleben kämpfenden Menschen. Nur wenige Fahrzeuge waren auf den Straßen unterwegs. Maschinen ersetzten erst allmählich die menschliche Arbeitskraft bei der Beseitigung der Kriegstrümmer. Das Leben war mühsam und entbehrungsreich, die Sorge um die Angehörigen und um die eigene Existenz dominierte den Alltag. Doch der Mensch könnte ohne Hoffnung und Zerstreuung insbesondere im Angesicht der Katastrophe nicht überleben.

Theater und Opern waren zerstört, die kulturelle Infrastruktur am Boden. Ablenkung boten die noch erhaltenen Radios und Grammophone. Und es war die Zeit der Tanzkapellen, die eine unverhoffte Blüte erlebten. Die Menschen tanzten, tranken, lachten und liebten jenseits von Kälte, Hunger und Obdachlosigkeit, als gäbe es kein Morgen. Nicht nur aus den Clubs der englischen und amerikanischen Soldaten drangen Swing und Jazz bis zum frühen Morgen. Auch deutsche Gaststätten und Tanzlokale eröffneten schon 1945 wieder. Der Andrang der nach Leben hungernden Menschen war gewaltig. Viele deutsche Städte verzeichneten zwischen 1945 und 1947 Rekordeinnahmen bei der Vergnügungssteuer. «Wir florieren auf dem Tanzbein unserer tanzfreudigen Jugend», stellte der stellvertretende Bürgermeister der norddeutschen Kleinstadt Elmshorn im März 1947 fest.[68] Hatte Elmshorn im Jahr 1939 noch 23434 Reichsmark an Vergnügungssteuer kassiert, war es 1946 fast zwanzigmal so viel – genau 462809 RM. Der Bedarf an Tanz- und Orchestermusikern war so gewaltig, dass die Behörden im Kreis Pinneberg im Februar 1947 einen amtlichen Gagenstopp für Musiker einführten.[69]

Schnell eröffneten erste Kinos wieder und prägten den Sound der Nachkriegszeit in markanter Weise. Neben den Filmen waren es die Nachrichten, die für neue Klänge auf der Leinwand sorgten. Schon 1945 startete im französischen Besatzungsgebiet die Wochenschau *Blick in die Welt*, wenig später die *Welt im Film* in anderen Gebieten Deutschlands und ab 1950 bundesweit die *Neue Deutsche Wochenschau*. Die Fanfarenklänge der Titelmelodien erinnerten zwar noch an die NS-Vorgänger, und doch klangen sie anders. Der Zungenschlag der *Neuen Deutschen Wochenschau*, die am 3. Februar 1950 das erste Mal über die bundesdeutschen Kinoleinwände flimmerte, prägte das Bild vom Wiederaufbau Deutschlands – und die Stimme von Sprecher Hermann Rockmann (1917–1997) den Klang des Neuanfangs. Nicht so knarrend-autoritär wie NS-Sprecher Harry Giese – der sich vergeblich um den Sprecherjob beworben hatte –, aber doch energisch-forsch kommentierte Rockmann Arbeitswelt, Katastrophen und Modenschauen. Währungsreform, Wiederaufbau und ersten Konsum feierte die Nachkriegswochenschau begeistert. Nach der Berlin-Blockade transportierte sie den Sound der Luftbrücke – das Brummen der Douglas-DC3-Maschinen, die 1948/49 fast im Minutentakt auf dem Flughafen Tempelhof landeten. Doch es war kein Lärm, der störte. Im Gegenteil: Die Berliner genossen das Dröhnen der Propellermotoren. Jede Landung war ein Signal der

Hoffnung auf ein freies Leben. Das deutsche Kino wurde zum Ort der Umerziehung zu einem demokratischen Gemeinwesen, vorsichtiger Annäherung der Deutschen an ihre Kollektivschuld und eines unerschütterlichen Glaubens an eine bessere Zukunft.

Genauso optimistisch hatten Musik und Unterhaltung zu Beginn des Jahrhunderts geklungen. Nicht nur Spätromantik, Walzer und erste Gassenhauer prägten den Klang ab 1900, sondern auch bisher ungehörte Töne. Komponisten wie Arnold Schönberg (1874–1951) oder Igor Strawinsky (1882–1971) experimentierten mit neuen Skalen, der Abkehr von der Dur-Moll-Tonalität oder mit der Zwölftontechnik. Der Franzose Claude Debussy (1862–1918) gilt als Wegbereiter, der eine musikalische Brücke zwischen Spätromantik und Moderner Musik baute – auch wenn die ersten Versuche vom Lärm und Tumult der konservativen Musikliebhaber übertönt wurden. Als Claude Debussy am 19. Januar 1908 im Pariser Châtelet-Theater sein Werk *La Mer* dirigierte, brach ein Sturm der Entrüstung los. Eine Münchener Zeitung berichtete von dem Konzertskandal: «Der Orkan, der da durch das wild wogende Orchester fegte, wirkte offenbar ansteckend auf die leicht in Wallung geratenen Gemüter der olympischen Zuhörer. Wütende, langhallende Pfiffe versuchten vergebens, den lauten Beifall der Majorität zu ertöten und ganz allmählich erst legten sich die Wogen des antidebussytischen Meeres!»[70]

Es war nur der Auftakt einer Welle innovativer Klänge, die das 20. Jahrhundert zu einem Zeitalter musikalischer Umwälzungen machten. Als Igor Strawinskys *Le sacre du printemps* am 29. Mai 1913 seine Premiere im Pariser Théatre Champs-Élysées feierte, geriet die Uraufführung zu einem musikalischen Skandal. Das Werk mit seinen zahlreichen Dissonanzen, rhythmischen Verwerfungen und plötzlichen Dynamikschwankungen verstörte und empörte die Zuhörer aufs Äußerste. Buhrufe ertönten, Gelächter erklang, und empörte Gäste verließen den Konzertsaal. Am Ende kam es zu Tumulten und Handgreiflichkeiten. Befürworter und Gegner der Musik schlugen sich im und auch vor dem Konzertsaal, die Polizei registrierte 27 Verletzte. «Pariser pfeifen das neue Ballett aus (...) Intendant muss das Licht anschalten, um die feindseligen Proteste zu beenden», berichtete die *New York Times* wenige Tage später.[71] «Das ist alles, was wir bekommen», zitierte die Zeitung Strawinsky, «nach hundert Proben und einem Jahr harter Arbeit.»

Moderne Musik war auch Provokation und Tabubruch. Béla Bartók (1881–1945), Pierre Boulez (1925–2016) und Karlheinz Stockhausen (1928–2007) setzten die Entwicklung der musikalischen Avantgarde fort. Dadaisten wie Hugo Ball (1886–1927) experimentierten mit «Lautgedichten», Kurt Schwitters (1887–1947) mit Lärm. Die Komposition *Amériques* von Edgar Varèse (1883–1965) enthielt Aufnahmen von Stadtgeräuschen, heulende Sirenen der Polizeifahrzeuge oder die Pfeifsignale der Dampfboote im New Yorker Hafen. Als der US-Komponist John Cage (1912–1992) sein Musikstück *4'33"* im Jahr 1952 aufführen ließ, trieb er die Provokation auf die Spitze. Pianist David Tudor saß am Abend des 29. August in der Maverick Concert Hall in Woodstock (New York) vor seinem Flügel, hob den Klavierdeckel – und tat nichts. Vier Minuten und 33 Sekunden lang dröhnende Stille, die nur vom Scharren unruhiger Füße, dem Husten des perplexen Publikums und von Zwischenrufen gestört wurde. Musik moderner Komponisten galt noch jahrzehntelang als Lärm. Unter der Überschrift «Geschändete Kunst» zog ein Musikkritiker 1948 in einer Weise über sie her, die an die gerade vergangene NS-Zeit erinnert. «Das gequälte, formalistisch entartete ‹Schaffen› der modernen europäischen und amerikanischen bürgerlichen Komponisten (...) ist eine Verneinung der Musik als Kunst.» Komponisten wie Strawin-

 41. Schräge Töne
1913 Igor Strawinsky:
Le sacre du printemps
(HR-Sinfonieorchester)

sky, Schönberg und Cage seien «Götzendiener der verfaulenden Kunst».[72]

Trotz aller Schlagzeilen, trotz des Lärms in der Öffentlichkeit und trotz der innovativen Kraft gehörte der musikalische Klang des Alltags nicht der Avantgarde. Schlager und Gassenhauer waren schon im 19. Jahrhundert so populär, dass sie überall auf der Welt zu hören waren. Es waren vor allem einzelne Lieder aus Singspielen oder Operetten, die besonders eingängige Melodien hatten. Schon durch den Notendruck im 17. Jahrhundert war es üblich geworden, dass beliebte Lieder weite Verbreitung fanden – gespielt in Wirtshäusern, auf Festen oder den Theater- und Singspielbühnen der Zeit. Einer der ersten großen Hits der Musikgeschichte war der Walzer *An der schönen blauen Donau*, der 1867 in Wien uraufgeführt und zum Erfolgsschlager wurde. Das *Wiener Fremdenblatt* berichtete euphorisch über die Premiere des Stücks von Hofballmusikdirektor Johann Strauss Sohn: «Der Walzer war wahrhaft prachtvoll, voll hüpfender Melodien, welche den Lippen der Sänger einem krystallhellen Bergquell gleich entströmten, und deren rhythmisch dahin fließende Tonwellen die humoristischen Lichter des gelungenen Textes zauberhaft färbten. Die Komposition wurde jubelnd aufgenommen und mußte auf allgemeines stürmisches Verlangen wiederholt werden.»[73]

Johann Strauss Vater und Sohn wurden zu den ersten Hitlieferanten der musikalischen Unterhaltung in deutscher Sprache. Ihre Operetten boten zahlreiche Melodien zum Singen, Pfeifen und Nachspielen: *Die Fledermaus* (1874) mit dem Couplet *Trinke, Liebchen, trinke schnell* oder 1858 die *Tritsch-Tratsch-Polka*. In Deutschland war es der Berliner Paul Lincke (1866–1946), der die Menschen mit Schlagern versorgte. *Das ist die Berliner Luft*, ein Gassenhauer im Marschrhythmus, oder *Schenk' mir doch ein kleines bisschen Liebe* (beide 1899).

Nach der Jahrhundertwende brachte das Grammophon die ersten Superstars der Musikgeschichte hervor. Die australische Opernsängerin Nellie Melba (1861–1931), die einige ihrer Opernarien noch mit Giuseppe Verdi persönlich probte und nach der die berühmte Pfirsich-Eisspeise benannt wurde. Den lettischen Tenor Hermann Jadlowker (1877–1953), der später vor den Nazis nach Palästina flüchten musste. Oder den Italiener Enrico Caruso (1873–1921), dessen kraftvolle Arien sich von 1902 an zu den weltweit ersten Hits entwickelten. Fast 500 Titel nahm der Tenor auf Schallplatte auf – zunächst in Mailand und von 1903 an in den USA. Caruso wurde zum ersten Weltstar, dessen Stimme auf allen fünf Kontinenten erklang. Angefeuert von immensen Schallplattenverkäufen ging der Sänger mehrfach auf Welttournee. Als Caruso 1910 München für ein Gastspiel besuchte, überschlugen sich die Zeitungen mit Reportagen, Interviews und Berichten. Unter der Überschrift «Carmen-Probe mit Caruso» schilderte ein Reporter, wie das Ensemble des Hoftheaters auf den Gesangsstar aus Italien traf. Als Caruso auftauchte, ging ein Murmeln durch die Musiker und Dutzende von Statisten. «Jetzt kommt er, diesmal ist es wirklich der Sänger. Ein etwas mehr als mittelgroßer Mann, breitschulterig, in elegantem dunklem Anzug mit modern geschnittenem Jackettrock, Weste mit weißem Vorstoß. Dazu Lackschuhe.» Caruso, der nur Italienisch und etwas Französisch sprach, sei mit Applaus empfangen worden. «Als er aber das erste Duett mit Frau Burg-Zimmermann singt, da horcht alles auf. Heute freilich verwendet der Sänger nur einen kleinen Teil seiner Kraft. Aus der unerhörten Leichtigkeit des Ansatzes ahnt man aber schon manches zukünftige Wunder.» Jedes Mal nach *Carmen* habe Caruso Seitenstechen, so sehr strenge er sich an, versicherte anschließend sein deutscher Impresario Emil Ledner (1855–1924).[74]

42. Erste Welthits
1909 Tenor Enrico Caruso auf Schallplatte (*La Donna E Mobile*)

Musik und Unterhaltung entwickelten sich zur Industrie. Allein bis zum Ersten Weltkrieg waren in Deutschland rund 500 Schallplattenmarken gegründet worden. Die Victor Talking Machine Company aus New Jersey wurde zum ersten Schallplattenkonzern der Geschichte und der Hund vor dem Trichter des Grammophons eine kulturelle Ikone. Der Terriermischling, der 1884 in Bristol geboren wurde, hatte den Spitznamen «Nipper», weil er die Gewohnheit hatte, Besucher in die Waden zu zwicken. 1899 hatte der Londoner Maler Francis James Barraud (1856–1924) den Hund gezeichnet und das Bild an die Victor Talking Machine Company verkauft – der Hund sitzend vor einem Grammophon Modell P und «His Master's Voice» aufmerksam lauschend, wie die Victor-Werbung verbreitete.

Der Sound des neuen Jahrhunderts bekam vom Ende der 1920er-Jahre an einen weiteren Schub – durch die Kraft der Bilder.

Als die Berliner Brüder Max (1863–1939) und Emil Skladanowsky (1866–1945) am 1. November 1895 im Berliner Varieté Wintergarten zum ersten Mal in der Geschichte bewegte Filmbilder öffentlich vorführten, zu denen auch ein boxendes Känguru gehörte, ahnten sie nicht, dass ihre stummen Kurzfilme auch die Welt der Töne revolutionieren würden. Monate zuvor hatten die französischen Brüder Auguste (1862–1954) und Louis Lumière (1864–1948) erstmals einen kurzen Film gezeigt – Arbeiter ihres Fotoplattenwerks in Lyon, die zur Mittagspause das Firmengelände verließen. Die Vorführung hatte allerdings noch in geschlossener Gesellschaft stattgefunden. Von Frankreich aus eroberte der Stummfilm die Welt, und schon kurz nach 1900 kamen Filme in die ersten Kinos. Mit der Gründung Hollywoods 1910 begann der sagenhafte Aufstieg der weltweiten Filmindustrie.

Der Stummfilm war nicht stumm, sondern von Musik und

Klangeffekten untermalt. Schnell erkannten die Filmemacher und Verleiher, wie wichtig der Klang für die bewegten Bilder war. Schauspieler wie Buster Keaton, Charlie Chaplin oder Harry Langdon wurden durch ihre Slapstick-Komödien auch deshalb zu ersten Weltstars des Kinos, weil Ton und Musik ihre Tollpatschigkeit überhöhten und ihre waghalsigen Stunts dramatisch untermalten. Orchester mit bis zu 20 Musikern, Kleingruppen, spezielle Kinoorgeln, einzelne Pianos und Schlagzeuge, Grammophone oder selbstspielende Pianolas steigerten die Dramaturgie der stummen Bilder. Zwischentitel und übertriebene Gesten sind bis heute Merkmale des Stummfilms. Die durchkomponierte akustische Begleitung ist aber nahezu vergessen. Film ohne Ton war auch in der Stummfilmzeit undenkbar.

Mit einem sogenannten Photoplayer konnte ein Techniker zahllose Geräusche und Naturklänge imitieren – Türklingeln, zuschlagende Türen, knallende Ohrfeigen, quietschende Fenster, zwitschernde Vögel, stampfende und pfeifende Lokomotiven oder hupende Autos. Der Photoplayer sah aus wie ein Klavier mit angebauten Pfeifen, Hörnern, Registern und Hebeln. Mit den Hebeln betätigte der Spieler Flöten, Tröten, Pauken, Rasseln und Geräte von Hand. Die Player besaßen außerdem zwei Notenrollen, auf denen gelochte Papierstreifen verschiedene Ton- und Geräuschfolgen auslösen konnten – speziell auf bestimmte Gattungen wie Drama, Action oder Komödie abgestimmt. Zahlreiche Hersteller wie Wurlitzer (Cincinnati) und J.P. Seeburg (Chicago) brachten eigene Geräte auf den Markt und produzierten zwischen 1912 und 1928 rund 10000 Photoplayer. Mit dem Aufkommen des Tonfilms verschwanden die Geräte sang- und klanglos aus den Kinos.[75]

Auch wenn bereits seit 1920 erste Versuche mit Lichttonspuren oder synchronen Geräuschaufnahmen erfolgreich verliefen, gilt der US-amerikanische Film *The Jazz Singer* von 1927 als kommerzieller Durchbruch und Beginn der Tonfilm-Ära. Zwei Jahre später, am 16. Dezember 1929, war *Melodie des Herzens* mit Willy Fritsch (1901–1973) der erste deutsche Tonfilm, der eine vollständige Vertonung hatte. «Ich spare nämlich auf ein Pferd», sagte Fritsch in seiner Rolle als ungarischer Husar János – der erste Satz in einem deutschen Kinofilm. Der Tonfilm beeinflusste zunehmend auch den Schallplattenmarkt und das Repertoire unzähliger Musikgruppen. Unter der Überschrift «Der Siegeszug des Tonfilm-Schlagers» berichtete eine Zeitung, dass Melodien aus Filmen zunehmend den Schlagermarkt eroberten. *Ein Freund, ein guter Freund, Veronika, der Lenz ist da* (beide 1930) oder *Ich wollt ich wär ein Huhn* von den Comedian Harmonists (1936) sind Lieder, die noch heute fast jeder kennt. Das Lied des Komponisten Friedrich Hollaender (1896–1976) *Ich bin von Kopf bis Fuß auf Liebe eingestellt* aus dem Film *Der Blaue Engel* sei hervorragend und Beweis für den Erfolg des neuen Mediums. «Von allen großen europäischen Tanzkapellen werden die Stücke gespielt, aus allen Rundfunksendern tönen sie uns entgegen», so die *Coburger Zeitung* am 26. Mai 1930. Im Monat zuvor hatte der Film, der Marlene Dietrichs Weltkarriere begründete, seine Premiere im Berliner Gloria-Palast gefeiert.

Die neuen Tonanlagen eroberten schnell die deutschen und internationalen Kinos. Der Tonfilm entwickelte sich zum Publikumsmagneten und mit ihm der Musikfilm, der die Menschen zu Hunderttausenden in die Lichtspielhäuser lockte – damals als Tonfilmoperetten von der Kritik geschmäht, aber vom Publikum geliebt. Tonfilmoperetten wie *Die Drei von der Tankstelle* (1930) oder *Der Kongreß tanzt* (1931) waren Kassenschlager und verzauberten die Menschen mit ihrer Mischung aus Romanze, Musik und Schauspiel. Große Lautsprecheranlagen verstärkten den

 43. Schlager für alle
1915 Apollo-Terzett (*Kinder schont die Betten*) – Trio aus New York

Klang, dessen Lautstärke vielen Menschen noch 1930 ungewohnt vorkam. «Durch einen etwas zu intensiven Lautverstärker» sei die akustische Wirkung hin und wieder beeinträchtigt, schrieb eine Zeitung zur Premiere der Tonfilmoperette *Liebeswalzer* mit Lilian Harvey (1906–1968) und Willy Fritsch in den Hauptrollen. Dennoch sei man von ihrem Siegeszug überzeugt.[76]

Im Lauf der Jahrzehnte gewann der Ton weiter an Bedeutung. Erste Filme in Stereo (1940), mit der Rauschunterdrückung Dolby (1970) und die ersten echten Mehrkanal-Streifen (1977) bis hin zu klanggewaltigen Digitaltönen mit bis zu sieben Kanälen eroberten die Kinos. Heute donnert, dröhnt und bebt es in den Multiplex-Kinos der Metropolen in aller Welt. Und es gibt sogar Preise für «Lärm». Die berühmteste Auszeichnung ist der Oscar für den besten Sound des Jahres in einem Kinofilm. Meist sind es krachende Blockbuster, die für ihre Klangeffekte ausgezeichnet werden. Der Kanadier Douglas Shearer (1899–1971), Bruder des Stummfilmstars Norma Shearer, war 1930 der Erste, der den Academy Award für den besten Ton erhielt – für *Hölle hinter Gittern*, das erste Gefängnisdrama der Filmgeschichte. Shearer unterlegte die Story mit dem metallischen Echo der Schiebetüren, das bis heute Gefängnisfilme prägt. Insgesamt siebenmal erhielt er den begehrten Preis und wurde damit zu einem der bedeutendsten Tontechniker der US-Filmindustrie.

Damit es in den Kinos, auf modernen Konzertbühnen oder im heimischen Wohnzimmer laut werden konnte, bedurfte es einer weiteren Erfindung, die ebenfalls um das Jahr 1900 gemacht wurde. Der US-Erfinder Lee De Forest (1873–1961) meldete am 25. Oktober 1906 ein Patent an, das die Welt der lauten Geräusche für immer veränderte. Seine Erfindung sorgte dafür, dass ursprünglich leise Töne ohrenbetäubende Lautstärke erreichen konnten. Seine Audion-Röhre war der erste elektrische Verstärker der Geschichte, der funktionierte – zwar noch mit schwachem Wirkungsgrad, aber die Blaupause für haushohe Verstärkerwände heutiger Heavy-Metal-Konzerte oder die riesigen Lautsprecheranlagen, mit denen Despoten wie Hitler und Mussolini die Massen aufpeitschten. Der kleine gasgefüllte Glaskörper war in der Lage, schwache elektrische Tonsignale zu verstärken und deutlich lauter zu machen. Zwar gab es schon eine sogenannte Zwei-Röhren-Diode, doch erst De Forest sorgte durch das Einsetzen einer dritten Röhre dafür, dass sich die Erfindung zum Verstärken von Tönen eignete. Er wurde mehrfach des Plagiats bezichtigt, aber seine Erfindung setzte sich durch, weil sie die beste war.

De Forest bastelte auch an den Vorläufern des heutigen Radios. Nachdem der italienische Pionier Guglielmo Marconi 1901 erstmals drahtlos ein Morsesignal über den Atlantik gesendet hatte, arbeiteten Tüftler auf der ganzen Welt daran, auch die menschliche Sprache oder Musik über elektromagnetische Wellen zu übertragen. Auch De Forest machte sich an die Arbeit – mit der Hilfe seiner Schwiegermutter. Harriot Eaton Stanton Blatch (1856–1940) war eine bekannte New Yorker Suffragette mit kraftvoller Stimme. Mit ihr führte er 1907 ein Interview, das er mit seinem provisorischen Radiosender testweise ausstrahlte. De Forest baute in den nächsten Jahren seinen Sender aus. 1910 strahlte er eines der ersten Musikprogramme der Geschichte aus. Sein Radio berichtete live vom Auftritt Enrico Carusos im Metropolitan Opera House in New York.

Kleinere Verstärkeranlagen kamen bereits Anfang der 1920er-Jahre in Gebrauch. So berichteten Zeitungen im Jahr 1923 von der drahtlosen Übertragung von Tanzmusik auf verschiedene Seebäderschiffe vor der Küste des britischen Brighton. «Lautverstärker» würden dafür sorgen, dass die Musik an Bord deutlich zu hören sei. «Man hört die ganzen Weisen so deutlich, daß sich die Tanzpaare auf dem Deck genauso im Takte danach drehen können, als wenn eine eigene Musikkapelle an Bord spielt», schrieb eine deutsche Zeitung. «Besonders beliebt sind Tänze beim Mondschein.»[77] Große Lautsprecheranlagen entstanden von 1924 an zunächst in den USA und Großbritannien. Als König George V. am 23. April 1924 die British Empire Exhibition, eine Kolonialausstellung mit 58 Ländern des britischen Weltreichs, im Londoner Wembley-Stadion eröffnete, kam zum ersten Mal eine große Lautsprecheranlage zum Einsatz. Im Stadion verstärkten sieben riesige Boxen die Stimme des Königs, rund um das Stadion weitere 45 Lautsprecher.

Anfang September 1928 präsentierte das Berliner Unternehmen Siemens & Halske auf der Messe Heim & Technik in München eine «Riesenlautsprecher-Anlage allerneuester Konstruktion». Nach Angaben des Unternehmens war es damals die größte der Welt – mit angeblich «einmillionfacher Verstärkung».[78] Pressevertretern wurden Mikrofonansprachen und Musikstücke «mit vorzüglicher Klangwirkung» vorgeführt. Einige dieser Anlagen, die rund 20000 Reichsmark kosteten, seien bereits in Kurorten und Seebädern aufgestellt worden. Beobachter staunten über den technischen Aufwand. Dutzende von Kabeln, große Mikrofone und riesige Lautsprecher kennzeichneten zum Beispiel die Grundsteinlegung zum Bibliotheks- und Saalbau des Deutschen Museums 1928 in München, die im deutschen Rundfunk und für die 4000 Gäste übertragen wurde. Das Mikrofon nahm den Festrednern «das Wort geradezu von den Lippen weg», erklärte der Reporter und war überrascht, als die Anlage für einen Moment ausfiel. «Der Effekt zeigte verblüffend einen Festredner, der zwar weitersprach, doch fast verstummt und wie ohne Stimme.»[79]

Das Radio setzte in der ersten Hälfte des 20. Jahrhunderts zu seinem weltweiten Siegeszug an. Sein Klang faszinierte, informierte und unterhielt, aber er nervte auch zunehmend diejenigen, die gegen ihren Willen von den Radioapparaten beschallt wurden. Der niederländische Sender PCGG sendete 1919 an vier Tagen der Woche das erste regelmäßige Radioprogramm der Welt, und schnell folgten überall weitere Sendestationen. Nach Gründung der britischen BBC (1922) kam auch der Rundfunk in Deutschland in Gang. Die Deutsche Stunde in Bayern GmbH (1923), die Nordische Rundfunk AG in Hamburg (1924) oder die Mitteldeutsche Rundfunk AG (1924) in Leipzig gehörten zu den ersten deutschen Rundfunksendern. Nicht nur Musik drang von nun an in die heimischen Wohnzimmer. Auch erste Reportagen, Sportberichte oder Beiträge über Katastrophen und Unglücke prägten die Klangwelt der Menschen.

Von den großen Katastrophen zu Beginn des 20. Jahrhunderts gibt es noch keine Tondokumente. Das verheerende Erdbeben von San Francisco 1906 blieb mit seinem welterschütternden Krachen für Außenstehende stumm, ebenso wie der Untergang der «Titanic» (1912) oder die Explosion eines Munitionsdampfers im kanadischen Halifax im Jahr 1917 – eine der stärksten nichtnuklearen Explosionen der Geschichte, der knapp 2000 Menschen zum Opfer fielen. Phonographen oder aufnahmefähige Grammophone waren noch zu sperrig, um alltagstauglich zu sein. Das alles änderte sich in den 1930er-Jahren. Mobile Aufzeichnungsgeräte schufen Tondokumente, die zu Klangikonen des 20. Jahrhunderts wurden. Der Lärm der Katastrophe wurde erstmals hör- und erlebbar auch für Menschen, die nicht Zeuge des Ereignisses gewesen waren.

Der Brand und der Absturz des deutschen Luftschiffs «Hindenburg» am 6. Mai 1937 gehört zum kollektiven Klangerbe der Menschheit. Die hochemotionale Radioreportage des Chicagoer Reporters Herbert Morrison (1905–1989) wurde zum Eintritt in

44. Katastrophen-klänge
1937 Absturz der «Hindenburg» (Radioreportage Herbert Morrison)

eine neue Epoche des Journalismus und brannte sich im Gedächtnis und in den Herzen der Menschen ein. Für den Radiosender WLS hatte Morrison ein Schallplattenaufzeichnungsgerät in Betrieb gesetzt, als der Zeppelin um 18.25 Uhr am Landemast andocken wollte. «It's burst into flames and it's falling», schrie der Reporter mit entsetzter Stimme. «Oh, the humanity and all the passengers, screaming around me.» Obwohl die mit Harz beschichtete Aluminiumplatte erst am Tag danach landesweit vom nationalen Radiosender NBC ausgestrahlt wurde, gilt Morrisons Reportage als Beginn der unmittelbaren Katastrophenberichterstattung. Niemals zuvor hatten Menschen so direkt, wortgewaltig und emotional ein technisches Unglück der Moderne miterlebt – untermalt von dumpfen Geräuschen der Explosion und dem Stimmengewirr im Hintergrund. Zusammen mit den Bildern der Wochenschau wurde die Reportage zu einem Dokument für die Ewigkeit. Die akustische Urgewalt von Unglück, Krieg und Naturkatastrophe konnte das Radio von diesem Moment an vermitteln – eine «virtuelle Katastrophengemeinschaft» entstand, wie es die deutsche Historikerin Martina Heßler formulierte.[80]

Während der Berlin-Blockade 1948/49 setzte der damalige Berliner Oberbürgermeister Ernst Reuter (1889–1953) dem beginnenden Kalten Krieg ein akustisches Denkmal. Während seiner Rede am 9. September 1948 vor etwa 300000 Menschen am Reichstagsgebäude rief er mit sich überschlagender Stimme: «Völker der Welt, schaut auf diese Stadt!» Es war ein eindringlicher Appell, das durch die Sowjetunion von allen Versorgungswegen abgeschnittene West-Berlin vor dem Verhungern, Erfrieren und dem Verlust der Freiheit zu retten.

In Deutschland gehört der ekstatische Ruf des Reporters Herbert Zimmermann (1917–1966) beim Finale der Fußball-WM in Bern 1954 zum akustischen Erbe. Auch wenn die Bilder eine

Fernsehübertragung nahelegen – es war eine Radioreportage, der Hunderttausende von Menschen vor allem in Deutschland und Ungarn atemlos lauschten. Das frenetische «Rahn schießt! Tooor! Tooor! Tooor! Tooor!» ging in die Radiogeschichte ein und nach dem Schlusspfiff die ekstatische Stimme Zimmermanns: «Aus, aus, aus, aus! Das Spiel ist aus! Deutschland ist Weltmeister!» Die heute bekannte Kombination aus Spielszene und Kommentar entstand erst später, als Sportreporter Rudi Michel und ein Team des Südwestfunks die offiziellen Bilder der FIFA mit dem Ton Zimmermanns unterlegten.

Ein Team des amerikanischen Radiosenders American Forces Network (AFN) war für die Übertragung der Rede John F. Kennedys am 26. Juni 1963 in Berlin zuständig. Kennedys leidenschaftlicher Ausruf «Ich bin ein Berliner» ging in die Geschichtsbücher ein. Zeitgleich nahm ein zweites Team für Fernsehen und Wochenschau Bild und Ton auf und sorgte dafür, dass auch diese Wort- und Bild-Ikone erhalten blieb. Für die Aufstellung der Mikrofone des TV-Teams war ein junger Berliner verantwortlich, der knapp 20 Jahre später bundesdeutsche Fernsehgeschichte schrieb. Der spätere Moderator der ZDF-Sendung *Löwenzahn* Peter Lustig (1937–2016) arbeitete damals als Tontechniker für AFN.

AFN und sein Pendant British Forces Network (BFN, später BFBS) boten den Hörern im Nachkriegsdeutschland nicht nur Unterhaltung. Der Klang versprach auch Freiheit und Neuanfang. Als AFN am 10. Juni 1945 seinen Sendebetrieb in München für die amerikanische Besatzungszone aufnahm, war der US-Militärsender bereits drei Jahre alt. Im Mai 1942 hatte sich das amerikanische Kriegsministerium entschlossen, einen eigenen Rundfunksender für Militärangehörige zu starten. Frankfurt, Bremerhaven, Berlin und andere AFN-Stationen folgten bis 1953 und versorgten auch deutsche Hörer mit Swing, Jazz und später mit Pop, Rock und Hip-

Hop. AFN spielte nicht nur Musik ab. Der Sender exportierte den American Way of Life in ein Land, das von der Diktatur geknebelt und eingeengt worden war. Und auch Optimismus, einen neuen Glauben an sich selbst und den Gedanken, dass alles machbar ist. Der Klang der Musik wurde zunehmend zum Ausdruck von Rebellion und Protest gegen die gesellschaftliche Erstarrung der Fünfzigerjahre. Nach der Erstaufführung des Films *Rock Around the Clock* mit der Musik von Bill Haley & His Comets war es in zwei Kinos in Linz im März 1957 zu «Krawallszenen» gekommen, wie die örtliche Zeitung schrieb. «Jugendliche sprangen von den Stühlen, rissen sich die Kleider vom Leib, bis einer nur mit Hemd und Unterhose bekleidet herumtollte.»[81]

Mit dem Aufkommen von Beat- und Rockmusik in den Sechzigerjahren war es mit der akustischen Zurückhaltung endgültig vorbei. Elektrische Gitarren, Lautsprecherwände und gigantische Konzerthallen sorgten für Klangkulissen, die jede klassische Aufführung leise erscheinen ließen. Rock, Heavy Metal, Punk, Grunge oder Techno – alle Stile setzten auch auf Lautstärke, um Kraft, Energie und Rebellion auszudrücken. Auch in den heimischen Zimmern sollte der Lärm von Pop und Rock'n' Roll ankommen. Mit Stereoverstärkern und Boxentürmen rüsteten Jugendliche und begeisterte Erwachsene in den 1970er-Jahren ihre Musikanlagen auf. «This record should be played loud» rieten nicht nur die Rolling Stones 1969 (*Let It Bleed*), sondern auch The Who, AC/DC und andere Bands. Die britische Band Pretenders empfahl «Play this album loud» ebenso wie die feenhafte Kate Bush («This album was made to be played loud» – *The Dreaming*, 1982).

Das Fernsehen als kommendes Leitmedium spielte eine Sonderrolle in der Welt des Lärms. Grammophone, Konzerte und selbst das Radio waren jahrzehntelang auch Anlass für Lärmbelästigung, Beschwerden und eine spürbare Verstärkung des Lautstärkepegels gewesen. Das Fernsehen veränderte die Lautsphäre des Menschen auf andere Weise. Es schlich sich in den 1960er-Jahren überall auf der Welt in den Klang der häuslichen Umgebung ein. Musikalische Vorspänne der Hauptnachrichtensendungen, Titelmelodien und Werbejingles ertönten in den Wohnstuben in einer eigentümlichen Mischung aus Bild, Klang, Sprache und Geräuschen. Der Auftakt der «Tagesschau» ist in Deutschland fast allen Menschen vertraut, ebenso wie die Titelmelodie der «Schwarzwaldklinik» oder die Werbung für «Meister Proper» oder «Bärenmarke» – prägnante Kennungen im Klang des Alltags. Das Fernsehen transportierte nicht nur Bilder und Töne, sondern auch Emotionen, die reine Tonquellen nicht auszulösen vermochten. Und es brachte Tonereignisse zu den Menschen, die ebenfalls zu Klangikonen des Jahrhunderts wurden.

«The Eagle has landed» waren am 20. Juli 1969 die ersten Worte eines Menschen, die auf einem anderen Himmelskörper gesprochen wurden, gefolgt von dem historischen Satz Neil Armstrongs «A small step for a man (...)» nur wenige Stunden später. Mehr als 600 Millionen Fernsehzuschauer waren weltweit live dabei, als Apollo 11 auf dem Mond landete. Am 6. September 1972 rief IOC-Präsident Avery Brundage «The games must go on», nachdem Terroristen bei den Olympischen Spielen in München elf israelische Sportler und einen Polizisten getötet hatten. Und 1989 verbreiteten TV-Sender weltweit den Ruf «Wir sind das Volk». Der epochemachende Terroranschlag vom 11. September 2001 ist dagegen kein auditives Weltereignis, obwohl das Einschlagen der Flugzeuge, das Zusammenstürzen der Zwillingstürme und die Abstürze der anderen Maschinen infernalischen Lärm erzeugt haben müssen. Er ist ein nahezu pures Ereignis der Bilder, das sich ins Gedächtnis einer ganzen Generation gebrannt hat. Kaum jemand außerhalb von New York City kann sagen, wie lärmend und katastrophal der Anschlag auf das World Trade Center 2001 wirklich geklungen hat. Das Explodieren, Donnern, Krachen, Bersten und Splittern ist nur als Hintergrundklang der unfassbaren Bilder zu vernehmen – quasi ein weißes Rauschen der Katastrophe. Stumm stürzen Menschen in die Tiefe, es donnert leise im Hintergrund, als die Türme zusammenstürzen. Dabei gibt es doch vereinzelt Laute, die unsere Aufmerksamkeit geradezu an sich reißen – auch gegen unseren Willen. Das fürchterliche Aufschlagen der menschlichen Körper, das ein französisches Kamerateam im Keller des Südturms aufnimmt, während die Feuerwehrleute ratlos vor dem Inferno stehen. Die «Oh my God!»-Schreie der Augenzeugen, die nicht glauben können, was passiert. Das Jaulen der Feuerwehrsirene im Sekundentakt. Das sind einige der wenigen Lärmspitzen, die deutlich aus dem Chaos hervortreten. Geräusche des schieren Entsetzens, die sich in der Erinnerung festsetzten.

Lärm wird global: das Jahrhundert von Auto und Flugzeug

Im 20. Jahrhundert wird Lärm mobil – in einem Umfang, der vorher undenkbar war. Milliarden von Autos rollen bis in die entferntesten Winkel der Erde. Straßen erschließen Dörfer am Ende der Welt. Zwölfspurige Highways verbinden Metropolen auf allen Kontinenten. Düsenflugzeuge erfüllen den Himmel mit tosendem Lärm über Gebieten, die bis heute nur wenige Menschen betreten haben. Großflughäfen mit Starts im Minutentakt lassen Hunderttausende von Anwohnern schlecht schlafen. All das erzeugt einen

Großteil des heutigen Lärms, unter dem Menschen leiden. Verkehrslärm ist der vielleicht störendste, krankmachendste und nervtötendste Krach des 20. und 21. Jahrhunderts.

Nur 9500 Automobile wurden im Jahr 1900 weltweit produziert. 100 Jahre später waren es rund 58 Millionen Fahrzeuge – mehr als sechstausendmal so viele. 2017 erreichte die weltweite Autoproduktion den bisherigen Höchststand mit mehr als 97 Millionen Wagen, die alle potenzielle Krachmacher sind. Dabei hatte das Jahrhundert des Autos mit Verspätung begonnen. Weil Kraftfahrzeuge teuer waren, blieben sie den Wohlhabenden vorbehalten. Einfache Bürger, Arbeiter oder Geringverdiener konnten sich erst nach dem Zweiten Weltkrieg ein Automobil leisten. Die Ära des Autos begann endgültig, als ab 1950 jährlich mehr als 10 Millionen Fahrzeuge weltweit vom Band liefen.

Erst langsam setzten sich Erfindungen durch, die Fahrzeuge leiser machen konnten. Schalldämpfer waren zu Beginn des Jahrhunderts Mangelware. Schlechte Federung ließ die Automobile rumpeln. Karosserien verstärkten das Dröhnen der Motoren, weil das lärmschluckende Kfz-Design noch nicht erfunden war. Der Benzinmotor gewann erst nach dem Ersten Weltkrieg endgültig das Rennen gegen Dampfmobil, Petroleum-, Spiritus- und Elektromotoren. Heute fast vergessen ist der vergebliche Kampf gegen das Automobil, der die Zeit zwischen 1910 und 1930 prägte. Autofahrer hatten einen schlechten Ruf. Sie galten als arrogant, fordernd und ihre Fahrzeuge als gefährlich. Mit einer Geschwindigkeit von bis zu 70 km/h war das Ford Modell T (Tin Lizzy), von dem bis 1927 rund 15 Millionen Stück gebaut wurden, für damalige Verhältnisse rasend schnell. Mit ihrem Knattern und Schnaufen brachen Autos in das vertraute Klangbild ein und wurden als besonders hassenswerte Eindringlinge angesehen. Motorkraft und schlechte Bremsen sorgten dafür, dass Unfälle schlimmere Folgen hatten, als es die Menschen gewohnt waren. Autos waren vielen Menschen noch jahrzehntelang unheimlich.

425 Meldungen über Angriffe auf Kraftfahrzeuge und ihre Fahrer verzeichneten die fünf großen Automobilzeitschriften im Deutschen Reich zwischen 1902 und 1932: Bedrohung, Sachbeschädigung, Körperverletzung bis hin zu Mord und Attentat.[82] Gestank und Lärm waren die Hauptgründe, hinzu kam eine Mischung aus Angst und Sozialneid. Mit Steinwürfen, Bespritzen der Fahrzeuge, Straßenbarrieren, Streuen von Scherben und Nägeln, Peitschenhieben, Verprügeln der Autoinsassen oder Straßenblockaden machten die Autohasser ihrem Ärger Luft.[83] Einer der heimtückischsten Anschläge fand am Abend des 2. März 1913 in Henningsdorf in der Nähe von Berlin statt. Unbekannte hatten ein Drahtseil über eine Landstraße gespannt. Der Juwelier Rudolf Plunz raste gegen 22 Uhr mit seinem Opel, in dem sich auch seine Frau und eine seiner Töchter befanden, in das Hindernis. «Der Juwelier und seine Frau wurden von dem Drahtseil stranguliert und sofort getötet», berichtete die *Coburger Zeitung* zwei Tage später.[84] Die Täter wurden nie ermittelt, die Polizei vermutete als Motiv «brutalen Hass gegen das Auto in seiner viehischen Form».[85]

Verkehrslärm durch Automobile, Lkw und Motorräder entwickelte sich ab 1930 zur Hauptquelle des Krachs in großen Städten. Eine Münchener Zeitung veröffentlichte im November 1932 Messungen des Heinrich-Hertz-Instituts und der Hochschule München – damals noch in Phon statt Dezibel. Mittlerer Straßenlärm habe 65 Phon erreicht, Fuhrwerke, Kraftwagen und Straßenbahnen seien bis zu 68 Phon laut. Eine Ballhupe könne 72 Phon erreichen, eine elektrische Hupe 92 und ein Motorrad ohne Schalldämpfer sogar 102. Ab 120 Phon sei die Schmerzgrenze erreicht, erklärten die Wissenschaftler. «Verkehrslärm von Schmerz-Stärke ist vielfach festgestellt worden», schrieb die Zeitung.[86] Insbesondere das Hupen erfüllte den Klangraum der Straße. Zunächst noch per Hand durch die einfache Ballonhupe und schon ab 1910 elektrisch verstärkt – tutend, schrill, durchdringend. Die ersten Autohupen bestanden aus einfachen Messinghörnern mit einem vulkanisierten Gummistopfen, die ans Lenkrad oder an die Karosserie geschraubt waren. Andere Verkehrsteilnehmer behalfen sich mit Glocken oder einem Signalhorn. 1908 machte der US-Ingenieur Miller Reese Hutchison (1876–1944) eine bahnbrechende Erfindung: das Klaxon, die erste elektrische Autohupe der Welt. Ihr Klang wurde zur Ikone des frühen Verkehrs. Das Klaxon war laut, durchdringend, setzte sich im allgemeinen Chaos durch und verstärkte dadurch den Lärm insgesamt. Das kehlige Hupen wurde zum Kennzeichen des Ford T und prägte den Straßenverkehr weltweit. Als Hutchinson 1944 starb, zitierte das Nachrichtenmagazin *Time* in einem Nachruf eine spöttische Bemerkung Mark Twains: Der Ingenieur habe die laute Hupe nur erfunden, damit mehr Menschen das ebenfalls von ihm erfundene Hörgerät kaufen müssten.[87]

PS-Boliden sind keine Erfindung der heutigen Zeit. Schon 1929 fuhr der erste Wagen mit sechzehn Zylindern (V16) durch die USA. Nach dem Zweiten Weltkrieg stieg die Zahl der Fahrzeuge mit großem Hubraum gewaltig an und damit auch der Lärm der Motoren. Die Autobahn, die 1924 in Italien auf der Strecke zwischen Mailand und Varese ihre Weltpremiere hatte, entwickelte sich erst nach 1950 zu der Lärmquelle, die sie heute ist. In Deutschland wurde die erste Autobahn 1932 vom damaligen Bonner Oberbürgermeister Konrad Adenauer (1876–1967) auf der Strecke zwischen Köln und Bonn eröffnet – die heutige A 555. Schnellstraßen entwickelten sich weltweit zu besonders lauten Orten. Menschen waren nicht mehr nur unterwegs, um von A nach B zu kommen. Das Cruisen,

45. Achtung, Auto!
1908 Klaxon – erste
elektrische Autohupe
der Welt

das Fahren um des Fahrens willen, fand weite Verbreitung. Immer mehr Autos und Motorräder wurden nur aus Spaß an hoher Geschwindigkeit und großem Lärm bewegt – auch als Ausdruck von Kraft, Potenz, Rebellion und Macht.

Der Lärm aus der Luft ist so alt wie das Jahrhundert. Nach den lautlosen Gleitflügen von Otto Lilienthal (1848–1896) knatterten von 1901 an Motoren am Himmel. Es ist bis heute umstritten, ob der deutschstämmige Gustav Weißkopf im August 1901 in Bridgeport/Connecticut oder die Gebrüder Orville und Wilbur Wright 1903 in Kitty Hawk/North Carolina den ersten Motorflug der Geschichte durchführten. Die Pioniere setzten eine Entwicklung in Gang, die den Motorenlärm in die entlegensten Winkel der Erde brachte. Heute fliegen täglich etwa 200000 Flugzeuge weltweit um den Globus. Das Heulen der Triebwerke erschallt auf dem Flughafen Longyearbyen/Spitzbergen ebenso wie in Ushuaia/Argentinien, der südlichsten Stadt der Welt. 47 Millionen Flüge gab es allein im Jahr 2019 – alle verbunden mit lärmenden Starts und Landungen.

Zu Beginn des Jahrhunderts war Fluglärm noch kein Thema. Die Faszination des Fliegens stellte alle anderen Aspekte in den Schatten. Wo Flugzeuge in den Himmel stiegen oder landeten, kamen Tausende von Menschen zusammen. Die Zeitungen um 1910 waren voll von Meldungen, Geschichten und Kuriosa rund um die neue «Aviatik» und «Luftschifffahrt». Jede kleine Weiterentwicklung wurde aufmerksam registriert, jedes Ereignis ausgiebig in den Blättern geschildert. Als im Juni 1911 nach einem Wettflug bei Ingolstadt die «Taube», ein damals verbreiteter Eindecker eines Offiziers des Königlich Bayerischen Automobil-Clubs, bei Tauberfeld notlanden musste, beschrieben die Zeitungen jeden einzelnen Ort, den der Flugapparat zuvor passiert hatte. In rund 250 Metern Höhe hatte der brummende Vogel die 81 Kilometer zwischen München und Ingolstadt in knapp 40 Minuten geschafft. «Das war wohl die kürzeste Zeit, die je zur Zurücklegung dieses Weges benötigt wurde», jubelten die *Münchner Neuesten Nachrichten*.[88] Um 7.20 Uhr passierte der Eindecker in einer «riesigen Geschwindigkeit» Dachau, zehn Minuten später Pfaffenhofen und um 7.32 Uhr Ingolstadt. «Man hörte deutlich das Geräusch der Propeller», vermerkte der Reporter.

Schon 1908 gab es in Paris die erste Luftfahrtausstellung der Welt, ein Jahr später überquerte der Franzose Louis Blériot (1872–1936) mit einem Eindecker den Ärmelkanal. Der Erste Weltkrieg führte zu einem Entwicklungsschub der Luftfahrtindustrie. Die ersten Ganzmetallflugzeuge wie die F 13 von Hugo Junkers (1919) erreichten höhere Geschwindigkeiten, wodurch es auch lauter wurde. Zwischen den Weltkriegen gründeten sich die weltweit ersten Luftfahrtgesellschaften wie die niederländische KLM oder die spätere Lufthansa. Tausende von Menschen jubelten frenetisch, als der Amerikaner Charles Lindbergh (1902–1974) am 21. Mai 1927 erfolgreich als erster Mensch den Atlantik überquert hatte und auf dem Pariser Flughafen Le Bourget landete.

Vor der zeitgleichen Erfindung der Düsentriebwerke durch den Deutschen Hans Joachim Pabst von Ohain (1911–1998) und den Briten Frank Whittle (1907–1996) während des Zweiten Weltkriegs waren es riesige Propellermaschinen, die für den noch seltenen Lärm am Himmel sorgten. 1929 absolvierte die Dornier Do X, damals das größte Flugzeug der Welt, ihren Erstflug. Das Verkehrsflugboot für 159 Passagiere hatte zwölf schwere Kolbenmotoren. Sie verliehen dem Giganten ein unverwechselbares Brummen und Dröhnen. Nur drei Exemplare des 40 Meter langen Riesen wurden gebaut. Viele Zeitungen des Deutschen Reichs berichteten im November 1930 von den Flügen quer durch Europa.

«Fabelhafte Fahrt von Do X» titelten die *Münchner Neuesten Nachrichten*. «Das Dornier Flugboot Do X ist Mittwochvormittag um 11 Uhr 31 in Altenrhein gestartet und nachmittags um 17 Uhr (16 Uhr holländischer Zeit) in Amsterdam glatt gelandet», berichtete ein Sonderdienst der Zeitung. Das Flugboot habe Basel um 12.45 Uhr, Mainz um 14.13 Uhr und Düsseldorf um 15.50 Uhr passiert und sei begeistert in Holland empfangen worden.

Der Lärm am Himmel begann nach dem Zweiten Weltkrieg mit der Einführung des ersten in Serie gebauten Strahlverkehrsflugzeugs, der britischen De Havilland DH.106 Comet (1949). Doch erst die Boeing 707 brachte 1957 den Durchbruch und läutete die Zeit der großen Düsen-Passagierjets ein. Von den 1970er-Jahren an wurde das Fliegen mit der Einführung von Großraumjets so günstig, dass sich viele Menschen erstmals einen Flug leisten konnten. Seitdem gehört der dröhnende, jaulende und heulende Lärm am Himmel zum Alltag. Auch der Bürgerprotest gegen Fluglärm nahm ab 1970 seinen Anfang. «Überschallflugzeuge verwandelten die ganze Welt in einen Flughafen», schrieb der kanadische Akustikforscher Raymond Murray Schafer in den 1970er-Jahren.[89] Die wachsende Geschwindigkeit der Düsenflugzeuge führte außerdem zu einem Phänomen, das den Menschen seit den 1960er-Jahren vertraut ist. Der Überschallknall ließ regelmäßig Wohngebäude erzittern, Fenster klirren und Mauerrisse entstehen. Vor allem tieffliegende Kampfjets vom Typ Phantom oder Mirage hinterließen diesen ohrenbetäubenden Knall, der ganze Landstriche aufschreckte und über Dutzende von Kilometern zu hören war. Der Kalte Krieg war die Zeit des Überschallknalls durch Tiefflieger.

Ein charakteristischer Lärm am Himmel ist erst seit dem Ende des Zweiten Weltkriegs weit verbreitet. Zwar gab es schon im Jahr 1916 erste Versuche mit rotorgetriebenen Fluggeräten, doch der Durchbruch für den Hubschrauber kam im Jahr 1956, als die US-Firma Bell Helicopter ihr Modell Bell UH-1 vorstellte. Mit rund 16000 Exemplaren ist das Fluggerät der meistgebaute Hubschrauber der Welt. Nicht nur im Vietnamkrieg (1955–1975) wurde er zum Geräusch der Zeit. Sein charakteristisches Pochen gab ihm in Deutschland den Namen «Teppichklopfer». Von 1971 bis 2006 war die «Huey» hier im aktiven Einsatz für die deutsche Luftrettung als SAR-Hubschrauber. Mittlerweile ist sie durch leistungsfähigere – und leisere – Modelle abgelöst worden.

Seit dem Ende des Jahrhunderts geht der Lärm durch Flugzeuge weltweit zurück. Vor allem leisere Triebwerke, striktere Lärmvorschriften und neue technische Standards haben den Krach rund um Flughäfen messbar verringert. So hat sich der Lärm für die Anwohner des Londoner Flughafens Heathrow zwischen 1975 und 1989 etwa halbiert.[90] Gleichzeitig stieg jedoch die Anzahl der Flüge im gleichen Zeitraum erheblich an. Die Flüge selbst wurden zwar leiser, sind aber weltweit häufiger geworden.

Für die Lärmgeplagten der Welt war es zumindest ein Fünkchen Hoffnung.

Nachkriegszeit: Lärm auf dem Zenit

Vieles spricht dafür, dass die Jahre nach 1945 und insbesondere die 1960er- und 1970er-Jahre die lautesten der Weltgeschichte waren – zumindest in den Industrieländern der nördlichen Hemisphäre. Fundiert belegen lässt sich das nicht. Zum einen waren Messmethoden im internationalen Vergleich zu uneinheitlich und unausgereift. Zum anderen fehlten qualifizierte und einheitliche Vergleichsmessungen für die Zeiträume davor. Dass die Lärmbelastung der Menschen bis zum Beginn der Achtzigerjahre ihren Klimax erreichte, lässt sich an vielen Entwicklungen festmachen: der Explosion des Auto- und Lkw-Verkehrs, dem starken Anwachsen der Weltbevölkerung, der zweiten Industriellen Revolution seit 1950 mit dem Durchbruch von Massenproduktion und Serienfertigung und dem gewaltigen Anstieg des Flugverkehrs mit dem Lärm der Düsenjets.

Gleichzeitig war der Schutz der Menschen vor Lärm in ihren Wohnungen oder am Arbeitsplatz bis 1970 meistens noch auf dem technischen Stand der Vorkriegszeit. Fehlende Arbeitsschutzmaßnahmen, mangelhafte Schalldämmung, dünne Wände, Einfachverglasung und ein fehlendes Problembewusstsein machten das Leben der Menschen zur Lärmhölle. Im Jahr 1965 fühlte sich jeder zweite Bundesbürger nach einer repräsentativen Umfrage des Meinungsforschungsinstituts Allensbach tagsüber von Lärm gestört – und das in einer Zeit, als die Menschen deutlich mehr Alltagslärm gewohnt waren als heute.[91]

Der Verkehrslärm in den Städten stieg nach dem Zweiten Weltkrieg erheblich an. 1955 fuhren schon knapp 1,8 Millionen Pkw durch Westdeutschland, während fast 2,5 Millionen Mopeds und Motorräder für den Großteil des Straßenlärms sorgten. Massenmobilität wurde zur Euphorie, das Auto als Symbol des Fortschritts gefeiert – mit erheblichen Auswirkungen auf die Lärmbelastung. 1953 hoben die Behörden der Bundesrepublik sämtliche Geschwindigkeitsbeschränkungen für Autos und Motorräder auf. Selbst innerhalb geschlossener Ortschaften konnten Autofahrer das Gaspedal so weit durchtreten, wie sie wollten. Allerdings war es damit bereits 1957 wieder vorbei. Mehr als 13000 Unfalltote im Jahr zuvor hatten gezeigt, dass es mit der Raserei so nicht weiter-

46. Jubelnde Massen
1945 Feier zum Kriegsende am Times Square (Radioreportage)

gehen konnte. Innerorts wurde das Tempolimit von 50 km/h wieder eingeführt.

Zu einer Lärmverringerung führte das Tempolimit nicht, dafür waren es einfach zu viele Fahrzeuge. Der Verkehrslärm überschritt in zahlreichen Städten die Belastungsgrenze. Immer mehr Anwohner fühlten sich von knatternden Mopeds, rumpelnden Lkw und rasenden Pkw genervt. Ein Schulleiter in Passau schlug 1958 öffentlich Alarm. Der Unterricht an der Oberrealschule sei wegen des Verkehrslärms nicht mehr möglich. Weil knapp 20 Klassenräume zu laut seien, gebe es für die mehr als 700 Schüler keinen ungestörten Unterricht, und die Fenster müssten geschlossen bleiben. «Ich glaube nicht, dass es in Bayern noch eine Schule gibt, an der der Unterricht so sehr vom Straßenlärm beeinträchtigt wird», so der Schuldirektor zur örtlichen Zeitung.[92] Erst sieben Jahre später, im März 1965, konnte Passau einen Schulneubau an einem ruhigeren Standort eröffnen.

Dass Lärm endlich auch von den Behörden und der Politik ernst genommen wurde, zeigte sich schon in den ersten Nachkriegsjahren – wenn auch nur zögerlich. Die Stadt Nürnberg führte 1953 spezielle Verkehrsstreifen der Polizei ein, die besonders laute Motorrad- und Autofahrer anhielt und gebührenpflichtig verwarnte. Die Beamten wurden mit Schallmessgeräten ausgestattet und führten Messungen in der gesamten Stadt durch. «Verkehrslärm wird zu etwa 60 Prozent von den Motorrädern verursacht», berichtete eine Zeitung.[93] Auch in Österreich nahmen die Klagen zu. Nur fünf Jahre nach dem Krieg war es auf den Straßen Wiens lauter als je zuvor. Zehntausende von Mopeds bestimmten die Klangkulisse der Straßen, dazu kamen immer mehr Pkw, Lkw, Busse und die Straßenbahn. Hupen sei zwecklos, schrieb der *Wiener Kurier* im Juli 1950. «Der allgemeine Straßenlärm ist gerade in Wien mit seinen ratternden und quietschenden Straßenbahnen und durch das

Kopfsteinpflaster so stark, daß selbst das lautstärkste Horn überhört oder falsch gedeutet werden kann.»[94] Besonders die Motorräder seien ein Ärgernis. Ein einziges knattere so ohrenbetäubend, «daß man vermeint, ein ganzes Bataillon von Motorrädern sei im Anzug».

Erst als die Zahl der Mopeds und Motorräder zu Beginn der Sechzigerjahre spürbar sank – mehr und mehr Menschen wechselten zum Pkw –, ging auch die Lärmbelastung durch Krafträder zurück.

Lärm, Staus, Dreck, Smog – in den 1980er-Jahren erreichte die Belastung der Menschen in der Bundesrepublik durch den Straßenverkehr ihren Zenit. 25 Millionen Fahrzeuge rollten 1985 durch die Republik, im wiedervereinigten Deutschland des Jahres 1995 erstmals mehr als 40 Millionen – eine Zahl, die bis heute weitgehend stabil geblieben ist. Dass die Lärmbelastung nicht proportional zur Anzahl der Fahrzeuge anstieg, ist vor allem den Schutzmaßnahmen zu verdanken: Lärmschutzwände, leisere Motoren, verbesserte Auspuffanlagen, schalloptimierte Karosserien, immer mehr Tempolimits und Durchfahrtverbote. Trotzdem blieb der Straßenverkehr im 20. Jahrhundert eine der Hauptursachen der Lärmbelastung.

Neue Trends im Städtebau der Nachkriegszeit verschärften das Lärmproblem. Wohnungen für die schnell wachsende Bevölkerung der Boomer-Generationen mussten her. Die neue Sachlichkeit, die im Bauhaus-Stil der 1920er-Jahre ihren Ursprung hat, bestimmte den Wohnungsbau der Jahre ab 1960, der im Brutalismus der Großsiedlungen seinen Höhepunkt fand. Die Häuserschluchten New Yorks waren schon in den Zwanzigerjahren ein Grand Canyon des Lärms. Mies van der Rohe (1886–1969), einer der führenden Köpfe der Bauhaus-Architektur, machte Chicago in den 1950er-Jahren zur Stadt der geraden Linien und der hausho-

47. Mobile Kakophonie
Nachkriegszeit Lärm durch Straßenverkehr Neu-Delhi (2018)

hen Glasfronten. Wolkenkratzer verstärkten den Lärm der Millionenstadt bis in die obersten Stockwerke. Erst langsam setzte sich die Überzeugung durch, dass andere Formen des Städtebaus notwendig sind. Mehr Grün in den Städten, vertikale Gärten, schallschluckende Fassaden und eine veränderte Stadtplanung sorgen heute in immer mehr Kommunen dafür, dass sich der Lärm in der Stadt nicht mehr ungehindert ausbreiten kann.

Büros, Schreibsäle und Rechenräume der Buchhaltungen waren in den Jahren zwischen 1920 und 1970 deutlich lauter als heute. Gegen das infernalische Tackern von 200 gleichzeitig arbeitenden Schreibmaschinen wirken schallgedämpfte Großraumbüros von heute wie eine Oase der Ruhe. In den Buchhaltungen großer Unternehmen, Banken und Versicherungen erzeugten damals Hunderte von Rechenmaschinen einen Lärmpegel, der sich mit dem Krach auf den Straßen messen konnte.

Den Sound bestimmten mechanische Schreibmaschinen von Remington, Underwood oder der deutschen Firma AEG. Sie machten schnelle Anschläge erst möglich – das typische Rattern und Klappern. Den akustischen Overkill erzeugte die Mercedes Elektra, die von einem deutschen Ingenieur entwickelt worden war. Sie hatte einen Elektromotor an der Seite, der eine Schreibwalze antrieb. Besonders sparsame Unternehmer konnten auch ein Modell erwerben, bei dem der teure Elektromotor durch eine Scheibe ersetzt wurde. Diese war durch Riemen an der Decke mit einer Dampfmaschine verbunden – willkommen in der Bürohölle. In Büros des frühen 20. Jahrhunderts war es teilweise so laut wie an belebten Straßenkreuzungen. Deutsche Wissenschaftler wiesen 1932 nach, dass der Lärmpegel des Bürosaals im Postscheckamt Berlin mit seinen 320 Rechenmaschinen eine Lautstärke von 73 Phon erzeugte. Dies entsprach dem Verkehrslärm auf dem Potsdamer Platz.[95]

Auch das Rattern der Fernschreiber nervte. Jahrzehntelang war ihr Geräusch ein Laut, der für Neuigkeit, Schnelligkeit und auch Sensation stand. In Postämtern, Regierungssitzen, Verwaltungen und auch in den Redaktionen der Welt waren sie zu Hause. Es waren knatternde, zischende und dröhnende Ungetüme, die bis zum Schluss ihrer Entwicklung kaum leiser wurden. Noch Mitte der 1990er-Jahre standen sie in der Redaktion der «Tagesschau» in Hamburg in abgetrennten Kammern, um die unter Hochdruck arbeitenden Mitarbeiter nicht zusätzlich mit Lärm zu belasten. Ticker-Assistenten, zumeist studentische Hilfskräfte, hatten den undankbaren Job, im Minutentakt in die ratternde Lärmhölle einzutauchen, um die Fernschreiben abzureißen und zu den Redakteuren zu bringen. Auch wenn die Zahl an Nachrichten weltweit zunahm, siegte hier die Technik über den Lärm. Das Telefax war schon deutlich leiser und gab nur noch ein merkwürdig knurrendes und piependes Geräusch von sich. Die nachfolgende E-Mail ist nahezu lautlos. Nur ein Ping kündigt sie an – aber das lässt sich abstellen. Der Fernschreiber und auch klingelnde Registrierkassen sind gute Beispiele dafür, dass früher nicht alles besser oder ruhiger war.

Industriearbeit und Gewerbe blieben bis in die 1970er-Jahre extrem laut. Zwar hatte es in der Zwischenkriegszeit erste Erfolge durch neue Technologien gegeben, wie zum Beispiel in der Eisen- und Stahlverarbeitung, wo das ohrenbetäubende Nieten durch das leisere Lichtbogenschweißen ersetzt worden war. Doch der ungeheure Anstieg der Produktion nach 1945 sorgte dafür, dass industrielle und gewerbliche Arbeit für die Menschen laut und gefährlich blieb. Noch 1960 unterschied sich der Arbeitsalltag im Stahlwerk Maxhütte in der Nähe von Nürnberg, in dem zu Spitzenzeiten bis zu 9000 Menschen arbeiteten, kaum von der Situation, die ein Reporter 30 Jahre zuvor beschrieben hatte. «Diese gewaltigen Werksanlagen mit ihrem Gewirr von Rohren und Gestängen, Eisengerüsten, Hochöfen, Förderbrücken, Drahtseilanlagen, Kranen, Schutthalden und den grauen Rauchschwaden darüber! Dazu das ohrenbetäubende Getöse: das Surren der Maschinen, das Dröhnen der Hämmer der Schmieden, das Kreischen der Sägen, das Fauchen der Essen, das Pfeifen der sprühenden Birnen, das Prasseln und Zischen der Gießereien! Man glaubt sich in die Werkstätte Vulkans versetzt.»[96]

Die schwerste zivile Katastrophe Deutschlands hatte sich in der Zwischenkriegszeit ereignet. Am Morgen des 21. September 1921 war das Stickstoffwerk Oppau der BASF in Ludwigshafen in einer verheerenden Explosion in die Luft geflogen. Um 7.32 Uhr hatten Arbeiter wie üblich verhärtetes Salz (Ammoniumsulfatnitrat) gesprengt, um es weiterverarbeiten zu können. Dabei entzündeten sich mehr als 400 Tonnen des Düngemittels, das in zwei gewaltigen Explosionen Ludwigshafen erschütterte. 559 Menschen kamen ums Leben, 1977 wurden verletzt. Die Detonationen waren fast 300 Kilometer weit bis ins schweizerische Zürich zu hören. Es waren ähnliche Stoffe, die zur Katastrophe im Hafen von Beirut am 4. August 2020 geführt hatten. Dort waren beim schwersten Explosionsunglück der jüngeren Geschichte mindestens 207 Menschen getötet und mehr als 3000 verletzt worden. Überall auf der Welt berichteten die Zeitungen nach 1945 über schwere Unglücke, Explosionen oder Feuer in Fabriken und Hüttenwerken. Auch die Arbeit unter Tage blieb laut und gefährlich. Als am 7. Februar 1962 eine Schlagwetterexplosion die Grube Luisenthal in Völklingen (Saarland) erschütterte, kam es zum schwersten Bergbauunglück der bundesdeutschen Geschichte. Um 7.45 Uhr hatte vermutlich eine illegal angezündete Zigarette in 600 Meter Tiefe eine verheerende Kohlenstaubexplosion ausgelöst. Infolge der Katastrophe starben 299 Menschen, 73 wurden zum Teil schwer verletzt. Mehr als 200 solcher Unglücke verzeichneten die Behörden seit 1945 weltweit.

Erst allmählich setzte sich bei Arbeitgebern und in der Politik die Einsicht durch, dass nur gesunde und vor Unfällen geschützte Arbeitskräfte produktiv sind. Fein dosiert stieg der Arbeitsschutz an und damit auch der Schutz vor Lärm. «Lärm bedroht unsere Gesundheit», berichtete eine deutsche Zeitung 1957.[97] Die bundesdeutschen Berufsgenossenschaften hätten zwischen 1949 und 1952 eine Verfünffachung der lärmbedingten Berufskrankheiten festgestellt. Die Gesundheit der Beschäftigten leide, Kinder würden in ihrem Wachstum behindert. Seit Mitte der Sechzigerjahre waren die Unfallverhütungsvorschriften in Deutschland schrittweise ausgebaut worden. 1967 gab es in der Wirtschaft der Bundesrepublik erstmals weniger als 3000 Tote bei Arbeitsunfällen – auch weil die Wirtschaft nach Jahren des Booms anfing zu schwächeln. 1973 verpflichtete das erste Arbeitssicherheitsgesetz der Bundesrepublik Firmen ab einer bestimmten Größe, Beauftragte für Arbeitsschutz und Betriebsärzte einzustellen. Es wurde endlich sicherer und ruhiger in Fabriken, Werkhallen oder Handwerksbetrieben.

Die Fabriksirene, die im 20. Jahrhundert jahrzehntelang den Beginn und das Ende der Arbeit signalisiert hatte, wurde von 1960 an in zahlreichen Großbetrieben abgeschafft und durch Stechuhren, flexible Arbeitszeit und Schichtbetrieb überflüssig. Trotzdem blieb in der Nachkriegszeit das Heulen der Sirenen in fast allen Gebieten Westdeutschlands und auch in der DDR präsent – als Element des Katastrophenschutzes und Frühwarnsystem während des Kalten Krieges. Seit Beginn der Fünfzigerjahre hatten die Behörden der Bundesrepublik mehr als 80000 Sirenen im Land installiert. Es waren tellerförmige Systeme auf Dächern von Schulen, Gemeindezentren, Rathäusern oder Feuerwachen.

Sie sollten im Ernstfall vor einem möglichen Angriff warnen, aber kamen und kommen bis heute vor allem bei größeren Feuern zum Einsatz. Noch heute sind die drei jaulenden Heultöne bei einem Brandfall üblich, auch wenn die Einsatzkräfte mittlerweile über SMS, WhatsApp oder Mobiltelefon alarmiert werden. Bis 1989 waren jeden Samstag in ganz Westdeutschland pünktlich um 12 Uhr Probealarme zu hören, in der DDR jeden Mittwoch um 13 Uhr. Nach dem Ende des Kalten Krieges und der deutschen Wiedervereinigung gab der Bund das flächendeckende Netz auf und überließ es den Kommunen, das Alarmierungssystem in Eigenregie weiterzuführen – ein Grund dafür, dass die Sirenen am Samstag heute nur noch in manchen Gegenden Deutschlands zu hören sind.

Die Bekämpfung des Lärms setzte seine Erfassung voraus und war ohne eine zuverlässige Messung des Schalldruckpegels nahezu unmöglich. Ab Ende der 1920er-Jahre begannen Physiker in den USA mit der Einteilung und Messung des Schalldruckpegels in Dezibel (dB) und schufen damit einen internationalen Standard, der heute noch gilt. Anlass waren die ersten qualifizierten Lautstärkemessungen der New York Noise Abatement Commission von November 1929 bis Mai 1930. Am Times Square hatten Mitarbeiter der Bell Telephone Laboratories erstmals ein Phon-Audiometer aufgestellt, um den Lärm an dem Platz zu messen – quasi der Urknall der internationalen Lärmmessung.[98] In einem Lieferwagen fuhren die Ingenieure an 97 Messstellen New Yorks und veröffentlichten die Ergebnisse in einer Untersuchung. Zu den Hauptverursachern des Lärms gehörten wie heute dieselgetriebene Lkw. Auch die Hochbahn, das Hupen der Automobile, Auspuffgeknatter, Kirchenglocken, Bauarbeiten, Pianos, Grammophone, Radios, Fabriken, Restaurants und Flugzeuge gingen den New Yorkern auf die Nerven. Ähnliche Untersuchungen folgten in Chicago, Berlin,

London, Amsterdam und Paris. Der Mensch hatte damit begonnen, den Lärm wissenschaftlich zu erfassen.

Die Anti-Lärm-Aktivisten organisierten sich nach dem Krieg neu. In Deutschland gründete sich Mitte der 1950er-Jahre der Deutsche Arbeitsring für Lärmbekämpfung, der noch heute als Arbeitsring Lärm der Deutschen Gesellschaft für Akustik besteht und einmal jährlich im April den «Tag gegen Lärm» (International Noise Awareness Day) organisiert. Auch in den USA, Großbritannien und vielen anderen Ländern Europas gründeten sich ähnliche Verbände, die bessere Chancen auf Erfolg hatten als die Vorgängergruppen. Lärm wurde endlich als Bedrohung der Gesundheit von der Allgemeinheit ernst genommen, und der Kampf erhielt Unterstützung aus Politik, Gesellschaft und sogar der Wirtschaft.

1958 hatte der Österreichische Ring für Lärmbekämpfung erstmals eine «Lärmfreie Woche» ausgerufen. Im Mai 1960 startete die Aktionswoche mit einer Fachtagung unter dem Motto «Weniger Lärm – gesünder und produktiver». Kranke könnten bei Lärm nicht geheilt werden, Erschöpfte könnten sich nicht erholen, so die Veranstaltung, die auch vom Österreichischen Kurortverband getragen wurde. Durch die Zunahme des Lärms sahen vor allem Kurbäder und Fremdenverkehrsorte ihre Geschäftsmodelle gefährdet.[99] Länder und Städte, die vom Tourismus leben, waren die Ersten, die organisiert gegen den Lärm vorgingen. Rom startete 1964 eine Aktion gegen den Lärm der Ewigen Stadt – gegen das Knattern der Vespas, das Dröhnen der Musikboxen in den Trattorien und den Krach der Handwerker. 104 Polizeibeamte und 18 motorisierte Streifen kümmerten sich im Sommer des Jahres ausschließlich um Lärmbeschwerden, verhängten mehr als 1000 Strafzettel und drohten Haftstrafen von bis zu drei Monaten an.[100] Rom blieb laut. Der Wille der Behörden war endlich da, die Beteiligung der Menschen aber gering und die Erfolge mäßig.

«Der Lärm entwickelt sich zu einem Todfeind», schrieb eine deutsche Zeitung im Jahr 1956. Lärm sei ein «Gesundheitsfeind ersten Ranges» und eine der «größten Gefahren unserer Zeit».[101] Auf dem 23. Internationalen Pharmakologischen Kongress 1963 in Münster warnte der deutsche Nobelpreisträger Gerhard Domagk (1895–1964) vor schweren Gesundheitsschäden durch Lärm. In einer Großstadt wie Düsseldorf hätten nur noch etwa 15 Prozent der Einwohner ein für ihr Lebensalter normales Gehör.[102] «Lärmleider aller Länder, vereinigt Euch», soll Helmut Hillmann beim Internationalen Kongress zur Lärmbekämpfung in Zürich 1960 gerufen haben.[103] Hillmann hatte als Stadtdirektor von Dortmund Koryphäen aus dem In- und Ausland um sich geschart. Die laute Stadt im Ruhrgebiet war Keimzelle des bundesdeutschen Anti-Lärm-Protests. Lärm sei «eines unserer brennendsten Gegenwartsprobleme», stellten die Wissenschaftler fest. «Denn der Lärm ist lebensgefährlich.»[104]

Die Bundesrepublik schien ab 1960 durch zunehmenden Lärm aus dem Traum des Wirtschaftswunders gerissen worden zu sein. Stadtväter wie Münchens Oberbürgermeister Hans-Jochen Vogel stellten sich 1964 medienwirksam mit einem Geräuschmessgerät ans Fenster ihres Büros. Der Straßenverkehr erzeugte neue Spitzenwerte. Am Stachus in München, damals eine der größten Kreuzungen Europas, habe sich der Motorenlärm innerhalb von zwei Jahren verdoppelt, berichtete *Der Spiegel*. Hamburg habe bereits 10 000 Krach-Kranke gezählt, insgesamt seien mehr als eine Million Bundesbürger durch Lärm geschädigt. Herzinfarkte, Schlafstörungen und Magengeschwüre seien die direkte Folge.[105] Lärm bedeute auf jeden Fall «Minderung der Lebensfreude, des Wohlbefindens und der Schaffenskraft», erklärte ein Lärmforscher den Reportern.

Weltweit kam es zu ersten erfolgreichen Eindämmungen des

Lärms. Die Chicago Zoning Ordinance von 1957 war die erste Verordnung, die verbindliche Höchstwerte für Lärmbelastung einführte. In Großbritannien war es eine private Initiative, die zu einem der weltweit ersten nationalen Gesetze gegen Lärm führte. Der britische Geschäftsmann John Connell startete Ende der 1950er-Jahre einen Aufruf, um Lärm in Großbritannien erstmals als Belästigung gesetzlich festschreiben zu lassen. Connell betrieb fleißige Lobbyarbeit, weil er frühzeitig erkannte, dass übermäßiger Lärm der Produktivität, dem Lernen und der Gesundheit abträglich ist. Insbesondere der zunehmende Krach am Flughafen Heathrow durch den Siegeszug der Düsenflugzeuge machte den Menschen zu schaffen. In mehreren Zeitungen forderte er 1959 die Bürger auf, ihm zu schreiben, wenn sie sich von Lärm belästigt fühlten. Die Resonanz war überwältigend: Tausende von Zuschriften kamen an, die Briefe erreichten ihn säckeweise.

In den 1970er-Jahren erwachte weltweit das Bewusstsein über die Schädlichkeit des Lärms. Weite Kreise der Bevölkerung beschäftigten sich plötzlich mit dem Thema. Zeitschriften brachten entsprechende Titelstorys, Fernsehsendungen thematisierten den Alltagskrach, und Talkshows setzten sich mit Lärm auseinander. Erste populärwissenschaftliche Bücher über Lärm erschienen. Bürgerinitiativen gegen Flug-, Auto- und Eisenbahnlärm bildeten sich fast überall auf der Welt. Tageszeitungen widmeten sich ausführlich dem Thema. Wissenschaftliche Kongresse und internationale Studien erforschten die Auswirkungen von Dauerkrach auf Anwohner, Schüler und sogar ungeborene Babys. Lärm wurde zu einer gefährlichen Belastung der Umwelt wie Dreck und Abgase und auch zunehmend gesellschaftlich geächtet. Krach war nicht mehr Zeichen des Fortschritts, sondern Ausdruck von überalterter Technik und Rückständigkeit. Der Kampf gegen den Lärm reihte sich ein in die Debatten um verschmutzte Flüsse, Smog

48. Lärm am Himmel
Nachkriegszeit Lärm durch Flugverkehr (Start A 380)

oder die Kernkraft. Die Menschen wurden zunehmend skeptisch gegenüber Entscheidungen aus Politik und Wirtschaft und mobilisierten Widerstand gegen lärmende Projekte.

Die Wissenschaft analysierte und kategorisierte die Lärmfolgen – physiologisch, psychologisch, ökonomisch, ökologisch und soziologisch. Wie sehr Lärm die Gesundheit schädigt, erfasste die Forschung ab den 1970er-Jahren systematisch. Schlafstörungen, Reizbarkeit, Depressionen, Herzinfarkte, Kreislauferkrankungen oder Magengeschwüre waren als Folgen dauerhaften Lärms zwar seit Jahrzehnten bekannt. Doch erst jetzt begann eine ernsthafte Debatte über das, was zu tun ist. Stress wurde zum Modewort der Siebzigerjahre und hatte nicht zuletzt mit Lärm zu tun. Der kanadische Klangforscher Raymond Murray Schafer sezierte 1976 Lärm und Geräusch so fein, dass seine Arbeit bis heute als Grundlagenwerk gilt.[106] Vom Ende der Sechzigerjahre an hatte er mit seinem World Soundscape Project den Klang der Welt akribisch gesammelt, analysiert und kategorisiert. Seitdem haben unzählige Wissenschaftler und Autoren versucht, eine möglichst treffende Definition des Begriffs «Lärm» zu finden. Für den kanadischen Historiker Peter Bailey ist Lärm ein Geräusch, das fehl am Platz ist («sound out of place»)[107], und für seinen Landsmann, den Komponisten Barry Truax, einfach ein unerwünschter Klang («unwanted sound»).[108] Die deutsche Schriftstellerin Sieglinde Geisel sagt: «Lärm ist Schall, der irgendjemanden stört, belastet, ängstigt, beunruhigt, ablenkt, aufregt oder nervös macht.»[109] Auf bestimmte Art und Weise treffen alle diese Definitionen zu.

Lärm hat im 20. Jahrhundert die gesamte Welt erfasst. Kein Ort der Erde ist mehr sicher vor störenden Geräuschen. Im brasilianischen Regenwald kreischen die Kettensägen. Durch die endlosen Weiten Alaskas oder Grönlands rasen dröhnend Schneemobile. Außenborder knattern vor den einsamsten Inseln der Südsee, das

Brummen der Klimaanlagen ist allgegenwärtig. Ihr Geräusch wird allgemein hingenommen, weil die Belästigung durch tropische Hitze unangenehmer ist. Lärm hat die Wildnis erobert. Schrill, brutal und gnadenlos dringt er in den natürlichen Klangkosmos ein. Und Lärm erreichte auch Bereiche, die eigentlich gezielt der Ruhe und Erholung dienen. Zum Beispiel unsere Freizeit, eine Erfindung des 20. Jahrhunderts. Von 1830 bis 1860 umfasste die Arbeitszeit noch 14 bis 16 Stunden täglich, heute sind in Deutschland wöchentlich zwischen 35 und 40 Stunden üblich. Mit Laubbläsern, Rasenmähern, Feiern, Discos, Großveranstaltungen oder Sportevents machen wir uns die Stunden der Muße zeitweise zur Lärmhölle.

Lärm diente im 20. Jahrhundert mehrmals als Waffe. Das Piepsen der Sputnik-Sonde am 4. Oktober 1957 löste – so leise es war – den Sputnik-Schock aus. Es war ein Geräusch der psychologischen Kriegsführung im Kalten Krieg. Und es blieb nicht das einzige. In einem skurrilen Wettstreit um Phonstärken erklang kurz nach Errichtung der Berliner Mauer entlang der Sektorengrenze ein deutsch-deutscher Lautsprecherkrieg. Als Bundeskanzler Konrad Adenauer am 22. August 1961 das Brandenburger Tor besuchte, ertönte aus Lautsprecherwagen auf DDR-Seite plötzlich lautstark Schlagermusik, und ein Sprecher rief: «Ja, ja, lieber Konnie, hier hat schon ein anderer in den Teppich gebissen. Entscheide Dich, Konnie, noch ist es Zeit.»[110] West-Berlin reagierte umgehend mit Lautsprecherwagen, die auf bestimmten Routen an der Mauer entlangfuhren. Sprecher begannen die Sendungen mit den Worten: «Achtung, Achtung! Hier spricht Berlins Studio am Stacheldraht.» Zeitungen berichteten von einem «Phon-Krieg», die Sendungen seien jeweils bis zu vier Kilometer weit zu hören gewesen.[111] «Denkt an Eichmann!», erschallte es aus den Lautsprechern. «Mord bleibt Mord, auch wenn er befohlen wird. Eines Tages werdet auch ihr Rechenschaft ablegen müssen.»[112] Vier Jahre lang dauerte der Ost-West-Lautsprecherkrieg, und genauso lang waren die Anwohner auf beiden Seiten der Mauer dem Propagandalärm ausgesetzt.

Legendär ist die Geschichte des panamaischen Diktators Manuel Noriega (1934–2017), den die US-Truppen im Dezember 1989 angeblich allein mit Lärm aus seinem Versteck jagten. Wobei Lärm in diesem Fall eine musikalische Hitliste war. Tagelang hatten die amerikanischen Marines den Diktator mit Musik beschallt, bis er endlich entnervt aufgab. Noriega hatte sich nach der US-Invasion in die vatikanische Botschaft in Panama-Stadt geflüchtet, um der Gefangennahme durch die Amerikaner zu entgehen. Da die USA den Diktator nicht einfach aus seinem diplomatischen Versteck herausholen konnten, ließen sie mehrere Geländewagen vorfahren. Auf ihnen montiert: große Verstärkeranlagen, aus denen ununterbrochen Pop- und Rock-Songs tönten. Die US-Marines spielten Rick Astleys *Never Gonna Give You Up*, *Give It Up* von KC and the Sunshine Band oder Guns N' Roses mit dem Hit *Paradise City*. Nach mehr als einer Woche zeigten sich erste Erfolge – allerdings nicht, weil der Diktator aufgab. Der Nuntius der Vatikanischen Gesandtschaft überzeugte die US-Militärs, der musikalischen Dauerfolter ein Ende zu setzen. Seine eigenen Mitarbeiter kamen nicht mehr zur Ruhe. Noriega selbst stellte sich nach elf Tagen und ließ sich festnehmen. Ob der Musik-Terror der Grund war, ist nicht endgültig klar.

Lärmfolter hat eine lange Tradition und wird noch heute zur Zermürbung von Gefangenen überall auf der Welt eingesetzt. Umfang und Häufigkeit sind allerdings unklar. Als Bestandteil der sogenannten Weißen Folter dient sie dazu, die Psyche des Folteropfers zu schädigen und zu brechen – in der Regel zusammen mit anderen Methoden wie Schlafentzug, Isolationshaft oder Demütigung. Die USA sollen auf der Basis Guantanamo auf Kuba Terror-verdächtige mit lauter Musik gefoltert haben, um sie zum Reden zu bringen. Im Bagdader Zentralgefängnis in Abu Ghraib haben US-Truppen 2004 nachweislich Weiße und körperliche Folter ein-gesetzt, die auch zum Tod irakischer Häftlinge führte. Auch Lärm, laute Musik und aufgenommene Schreie wurden als Druckmittel eingesetzt, wie eine Untersuchung des US-Senats nach Bekannt-werden des Folterskandals ergab.

Auch in CIA-Verhörlagern wurde nachweislich mit Lärm gefol-tert. Belegbar wurden Vorwürfe durch einen Bericht des US-Senats aus dem Jahr 2014 über Verhörtechniken der CIA zwischen 2002 und 2008. Neben dem berüchtigten Waterboarding, Schlafentzug und Eintauchen in Eiswasser setzte der Geheimdienst Lärmfolter ein. So wurden Gefangene im sogenannten Salt Pit, einer CIA-Haftanstalt in der Nähe der Bagram Air Base in Afghanistan, stun-denlang lauter Musik ausgesetzt.[113] Auch Geräuschgeneratoren kamen zum Einsatz. «Sie waren noch nie in einer Einrichtung, in der Menschen so sensorisch depriviert sind, das heißt konstan-tes weißes Rauschen, kein Reden, alles im Dunkeln», zitierte der Bericht einen CIA-Beamten.[114] Mehrere Inhaftierte berichteten, dass sie im Lärm des Rauschens plötzlich die Stimmen der Ehe-frauen und der Kinder hörten.[115] Lärm wurde auch verwendet, um die Gefangenen daran zu hindern, sich Strategien und Aus-reden während des Verhörprozesses einfallen zu lassen. Als Bei-spiel führte die Senatskommission einen prominenten Häftling an: Ramzi Binalshibh, Mitglied der Hamburger Terrorzelle um die Attentäter vom 11. September 2001, der seit 2006 vermutlich im US-Gefangenenlager Guantanamo festgehalten wird. Vor und während seiner Verhöre durch die CIA sei immer wieder der Song *Rawhide* aus dem Film *Blues Brothers* (1980) laut abgespielt worden, damit Binalshibh wisse, was passiere, wenn der Song erklingt.[116]

So fürchterlich Lärm wirken kann, so unwirklich kann das Gegenteil sein. Im 20. Jahrhundert entdeckte der industrialisierte Mensch das Phänomen Stille neu. «Es gibt vielerlei Lärm. Aber es gibt nur eine Stille», sagte Kurt Tucholsky.[117] Dennoch wirkt sie unterschiedlich auf den Menschen. Stille kann Luxus sein in einer Welt des Lärms, sie kann den Menschen entspannen und sich sicher fühlen lassen. Aber Stille kann auch beunruhigen. Manchmal ist sie unheimlich und bedrückend. Und in einigen Fällen macht sie sogar Angst, wenn die gewohnte Geräuschkulisse verschwindet. «Nicht Lärm weckt den Betrunkenen, Stille weckt ihn», stellte Victor Hugo fest.[118] «Der Lärm schützt uns vor peinlichem Nachdenken, er zerstreut ängstliche Träume, er versichert uns, dass wir ja alle zusammen seien und ein solches Getöse veranlassen, dass niemand es wagt uns anzugreifen», schrieb der Schweizer Psychiater Carl Gustav Jung (1875–1961) im September 1957 an den Züricher Juraprofessor Karl Ofterdinger, Begründer der Schweizer Liga gegen Lärm. Und er resümierte mit den viel zitierten Worten: «Wir hätten den Lärm nicht, wenn wir ihn nicht heimlich wollten.»[119]

Plötzliche oder erzwungene Stille wurde in der lauten Welt des 20. Jahrhunderts für viele Menschen zu einer seltsamen Erfahrung. Schnee ist der große Tranquilizer in der Welt der Geräusche. Wo er rieselt und sich wie eine dämpfende Decke niederlässt, wird es still und fast unheimlich ruhig. Er mindert den Lärm der Stadt und lässt auf dem Land Geräusche hervortreten, die sonst unhörbar sind, wie das leise Zwitschern eines Vogels. Wie eine natürliche Schalldämmung sorgt der Schnee für ein zaghaftes Innehalten der modernen Welt. «Im Winter ist die Stille, die Abwesenheit von Leben und Geräuschen unheimlich und bedrückend. (...) Man hört keinen Ton, keinen Schrei, kein Flüstern, kein Rascheln eines Blattes. (...) Es ist eine Erleichterung, endlich das Rauschen des fallenden Schnees von den Ästen einer Zypresse, einer Kiefer oder einer Eibe zu hören», schrieb der kanadische Autor George Green über die winterlichen Geräusche der Seenlandschaft in British Columbia.[120]

Besonders in der Stadt ist die Wirkung frappierend, wenn der Schnee allen menschengemachten Lärm dämpft. Der kanadische Schriftsteller Hugh MacLennan (1907–1990) notierte 1961 über seine Heimatstadt Montreal: «Nichts ist vergleichbar mit der Stille einer nördlichen Stadt im Morgengrauen an einem Wintermorgen. Gelegentlich gab es ein Zischen oder Flüstern und ein Reiben an den Fenstern, und ich wusste, dass es Schnee war, aber sonst war da nichts als eine pochende Stille, bis auf die Straßenbahnen, die die Côte-des-Neiges hinauffuhren.»[121]

Wenn ohne Schnee plötzlich Stille in einer großen Stadt im 20. Jahrhundert eintrat, war zumeist etwas Außergewöhnliches passiert. Nach 1945 sorgten mehrere Dutzend Stromausfälle für ungewohnte Ruhe. In der hochtechnisierten Nachkriegswelt brach der Lärmpegel von Metropolen dann schlagartig ein: kein Licht in der Nacht, weniger Straßenverkehr und kaum Menschen auf den Straßen – weil fast alle Geschäfte, Theater, Kinos und Restaurants geschlossen hatten. Am bekanntesten ist der Große Blackout vom 9. November 1965, der mehr als 30 Millionen Menschen zwischen New York und Ontario in Kanada getroffen hatte. Zwölf Stunden lang fiel fast überall der Strom aus. TV-Stationen und das Radio sendeten nicht mehr, das Licht ging aus, Kühlschränke tauten, Fahrstühle blieben stecken, Beatmungsgeräte fielen aus. Fast 800 000 Menschen steckten in den U-Bahnen New Yorks fest, die auf freier Strecke stehen geblieben waren.[122]

Trotz der plötzlichen Not blieb es weitgehend ruhig, und eine fast unwirkliche Stille trat ein. «Die meiste Zeit entspannten sich die eingesperrten New Yorker und genossen das Warten», so das

Magazin *Life*.[123] Drei Stunden später waren alle Fahrgäste aus den Tunneln geholt worden – bis auf 60 Personen. Sie waren in einem Waggon gefangen, der sich während des Blackouts in einem Tunnel tief unter dem East River befunden hatte. Sie mussten auf ihre Rettung fast 14 Stunden warten. Im Empire State Building, damals noch das höchste Gebäude der Welt, blieben 13 Fahrstühle zwischen dem 34. und 75. Stockwerk stecken. Die Hausverwaltung befreite die Eingeschlossenen über Nottüren und Leitern und sogar über Wanddurchbrüche.[124] Die Computer einer Wetterstation für die Flugsicherung fielen aus, doch glücklicherweise war es eine mondhelle Nacht, sodass alle Flugzeuge sicher landen konnten. «Hätte es geregnet – so schwer wie in der Nacht davor –, hätte es unzählige Flugzeugunglücke geben können», so *Life*.[125] Der New Yorker Flughafen JFK war elf Stunden und 55 Minuten außer Betrieb.

Am auffälligsten war die Änderung des Klangbildes der Metropole. «Das Geräusch der Straßen war nur noch ein Murmeln, nur unterbrochen von Geschwätz und Fröhlichkeit und gelegentlich zerrissen vom Geräusch einer Sirene oder eines Krankenwagens, eines Polizeiautos oder eines Feuerwehrautos.»[126] Überall zwischen Queens und Brooklyn habe man Kerzen blinken sehen statt der pulsierenden Leuchtreklame. Das New York Hilton verbrauchte in dieser Nacht angeblich 30000 Kerzen. In der Grand Central Station kam der Bahnverkehr komplett zum Erliegen. Rund 80000 Menschen, die dort gestrandet waren, schliefen auf Bänken, in Waggons oder auf dem Fußboden. «Bei den Vereinten Nationen gingen Kopfhörer und Tonbandgeräte aus und hinterließen verwirrte Delegierte – zum ersten Mal seit Menschengedenken», so das Magazin *Time*.[127] Türklingel, Föhn und Staubsauger in den Wohnungen fielen aus. Freiwillige unterstützten die Polizei an Kreuzungen beim Regeln des Verkehrs, weil die Ampeln ausgefallen waren. Die meisten Autofahrer ließen ihre Wagen stehen, fast alle Hotelzimmer der Stadt waren innerhalb weniger Minuten ausgebucht. Die Kaufhäuser stellten den Betrieb ein, gleichzeitig ging die Zahl der Ladendiebstähle um 75 Prozent zurück. Noch nie gab es in einer Nacht so wenige Straftaten in New York City.

Die größte Stadt der Welt stand still – wenn auch nur zwölf Stunden lang.

Heute
Lärm am Wendepunkt

War früher alles besser (leiser)?

Wann war es in der Geschichte der Menschheit am lautesten? Die Frage wird wohl nie endgültig zu beantworten sein. Der Krach der Vergangenheit ist verklungen. Tonaufzeichnungen existieren erst seit Ende des 19. Jahrhunderts. Eine exakte Erfassung von Lärm war vor 1900 nahezu unmöglich. Danach fanden Messungen äußerst selten statt, und wenn es sie gab, fehlten einheitliche Standards und Parameter, um die Situation vorher und nachher objektiv zu vergleichen. So kann man nur schätzen, wie stark der Lärm war. Eine Hochphase war sicherlich die Zeit der Industriellen Revolution. Zwischen 1750 und 1900 brach der Lärm der Moderne mit großer Wucht über einstmals ländliche und kleinstädtische Gebiete vor allem in Europa und den USA herein. Die technischen Umwälzungen veränderten den Klang der Welt wie kein Ereignis zuvor. Mit ungebremstem Wachstum durch Industrialisierung, Verstädterung und eine gigantische Anzahl neuer Maschinen entstanden nie zuvor gehörte Töne und Lautstärken.

Die Zwischenkriegszeit (1918–1939) war auch akustisch eine Übergangszeit – vor allem durch den Siegeszug des Verbrennungsmotors mit Autos, Lastwagen, Baggern und Kränen. Wirksame Lärmdämmung durch Schalldämpfer am Auspuff gab es noch nicht. Dass früher alles besser, sprich leiser, war, dem widersprachen schon damals Zeitgenossen. Der niederländische Literaturwissenschaftler Aegidius Willem Timmermann (1858–1941) behauptete 1938 in seiner Autobiographie, die Vergangenheit sei lauter gewesen als die Gegenwart. «Wenn wir das Hupen der Autos, das Knistern der Schallplatten und das Heulen von Lautsprechern mal kurz außer Acht lassen, war es früher in den Städten viel lauter als in den Städten von heute. Kein Asphalt, keine Gummireifen, kein Verbot lauter Straßenverkäufer, (…) keine festen Tage für Drehorgeln oder andere Musikanten. Ungefederte Bauernkarren und Lastwagen ratterten auf dem groben runden Kopfsteinpflaster, ihre Geräusche hallten bis zu zweihundert Meter weit durch die Straßen. Vom frühen Morgen bis zum späten Abend erklangen die Rufe der Händler, die (…) Melonen und Orangen verkauften.»[1] Es kam darauf an, wo und wie man in dieser Zeit lebte. Bewohner eines Mietshauses im Berlin der Zwanzigerjahre litten erheblich unter dem Stadt- und Straßenlärm, Menschen im niedersächsischen Seevetal in dieser Zeit deutlich weniger. Heute ist die Kleinstadt von den Autobahnen 1, 7 und 39 nahezu eingekreist.

Kriegszeiten brachten verblüffenderweise eine Verringerung der Lärmbelastung. Der Krach zog sich zurück – durch Verdunkelung, Ausgangssperren, Rationierungen und den Rückgang des öffentlichen Lebens. Selbst an den Fronten des Zweiten Weltkriegs herrschte häufig wochenlang eintönige, wenn auch bedrohliche Ruhe. Wenn der Krieg dann zuschlug, entstanden durch Maschinengewehre, Kanonen, Stalinorgeln und Mörser Lärmspitzen von ungeheurer Intensität. Frontsoldaten waren einem Inferno aus Lärm und Vernichtung ausgesetzt. Und die Bevölkerung litt unter dem Luftkrieg mit Sirenen, dem Dröhnen der Bomberflotten, den Geräuschen von Explosionen und tosender Vernichtung.

Vermutlich war die zweite Hälfte des 20. Jahrhunderts die bislang lauteste Zeit der Weltgeschichte – zumindest in Europa, den USA, Australien und den Industriestaaten Asiens. Und das liegt vor allem an drei Faktoren: Bevölkerungsanstieg, Straßenverkehr und Fluglärm. Innerhalb von nur 30 Jahren verdoppelte sich die Weltbevölkerung zwischen 1950 und 1980 auf rund 4,4 Milliarden Menschen. Die US-amerikanischen Metropolen wurden zu den lautesten Plätzen der Erde, Wolkenkratzer verstärkten den

Lärm ins Unermessliche. Was aber anders war: Auch zahlreiche Gebiete der Welt, die bislang vom Lärm verschont worden waren, hörten nun den Krach der Moderne – vor allem wegen des zunehmenden Verkehrs. Die Zahl der Fahrzeuge weltweit stieg ungebremst an. Autos und Lkw wurden leistungsstärker, schneller und damit lauter. Autobahnen und Highways durchschnitten immer mehr Gebiete der Welt. Das Jaulen der Motoren und Dröhnen von PS-starken Boliden kam in Mode. Vor allem die Geschwindigkeit wurde zum Lärmfaktor. Rasende Fahrzeuge von mehr als 200 km/h waren plötzlich für jeden verfügbar. Und Flugzeuge und Flughäfen wurden endgültig zu Lärmfaktoren erster Güte. Durch den Siegeszug der Düsentriebwerke konnte sich Lärm erstmals in Windeseile über die gesamte Welt ausbreiten.

In den 1970er- und 1980er-Jahren begann eine vorsichtige Umkehr. Seitdem haben technische Entwicklungen zur Verringerung des Lärms beigetragen. Moderne Triebwerkstechnik hat dazu geführt, dass Flugzeuge heute bis zu 70 Prozent leiser sind als Düsenmaschinen vor 50 Jahren. Laute Diesellokomotiven sind fast überall in der westlichen Welt durch leisere E-Loks abgelöst worden. Andererseits hat die Zahl der Flüge weltweit in den vergangenen Jahrzehnten dramatisch zugenommen. Anders ausgedrückt: Flugzeuge sind heute zwar leiser, es fliegen aber mehr als je zuvor. Auch bei den Eisenbahnen gibt es einen ähnlichen Effekt. Die Loks machen zwar weniger Krach, dafür erreichen Eisenbahnen heute Geschwindigkeiten von über 300 km/h, was zusätzlichen Lärm erzeugt. Im Automobilverkehr gibt es eine ernst zu nehmende Hoffnung, dass sich der Straßenlärm durch die E-Mobilität verringern könnte. Auf der anderen Seite bleibt der Krach durch schwere Lkw und Großfahrzeuge. Lastwagen sind auf unseren Straßen bis heute besonders laut, weil sie noch immer von Dieselmotoren angetrieben werden.

Erfolge sind trotzdem hörbar. Elektrische Stadtbusse summen durch die Straßen. Flüsterasphalt auf Autobahnen verringert Fahrgeräusche deutlich. Lärmschutzwände zäunen heute nicht nur Autobahnen, sondern auch Eisenbahnstrecken weiträumig ein. Moderne Lärmschutzfenster und -türen sind zumindest in Neubauten Standard und gesetzlich vorgeschrieben. Im Arbeitsleben sind die Beschäftigten in großen Industriebetrieben durch Lärmschutzbestimmungen vor Krach weitgehend sicher. Fabriken sind aus der Mitte der Städte nahezu vollständig verschwunden und befinden sich zumeist am Rand der Siedlungen. In den Büros gibt es keine ratternden Fernschreiber und keine mechanischen Schreibmaschinen mehr. Auf den Straßen ist das Schreien der Straßenhändler verschwunden, Straßenmusik tritt nicht mehr als Massenphänomen auf, und die Glocken der Kirchen läuten wesentlich seltener als früher.

Andere Geräusche sind in die Welt gekommen, und sie sind in den meisten Fällen leiser als früher. Trotzdem können sie den Menschen gehörig auf die Nerven gehen. Das rohe Klackern der Schreibmaschine ist zwar Vergangenheit, doch das leise Klappern einer PC-Tastatur kann ebenfalls stören. Vor allem das Klingeln der Mobiltelefone ist für viele Menschen ein Ärgernis – wenn sie nicht selbst telefonieren. Ein differenzierter Katalog von Signaltönen umgibt den Menschen im 21. Jahrhundert: Das Geräusch einer SMS, WhatsApp- oder Facebook-Nachricht, das Piepsen der Tastatur am Geldautomaten. Tockende Ampeln für Blinde, Computerstimmen, die Haltestellen ansagen, oder im Auto die Stimmen der Navigationsgeräte. Zu Hause und unterwegs reden sprachgesteuerte Assistenten wie Alexa oder Siri mit uns. Zahlreiche deutsche Privatsender gewöhnten sich in den 2010er-Jahren an, ihren Werbeblock lauter zu senden als das umgebende Programm, um ihn präsenter zu platzieren.

Der brutale Lärm der Vergangenheit ist vielfach subtilen Alltagsgeräuschen gewichen. Heutiger Lärm erreicht eher subkutan und schleichend unser Gehör. Er ist leiser als früher, aber häufig genauso nervig. Und seine Wirkung wird von der heutigen Industrie genutzt. Sogenannte Audio-Logos wie das fünftonige «Da-Da-Da-Di-Damm» der Deutschen Telekom sind patentrechtlich eingetragene Markenzeichen und werden durch Werbung weltweit verbreitet. Der Telefonhersteller Nokia bediente sich 1994 eines Meisterwerks der klassischen Gitarrenmusik. Der Spanier Francisco Tárrega (1852–1909) komponierte 1902 das Stück *Gran Vals*, einen langsamen Walzer in A-Dur. Die Finnen wählten die perlende Melodie als Standard-Klingelton für ihre Mobiltelefone. Sie war in der zweiten Hälfte der 1990er-Jahre die wohl meistgehörte Klangfolge der Welt, bis der Siegeszug der Firma Apple und der Aufstieg des iPhones den Sound verdrängten. Das Intel-Logo darf in Werbeclips nur mit der dazugehörigen Audio-Kennung gezeigt werden. Microsoft versah das Hochfahren der Computer jahrelang mit einem Geräusch, das allen Windows-Nutzern mehr als vertraut war und viele auch nervte. Seit 2011 verleiht eine internationale Jury auf einem Kongress jährlich einen Audio Branding Award, der heute als International Sound Award bekannt ist. 2009 haben Sound- und Werbespezialisten in Hamburg die Audio Branding Academy gegründet und küren seitdem innovative und erfolgreiche Klangkonzepte.[2]

Früher gab es nicht weniger Lärm, er war nur anders. Insgesamt ist es in vielen Bereichen Mitteleuropas, Nordamerikas und Australiens leiser als noch vor 50 oder 100 Jahren. Dafür hat sich auch hier der Lärm weiträumig über das Land verteilt – durch Flugverkehr, Straßen- und Schienenausbau und Globalisierung. Die wichtigste Veränderung betrifft jedoch die Bewertung der Lärmbelastung. Sie wird heute ernst genommen und nicht mehr belächelt als Überempfindlichkeit der Sensiblen und Fortschrittsverweigerer. Und Politik und Gesellschaft haben auf die Entwicklungen wirksam reagiert.

Wie die Welt heute um Ruhe ringt

Wir zähmen heute den Lärm, zwängen ihn in Areale, erfassen und messen ihn und schotten uns ab – durch Schallschutzmauern, Lärmkarten, Verordnungen, Ruhezeiten. Er ist nicht weg, aber wir begrenzen ihn auf bestimmte Orte und Zeiten. Krach und lauten Schall gibt es heute vor allem auf Lärminseln oder an Lärmtrassen. Dort ist der Lärm noch ursprünglich, ungefiltert und gewaltig. Moderne Lärminseln finden wir in Industriegebieten, Bahnhöfen, Containerterminals, Montagehallen, aber auch auf Partymeilen oder anderen Freizeitarealen. Lärmtrassen sind Autobahnen, Ausfallstraßen, Bahnstrecken oder Einflugschneisen. Wer dort wohnt, hat Pech und kann auch heute auf kein großes Verständnis hoffen. Zu elementar sind die Erfordernisse von Mobilität, Kommerz und Infrastruktur. Wer dem Lärm entfliehen will, muss es sich leisten können oder Nachteile in Kauf nehmen wie lange Anfahrtswege, höhere Mieten oder teurere Einfamilienhäuser.

Wer auf Lärminseln oder an Lärmtrassen wohnt, ist heute in vielen Fällen zumindest durch einfache Schallschutzmaßnahmen geschützt – wenn man das Glück hat, in Mitteleuropa, Nordamerika oder Australien zu leben. Selbst Fabrikarbeiter sitzen hier in schallgeschützten Kabinen. Arbeitsschutzgesetze wirken effektiv. Die wenigen Menschen, die dem Lärm ausgesetzt sein müssen, verfügen über wirksamen Hörschutz. Anwohner von Ausfallstraßen, Bahnstrecken oder Flughäfen haben schallisolierte Fenster und Türen. Für sie wird es erst laut, wenn sie die Fenster öffnen oder ihre Wohnung verlassen.

In vielen anderen Gegenden der Welt ist der Lärm dagegen ungezügelt, und viele Menschen sind ihm dort ungeschützt ausgeliefert. Die meisten Länder und Metropolen Asiens, Afrikas und Mittel- und Südamerikas gehören dazu. Eine Megacity wie Neu-Delhi scheint aus Lärm zu bestehen. Dort leben Menschen unter Plastikplanen auf Verkehrsinseln, für die der infernalische Krach noch das geringste Problem ist. Nur wenige Einwohner dort können sich effektiv vor ihm schützen. Dazu haben auch die führenden Industrieländer beigetragen. Wir exportieren unseren Lärm nach Fernost und auf die Südhalbkugel. Laute und umweltschädliche Herstellung haben wir in Schwellenländer verlagert, denn Schall- und Arbeitsschutz sind teuer. In den Textilfabriken von Bangladesch lärmen die Webmaschinen noch ähnlich laut wie in Manchester vor 200 Jahren.

War England im 19. Jahrhundert als größte Industriemacht der Welt noch eifersüchtig darauf bedacht, sein Wissen, seine Technologie – und damit seinen Lärm – nicht zu exportieren, änderte sich das spätestens mit der Unabhängigkeit vieler Länder nach dem Zweiten Weltkrieg. Indien blieb lange Agrarland und Rohstofflieferant. Viele Länder Afrikas sind bis heute nur wegen ihrer Bodenschätze und Ressourcen für die Staaten der Nordhalbkugel wichtig. Heute ist es ähnlich: Die Industrieländer wachen aufmerksam darüber, dass die leisen Hochtechnologien nicht gestohlen oder kopiert werden. Die Geschichte des Lärms ist auch eine Geschichte von Kolonialismus und Imperialismus.

Wie sehr Lärm heute in Deutschland stört, ermittelt das Umweltbundesamt regelmäßig mit repräsentativen Umfragen.

Die jüngste Erhebung für 2020 ergab, dass sich in den vergangenen Jahren nur wenig geändert hat. 76 Prozent der Deutschen fühlen sich vom Straßenverkehrslärm gestört oder belästigt. Auf Platz zwei rangiert der Nachbarschaftslärm (57 Prozent), auf Platz drei der Industrie- und Gewerbelärm (50 Prozent). Fluglärm – im 20. Jahrhundert noch eine Hauptquelle des Krachs – folgt erst auf dem vierten Rang (43 Prozent), danach kommt der Schienenverkehrslärm (34 Prozent).[3]

Lärmschutzvorschriften, nationale Gesetze und EU-Verordnungen wachen heute über die Einhaltung der Bestimmungen. 2002 erließ die Europäische Union erstmals eine länderübergreifende Regelung. Die europäische Lärmrichtlinie 2002/49/EG verlangte von allen Mitgliedsstaaten, Lärmkarten aller wichtigen Ballungsräume zu erstellen und Aktionspläne zu entwickeln, um den Umgebungslärm zu reduzieren. Diese Lärmkarten gehören seitdem zum Handwerkszeug der Stadtplaner in Europa und sind rechtlich verpflichtend. In vielen Bereichen des Kontinents wurde seitdem erstmals grundlegend erfasst, wie viel Lärm an einem bestimmten Ort zu hören ist. Lärmkarten teilen heute den Krach in grüne, gelbe oder rote Bereiche ein. Übersteigt ein Gebiet den Schalldruckpegel von 80 dB, wird eine Zone rot markiert. Viele Gebiete rund um Flughäfen gehören in diese Zone, aber auch Industriebereiche und Wohngebiete an Autobahnen.

In Deutschland überprüfen das Umweltbundesamt und vor Ort die Ordnungsämter, ob jemand zu laut ist. Ruhezeiten, Sperrstunden und die «Technische Anleitung zum Schutz vor Lärm» (TA Lärm) geben die akustischen Grenzen vor. Der Schallpegel in Wohngebieten darf tagsüber nicht mehr als 55 dB und nachts nicht mehr als 40 dB betragen. Trotzdem ist auch das nicht die Lösung aller Probleme, denn Lärm ist und bleibt subjektiv und seine Vermeidung schwierig.

Die ehemals lauteste Stadt der Welt hat ihren Spitzenplatz längst an Metropolen in Asien und Südamerika verloren. New York versucht seit mehr als 100 Jahren das Unmögliche: Ruhe in eine Stadt zu bringen, deren Lärm unerschöpflich scheint. Im Jahr 2007 aktualisierte die Stadtverwaltung erstmals seit 30 Jahren die Lärmrichtlinien, die in der Millionenstadt heute vom New York City Department of Environmental Protection (DEP) und dem New York City Police Department (NYPD) kontrolliert werden. Unter der Rufnummer 311 können sich Bürgerinnen und Bürger beschweren. Alle Presslufthämmer der Stadt müssen seit 2007 mit lärmmindernden Schalldämpfern ausgestattet sein, jede Baustelle benötigt einen Lärmminderungsplan. Ohne diesen gibt es mittlerweile keine Baugenehmigung mehr. Wenn Hunde in New York tagsüber zehn Minuten lang ohne Unterbrechung bellen, können die Behörden einschreiten, nachts liegt die Schwelle bei fünf Minuten. Die klingelnden Eiswagen New Yorks, die alle mit lauten Jingles auf sich aufmerksam machen, sind im Fokus der Lärmbekämpfer, ebenso wie schlecht gewartete Klimaanlagen oder zu laute Musik in Bars und Restaurants. Auch die eigenen Müllfahrzeuge nahm New York in die Pflicht. Sie dürfen jetzt aus einer Entfernung von zehn Metern einen maximalen Schalldruckpegel von 80 dB nicht mehr überschreiten.[4]

Die internationale Lärmforschung ist inzwischen perfekt vernetzt. Einheitliche Standards erleichtern die Arbeit, wissenschaftliche Institute tauschen sich weltweit aus. Das International Institute of Noise Control Engineering (I-INCE) ist ein weltweites Konsortium von Gesellschaften, die sich mit Lärmschutz und Akustik befassen. Verschiedene Kongresse und Messen widmen sich weltweit dem Schutz vor Krach und den Folgen des Lärms. Die Noise-Con führte 2022 im US-Bundesstaat Kentucky Forschende aus aller Welt zusammen, ebenso wie die Internoise

2022 im schottischen Glasgow. Das Jahr 2020 kürten Lärm- und Klangforscher zum «International Year of Sound». Fast alle Staaten der Welt verfügen heute über Forschungsinstitute oder Organisationen zur Lärmbekämpfung. In Deutschland leistete der Arbeitsring für Lärmbekämpfung seit den 1950er-Jahren Grundlagenarbeit und wird heute als Arbeitsring Lärm der Deutschen Gesellschaft für Akustik (DEGA) weitergeführt – samt der eigenen Fachzeitschrift *Lärmbekämpfung*.[5]

Seit 1998 veranstaltet die DEGA in Deutschland jährlich einen Tag gegen Lärm. «Alles laut, oder was?» stand auf dem Plakat zum Tag gegen Lärm 2019 und rief die Deutschen dazu auf, am 24. April des Jahres um Punkt 14.15 Uhr 15 Sekunden Ruhe zu geben. Doch die Mühe war vergebens. Der Aufruf zur Stille am International Noise Awareness Day ging im Alltagslärm unter.

Stumm wie ein Fisch? Von wegen!

Die Kulturgeschichte des Lärms wird seit den 1970er-Jahren ernsthaft untersucht.[6] Sie reiht sich ein in die Historie zur sensorischen Forschung über einzelne Epochen. Geräusche, Gerüche oder Gefühle gehören zu den am schwersten fassbaren Gebieten der Kulturwissenschaften. Doch die Annäherung an die Themen ist wichtig, um Alltags- und Sozialgeschichte besser verstehen zu können. Die Vor- und Frühgeschichte beschäftigt sich seit einigen Jahren mit Musikarchäologie,[7] Mediävisten haben das Netzwerk «Lautsphären des Mittelalters» gegründet, das von der Deutschen Forschungsgemeinschaft (DFG) unterstützt wird.[8] Historiker untersuchen die Klangwelten einzelner Epochen – vom Sound der Nazi-Diktatur[9] über den Klang der Neuen Welt[10] bis zu den Tönen Englands zur Zeit William Shakespeares.[11] Andere Autoren erforschten Lärm und Klang bestimmter Gebiete wie Wien[12] und London[13] oder spezieller Zeiträume wie der Frühen Neuzeit.[14] Und immer häufiger rekonstruieren die Forschenden vergangene Klänge und machen sie hörbar, wie das französische *Projet Bretez* den Klang von Paris im 18. Jahrhundert,[15] oder sie machen sie in Sammelbänden verfügbar.[16]

Die naturwissenschaftliche Forschung untersucht heute vor allem biologische, physiologische und psychologische Faktoren des Lärms. Der Klang der Tierwelt und insbesondere der Säugetiere fasziniert die Menschen seit Jahrhunderten. Säugetiere machen schon zu Beginn ihres Lebens Geräusche, die sie von anderen Tieren deutlich unterscheiden. Sie schmatzen und schlürfen beim Saugen der Muttermilch. Sie schnurren, bellen und jaulen. Und die Größeren unter ihnen – ob Löwe, Bär oder Wolf – haben sich mit ihren Lauten tief ins kollektive Gedächtnis der Menschheit eingegraben. Der Lauteste von ihnen ist der Brüllaffe (Alouatta), der in Mittel- und Südamerika heimisch ist. Sein Brüllen, das er vorwiegend am frühen Morgen ausstößt, ist bis zu zwei Kilometer weit zu hören. Die moderne Forschung weiß heute, warum das so ist: Das Zungenbein und der Schildknorpel des Kehlkopfs sind stark vergrößert. Das lauteste Säugetier der Welt lebt allerdings im Wasser. Pottwale erreichen mit ihren Klicklauten einen Schalldruck von bis zu 235 dB und sind damit für Artgenossen mehrere Hundert Kilometer weit zu hören. Pottwale übertreffen damit das größte Lebewesen der Welt, den Blauwal, bei dem Forscher Laute von bis zu 188 dB gemessen haben.

Vögel sind laut. Das weiß jeder, der am Morgen einmal von einem Hahn geweckt wurde. Während des rund zweisekündigen Schreis erreicht das männliche Haushuhn (Gallus gallus domesticus) große Lautstärken. Die Universität Antwerpen veröffentlichte 2018 eine Untersuchung, warum die Hähne von ihrem eigenen Geschrei selbst nicht taub werden. Öffnen die Tiere ihren Schnabel, dichtet ein kleiner Knochen im Kiefer den Gehörgang schalldicht ab – quasi maßangefertigtes Ohropax.[17] Doch gegen die Familie der tropischen Schreivögel (Tyranni), nahe Verwandte unseres heimischen Spatzes, sind Hähne Leisetreter. Erst vor Kurzem kürten Ornithologen den Weißglöckner (Procnias albus) aus dem nördlichen Südamerika zum lautesten Vogel der Welt. Sein Paarungsruf erreicht 125 dB, wie Forscher aus den USA 2019 mit Lasermessgeräten exakt bestimmten – so laut wie ein startender Düsenjet in 100 Metern Entfernung.[18]

Frösche und Kröten gehören zum Lautbild sommerlicher Nächte. In Europa sind sie zu hören, ebenso in den sumpfigen Gegenden Amerikas, Afrikas, Asiens oder in Australien. Sie quaken, brummen, trompeten, pfeifen oder zwitschern – ihr Lautspektrum scheint unerschöpflich. Biologen haben kürzlich gemessen, dass Frösche mit ihrem Quaken mehr als 90 Dezibel erreichen und damit lauter sind als so manches elektrische Werkzeug. Die grunzenden Laute des Nordamerikanischen Ochsenfroschs (Lithobates catesbeianus) dienen als Balzrufe und sind kilometerweit zu hören. Der Lauteste ist mal wieder der mit der höchsten Stimme: der Johnstones Pfeiffrosch (Eleutherodactylus johnstonei) aus der Karibik, der sich über weite Teile von Mittel- und Südamerika verbreitet hat. Sein Ruf klingt eher wie ein Vogelpiepsen – allerdings in ohrenbetäubender Lautstärke. In Puerto Rico heißt der nur drei Zentimeter große Schreihals nach dem Klang seines Rufes «Coquí-Frosch». In nur einem Meter Entfernung maßen Forscher einen Schalldruck von mehr als 100 dB – fast so laut wie eine Kettensäge. Sehr zum Ärger von Menschen,

49. Lautester Vogel
Heute Ruf des Weißglöckners aus Südamerika (Amazonas)

die in seiner Nähe wohnen. Im brasilianischen São Paulo sollen sich vermehrt Bürger über die hohe Lärmbelastung während der Nacht beschwert haben.

Das lauteste Tier der Welt ist jedoch weder Säugetier noch Vogel oder Amphibium. Es ist ein winziger Krebs, der gerade mal fünf Zentimeter groß wird. Der Pistolenkrebs (oder Knallkrebs, Alpheidae) im Indopazifik betäubt seine Opfer durch Lärm und Hitze. 2001 maßen Forschende seinen Lärm. Das Tier baut durch das Öffnen seiner Revolverschere hohe Spannung auf. Schnappt die Schere zu, implodiert durch den Unterdruck eine mit Dampf gefüllte Blase, die im Nahbereich mehr als 4000 Grad Celsius erreicht.[19] Berechnungen haben ergeben, dass der Knall bis zu 250 dB beträgt. Setzt man die Körpergröße des Tieres in Verhältnis zu seiner Lautstärke, ist der Rekordhalter sogar noch kleiner. Die männliche Ruderwanze (Micronecta scholtzi) ist nur zwei Millimeter groß und lebt in Seen und Teichen Europas. Wenn das Tier bei der Balz zwei Körperteile aneinanderreibt, entsteht ein Schalldruck von bis zu 99,2 dB, wie Forschende aus Frankreich und Schottland 2011 herausgefunden haben. Der Akustikingenieur James Windmill von der Universität Strathclyde entdeckte, dass das Geräusch der winzigen Tiere sogar außerhalb des Wassers zu hören ist – erstaunlich, denn Unterwassertöne werden zu 99 Prozent von der Wasseroberfläche reflektiert. «Nur weil diese Insekten so laut sind, kann man sie auch außerhalb des Wassers singen hören», so der Wissenschaftler.[20]

Selbst Fische machen Lärm. Sie können pfeifen, brummen oder trommeln. Der Rote Knurrhahn (Chelidonichthys lucernus) grunzt und knurrt unter Wasser, indem er seine Schwimmblase durch einen Muskel vibrieren lässt. Knurrende Guramis (Trichopsis), nur wenige Zentimeter große Süßwasserfische aus Südostasien, erzeugen ein deutlich hörbares Knarren, das unter Wasser bis zu zehn Meter weit vernommen werden kann. Der Nördliche Bootsmannfisch (Porichthys notatus) setzt auf ein lautstarkes Brummen, das auch außerhalb des Wassers zu hören ist. Die Männchen versuchen damit, Weibchen zur Eiablage zu bewegen. Erst 2020 haben Forscher herausgefunden, dass viel mehr Fische mit Lauten kommunizieren als bislang gedacht. Bis zu zwei Drittel der Fische könnten demnach Laute von sich geben, schätzen die Wissenschaftler der Cornell University (New York).[21] Als Taucher hört man unter Wasser eine Vielzahl von Geräuschen. Neben dem Zischen und Blubbern des Lungenautomaten ist auch das Knistern der Luftbläschen deutlich zu vernehmen, die von den Wasserpflanzen aufsteigen. Papageienfische schaben und kratzen mit ihren scharfen Schnäbeln Korallenpolypen ab. Soldaten- und Lippfische klicken und grunzen, Kaiserfische klopfen, und selbst Anemonenfische machen Geräusche, die wie ein leises «Toktok» klingen. Für sich genommen sind die einzelnen Töne leise. In ihrer Gesamtheit und Vielfalt schwellen sie jedoch an wie ein über-schäumendes Orchester.

Die Forschung streitet darüber, wie lärmempfindlich Tiere sind. Viele Arten haben ein deutlich feineres Gehör als der Mensch und müssten daher auch sensibler auf Umweltlärm reagieren. Wissen-schaftler fanden 2008 Erstaunliches heraus. Selbst hochemp-findliche Fledermäuse haben kein Problem damit, ihre Nahrung in der Nähe von lauten Autobahnen zu suchen und zu jagen. Zwar bevorzugt das Große Mausohr (Myotis myotis) eher ruhige Feld-wege, aber es zieht den Lärm der Straße den Orten vor, an denen der Wind hörbar durchs Schilf streicht.[22] Dass Vögel ihr Verhalten durch andauernden Lärm ändern, haben Wissenschaftler nachge-wiesen. Hausgimpel in Mexico City singen in höheren Frequenzen, wenn sie starkem Verkehrslärm ausgesetzt sind. Und sie senken diese wieder ab, wenn sie in ruhigeren Gegenden leben.[23] Nach aktuellen Untersuchungen der Max-Planck-Gesellschaft stört Verkehrslärm das Gesangslernen von Singvögeln. Im Mai 2021 veröffentlichten Ornithologen in ihrer Studie, dass kleine Zebrafinken ähnlich wie Kinder besonders anfällig für Lärm sind. Krach beeinträchtige die Vögel beim Lernen in einer kritischen Entwicklungsphase. Junge Zebrafinken, die Stadtlärm ausgesetzt waren, wiesen schwächere Immunreaktionen auf als Vögel, die in ruhigen Umgebungen groß wurden. Die Stimmentwicklung sei obendrein deutlich verzögert gewesen. Die Küken in der lauten Umgebung hätten wesentlich später das Singen gelernt und auch eine geringere Genauigkeit beim Gesangslernen aufgewiesen.[24]

Dass Unterwasserlärm zahlreiche Meeressäuger stört, krank macht und in ihrer Orientierung behindert, weiß die Wissenschaft seit vielen Jahren. Jetzt fanden Forscher heraus, dass auch Wale versuchen, den Lärm unter Wasser zu übertönen. Die Biologin Susan Parks von der Pennsylvania State University (USA) entdeckte 2003, dass die bis zu 14 Meter großen Nordatlantischen Nordkaperwale (Eubalaena glacialis) in der Bay of Fundy (Kanada) deutlich lauter rufen als noch vor der Jahrtausendwende.[25] Der Lärm unter Wasser hat durch Schiffsdiesel, Ölplattformen, Windparks und Sonargeräte so stark zugenommen, dass es nur noch hilft, wenn die Tiere selbst lauter werden. Doch Krach bedeutet auch für Tiere Stress. Der Atlantische Nordkaper gehört zu den am stärksten vom Aussterben bedrohten Wal-Arten. Gab es früher bis zu 100000 der gewaltigen Säuger, sind es heute vermutlich nur noch etwa 200 Tiere. Forscher vermuten bei den Tieren Hörverluste, erhöhte Herzfrequenz, Atembeschwerden, Störung der Fortpflanzung, Vertreibung aus ihren Territorien und Orientierungsverlust. Zumindest Letzteres ist hochwahrscheinlich. Seit den 1990er-Jahren treten weltweit vermehrt Massenstrandungen von Meeressäugern auf. Vor allem Grind- und Pottwale sind davon betroffen. So strandeten zuletzt im Oktober 2022 auf den Chatham-Inseln vor Neuseeland 477 Grindwale. Keines der Tiere konnte gerettet werden. Im Januar und Februar 2016 verendeten in der Nordsee 30 Pottwale. Wissenschaftler der Tierärztlichen Hochschule Hannover untersuchten auch das Gehör der verendeten Tiere, konnten jedoch keine krankhaften Veränderungen feststellen.[26] Die Forschung über die Folgen des Unterwasserlärms ist schwierig und steckt noch in den Anfängen.

Auch im ewigen Eis herrscht keine Ruhe. Es knistert und knackt, es knirscht und singt, es schabt, kracht und donnert sogar. Der britische Musiker und Erforscher von Naturtönen Chris Watson untersuchte Anfang der 2000er-Jahre mit seinen Mikrofonen die Lautsphäre des Rossmeers vor der Antarktis. Mit Unterwassermikrofonen nahm er den Sound im eiskalten Meerwasser auf. Eindrucksvoll beschrieb er das Kalben riesiger Gletscher am Rand des Schelfeises. Blöcke aus Eis, manche so groß wie Häuser, brachen los und stürzten in die gefrorene See. Der Sound des Kalbens sei explosiv gewesen – wie ein knallender Schuss aus einer Pistole. Das Eis schrammte gegeneinander und erzeugte ein bemerkenswertes Quietschen, das fast so klang wie elektronische Musik der frühen Sechzigerjahre.[27]

Neue Studien untersuchen sogar, welche Auswirkungen Lärm auf Pflanzen hat. Im April 2021 wies die California Polytechnic State University nach, dass Lärmverschmutzung das Leben von Bäumen auch dann noch negativ beeinflusst, wenn die Lärmquellen bereits entfernt wurden. Zwölf Jahre lang hatten die Forschenden in New Mexico die Vermehrung der heimischen Pinyon-Kiefer (Pinus edulis) untersucht und Verblüffendes festgestellt. An lauten Standorten produzierten die Bäume bis zu 75 Prozent weniger Sämlinge als an ruhigen Plätzen.[28]

Wie gefährlich
ist Lärm heute?

Die Weltgesundheitsorganisation WHO erklärte 1993, dass dauerhafter Lärm eine ernst zu nehmende Bedrohung der Gesundheit sei. Seitdem wird verstärkt geforscht, welche Folgen des Lärms für die menschliche Gesundheit zu erwarten sind. Antilärmwochen, Lärmkataster, Grenzwerte und Schallschutzmaßnahmen bestimmen seitdem die Debatte um den Krach. 170 Millionen Menschen in der EU geben an, dass sie in Bereichen leben, in denen sie tagsüber erheblich durch Lärm gestört werden. Zwischen fünf und 15 Prozent aller EU-Bürger klagen über ernsthafte Schlafstörungen.[29] Innerhalb weniger Jahre hat sich die Zahl der Menschen in Deutschland, die Schlaf- oder Beruhigungsmittel nehmen, mehr als verdoppelt. Griffen 2018 noch 710000 Personen ab 14 Jahren täglich oder fast täglich zu Tabletten, waren es 2021 schon 1,55 Millionen. Die Verbrauchs- und Medienanalyse (VuMA) hatte dafür mehr als 20000 Menschen befragt.[30]

Lärm stört schon in geringer Lautstärke den menschlichen Schlaf. Bereits Geräusche ab 25 bis 30 dB – etwa deutlich hörbares Flüstern – beeinträchtigen die Erholsamkeit. Und von 60 bis 70 dB an, die im Innenraum einer Wohnung an einer viel befahrenen Straße zu vernehmen sind, befürchten Mediziner gesundheitliche Folgen. Stress, Nervosität, Herz- und Kreislauferkrankungen, Magengeschwüre, Depressionen, Abnahme der Lernfähigkeit und Sprech- und Sprachstörungen bei Kindern können die Folge sein. Zunehmend an Bedeutung gewinnen die ökonomischen Konsequenzen: Krankheitskosten, Berufsunfähigkeit und auch die Wertminderung von Wohnungen und Grundstücken. Viele Menschen leiden an Tinnitus und Schwerhörigkeit schon in frühester Jugend. Schuld daran sind neben lauten Veranstaltungen auch die unbegrenzte Verfügbarkeit von digitaler Musik und leistungsstarken Kopfhörern. Hörgeräte sind verbreitet wie nie zuvor. Jeder zweite Deutsche über 65 Jahren trägt eine solche Hörhilfe, die heute klein und unauffällig ist.

Dass Lärm noch gefährlicher sein kann, hat die Wissenschaft erst kürzlich nachgewiesen. Das Uni-Klinikum Erlangen untersuchte, inwieweit Lärm die Funktion der menschlichen Nieren beeinträchtigt. Der mentale Stress durch Lärm führe, so die Wissenschaftler, zu einer erhöhten Aktivität der Nierennerven, was einen verminderten Blutfluss durch die Nieren zur Folge habe. Zwischen 2012 und 2017 erforschte das EU-Programm QUIET die Auswirkungen des Lärms auf die Gesundheit des Menschen und kam zu neuen Erkenntnissen. Jeder dritte EU-Bürger lebt demnach heute in einem Bereich, in dem der von der WHO als gesundheitlich schädlich festgelegte Grenzwert von 55 dB überschritten wird. Vor 2012 habe die Forschung vor allem nach dem Zusammenhang zwischen Verkehrslärm und Herz-Kreislauf-Erkrankungen gesucht, erklärte die Leiterin des Projekts, die dänische Molekularbiologin Mette Sørensen. Sie vermutet jedoch, dass andauernder Lärm auch Diabetes und Krebs auslösen kann – vor allem wegen des Stresses und gestörten Nachtschlafs. Die Studie hatte Gesundheitsdaten und Lärmbelastung von 57000 älteren Menschen und 100000 Kindern verglichen. Demnach steige das Risiko für bestimmte chronische Krankheiten, je stärker die Menschen Lärm ausgesetzt sind. So habe ein Anstieg des Verkehrslärms um 10 dB das Risiko für Diabetes um 11 Prozent angehoben. Lärm von Straßen und Eisenbahnstrecken vergrößerte auch das Erkrankungsrisiko für eine bestimmte Brustkrebs-Art und für distalen Darmkrebs.[31]

2020 war ein besonderes Jahr. Zum ersten Mal in der Geschichte des Lärms wurde es fast überall zumindest zeitweise leiser. Die Corona-Pandemie zwang die Welt zur Ruhe. Auf allen Erdteilen konnten die Anwohner von Flughäfen in ihren Gärten sitzen und den zarten Tönen der Singvögel lauschen, weil die großen Vögel am Boden bleiben mussten. Auf vielen Straßen und Autobahnen rund um den Globus fiel die Rushhour aus, weil die Menschen im Homeoffice ihre Arbeit machten. In den Innenstädten waren kaum Menschen unterwegs, weil die Läden geschlossen hatten. In den Rotlicht-Vierteln, Kneipen und Clubs der Städte blieb es dunkel – und damit auch sehr leise.

Die plötzliche Beruhigung durch die Pandemie sorgte aber nicht automatisch für Ruhe. Sie bewirkte, dass andere Geräusche hervortraten, die sonst vom Alltagslärm überdeckt wurden. So meldete das Landesumweltamt Sachsen im April 2021, dass sich die Geräuschumgebung der Menschen verändert habe. Während vorher der Verkehrslärm oder die Belästigung durch Musik und Partys am Abend im Mittelpunkt der Bürgerbeschwerden standen, störten in Zeiten des Homeoffice plötzlich andere Geräusche. So gab es mehr Baulärm, weil viele Menschen in Häuser und Wohnungen investierten. Oder es nervten plötzliche tiefe, brummende Frequenzen, wie sie Hochspannungsaggregate, Windkraftanlagen oder Wärmepumpen erzeugen. Lärm ist gestaffelt: Sehr laute Geräusche überdecken die mittellauten, die mittellauten die vermeintlichen leisen. So gesehen ist es niemals ruhig.

So still wie zu Corona-Zeiten blieb es nicht lange. Die Welt nahm 2022 wieder Fahrt auf und wurde fast so laut wie zuvor. Zusätzlich erfüllte der Lärm des Krieges zum ersten Mal seit Jahrzehnten Europa – mit noch ungewissen Folgen. Wie sich der Lärm der Welt entwickelt, weiß niemand genau. Aber es gibt Vermutungen. Der Abschied vom Verbrennungsmotor, den viele Länder der Welt bereits eingeleitet haben, wird mit einiger Sicherheit für etwas mehr Ruhe sorgen. Die Welt wird sich dadurch insgesamt aber nicht wesentlich beruhigen. Denn Lärm ist auch Leben, und noch steigt die Zahl der Menschen auf der Welt weiter an. Ein UN-Bericht kündigte im September 2022 an, dass am 15. November des Jahres die Grenze von acht Milliarden Menschen überschritten wird.[32] Mehr Menschen machen auch mehr Lärm.

Aber es gibt Hoffnung für alle Lärmgeplagten, zumindest für die künftigen Generationen. Seit 2015 hat sich das Anwachsen der Weltbevölkerung deutlich verlangsamt. Wie die Vereinten Nationen 2021 mitteilten, wächst die Zahl der Menschen jährlich um etwas mehr als ein Prozent. Der Anstieg ist damit nur noch halb so hoch wie vor 50 Jahren. Besonders viele Menschen wurden zwischen 1960 und 1970 geboren. Der jährliche Zuwachs war damals doppelt so hoch wie heute. Grund für den Rückgang ist, dass die Frauen der Welt weniger Kinder bekommen, weil es den Menschen trotz aller Katastrophen und Hungersnöte immer besser geht. Oder anders ausgedrückt: Die Menschen in den Entwicklungs- oder Schwellenländern brauchen heute weniger Kinder, um wirtschaftlich abgesichert zu sein. Im Jahr 2100 könnte nach vorsichtigen Schätzungen der Höhepunkt des Wachstums erreicht sein: Zehn Milliarden Menschen – alles potenzielle Krachmacher – könnten die Welt bevölkern. Einige Forscherinnen und Forscher gehen davon aus, dass sich das Wachstum dann einpendelt oder die Bevölkerungszahl sogar wieder sinkt.

Erst in ferner Zukunft wird menschengemachter Lärm kein Thema mehr sein. Dann nämlich, wenn es keine Menschen mehr gibt. Wann genau es so weit sein wird, ist noch unklar; passieren wird es allerdings. Dann werden nur noch die Geräusche der – wie auch immer gearteten – Natur zu hören sein.

Nachklang

Die Idee zu diesem Buch entstand vor mehr als 40 Jahren – an einem Vormittag des Jahres 1978 im Klassenraum meines Gymnasiums im Holsteinischen. Wir hatten gerade das neue Geschichtsbuch erhalten, und mein Blick fiel auf zwei Bilder, die zur Illustration des 19. Jahrhunderts dienten. Zwei Bilder desselben Malers: Adolph von Menzel. Das *Flötenkonzert von Sanssouci* über Friedrich den Großen und das Industriebild *Moderne Cyklopen* mit dem berühmten Eisenwalzwerk. Beide Bilder berührten die Lebenswirklichkeit des Malers. Eines eine gerade verklungene Vergangenheit der Stille, das andere die lärmende Gegenwart und Zukunft.

Natürlich hatte ich damals noch nicht den Gedanken, ein Buch über Lärm zu schreiben. Doch mehrere Fragen ließen mich seitdem nicht mehr los: Wie hat die Vergangenheit geklungen? Wie hörte sich eine Kleinstadt im Biedermeier an? Eine Welt ohne Autos, Flugzeuge und elektrischen Strom? Was hörte der Mensch, wenn er durch eine mittelalterliche Stadt spazierte? Oder sogar in frühgeschichtlicher Zeit, als nur wenige Menschen die Welt bevölkerten? Diese Fragen klopften immer mal wieder an, aber es dauerte, bis sich die Tür öffnete. Vielleicht musste ich erst noch eine Menge von der Welt sehen – und besonders hören –, bis es so weit war.

War die Vergangenheit eine stille Idylle, oder ist das nur unsere verklärte Sicht der Dinge? Wahrscheinlich Letzteres, kann ich nach diesem Buch sagen. Lärm war immer da, und er war nie gleich. Bestimmte Formen des Lärms kamen und gingen, lösten sich ab, steigerten sich ins Ohrenbetäubende und flauten wieder ab. Früher war es nicht unbedingt leiser. Der Lärm war nur anders.

Zahlreiche Publikationen haben sich mit dem Krach der Zeit beschäftigt und hervorragende Arbeit geleistet. Mein Buch ist da nur eines unter vielen und beschreibt, wie ich die Geschichte des Lärms rekonstruiert habe. Andere werden es ganz anders hören und bewerten. Denn: Lärm war, ist und bleibt subjektiv.

Das Buch ist auch keine soziologische Betrachtung, keine Studie über die modernen Auswirkungen von Lärm, keine Analyse des modernen Krachs. Das weiß jeder heute besser. Vieles habe ich sicherlich bei der Sammlung vergessen. Ein Buch über Lärm kann nicht vollständig sein. Zu umfangreich und vielfältig ist die Geschichte von Klang und Lärm der Welt. In der Bewertung und Einschätzung der Lärm-Phänomene in den Epochen werde ich nicht immer richtig gelegen haben. Das Buch hat sicherlich auch Schwächen und ist zwangsläufig lückenhaft, schon allein durch die eurozentrische Sicht auf den Lärm. Den Klang und den Krach der frühen Kulturen im Fernen Osten, Australiens oder Afrikas habe ich nicht erfasst. Aber von irgendwo aus musste ich zu hören beginnen, irgendwie musste ich anfangen.

Eine andere Schwierigkeit liegt auf der Hand. Klänge sind flüchtig und in dem Moment verlorene Vergangenheit, wenn sie verklungen sind. Sie sind weder archäologisch nachweisbar noch historisch fixiert oder reproduzierbar. Die Beschreibung von Klang und Lärm ist höchst individuell und hat keine Allgemeingültigkeit. Das alles ist vage, bietet Raum für Interpretation, ist fehleranfällig und wenig verlässlich. Erst seit dem Ende des 19. Jahrhunderts werden Ton, Musik und Lärm aufgezeichnet. Wir wissen heute tatsächlich, wie Otto von Bismarck geklungen hat. Nicht fistelig, wie es zuvor beschrieben wurde, sondern zwar relativ hoch, aber dennoch entschlossen und fest. Wie allerdings Friedrich der Große 100 Jahre davor sprach, wissen wir nicht und werden es auch nie erfahren.

Dass meine Reise in die Geschichte des Lärms jetzt als Buch erscheint, wurde durch zahlreiche Menschen erst möglich. Zunächst danke ich meinem Agenten Daniel Wichmann und der Agentur Petra Eggers für das Vertrauen in das Projekt. Ein Buch über die Geschichte des Lärms? Viele Menschen, denen ich davon erzählte, schauten mich zunächst fragend an. Ich bin dem Rowohlt Verlag und insbesondere Daniel Mursa dankbar, dass sie den Mut zu diesem Buch hatten. Ein großes Dankeschön geht auch an meinen Lektor Christian Wöllecke, der mein Manuskript kritisch und hilfreich redigiert hat. Und ich danke natürlich den Menschen, die mir am nächsten stehen: Meinen Söhnen Finn und Mika (für die Geduld mit ihrem Vater), meiner Liebsten (die mich ermutigte und mit ihrer langjährigen Erfahrung als erfolgreiche Autorin von Anfang an unterstützte), meinem Vater, meinen Freunden und den Mitgliedern meiner Band, denen ich seit Jahrzehnten mit lautem Schlagzeugspiel auf die Nerven gehe.

Der Klang der Welt ist faszinierend. Ich hatte 2019 das Privileg, innerhalb weniger Wochen die Laute Neu-Delhis und die unbeschreibliche Stille des Königreichs Bhutan im Himalaya zu erleben. Auf der einen Seite eine Kakophonie des irrwitzigen Lärms, die kaum erträglich scheint. Auf der anderen Seite die meditative Ruhe eines Ein-Mönch-Klosters auf einem Gebirgsplateau in 4300 Metern Höhe, wo die einzigen Geräusche der Wind, die Atemzüge und das Klappern des Topfes auf dem offenen Feuer sind.

Für alle Lärmgeplagten ist es vielleicht tröstlich zu wissen: Die Menschen litten während der gesamten Weltgeschichte unter Lärm. Und unsere Epoche ist nicht die lauteste aller Zeiten. Aber sie ist diejenige, mit deren Lärm wir heute klarkommen müssen.

Anmerkungen

Erd- und Urgeschichte

1. Boomerang and the Sound of the Big Bang, in: Analog Science Fiction & Fact Magazine, Alternate View Column AV-104, Washington 2001
2. Pearson, Helena: Our ears once breathed. in: Nature 2006, Bd. 439, S. 318–321
3. Forscher versuchen das Rätsel der Dinos zu lösen, in: Neue Rhein/Neue Ruhr Zeitung (05.05.2020)
4. Riede, T., Thomson, S., Titze, I., Goller, F. (2019): The evolution of the syrinx: An acoustic theory. PLoS Biol 17(2): e2006507
5. Unique growth strategy in the Earth's first trees revealed in silicified fossil trunks from China, in: PNAS, Vol. 114, No. 45
6. Collins, G., Melosh, H., Marcus, R., Earth Impact Effects Program: A Web-based computer program for calculating the regional environmental consequences of a meteoroid impact on Earth, Meteoritics & Planetary Science 40, Nr 6, 817–840 (2005)

Vor- und Frühgeschichte

1. Schafer, R. Murray, The Soundscape. Our Sonic Environment and the Tuning of the World, Vancouver 1976, S. 51/52
2. Satter Knall, in: Der Spiegel 41, 1969
3. Khalil, Lutfi und Schmidt, Klaus, Excavations at the 4th millennium site of Tall Hujayrat al-Ghuzlan/Aqaba – New Results 2004. In: Occident & Orient, Volume 9, No. 1 & 2, Amman 2004, S. 12–14
4. Vergil, Georgica, Zweiter Gesang, Vers 538–540
5. Schmidt I., Zimmermann A., Population dynamics and socio-spatial organization of the Aurignacian: Scalable quantitative demographic data for western and central Europe. PLoS ONE 14(2): e0211562 (2019)
6. Schafer, R. Murray: The Soundscape. Our Sonic Environment and the Tuning of the World, Vancouver 1976
7. Hesiod, Thegonie, Vers 705–709
8. Die Bibel, Buch Jesaja, Jes 13–6, Jes 13–13, Jes 13–22
9. Die Bibel, Buch Josua, Jos 6–4 und 6–5
10. Reymond, Eve Anne Elizabeth, A Medical Book from Crocodopolis, Wien 1976

11. Herodot, Historien II, Kap. 60
12. Höber-Kamel, G., Von den Hyksos zum Neuen Reich. In: Kemet, Heft 2, Berlin 2003

Antike

1. Reichel, Clemens, Blutiges Ende einer frühen Stadt, Spektrum der Wissenschaft (Ausgabe Juni), Heidelberg 2007
2. Josephus, Flavius: Juedischer Krieg, Buch III 7, übersetzt von Philipp Kohout, Linz 1901, Zeilen 246–248
3. Homer, Ilias (übersetzt von Johann Heinrich Voß), Edition Holzinger, Berlin 2016, 14. Gesang
4. Onasander, The General (Strategikos), XXIX, London, 1923, S. 471
5. Marcellinus, Ammianus, Römische Geschichte, Lateinisch und Deutsch und mit einem Kommentar versehen von Wolfgang Seyfarth, Bd. 1, Darmstadt 1970, S. 197
6. Radt, Stefan (Hrsg.), Strabons Geographika (mit Übersetzung und Kommentar), Göttingen 2003, S. 247
7. Polybios, Historíai (übersetzt von W. R. Paton), Band I, Harvard 1967, S. 313
8. Horaz, Epistulae II, 2, Zeilen 65–80, nach: Enenkel, Karl A. E., Die Erfindung des Menschen, Berlin 2008, S. 57
9. Juvenal, Saturae, Sat 3, Beschreibung des sündigen Großstadtlebens, Zeilen 239–267, nach: Neumeister, Christoff, Das Antike Rom. Ein literarischer Stadtführer, München 1991, S. 26
10. Martial, Epigramme, Buch IX, Vers 68
11. Martial, Epigramme, Buch XII, Vers 57, nach: Neumeister, Christoff, Das Antike Rom. Ein literarischer Stadtführer, München 1991, S. 42f.
12. Martial, Epigramme IX, 68, nach: Spohn, Reinhard, Umweltbeeinträchtigungen in der Antike (2). Lärm – Von lauten Kastraten und eifrigen Steinmetzen, in: Journal für Arbeitsschutz und Umwelt, Darmstadt 2019, S. 34–48
13. Lucius Annaeus Seneca des Philosophen Werke, Briefe, übersetzt von August Pauly, Sen. epist. 56–1, Stuttgart 1832–1836
14. Ebd., Sen. epist. 56–3
15. Cicero, Marcus Tullius, De Oratore – Über den Redner (Hrsg. Harald Merklin), Stuttgart 1997
16. Seewald, Berthold, Politik war im alten Rom eine Frage der Akustik, Die Welt, 20.06.2016, Mehr zum Projekt: Muth, Susanne, Historische Dimensionen des gebauten Raumes. Das Forum Romanum als Fallbeispiel, in: Dally,

O., Hölscher, T., Muth, S., Schneider, R. (Hrsg.), Medien der Geschichte –
Antikes Griechenland und Rom (Berlin – New York 2014), S. 285–329

17. Cicero, Marcus Tullius, Ciceros tusculanische Unterredungen (Übersetzt
von Friedrich Heinrich Kern) Buch V, 116,1 und 116,5, Stuttgart 1827

18. Lukrez, De Rerum Natura, Zweiter Gesang, Zeilen 409–412, nach: Wüst,
Ernst, Lukrez – Das Weltall, München 1927, S. 35

19. Fröhlich, Susanne, Stadttor und Stadteingang: Zur Alltags- und Kulturgeschichte der Stadt in der römischen Kaiserzeit (Studien zur Alten
Geschichte), Göttingen 2022, S. 220ff.

20. Epstein, Marcia Jenneth, Sound and Noise. A Listener's Guide to Everyday
Life, Montreal 2020, S. 47

21. Ovid, Metamorphosen IV (Übersetzung Reinhard Suchier), Zeilen 28–29

22. Rosenbach, Manfred, L. Annaeus Seneca. An Lucilius. Briefe über Ethik.
70–124 (Übersetzt, eingeleitet und mit Anmerkungen versehen von Manfred Rosenbach), Sen. min. epist. 80,1–2, Darmstadt 1995

23. Juvenal, Satiren (11, 195ff.), nach: Klaus, Sebastian, Die Römische Kaiserzeit – Teil 1: Von Augustus bis Severus Alexander, Norderstedt 2020, S. 424

24. Martial, Epigramme (Übersetzung Alexander Berg), Sechstes Buch, Vers 34,
Stuttgart 1865

25. Plinius, Epistulae, Buch 6,20, An Tacitus (übersetzt nach Schott, C.F.A.),
Stuttgart 1827

26. Johnston, H., Burgoyne, A.H., Landon, P., Thomson, J., The Wonders Of The
World, New York 1916, Edition 2004, S. 752

Mittelalter

1. Borst, Otto, Alltagsleben im Mittelalter, Frankfurt am Main 1983, S. 222–223

2. Friedell, Egon, Kulturgeschichte der Neuzeit, Band 1, München 1927 (Neu-
auflage Norderstedt 2016), S. 103/104

3. z.B. «Trunkenslunt» bei Roethe, Gustav (Hrsg.), Die Gedichte Reinmars von
Zweter, Leipzig 1887, S. 467 oder «Klappermul» bei Osenbrüggen, Eduard,
Das Alamannische Strafrecht im deutschen Mittelalter, Schaffhausen 1860,
S. 109

4. Wustmann, Rudolf, Musikgeschichte Leipzigs in drei Bänden, Erster Band,
Bis zur Mitte des 17. Jahrhunderts, Wiesbaden 1909, S. 37

5. Den Begriff der Wassermühle als «mittelalterliche Fabrik» prägte Gimpel,
Jean, Die industrielle Revolution des Mittelalters, Zürich/München 1980

6. Markovits, Michael, Die Orgel im Altertum, Leiden 2003, S. 369ff.

7. Reifenberg, Hermann, Der Gebrauch der Muttersprache in der Liturgie
des Bistums Mainz. Zeugnisse für die Entwicklung zum volkssprachlichen

Gottesdienst, speziell vom 15. bis 20. Jahrhundert, in: Archiv für mittelrheinische Kirchengeschichte, Vol. 37 (1985), S. 37

8. Dicke, Gerd, Predigt im Kontext von Reform und Frühhumanismus. Der Eichstätter Domprediger Ulrich Pfeffel (urk. 1452–92), in: Reform und früher Humanismus in Eichstätt. Bischof Johann von Eych (1445–1464), Hrsg. von Jürgen Dendorfer, Regensburg 2015 (Eichstätter Beiträge, Abt. Geschichte 69), S. 293

9. Mixson, James D., John of Capistrano's Preaching Tour North of the Alps (1451–1456), in: Religious Life between Jerusalem, the Desert, and the World, Leiden 2015, S. 255–276

10. Borst, Otto, Alltagsleben im Mittelalter, Frankfurt am Main 1983, S. 521–528

11. Ebd., S. 18

12. Alighieri, Dante, La Divina Commedia, Dritter Gesang, Zeilen 22–33, nach: Zoozmann, Richard, Dantes Werke. Das neue Leben – Die göttliche Komödie, Leipzig 1921, S. 12

13. Mehl, Jean-Michel, Le jeu de paume. Un élement de la sociabilité aristocratique à la fin du moyen age et au début de la renaissance, in: Sport/Histoire. 1, 1, Paris 1988, S. 19–30

14. Sonntag, Jörg, Erfinder, Vermittler und Interpreten. Ordensleute und das Spiel im Gefüge der mittelalterlichen Gesellschaft, in: Sonntag, Jörg (Hrsg.), Religiosus Ludens. Das Spiel als kulturelles Phänomen in mittelalterlichen Klöstern und Orden, Berlin 2013, S. 241

15. Ebd., S. 258

16. Gillmeister, Heiner, Aufschlag für Walther von der Vogelweide. Tennis seit dem Mittelalter, München 1986, S. 4

17. Schuerl, Wolfgang, Burgen und Städte des Mittelalters, Wiesbaden 1977, S. 92f.

18. Strauch, Philipp, Der Marner (Nachdruck von 1876), Berlin 1965

19. Heger, Hedwig, Das Lebenszeugnis Walthers von der Vogelweide. Die Rechnungen des Passauer Bischofs Wolfger von Erla, Wien 1970

20. Dedekind, Friedrich, Grobianus. De Morum Simplicitate (Dt. Fassung von Caspar Scheidt), Darmstadt 1979

21. Eschenbach, Wolfram von, Parzival, Übers. v. Karl Simrock, Stuttgart 1862 (Neuausgabe hrsg. von Karl-Maria Guth, Berlin 2016), S. 34

22. Dazu ausführlich: Meyer-Hermann, Christian, Die Jahrhunderte der Wassermühlen, Hameln 2011

23. Hess, Daniel, Die Natur als vollkommene Lehrmeisterin der Kunst, in: Der frühe Dürer. Ausstellungen im Germanischen Nationalmuseum vom 24. Mai bis 2. September 2012, Nürnberg 2012, S. 123

24. Kaulich, B., Meyer, R., Schmidt-Kaler, H., Von Nürnberg durch die Pegnitz-

Alb zur Bayerischen Eisenstraße, Wanderungen in die Erdgeschichte, Band 11, München 2000

25. Hellinger, Jakob, Hammerwerke an Laber und Naab im Spätmittelalter und in der Frühen Neuzeit, Regensburg 2016

26. Pick, Richard, Aus Aachens Vergangenheit. Beiträge zur Geschichte der alten Kaiserstadt, Aachen 1895, S. 195

27. Dazu ausführlich: Dohrn-van Rossum, Gerhard, Die Geschichte der Stunde. Uhren und moderne Zeitordnung, München 1992

28. Howgrave Graham, Robert Pickersgill, Peter Lightfoot – Monk of Glastonbury and The Old Clock at Wells, Glastonbury 1922

29. Zur Einführung der Räderuhren: Zinner, Ernst, Die ältesten Räderuhren und moderne Sonnenuhren, Bamberg 1939, S. 60f.

30. Sellert, Wolfgang, Landschädliche Leute, in: Cordes, Albrecht (Hrsg.), Handwörterbuch zur deutschen Rechtsgeschichte, Berlin 2005, Sp. 578–581

31. Borst, Otto, Alltagsleben im Mittelalter, Frankfurt am Main 1983, S. 405

32. Ebd., S. 407

33. Wächter, Oskar, Vehmgerichte und Hexenprozesse in Deutschland, Stuttgart 1882, S. 163

34. Kisch, Guido, The «Jewish Execution» in Medieval Germany and the Reception of Roman Law, in: Kisch, Guido, Ausgewählte Schriften (Forschungen zur Rechts-, Wirtschafts- und Sozialgeschichte der Juden, Band 2), Sigmaringen 1979, S. 165–193

35. Wüst, Sabine, Meister Franz – Henker aus «Leidenschaft», in: Wüst, Wolfgang und Sabine/Hirte, Markus, Kriminalitätsgeschichte – Tatort Franken, Eresing 2020, S. 31

36. Ebd., S. 30

37. Sayers, Dorothy L., The Song of Roland, London 1937, S. 184

38. Needham, Joseph, Science and Civilisation in China: Vol. 5; Part 6: Chemistry and chemical technology; Military technology: missiles and sieges, Cambridge 1994, S. 26ff.

39. Hassenstein, Wilhelm und Virl, Hermann, Das Feuerwerkbuch von 1420. 600 Jahre deutsche Pulverwaffen und Büchsenmeisterei (Neudruck des Erstdruckes aus dem Jahr 1529), München 1941

40. Partington, J.R., A History of Greek Fire and Gunpowder, Baltimore 1960, S. 96

41. Borst, Otto, Alltagsleben im Mittelalter, Frankfurt am Main 1983, S. 574

42. Sumption, Jonathan, The Hundred Years War (Vol. 1), London 1990, S. 527f.

43. Jenks, Stuart, Von den archaischen Grundlagen bis zur Schwelle der Moderne (ca. 1000–1450), in: North, Michael (Hrsg.), Deutsche Wirtschaftsgeschichte. Ein Jahrtausend im Überblick, München 2000, S. 49

44. Borst, Otto, Alltagsleben im Mittelalter, Frankfurt am Main 1983, S. 617

45. Malgaigne, Joseph-François, Œuvre de Paré (Bd. III, Buch 24, Kap. II), Paris 1841, S. 364

46. Segl, Peter, Geißler, in: Müller, Gerhard et al. (Hrsg.), Theologische Real-enzyklopädie (Bd. XII), Berlin 1984, S. 165

47. Moeschlin, Sven, Klinik und Therapie der Vergiftungen, Stuttgart 1986, S. 634–666

48. Pangerl, Daniel Carlo, Antoniusfeuer. Die rätselhafte Plage, in: Spektrum der Wissenschaft 6 (2019), S. 50–53

49. Kuitems, M., Wallace, B. L., Lindsay, C. et al., Evidence for European presence in the Americas in ad 1021, in: Nature (20. Oktober 2021)

50. Magnusson, Magnus und Palsson, Hermann, The Vinland Sagas. The Norse Discovery of America. Graenlendinga Saga and Eirik's Saga, London 1965, S. 98

Frühe Neuzeit

1. Swift, Jonathan: Tagebuch an Stella, Dritter Band, Brief 15 – 65, hier: Brief 56 vom 12. Dezember 1712, Berlin 1910

2. Reichardt, Johann Friedrich: Vertraute Briefe aus Paris geschrieben in den Jahren 1802 und 1803, Erster Theil, Hamburg 1804, S. 253

3. Ebd., S. 248

4. Dülmen, Richard van: Kultur und Alltag in der Frühen Neuzeit, München 1992, S. 148

5. Vernünfftige Gedancken von dem Blinden Beyfall auf Academien, Franck-furth und Leipzig 1738, S. 9

6. Bacon, Francis, Sylva Sylvarum: Or, A Natural History, in Ten Centuries (1627), hrsg. von William Rawley, London 1670

7. Ebd., S. 35

8. Supprian, Friedrich Leberecht: Vernünftige Gedancken von den Ursachen des Blitzes und dessen wunderbahren Wirckungen, Potsdam 1746, S. 20

9. Schöner, Johannes: Ein nutzliches Buchlein viler bewerter Ertzney, Nürn-berg 1528, S. 21

10. Kaiser, Wolfram und Völker, Arina, Medizin und Naturwissenschaften in der Wittenberger Reformationsära, Halle 1982, S. 19

11. Alberti, Michael, Fortgesetzte historische und medicinische Nachricht und Betrachtung der Kranckheiten und des Todes des seeligen Lutheri, in: Wöchentliche Hallische Anzeigen Nr. VIII (1751), Sp. 121–130, Nach: Kaiser, S. 257

12. Ebd., S. 258

13. Kittler, Friedrich, Optische Medien. Berliner Vorlesung 1999, Berlin 2002, S. 88

14. Kircher, Athanasius: Neue Hall- und Thon-Kunst (1684), Nördlingen 1684, S. 117

15. Der Dritte Theil aller Bücher vnd Schrifften des thewren seligen Mans Gottes / Doct. Mart. Luth., Jena 1565, S. 21

16. Ebd., S. 277

17. Weng, Johann Friedrich, Die Schlacht bei Nördlingen und Belagerung dieser Stadt, Nördlingen 1834, S. 80

18. Ebd., S. 104

19. Peters, Jan (Hrsg.): Ein Söldnerleben im Dreißigjährigen Krieg, Eine Quelle zur Sozialgeschichte, Berlin 1993, Tagebuch, S. 25

20. Theatrum Europaeum, Bd. 2, Tafel 1631, S. 368

21. Peters, Jan (Hrsg.): Ein Söldnerleben im Dreißigjährigen Krieg, Eine Quelle zur Sozialgeschichte, Berlin 1993, Tagebuch, S. 74

22. Ebd., S. 70

23. Original der Fretscher-Chronik in der Wiss. Stadtbibliothek Memmingen, buchstabengetreue Übertragung durch Christoph Engelhard, Mai 2004, S. 157–158 (https://stadtarchiv.memmingen.de/quellen/1552-1802/wallenstein-1630/laminit-chronik.html, abgerufen am 28.06.2022)

24. Nachtigal, Johann Karl Christoph: Volcks-Sagen, Bremen 1800, S. 46

25. Schönauer, Tobias; Hohrath, Daniel, Formen des Krieges 1600–1815, Kataloge des Bayerischen Armeemuseums (Band 19), Ingolstadt 2019, S. 41

26. Ebd., S. 202/203

27. Giovanni Verrazzano. Eine ungewöhnliche Begegnung, in: Arens, Werner/Braun, Hans-Martin, Die Indianer. Ein Lesebuch, München 1993, S. 55f.

28. Crosby, Alfred W., The Columbian Exchange. Biological and cultural consequences of 1492, Westport 1972

29. Behringer, Wolfgang (Hrsg.), Lust an der Geschichte: Amerika. Die Entdeckung und Entstehung einer neuen Welt, München 1992, S. 155

30. Kusar, Jadranka, Die Jagd. Bisonjagd und Native Americans, in: Fluter, Nr. 72, Bonn 2019, S. 29

31. Pastorius, Franz Daniel: Umständige geographische Beschreibung der zuallerletzt erfundenen Provintz Pensilvaniae, Frankfurt/Leipzig 1700, S. 20

32. Ebd., S. 54

33. Ebd., S. 28/29

34. Hennepin, Louis, Description de la Louisiane, Paris 1688

35. Kellogg, Louise P. (Hrsg.): Early Narratives of the Northwest, 1634–1699, New York 1917, S. 283–322

36. Brief von Pehr Kalm an Benjamin Franklin vom 02.09.1750, in: Dow,

Charles Mason: Anthology and Bibliography of Niagara Falls, Albany 1921, S. 52–60

37. Dazu ausführlich: Hogwood, Christopher, Handel. Water Music and Music for the Royal Fireworks, Cambridge 2005

38. Schulin, Ernst: Die Französische Revolution, München 2004, S. 64

39. Die französische Revolution. Von Thomas Carlyle. Aus dem Englischen von P. Feddersen, 1. Teil. Die Bastille, Leipzig 1889, S. 197/198

40. Ebd., S. 205

41. Campe, Joachim Heinrich: Briefe aus Paris zur Zeit der Revolution geschrieben, Braunschweig 1790, Ebd., S. 179

42. Patentnummer GB176900913, abrufbar unter https://worldwide.espacenet.com/patent/

43. Augsburger Postzeitung vom 12.06.1863 (S. 175)

44. Scherzer, Karl von: Weltindustrien. Studien während einer Fürstenreise durch die britischen Fabrikbezirke, Stuttgart 1880, S. 31/32

45. Doppelmayr, Johann Gabriel: Historische Nachricht von den nürnbergischen Mathematicis und Künstlern, Nürnberg 1730, S. 300

46. Ebd., S. 300

47. Schopenhauer, Arthur: Ueber Lerm und Geräusch, Berlin 1851, S. 517, Anm. 12

48. Goethe, Johann Wolfgang: Aus meinem Leben. Dichtung und Wahrheit, Berliner Ausgabe, Berlin 2014, Erster Teil, Fünftes Buch, S. 184

49. Straub, Hans: Goethe. Zu seinem 200. Geburtstag am 28. August 1949, in: Schweizerische Bauzeitung vom 27. August 1949, S. 471

50. Hahn, Karl-Heinz: «Die Wissenschaft erhält ihren Werth, indem sie nützt». Über Goethe und die Anfänge der technisch-naturwissenschaftlichen Welt, in: Goethe-Jahrbuch, Band 96 (1979), S. 243–257

51. Goethe, Johann Wolfgang: Weimarer Ausgabe, IV. Abteilung, Goethes Briefe, Bd. 9/2835, Weimar 1887–1912

52. Goethe, Johann Wolfgang: Aus meinem Leben. Dichtung und Wahrheit, Berliner Ausgabe, Berlin 2014, Zweiter Teil, Neuntes Buch, S. 373

53. Goethe, Johann Wolfgang: Weimarer Ausgabe, IV. Abteilung, Goethes Briefe, Bd. 8/2546, Weimar 1887–1912

54. Ebd., Bd. 8/2575

55. Goethe, Johann Wolfgang: Weimarer Ausgabe, IV. Abteilung, Goethes Briefe, Bd. 21/5928a, Weimar 1887–1912

56. Goethe, Johann Wolfgang: Weimarer Ausgabe, IV. Abteilung, Goethes Briefe, Bd. 22/6186, Weimar 1887–1912

57. Zweig, Stefan: Triumph und Tragik des Erasmus von Rotterdam, Frankfurt am Main 1981, S. 55

58. Kant, Immanuel: Kritik der Urteilskraft, Berlin 1790, S. 330 Anm.

59. Pascal, Blaise: Gedanken über die Religion, Erster Theil, Sechster Abschnitt: Schwäche des Menschen, Port-Royal-Ausgabe (1670), Berlin 2013, S. 140

60. Brief Hölderlin an Hegel, Nr. 84 vom 10.07.1794, Große Stuttgarter Ausgabe (StA) VI, 126, Stuttgart 1971

61. Diese und folgende Briefe von und an Beethoven: https://www.beethoven. de/de/archive/list/5764647852441600/Briefe+von+Beethoven (Online-Archiv des Beethoven-Hauses, Bonn)

62. Briefe vom 06. und 10.10.1802 (Online-Archiv des Beethoven-Hauses, Bonn)

63. Brief an Carl Friedrich Zelter vom 02.09.1812, in: Goethes Werke. Herausgegeben im Auftrag der Großherzogin Sophie von Sachsen. IV. Abteilung: Goethes Briefe, Bd. 1–50, Weimar 1887–1912

64. Brief Beethoven an Gottfried Christoph Härtel vom 09.08.1812 (Online-Archiv des Beethoven-Hauses, Bonn)

65. https://www.aerzteblatt.de/archiv/34009/Beethovens-Taubheit-Wie-ein-Verbannter-muss-ich-leben, abgerufen am 04.11.2022

66. Mozart, Wolfgang Amadeus: Brief an Anna Maria Mozart vom 31.01.1778, Briefe und Aufzeichnungen, Band 2 (1777–1779), Kassel 1962, S. 245–247

67. Dekker, Thomas, The Seven Deadly Sins of London, London 1606, hrsg. von Edward Arber (1879), S. 31

68. Charles Dickens: Oliver Twist, übers. von Gustav Meyrink, Berlin 2015, S. 130/131

69. Georg Christoph Lichtenbergs Vermischte Schriften. Neue vermehrte, von dessen Söhnen veranstaltete Original-Ausgabe, Göttingen 1846, S. 62/63

70. https://sites.google.com/site/louisbretez/accueil, abgerufen am 10.07.2022

71. Policey- und Cameral-Magazin, 7. Band – N bis R, hrsg. von Johann Heinrich Ludwig Bergius, Frankfurt am Mayn 1773, S. 2

72. Ebd., S. 2

73. Landesarchiv Sachsen-Anhalt, Signatur Z 50, Nr. 80 (Z 50, Nr. 80 Klage des Gastwirts Peter Jacob vom Gasthof «Schwarzer Bär» vor Alikendorf gegen Zacharias Bauermeister und Otto Köhler aus Hadmersleben)

74. Stadtarchiv Neuss, B.01.10, 093

75. Nicolai, Friedrich, Einige Nachrichten von Nürnberg, in: Berlinische Monatsschrift (1/1783), S. 89

76. Decretum in Senatu 8. Septembris 1602, Nürnberg, Bayerische Staatsbibliothek, Einblattdruck, V 36, v-2

77. Decretum in Senatu, 26. Martii, An. 1685, Bayerische Staatsbibliothek, Einblattdruck, V 36, v-142

78. Wienerisches Diarium vom 17.12.1755, S. 1

79. Staats- und Gelehrte Zeitung des Hamburgischen unpartheyischen Correspondenten vom 12. Dezember 1755

80. Ausführliche und sicherste Nachricht des entsetzlichen Erdbebens der Stadt Lissabon, Flugschrift, Leipzig 1755
81. Ebd.
82. Wilke, Jürgen: Das Erdbeben von Lissabon als Medienereignis, in: Gerhard Lauer und Thorsten Unger (Hrsg.): Das Erdbeben von Lissabon und der Katastrophendiskurs im 18. Jh., Göttingen 2008, S. 75–95, hier: S. 84
83. Weber, Johannes: Straßburg 1605. Die Geburt der Zeitung, in: Jahrbuch für Kommunikationsgeschichte 2005 (Ausgabe 7), S. 3–27
84. Ungrisches Magazin oder Beyträge zur ungrischen Geschichte, Preßburg 1782, S. 389–399
85. Göttingische Anzeigen von gelehrten Sachen vom 23. Juni 1792, S. 1006

19. Jahrhundert

1. Berliner Morgenpost vom 01. Januar 1901
2. Saul, Klaus: Wider die «Lärmpest». Lärmkritik und Lärmbekämpfung im Deutschen Kaiserreich. In: Dittmar Machule; Olaf Mischler, Arnold Sywottek (Hrsg.): Macht Stadt krank? Vom Umgang mit Gesundheit und Krankheit. Hamburg 1996, S. 158
3. Flötenkonzert Friedrichs des Großen in Sanssouci, 1850–1852, Alte Nationalgalerie, Berlin
4. Schopenhauer, Johanna: Erinnerungen von einer Reise in den Jahren 1803, 1804 und 1805, Band 1, Rudolstadt 1813, S. 81
5. Ebd., S. 84
6. Treue, Wilhelm, u.a. (Hrsg.): Quellen zur Geschichte der Industriellen Revolution, Göttingen 1966, S. 126ff.
7. Huber, Victor Aimé: Reisebriefe aus Belgien, Frankreich und England im Sommer 1854, Hamburg 1855, S. 232
8. Eisler, Benita: The Lowell Offering. Writings by New England Mill Women (1840–1845), Philadelphia 1977
9. Gebhardt, Gerhard: Ruhrbergbau. Geschichte, Aufbau und Verflechtung seiner Gesellschaften und Organisationen, Essen 1957, S. 492ff.
10. Koepper, Gustav (Hrsg.): In Schacht und Hütte. Die Industrie des Ruhr-kohlen-Bezirks und benachbarter Gebiete, Reutlingen 1913, S. 51
11. Leipziger Zeitung vom 19. Februar 1848, S. 920
12. Der Berggeist. Die Zeitung für Berg-, Hüttenwesen u. Industrie vom 17.01.1868, S. 20
13. Münchner Neueste Nachrichten vom 19. August 1890, S. 3
14. Allgemeine Theaterzeitung vom 25.06.1847, S. 603
15. Der Friedens- und Kriegs-Kurier vom 23.10.1839, S. 3

16. Ebd., S. 3
17. Dazu ausführlich: Mysliwietz-Fleiss, Daniela: Die Fabrik als touristische Attraktion, Köln 2019
18. Baedeker, Karl: Die Rheinlande von der Schweizer bis zur holländischen Grenze, Leipzig 1892, S. 425
19. Dickens, Charles: Household Words vom 31.08.1859, S. 529
20. Ebd., S. 530
21. Heine, Heinrich: Die Harzreise, Hamburg 1826, S. 30/31
22. Düsseldorfer Zeitung vom 04.01.1827
23. Die österreichische Gewerbeordnung, erläutert von Ferdinand Seltsam und Edmund Posselt, Wien 1883, S. 84
24. Oesterreichische Zeitschrift für Berg- und Hüttenwesen vom 08. Dezember 1883, S. 641
25. Vierhaus, Rudolf (Hrsg.): Das Tagebuch der Baronin Spitzemberg, Göttingen 1989, S. 381
26. Steiner, Friedrich: Bilder aus der Geschichte des Verkehrs, Prag 1880, S. 74
27. Flink, James J.: The Automobil Age, Cambridge 1988, S. 21
28. Illustrated Times vom 13.01.1863
29. Mair, Charles: Life at Red River, Boston 1970, S. 12
30. Zeitung für die elegante Welt vom 26. Mai 1818, S. 808
31. Berlinische Nachrichten von Staats- und gelehrten Sachen vom 07.04.1818
32. Erinnerungs-Blätter für gebildete Leser aus allen Ständen vom 19.04.1818, S. 243
33. Saul, Klaus: Wider die «Lärmpest». Lärmkritik und Lärmbekämpfung im Deutschen Kaiserreich. In: Dittmar Machule, Olaf Mischler, Arnold Sywottek (Hrsg.): Macht Stadt krank? Vom Umgang mit Gesundheit und Krankheit. Hamburg 1996, S. 182, Anm. 12
34. Steiner, Friedrich: Bilder aus der Geschichte des Verkehrs, Prag 1880, S. 73
35. Ebd., S. 73
36. Kufahl, Ludwig: Theoretisch-praktische Abhandlung über die Dampfschifffahrt. Nebst einem Anhange über Dampfwagen als Förderungsmittel auf gewöhnlichen Kunststraßen, Berlin 1833, S. 75
37. Bertha Benz' Autofahrt vor 130 Jahren, Deutschlandfunk vom 05.08.2018
38. Münchner Neueste Nachrichten vom 12.10.1896, Anzeige, S. 9
39. Flora. Ein Unterhaltungs-Blatt vom 25.11.1825, S. 759
40. Marx, Leo: The Machine in the Garden. Technology and the Pastoral Ideal in America, New York 1964, S. 13
41. Thoreau, Henry David: Walden or Life in the Woods, Philadelphia 1976, S. 111
42. Morgenblatt für gebildete Stände vom 17.12.1835, S. 1202
43. Ebd., S. 1202

44. Bayerische National-Zeitung vom 24.12.1835, S. 544
45. Morgenblatt für gebildete Stände vom 17.12.1835, S. 1206
46. Heinrich Heine, Lutetia. Berichte über Politik, Kunst und Volksleben, hrsg. von Karl-Maria Guth, Berlin 2014, S. 185
47. Wiener Zeitung vom 17. Mai 1842, S. 1003
48. Wiener Zeitung vom 21. Mai 1842, S. 554
49. Freisinger Wochenblatt vom 15.04.1855
50. Münchner Neueste Nachrichten vom 25.05.1889, S. 3
51. Münchner neueste Nachrichten vom 21.01.1891, S. 4
52. Münchner neueste Nachrichten vom 03.12.1891, S. 4
53. Saul, Klaus: Wider die «Lärmpest». Lärmkritik und Lärmbekämpfung im Deutschen Kaiserreich. In: Dittmar Machule; Olaf Mischler, Arnold Sywottek (Hrsg.): Macht Stadt krank? Vom Umgang mit Gesundheit und Krankheit. Hamburg 1996, S. 161
54. Über Land und Meer, Ausgabe 24, Stuttgart 1871, S. 22
55. Der einzige Hinweis auf diesen Artikel findet sich in der Ausgabe Scientific American, Vol. 181, No. 1, Juli 1949, S. 4 unter der Rubrik ‹50 and 100 Years Ago›. In den fünf Wochenausgaben des Juli 1899 fehlt dieser Artikel.
56. Pleßner, Maximilian: Die neueste Erfindung. Das Antiphon. Ein Apparat zum Unhörbarmachen von Tönen und Geräuschen, Stuttgart 1885
57. Ebd., S. 8
58. Ebd., S. 11
59. Ebd., S. 12
60. Ebd., S. 13
61. https://homepage.univie.ac.at/werner.haas/1922/br22-026.htm (abgerufen am 26.10.2022)
62. Picker, John M.: The Soundproof Study. Victorian Professionals, Work Space and Urban Noise, Oxford 2003, S. 427
63. Ebd., S. 428
64. Ebd., S. 433
65. Ebd., S. 433
66. Bohn, Henry George, A Handbook of Proverbs, London 1855, S. 361
67. Bass, Michael T., Street Music in the Metropolis, London 1864, S. 7
68. Ebd., S. 41
69. Babbage, Charles: Passages from the Life of a Philosopher, London 1864, S. 337
70. Ebd., S. 338
71. Ebd., S. 338
72. Ebd., S. 340
73. Alle Auszüge von Briefen: The Carlyle Letters Online, https://carlyleletters. dukeupress.edu/home, abgerufen am 25.08.2022

74. Schopenhauer, Arthur: Ueber Lerm und Geräusch, Berlin 1851, S. 517
75. Bayerische Landbötin vom 30.05.1854
76. Augsburger Neueste Nachrichten vom 17.04.1868, S. 1137
77. Death by Electric Currents and by Lightning, in: Nature vom 03.07.1913, S. 466
78. Coburger Zeitung vom 31.05.1881, S. 529
79. Rosenheimer Anzeiger vom 17.05.1881
80. Gauss, Carl Friedrich: Werke, Volume 11, Part 2, Cambridge 2011, S. 120
81. Königlich Preußischer Staats-Anzeiger vom 09.09.1866, S. 3123
82. Allgemeine Zeitung vom 13.02.1903, S. 2
83. Neueste Nachrichten und Münchener Anzeiger vom 11.12.1881, S. 9
84. Allgemeine Polytechnische Zeitung und Handlungs-Zeitung vom 15.05.1851
85. Les artistes contre la tour Eiffel, in: Le Temps vom 14.02.1887, S. 2
86. Münchner Neueste Nachrichten vom 25. Oktober 1888, Der Thurm zu Babel
87. Ebd.
88. Verne, Jules: Von der Erde zum Mond, Wien/Pest/Leipzig 1876, S. 261
89. Über Land und Meer, Ausgabe Nr. 41, Juli 1867, S. 654
90. Tolstoi, Lew: Sewastopol im August 1855, Deutsch von Hanny Brentano, Regensburg 1912, S. 1
91. Donau-Zeitung vom 22.02.1855
92. Kölnische Zeitung vom 12.04.1864
93. Allgemeine Militär-Zeitung vom 08.02.1865, S. 47
94. Magdeburgische Zeitung vom 08. September 1864
95. Berg- und hüttenmännische Zeitung aus Clausthal vom 26.12.1865
96. New York Times vom 06.11.1865
97. Neue Augsburger Zeitung vom 12.07.1872, S. 878
98. Decsey, Ernst: Johann Strauß. Ein Wiener Buch, Kapitel 35 (Der Liebling der Welt), Wien 1948
99. Heine, Heinrich: Reisebilder, Briefe aus Berlin, Zweiter Brief vom 16.03.1822, Hamburg 1827
100. Ebd.
101. Münchner Neueste Nachrichten vom 24.12.1900, Beilage, S. 8
102. Pötzl, Eduard: Moderner Gschnas und andere Wiener Skizzen, Wien 1901
103. Bayerisches Brauer-Journal vom 29.01.1912, S. 46
104. Münchner Neueste Nachrichten vom 20.04.1908, S. 4
105. Abendzeitung vom 06./07.10.1928
106. Münchner Neueste Nachrichten vom 21.07.1900, S. 2
107. The Eruption of Krakatoa, and subsequent Phenomena. Report of the Krakatoa Committee of the Royal Society, London 1888, S. 84
108. Ebd., S. 84
109. Ebd., S. 87

110. Ebd., S. 19
111. New York Times vom 28.11.1883
112. Der Eilbote vom 21.11.1857
113. Mainzer Anzeiger vom 19.11.1857
114. Der Wendelstein vom 09.06.1889, S. 1
115. Coburger Zeitung vom 06.06.1889, S. 1
116. Fosbroke, John: Practical observations on the pathology and treatment of deafness No. III, in: The Lancet, Vol. 15, Ausgabe 392 vom 05.03.1831, S. 741
117. Ebd., S. 743
118. Barr, Thomas: Enquiry into the effects of loud sounds upon the hearing of boilermakers and others who work amid noisy surroundings, Glasgow 1886, S. 1
119. Ebd., S. 16
120. Neurasthenia, or Nervous Exhaustion. in: The Boston Medical and Surgical Journal, Band 80, Nr. 3, 1869, S. 217–221
121. Uhland's Verkehrszeitung und industrielle Rundschau vom 04.02.1892, S. 140
122. General-Anzeiger der Münchner Neuesten Nachrichten vom 27.01.1898

20. Jahrhundert

1. New York Tribune, 14.11.1908, S. 1
2. Lessing, Theodor: Der Lärm. Eine Kampfschrift gegen die Geräusche unseres Lebens, Wiesbaden 1908, S. 11
3. Ebd., S. 18
4. Mann, Thomas, Der Doktor Lessing, in: Das Literarische Echo, 11. Jg., Stuttgart 1910, S. 821
5. Lessing, Theodor: Kultur und Nerven. Kleine Schriften 1908–1909, Göttingen 2021, S. 762
6. Ebd., S. 763
7. Ebd., S. 42
8. Goodyear, John: Viel Lärm um Theodor Lessing, in: Angermion 4 (2011), S. 95–111
9. Ebd., S. 108
10. Ebd., S. 109
11. New York Times vom 27.10.1912, S. 12
12. Lessing, Theodor: Der Lärm, Wiesbaden 1908, S. 14/15
13. Hasenclever, Walter: Das Lärmzeitalter. In: Rainer Barbey und Jürgen Daiber (Hrsg.): Du sollst nicht lärmen! Gesammelte Proteste von Seneca bis Gernhardt, Stuttgart 2014, S. 99

14. Ebd., S. 100
15. Kafka, Franz: Briefe an Felice und andere Korrespondenz aus der Verlobungszeit, hrsg. von Heller, Erich und Born, Jürgen, Frankfurt a. M. 2009, S. 222f.
16. Kafka, Franz: Großer Lärm, in: Herder-Blätter, Jahrgang 1, Nr. 4/5, Prag 1911
17. Kafka, Franz: Tagebücher 1910–1923, Eintrag vom 30.08.1914, Norderstedt 2016, S. 358
18. Ebd., S. 383
19. Prager Tagblatt vom 20.07.1924, S. 3
20. Ebd., S. 3
21. Jenaer Volksblatt vom 18.09.1913
22. Münchner Neueste Nachrichten vom 29.07.1910, S. 1
23. Allgemeine Zeitung vom 17.08.1907, S. 4
24. Deutsches Reich, Reichstag: Verhandlungen des Reichstages. Stenographische Berichte, 76. Sitzung vom 18.04.1901, S. 2200
25. Tucholsky, Kurt (unter dem Pseudonym Peter Panter): Traktat über Lerm und Geräusch, in: Die Weltbühne vom 04.10.1927, Nr. 40, Seite 522–524
26. Tucholsky, Kurt: Was machen die Leute da oben eigentlich, in: Uhu vom 01.06.1930, S. 89
27. Tucholsky, Kurt: Schloß Gripsholm, Berlin 1931, S. 65
28. Seidel, Ina: Berlin, ich vergesse dich nicht, Berlin 1962, S. 35f.
29. Ebd., S. 42f.
30. Döblin, Alfred: Berlin Alexanderplatz, Baden-Baden 1980, S. 237/238
31. Münchner Abendzeitung (AZ) vom 06./07.10.1928, S. 4
32. Ebd., S. 4/5
33. Ebd., S. 4
34. Münchner Neueste Nachrichten vom 19.10.1924, S. 25
35. Münchner Neueste Nachrichten vom 25.01.1925, S. 22
36. Daily Mail vom 08.10.1928
37. www.dailymail.co.uk/sciencetech/article-8557795/Listen-lockdown-Londons-silent-streets-compared-capital-1928.html, abgerufen am 29.09.2022
38. New York Times vom 02.07.1905
39. Gerloff, Felix/Schwesinger, Sebastian: Die Erfindung des Dezibels und Lärmmessung in der Stadt, in: Navigationen. Von akustischen Medien zur auditiven Kultur, Siegen 2015, S. 66
40. New York Times vom 28.09.1930, S. 1/2
41. New York Times vom 29.09.1935
42. New York Times vom 22.04.1936
43. Die Neue Zeitung vom 25. März 1916, S. 3

44. Jünger, Ernst: In Stahlgewittern. Aus dem Tagebuch eines Stoßtrupp-führers, Stuttgart 1978, S. 91

45. Ebd., S. 91

46. Brief an Herwarth Walden von 29. März 1916, in: Alfred Döblin, Briefe I, hrsg. von Heinz Graber, Freiburg 1970, S. 84

47. Ulrich, Bernd: Der Krieg – ein rücksichtsloses Geräusch, in: Paul, Gerhard/ Schock, Ralph (Hrsg.): Sound der Zeit: Geräusche, Töne, Stimmen – 1889 bis heute, Göttingen 2014, S. 239

48. Musil, Robert: Die Amsel. In: Gesammelte Werke, Bd. 7. Kleine Prosa, Aphorismen, Autobiographisches, Reinbek 1978, S. 555–556

49. Jünger, Ernst: Kriegstagebuch 1914–1918, Stuttgart 2010, S. 129

50. Rauh, Philipp: Von Verdun nach Grafeneck. Die psychisch kranken Vetera-nen des Ersten Weltkrieges als Opfer der nationalsozialistischen Kranken-mordaktion T4, in: Quinkert, Babette u.a. (Hrsg.): Krieg und Psychiatrie 1914–1950, Göttingen 2010, S. 54–74

51. Remarque, Erich-Maria: Im Westen nichts Neues, Köln/Berlin 1971, S. 93

52. Birdsall, Carolyn: Nazi Soundscapes. Sound, Technology and Urban Space in Germany 1933–1945, Amsterdam 2012, S. 42

53. Eröffnungsrede von Joseph Goebbels, abgedruckt in der Broschüre: Kräfte sammeln, Kräfte lenken, Kräfte sparen. Drei Reden zur Interna-tionalen Automobil- und Motorradausstellung Berlin 1939, S. 7, nach: Rinn, Gregor M.: Das Automobil als nationales Identifikationssymbol, Diss. Berlin 2008, S. 50

54. Göttert, Karl-Heinz: Wollt Ihr den totalen Krieg? in: Paul, Gerhard/Schock, Ralph (Hrsg.): Sound der Zeit: Geräusche, Töne, Stimmen – 1889 bis heute, Göttingen 2014, S. 291ff.

55. Shirer, William L.: Berliner Tagebuch. Aufzeichnungen 1934–41, Leip-zig/Weimar 1991, Eintrag vom 26.09.1938

56. Schmölders, Claudia: Freislers Stimme, in: Paul, Gerhard/Schock, Ralph (Hrsg.): Sound der Zeit: Geräusche, Töne, Stimmen – 1889 bis heute, Göttingen 2014, S. 299ff.

57. Niederösterreichischer Grenzbote vom 14.01.1945

58. www.altolpe.de/Olpe/WW2/kapitel2.htm, abgerufen am 30.09.2022

59. Arnold, Dietmar u.a.: Sirenen und gepackte Koffer. Bunkeralltag in Berlin, Berlin 2003, S. 113

60. Jacobs, Annelies/Bijsterveld, Karin: Der Klang der Besatzungszeit. Amsterdam 1940–1945, in: Paul, Gerhard/Schock, Ralph (Hrsg.): Sound der Zeit: Geräusche, Töne, Stimmen – 1889 bis heute, Göttingen 2014, S. 259

61. Demps, Laurenz/Paeschke, Carl-Ludwig: Flughafen Tempelhof. Berlin 1998, S. 49

62. www.taz.de/Mein-Kriegsende-1945/!5682094/, abgerufen am 02.10.2022
63. Forte, Dieter: In der Erinnerung, Frankfurt 1998, S. 2
64. Ebd., S. 2
65. www.theguardian.com/world/2009/mar/25/hiroshima-nagasaki-survivor-japan, abgerufen am 02.10.2022
66. The Guardian vom 25.03.2009
67. Forbes Online vom 22.10.2017, www.forbes.com/sites/ralphbenko/2017/10/22/100-99-98-97on-nuclear-war-what-its-like-to-be-at-a-nuclear-bombdetonation/, abgerufen am 02.10.2022
68. Anzeigenblatt für den Kreis Pinneberg vom 22.03.1947
69. Kessler, Kai-Ove: Flüchtlinge und Vertriebene 1945 – 1955, Beiträge zur Elmshorner Geschichte, Band 20, Elmshorn 2007, S. 162
70. Münchner Neueste Nachrichten vom 23.01.1908, S. 2
71. New York Times vom 08.06.1913
72. Österreichische Zeitung vom 23.06.1948, S. 6
73. Wiener Fremdenblatt vom 17.02.1867, S. 6
74. Münchner Neueste Nachrichten vom 08.10.1910, S. 3
75. Bowers, David: Encyclopedia of Automatic Musical Instruments, New York 1972, S. 352
76. Coburger Zeitung vom 07.06.1930, S. 3
77. Coburger Zeitung vom 07.08.1923, S. 2
78. Münchner Neueste Nachrichten vom 08.09.1928, S. 1
79. Münchner Neueste Nachrichten vom 18.09.1928, S. 3
80. Heßler, Martina: Oh the humanity, in: Paul, Gerhard/Schock, Ralph (Hrsg.): Sound der Zeit: Geräusche, Töne, Stimmen – 1889 bis heute, Göttingen 2014, S. 205
81. Österreichischer Erlaftal-Bote vom 02.03.1957, S. 5
82. Fraunholz, Uwe: Motorphobia. Anti-automobiler Protest in Kaiserreich und Weimarer Republik, Göttingen 2002, S. 21
83. Ebd., S. 26
84. Coburger Zeitung vom 04.03.1913, S. 2
85. Fraunholz, Uwe: Motorphobia. Anti-automobiler Protest in Kaiserreich und Weimarer Republik, Göttingen 2002, S. 129
86. Münchner Neueste Nachrichten vom 08.11.1932, S. 11
87. Time vom 28.02.1944
88. Münchner Neueste Nachrichten vom 27.06.1911, S. 4
89. Schafer, Raymond Murray: The Tuning of the World, New York 1977, S. 86
90. Goldsmith, Mike: Discord – The Story of Noise, Oxford 2012, S. 235
91. Satter Knall, in: Der Spiegel vom 05.10.1969
92. Passauer Neue Presse vom 03.06.1958, S. 5
93. Passauer Neue Presse vom 05.09.1953, S. 14

94. Wiener Zeitung vom 01.07.1950, S. 2

95. Illustrierte Technik für Jedermann, Heft 13 vom 01.05.1932, Stuttgart 1932, S. 31

96. Münchner Neueste Nachrichten vom 05.09.1930, S. 5

97. Passauer Neue Presse vom 27.04.1957, S. 10

98. Gerloff, Felix/Schwesinger, Sebastian: Die Erfindung des Dezibels und Lärmmessung in der Stadt, in: Navigationen. Von akustischen Medien zur auditiven Kultur, Siegen 2015, S. 51/52

99. Österreichische Apotheker-Zeitung vom 07.05.1960, S. 11

100. Passauer Neue Presse vom 19.08.1964, S. 7

101. Passauer Neue Presse vom 03.04.1956, S. 7

102. Passauer Neue Presse vom 11.09.1963, S. 2

103. WDR-Stichtag vom 17.04.2014

104. Passauer Neue Presse vom 06.04.1960

105. Ein Kampf um Phon, Der Spiegel 37/1964

106. Schafer, R. Murray: The Soundscape. Our Sonic Environment and the Tuning of the World, Vancouver 1976

107. Bailey, Peter: Breaking the Sound Barrier. A Historian Listens to Noise, in: Body & Society (1996), Vol. 2, Band 2, S. 49

108. Truax, Barry: Acoustic Communication, Norwood 1984, S. 86

109. Geisel, Sieglinde: Nur im Weltall ist es wirklich still, Berlin 2010, S. 9

110. Passauer Neue Presse vom 16.11.1961, S. 7

111. Dazu ausführlich: Stratenschute, Eckart D.: Lasst euch nicht verhetzen! Der Lautsprecherkrieg in Berlin, in: Paul, Gerhard/Schock, Ralph (Hrsg.): Sound der Zeit: Geräusche, Töne, Stimmen – 1889 bis heute, Göttingen 2014, S. 421–427

112. Passauer Neue Presse vom 16.11.1961, S. 7

113. https://www.intelligence.senate.gov/sites/default/files/documents/CRPT-113srpt288.pdf, S. 14, abgerufen am 27.10.2022

114. Ebd., S. 60

115. Ebd., S. 137

116. Ebd., S. 429

117. Tucholsky, Kurt: Werke 1907–1935. Zwei Lärme, in: Die Weltbühne, 28.07.1925, Nr. 30

118. «Le bruit n'éveille pas un ivrogne, le silence le réveille.» Hugo, Victor: Les Misérables, Paris 1891, S. 141

119. Nelting, Manfred (Hrsg.): Hyperakusis, Stuttgart 2003, S. 22/23

120. Green, George: History of Burnaby Lake and Vicinity, Vancouver 1947, S. 3

121. MacLennan, Hugh: The Watch that ends the Night, Toronto 1961, S. 7

122. New York Times vom 10.11.1965, S. 1

123. Life vom 19. November 1965, S. 51
124. Ebd., S. 51
125. Ebd., S. 52
126. Ebd., S. 52
127. Time vom 19.11.1965, S. 8–13

Heute

1. Timmermann, Aegidius Willem: Tim's herinneringen, hrsg. von Harry G.M. Prick, Amsterdam 1983, S. 207
2. Dazu ausführlich: Bronner, Kai: Audio Branding. Von tönenden Werbebotschaften, klingenden Logos und Markensounds, in: Paul, Gerhard/Schock, Ralph (Hrsg.): Sound der Zeit: Geräusche, Töne, Stimmen – 1889 bis heute, Göttingen 2014, S. 523–531
3. Umweltbundesamt: Studie Umweltbewusstsein in Deutschland 2020, www.umweltbundesamt.de/themen/verkehr-laerm/nachbarschaftslaerm-laerm-von-anlagen, abgerufen am 09.10.2022
4. A Guide to New York City's Noise Code, New York City Department of Environmental Protection, Bureau of Environmental Compliance, New York 2018
5. https://www.ald-laerm.de/, abgerufen am 31.10.2022
6. Schafer, R. Murray: The Soundscape. Our Sonic Environment and the Tuning of the World, Vancouver 1976
7. Richmann, Ricardo/Koch, Lars-Christian (Hrsg.): Musikarchäologie, Darmstadt 2015
8. Clauss, Martin/Mierke, Gesine/Krüger, Antonia (Hrsg.): Lautsphären des Mittelalters, Wien 2020
9. Birdsall, Carolyn: Nazi Soundscapes. Sound, Technology and Urban Space in Germany 1933–1945, Amsterdam 2012
10. Rath, Richard Cullen: How Early America Sounded, Ithaca/London 2003
11. Smith, Bruce R., Acoustic World of Early Modern England, Chicago 1999
12. Payer, Peter: Der Klang der Großstadt. Eine Geschichte des Hörens. Wien 1850–1914, Wien 2018
13. Picker, John M.: Victorian Soundscapes, Oxford 2003
14. Cockayne, Emily: Hubbub. Filth, Noise, and Stench in England 1600–1770, London 2007
15. https://sites.google.com/site/louisbretez/, abgerufen am 01.11.2022
16. Paul, Gerhard/Schock, Ralph (Hrsg.): Sound der Zeit: Geräusche, Töne, Stimmen – 1889 bis heute, Göttingen 2014
17. Claes, Ralf et al.: Do high sound pressure levels of crowing in roosters

necessitate passive mechanisms for protection against self-vocalization?, in: Zoology, Volume 126, Februar 2018, S. 65–70

18. Podos, Jeffrey/Cohn-Haft, Mario: Extremely loud mating songs at close range in white bellbirds. In: Current Biology, Band 29, Nr. 20, 2019, S. 1068–1069

19. D. Lohse, B. Schmitz, M. Versluis: Snapping shrimp make flashing bubbles. In: Nature 2001, Oct. 4; 413(6855): 477–478

20. Stang, Michael: «Der größte Schreihals der Welt», Deutschlandfunk vom 30.08.2011

21. Aaron N. Rice, Stacy C. Farina, Andrea J. Makowski, Ingrid M. Kaatz, Phillip S. Lobel, William E. Bemis und Andrew H. Bass: Evolutionary Patterns in Sound Production across Fishes, in: Ichthyology & Herpetology 110 (1), 1–12, erschienen am 20.01.2022

22. Siemers, Björn, et al.: How do bats perceive the world?, in: Journal of Experimental Biology, Bd. 211, 2008, S. 3174–3180

23. Bermúdez-Cuamatzin, Eira et al.: Experimental evidence for real-time song frequency shift in response to urban noise in a passerine bird, in: Biology Letters, Vol. 7, Ausgabe 1, Februar 2011

24. https://www.mpg.de/16888461/0511-orni-verkehrslaerm-beeintraechtigt-gesangslernen-von-voegeln-154562-x, abgerufen am 30.10.2022

25. Parks, Susan E., Acoustic communication in the North Atlantic right whale (Eubalaena glacialis), 2003–09, DOI:10.1575/1912/2453, https://hdl.handle.net/1912/2453, abgerufen am 03.11.2022

26. https://www.tiho-hannover.de/universitaet/aktuelles-veroeffentlichungen/pressemitteilungen/detail/untersuchung-der-pottwalstrandungen-2016-abgeschlossen, abgerufen am 03.11.2022

27. https://www.clotmag.com/sound/chris-watson, abgerufen am 03.11.2022

28. https://www.eurekalert.org/news-releases/546387, abgerufen am 31.10.2022

29. Goldsmith, Mike: Discord – The Story of Noise, Oxford 2012, S. 234

30. https://de.statista.com/statistik/daten/studie/181205/umfrage/haeufigkeit-verwendung-von-beruhigungsmitteln-schlafmitteln/, abgerufen am 03.11.2022

31. Health consequences of noise exposure from road traffic, https://cordis.europa.eu/project/id/281760, abgerufen am 30.10.2022

32. Willkommen, lieber achtmilliardster Mensch! Der Spiegel 39/2022